Lehrbuch

des

gesammten Privatrechtes

in geschichtlicher, dogmatischer und wirthschaftlicher Beziehung

mit Rücksicht auf die einschlägigen Materien des öffentlichen Rechtes.

Von

Dr. Georg Prager.

Band III.

Personen- und Erbrecht.

Berlin.
Verlag von J. Guttentag
(D. Collin).
1890.

Dritter Band.

Dritter Haupttheil.

Das Personenrecht.

Vierter Haupttheil.

Das Erbrecht.

Dritter Haupt-Theil.

Das Personen-Recht.

Erster Titel.

Ehe.

---

§ 1.

D. 23, 2 de ritu nuptiarum.
A.L.R. II, 1.

Begriff.

Die Ehe ein Rechtsinstitut mit religiös-sittlichem Gehalt. Einfluß der Kirche. Noth-, facultative, obligatorische Civilehe.

Die Ehe ist eine Vereinigung von Mann und Frau zu einer rechtlich anerkannten vollkommenen Lebensgemeinschaft. ‚nuptiae sive matrimonium est viri et mulieris conjunctio, individuam vitae consuetudinem continens'. § 1 J. 1, 9. Die Ehe ist nicht nur ein Rechtsinstitut, sondern hat als Grundlage der Familie und bürgerlichen Gesellschaft einen religiös-sittlichen Gehalt. Dies betont Modestinus in den Worten ‚consortium omnis vitae, divini et humani juris communicatio'. l. 1 D. ht. Das A.L.R. § 1–2 ht. hat diese ethische Seite der Ehe verkannt. Es behandelt den Ehebund als einen bloß obligatorischen, allzu leicht löslichen Vertrag, dessen Wesen in der Erzeugung und Erziehung von Kindern, in der wechselseitigen Unterstützung der Gatten bestehe, obwohl ein solcher Hauptzweck weder ausreicht, noch immer erforderlich erscheint.

Die Voraussetzungen einer gültigen Ehe (matrimonium legitimum, nuptiae justae) bestimmt das Staatsgesetz. Sacrale Gebräuche gelten als Ceremonien, von deren Beobachtung freilich eine religiöse Führung der Ehe abhängen kann. Im Mittelalter bemächtigte sich die katholische Kirche der Ehe-Gesetzgebung (matrimonium ratum) und unterwarf Ehesachen den geistlichen Gerichten. Das Tridentiner Concil stellte eine Form für Eheschließung auf, welche auch in der protestantischen Kirche maßgebend blieb, obgleich diese die Sacraments-Natur und Unauflöslichkeit der Ehe nicht anerkannte. In Preußen wurden Ehesachen schon unter Friedrich d. Gr. zumeist weltlichen Gerichten überwiesen, und das A.L.R. behielt zwar die kirchliche Eheschließung bei, schuf aber ein rein staatliches Eherecht, das für die Angehörigen aller Bekenntnisse gelten sollte, vgl. § 11–12 ht. Dadurch wurden Conflicte zwischen Staat und Kirche unausbleiblich, zumal wenn es sich um gemischte Ehe zwischen Katholiken und Protestanten, zwischen Christen und Juden oder um die Wiederverheirathung eines durch richterliches Erkenntniß geschiedenen katholischen Gatten handelte. Um die Eingehung solcher Ehen zu ermöglichen, wurde durch die Pr.G. vom 30. März und 23. Juli 1847 für Dissidenten und Juden die Noth-Civilehe eingeführt, welche der Richter nach vierzehntägigem Aushang eines Aufgebots durch Eintragung in die Standesregister abschließt. Diese bürgerliche Form des Ehebundes erhebt das Pr.G. vom 9. März 1874 zur allgemein verbindlichen und befreit somit die rechtliche Bedeutung des Familienstandes von kirchlichen Einflüssen. Seit dem 1. Januar 1876 gilt kraft des R.G. vom 6. Febr. 1875 die obligatorische Civilehe, welche auf dem Zusammenspruch Seitens besonderer Standesbeamter beruht, im ganzen Deutschen Reich. Den Vorschlag einer bloß facultativen Civilehe, wonach den Verlobten die Wahl zwischen kirchlicher Trauung und bürgerlichem Abschluß der Ehe freisteht, verwarf der Reichstag, theils um die Standesregister gegen Verwirrung sicher zu stellen, theils um zelotischer Unduldsamkeit zu wehren. Die geistliche Gerichtsbarkeit in Ehe- und Verlöbnißsachen ist durch das Ger.Verf.G. vom 27. Jan. 1877 § 15 gänzlich abgeschafft. Indessen wird durch die staatlichen Vorschriften die kirchliche Ehesatzung nicht berührt. Eine nach bürgerlichem Recht erlaubte Ehe kann vom Standpunkt der Kirche aus verboten sein. Das R.G. vom 6. Febr. 1875 bedroht im § 67 einen Geistlichen, welcher vor dem Nachweis bürgerlichen Eheschlusses zu den religiösen Feierlichkeiten schreitet, mit Strafen, will aber nach § 82 den kirchlichen Pflichten hinsichtlich der Trauung keinen Abbruch thun.

§ 2.

Arten.

In Rom strenge, freie Ehe, Concubinat. In den deutschen Volksrechten echte und morganatische Ehe. Heute einheitlicher Rechtsbegriff der Ehe. Mißheirath. Ehe zur linken Hand. Putative Ehe.

Nach römischem Civilrecht war eine gültige Ehe nur unter Bürgern zulässig: Gaj. I § 56. Erst das jus gentium anerkannte eheliche Verbindungen zwischen Personen, denen das connubium im römischen Sinne abging. Die civile Ehe hatte ursprünglich die strenge Folge der manus, d. h. die Frau schied aus dem Agnatenverband ihrer Familie, trat in die Gewalt ihres Gatten und galt als dessen Tochter sowie als Schwester ihrer Kinder. Wahrscheinlich schon durch die zwölf Tafeln wird die freie Ehe gestattet, welche weder den Familienstand noch die Vermögenslage der Frau verändert. Letztere Ehe wird gegen Ende der Republik Regel.

Durch die l. Julia et Papia Poppaea suchte Augustus der überhandnehmenden Ehelosigkeit, welche namentlich in den Repräsentationskosten einer standesgemäßen Ehe ihren Grund hatte, im Staatsinteresse zu steuern. Zu diesem Behuf erlaubt und ordnet er den Concubinat — meist mit Frauen wie libertae, in quas stuprum non committitur — als ein eheähnliches Verhältniß ohne affectus maritalis. l. 3 § 1, l. 4 D. 25, 7. Die Concubine theilt nicht Namen, Rang und Stand des Mannes, doch haben ihre Kinder (liberi naturales), im Gegensatz zu den gemeiniglich unehelichen (spurii, vulgo quaesiti), ein Alimentations- und beschränktes Erbrecht gegen den Erzeuger. In der spätchristlichen Kaiserzeit verbot Leo philosophus den Concubinat.

In den deutschen Volksrechten bestanden die echte (Leibzuchts-) Ehe, welche durch Kauf der Frau geschlossen wurde, und die morganatische Ehe (ad legem Salicam), die von der Morgengabe, einem Geschenk des Mannes nach der Brautnacht, ihren Namen ableitet.

Das gemeine Recht kennt blos „einen“ Rechtsbegriff der Ehe. Nur für Angehörige des hohen Adels, welche eine Frau geringeren Standes, auch des niederen Adels nehmen, findet sich die Mißheirath (disparagium). Hier führen Frau und Kinder nicht Namen, Stand des Mannes und sind diesem gegenüber blos insoweit erbberechtigt, als nicht die Nachfolge, z. B. in Lehen, Fideicommisse, von der Ebenbürtigkeit abhängt. Werden die Wirkungen der Mißheirath gleich bei Eheschluß vertragsmäßig festgesetzt, häufig um Frau und Kindern einen Mindestantheil an den Standes- und Vermögensrechten zu sichern, so heißt die Ehe eine solche zur linken Hand. Doch steht es nicht in der privaten Willkür des Einzelnen, eine an sich ebenbürtige Ehe morganatisch einzugehen und mittelst Abrede der standesgleichen Frau und deren Kindern die ihnen rechtlich zukommende Stellung zu entziehen.

Das A.L.R. § 835–932 II, 1 behält es dem Landesherrn vor, Männern höheren Standes in außerordentlichen Fällen und aus erheblichen Gründen eine Ehe zur linken Hand zu erlauben. Ihrem Abschluß muß ein schriftlicher, durch das Gericht oder einen Notar zu bestätigender Vertrag vorangehen, welcher der Verlobten eine auskömmliche Abfindung für den Fall der Ehetrennung zuspricht. Die Ehefrau zur linken Hand behält ihren Geschlechtsnamen und ihr Vermögen. Die Kinder treten in die Familie der Mutter, sie haben keinen Anspruch auf Namen und Stand des Erzeugers, der zwar die väterliche Gewalt über sie ausübt, aber ihr Vermögen nur wie ein Vormund verwalten darf. § 557–569 II, 2.

Aus der Vorschrift des R.G. vom 6. Febr. 1875 § 72, daß Hausgesetze in Ehesachen nur noch für die landesherrlichen Familien und die fürstliche Familie Hohenzollern in Geltung bleiben, läßt sich eine Beseitigung der Rechtssätze über Mißheirath und Ehe zur linken Hand nicht ableiten. Freilich setzen solche Ehen auch beim hohen Adel den bürgerlichen Abschluß durch Standesbeamte voraus, und die im A.L.R. § 860 II, 1 erwähnte Form einer „Trauung an die linke Hand“ reicht nicht mehr hin.

Eine putative Ehe heißt nach gemeinem Recht eine solche, welche wegen eines Mangels, der einem oder beiden Verlobten aus entschuldbarem Irrthum unbekannt blieb, nicht besteht. Dennoch treten für den gutgläubigen Theil und die Kinder die Wirkungen einer rechtsgültigen Ehe ein. c. 8, 14 X 4, 17. Das A.L.R. kennt das Institut der Putativehe nicht. Es stellt im § 952 II, 1 die Regel auf, daß aus einer nichtigen Verbindung niemals Rechte und Pflichten, wie aus einer wirklichen Ehe entspringen. Nur gutgläubigen Dritten, welche sich mit den vermeintlichen Gatten während der Dauer ihrer Verbindung in Geschäfte einließen, und den Kindern, soweit ihr Verhältniß unter einander und den Eltern gegenüber in Betracht kommt, soll kein Nachtheil erwachsen. Sonst wird die Verbindung als außereheliche Geschlechtsgemeinschaft erachtet. Der Mann hat das Frauenvermögen wie ein Verwalter fremder Güter herauszugeben. Befand er sich in gutem Glauben, so behält er die Nutzungen als Ersatz für den Unterhalt der Frau. War er bösgläubig, so gilt er als unredlicher Besitzer, muß alle Nutzungen erstatten und darf höchstens das abziehen, was er erweislich zum Besten der Frau verwandte. Wer den andern unschuldigen Theil zum Abschluß der Verbindung verleitet hat, ist mit einem Viertel seines Vermögens diesem zur

Schadloshaltung verhaftet, es sei denn, daß Letzterer sich selbst eines Vergehens schuldig machte, welches eine Ehescheidung rechtfertigen würde. § 953–967 II, 1. Eltern, welche die Ungültigkeit ihrer Verbindung kannten, haben gegen die daraus erzeugten Kinder keine elterlichen Rechte, sondern blos, insofern sie für Erziehung und Verpflegung sorgten, die rein persönlichen Befugnisse von Pflegeeltern. Die Kinder führen den Namen der Mutter, sie treten nicht in die Familie ihrer Eltern und haben gegen deren Verwandte keinerlei auf ihrer Abstammung beruhende Ansprüche. § 50–57 II, 2.

§ 3.

Persönliche Stellung der Gatten.

Gegenseitige Beziehungen sittlicher Art: in Rom, nach germanischer Sitte, kanonischem Recht, gemeiner Praxis, im A.L.R.

Im alten **Rom** trat die Frau in manum mariti. Sie gehörte zur Familie des Mannes und galt als seine Tochter (filiae loco), oder wenn er selbst noch hausunterthänig war, als Enkelin seines Gewalthabers (neptis loco). Gaj. I § 136. Zu den in der Gewalt ihres Mannes befindlichen Kindern stand sie im Verhältniß einer Schwester (soror consanguinea).

Die freie Ehe verändert den Agnatenverband der Frau nicht. Sie bleibt in der Gewalt ihres Vaters und wird mit ihren Kindern nur cognatisch verwandt. Doch entspringen aus der ehelichen Gemeinschaft, deren Haupt der Mann ist, gegenseitige Beziehungen sittlicher Art. Die Frau empfängt Namen, Stand ihres Mannes und führt ihn nach Lösung der Ehe fort, bis sie sich etwa wieder verheirathet. l. 13 C. 12, 1. Sie theilt ohne Rücksicht auf ihren thatsächlichen Wohnort das Domicil ihrer Ehemannes. l. 65 D. 5, 1, vgl. Bd. I S. 188. Verträge, durch welche sich der Mann verpflichtet, sein Domicil nicht ohne Einwilligung der Frau zu verlegen, bzw. deren Wohnsitz für immer beizubehalten, laufen dem Wesen der Ehe zuwider, es sei denn, daß erhebliche Interessen in Frage stehen. Infamirende Klagen sind unter Gatten ausgeschlossen, z. B. actio furti Bd. II S. 336, sie haben gegen einander die Competenz-Wohlthat Bd. II S. 110, die Beleidigung der Ehefrau gilt als mediata für den Mann Bd. II S. 342. Die Frau schuldet ihrem Gatten häusliche Dienste und eheliche Treue. Zu diesem Behuf hat der Mann ein interdictum de uxore exhibenda ac ducenda, wenn ihm die Gattin durch deren Eltern oder Dritte vorenthalten wird. l. 2 D. 43, 30. Nach l. Julia de adulteriis durfte er sogar die Frau, wenn er sie in seinem Hause auf dem Ehebruch ertappte, sammt dem Mitschuldigen tödten. l. 38 § 8 D. 48, 5. Dem Mann liegt unter Umständen die Beerdigungspflicht seiner Frau ob. l. 28 D. 11, 7.

Die **germanische Sitte** sieht in der Frau (fruve, Freie) eine Rechtsgenossin des Mannes in allen seinen Lebenslagen, ‚laborum periculorumque socia‘ nach den Worten des Tacitus. Ihr gebührt im Hause die Schlüsselgewalt, wogegen sie nach Außen vom Manne vertreten wird, in dessen Mundium (Munt = schützende Hand) sie übergeht. In diesem Sinne nennt der Swp. 8 den Mann „des Weibes Vogt und Meister“.

Das **kanonische Recht** stellt beide Geschlechter in Bezug auf eheliche Treue gleich und giebt jedem Theil ein Recht, die Vollziehung der ehelichen Pflichten (debitum conjugale) zu verlangen, sofern die Weigerung nicht durch Gesundheitsrücksichten oder sittliche Gründe entschuldigt wird. c. 3 C. 32. qu. 2, vgl. C.Pr.O. § 568.

Die **gemeine Praxis** hat alle diese Wirkungen, mit Ausnahme der römischen Tödtungsbefugniß des Mannes, übernommen und eine eheliche Alimentationspflicht ausgebildet. Doch ist das Mundium sehr abgeschwächt. Die Frau scheidet zwar durch die Heirath aus der väterlichen Gewalt aus, behält aber, falls sie noch minderjährig und Mündel ist, ihren Vormund. Wird während der Ehe eine Vormundschaft über die Frau nöthig, so wird zunächst ihr Mann dazu berufen. Großjährige Frauen sind ohne Beistand ihres Gatten proceßfähig C.Pr.O. § 51, wenn auch Letzterem ihre Vertheidigung besonders im Strafverfahren obliegt. St.Pr.O. § 149, 340. Zum Betriebe eines selbständigen Gewerbes bedürfen sie der eheherrlichen Erlaubniß. H.G.B. Art. 7.

Das A.L.R. § 173–204 II, 1 enthält genaue Vorschriften über das persönliche Verhältniß der Eheleute, welches in den Pflichten zum getreuen Zusammenleben und zum wechselseitigen Beistand gipfelt. Der Mann hat für standesgemäßen, und wenn er dazu nicht im Stande ist, für nothdürftigen Unterhalt seiner Frau zu sorgen, sowie die sie betreffenden Kur- und Proceßkosten zu tragen. Nur von den Kosten eines gegen die Frau eröffneten Strafverfahrens bleibt er frei, wenn ihn das zu Grunde liegende Verbrechen der Frau zu einem Scheidungsantrage berechtigen würde. Während des Scheidungsverfahrens gilt die Ehe als fortdauernd, doch kann im Wege einstweiliger Verfügung die Aufhebung des ehelichen Zusammenlebens gestattet und der Frau Verpflegung außerhalb des Hauses ihres Mannes zugesprochen werden. § 723–726 II, 1. C.Pr.O. § 584. Mit dem Scheidungsurtheil hören die persönlichen Wirkungen der Ehe auf. Der Frau steht die Wahl zu, ob sie den Namen des Mannes beibehalten oder zu ihrem früheren Geschlechts- bzw. Wittwen-Namen, mit welchem vielleicht ein höherer Stand verknüpft war, zurückkehren will. Ist sie aber bei der Scheidung ausdrücklich für den schuldigen Theil erklärt, so darf sie den Namen des Mannes wider dessen Willen ferner nicht führen. § 738–742 II, 1. Bei Scheidung wegen Wahnsinns oder körperlicher Gebrechen des einen Theils bleibt der andere Gatte subsidiär zum Unterhalt verpflichtet. § 759–760 II, 1.

§ 4.

D. 23, 1 de sponsalibus. A.L.R. § 75–135 II, 1.

Verlöbniß.

A. Erfordernisse.
B. Form.
C. Persönliche Stellung der Verlobten.
D. Erfüllung.
E. Endigung.
  I. Wegfall.
  II. Auflösung.
  III. Einseitiger Rücktritt.
  IV. Vermögensfolgen.

A. Erfordernisse.

Verlöbniß (sponsalia) ist das wechselseitige Versprechen zweier Personen, mit einander künftig eine Ehe eingehen zu wollen. Häufig geht eine solche Abrede dem Ehebunde voran. Nach altgermanischem Brauch bestand die Verlobung (desponsatio) in dem Brautkauf, welchen der Mann mit dem Muntwald der Braut gegen einen standesgemäßen Preis (Leibzucht, Witum) abschloß, worauf unter gewissen Feierlichkeiten die Uebergabe der Frau, Trauung erfolgte. Im kanonischen Recht heißt das Verlöbniß sponsalia de futuro im Gegensatz zur Ehe sponsalia de praesenti, die vor dem Tridentiner Concil auch nur durch formlose Erklärung des Consenses geschlossen wurde. c. 9, 31 X 4, 1.

Zur Verlobung gehört ein Alter der Betheiligten von mindestens sieben Jahren l. 14 D. ht., sowie die Einwilligung ihrer Gewalthaber oder Vormünder. l. 7 § 1, l. 13 D. ht. Personen, deren Eheschließung ein trennendes Hinderniß entgegensteht, können sich nicht mit einander verloben. l. 16 D. ht. Auch das kanonische Recht c. 7, 8 X 4, 2; c. un. in VI[to] 4, 2 begnügt sich mit einem Alter von sieben Jahren, gestattet aber den Verlobten nach erlangter Mündigkeit einseitigen Rücktritt. In der gemeinen Praxis wird Ehemündigkeit erfordert. Für den Consens der Eltern und Vormünder ist heute das R.G. vom 6. Febr. 1875 § 29 maßgebend. Das A.L.R. § 76–80 ht. verlangt, daß unter den Verlobten schon sämmtliche Vorbedingungen eines gültigen Ehebundes bestehen; doch soll, falls der für einen Theil nöthige Consens der gesetzlichen Vertreter noch aussteht, der andere Theil vorläufig gebunden sein.

B. Form.

Nach latinischer Sitte geschah das Verlöbniß durch Stipulation zwischen dem Bräutigam (sponsus) und dem Vater bzw. Vormund der Braut (sponsa). l. 2, 3 D. ht. Im späteren Rom reicht formloser Consens hin, der auch mittelst concludenter Handlungen, unter Abwesenden oder durch Specialbevollmächtigte erklärt werden kann. l. 4 D. ht. Der Haustochter, welche durch ihren Vater verlobt wird, steht ein Widerspruch nur zu, wenn ihr ein ‚indignus moribus vel turpis sponsus' aufgedrungen werden soll. l. 12 D. ht. Das kanonische Recht und die gemeine Praxis halten an dem formlosen Abschluß fest. Die Beifügung einer Bedingung, die nicht wider die guten Sitten verstößt, ist zulässig. Während der Schwebezeit der Bedingung darf jeder Theil zurücktreten, es sei denn, daß durch Vornahme des Beischlafs (copula carnalis) das Verlöbniß in ein unbedingtes verwandelt wurde. c. un. in VI[to] 4, 2; c. 30 X 4, 1.

Im A.L.R. § 82–94 ht. wird gerichtliche (für gemeine Landleute dorfgerichtliche) oder notarielle Form vorgeschrieben. Die Brautleute müssen bei Aufnahme des Eheverlöbnisses in Person gegenwärtig sein. Der abwesende Bräutigam kann sich durch einen gerichtlich ernannten Bevollmächtigten vertreten lassen; die großjährige, nicht mehr in väterlicher Gewalt stehende Braut hat mit einem von ihr selbst gewählten männlichen Beistand zu erscheinen. Die Form wird durch ein mit beiderseitiger Einwilligung erfolgtes Aufgebot ersetzt, nicht aber durch hinzukommenden Beischlaf. Aus bedingten Verlöbnissen steht jedem Theile der Rücktritt frei. § 95–96 ht. Die Entschädigungsansprüche einer geschwängerten und grundlos verlassenen Braut sind nach Pr.G. vom 24. April 1854 § 3 von dem förmlichen Eheverlöbniß unabhängig.

C. Persönliche Stellung der Verlobten.

Brautleute stehen, was ihre sittlichen Beziehungen angeht, in einem eheähnlichen Verhältniß. Sie sind einander zur Wahrung der Treue verpflichtet. l. 13

§ 3 D. 48, 5; c. 25 X 2, 24. Wer vor Lösung des ersten Verlöbnisses ein zweites (bina sponsalia) eingeht, wird in Rom dadurch infam. l. 1 D. 3, 2. Das kanonische Recht c. 31 X 4, 1 belegt ihn mit Kirchenstrafen. Nach A.L.R. § 133–135 ht. erlangt er aus dem zweiten Verlöbniß keine Rechte, sondern hat dem andern gutgläubigen Theil, der zurücktritt, volle Entschädigung zu leisten. Die Beleidigung der Braut gab wenigstens in Rom dem Bräutigam eine actio injuriarum. l. 15 § 24 D. 47, 10. Verlobte sind von der Zeugnißpflicht gegen einander befreit. C.Pr.O. § 348 Z. 1. Str.Pr.O. § 51 Z. 1, § 57. Sie gelten als Angehörige im Sinne des St.G.B. § 52 Abs. 2, z. B. bei Nothstand. Dagegen ist die Bestimmung des kanonischen Rechtes, welche aus dem Brautstand eine Quasi-Affinität folgerte und darin ein Hinderniß für die Ehe eines Verlobten mit nahen Blutsverwandten des anderen erblickte, veraltet. c. 8 X 4, 1.

D. Erfüllung.

Nach römischer Auffassung entsprang aus dem Verlöbniß eine bloße spes matrimonii, deren Verwirklichung in keinerlei Weise erzwingbar war. l. 1 C. 5, 1. So sehr sah man in der Ehe einen Ausfluß freier Willenseinigung, daß es selbst als unsittlich erachtet wurde, Conventionalstrafen auf den Bruch des Verlöbnisses zu setzen. l. 134 pr. D. 45, 1. Später ließ man zur Bestärkung ein Angeld (arrha sponsalicia) zu, das dem Empfänger verblieb, falls der Geber zurücktrat, anderenfalls aber, wenn den Empfänger Schuld an der Auflösung traf, in doppeltem Betrage zurückerstattet werden mußte. l. 5 C. 5,1.

Das kanonische Recht giebt aus dem Verlöbniß eine actio matrimonialis, die grundsätzlich auf Vollzug der Ehe geht. c. 10 X 4, 1. Auf gleichem Boden steht das A.L.R., jedoch mit der Maßgabe, daß der Anspruch in einem Jahre seit der letzten fruchtlos geschehenen Aufforderung verjährt. § 130 ht. Da sich aber der Abschluß einer Ehe nicht erzwingen läßt, so half sich die gemeine Praxis dadurch, daß sie dem Beklagten, der beharrlich und grundlos widerstrebte, Strafen und Ersatzpflichten auferlegte. In einigen protestantischen Gebieten, wie Württemberg, Sachsen kam sogar, wenn es sich um die Verstoßung einer geschwängerten Braut handelte, eine Zwangstrauung vor, wobei man den Consens supplirte. Eine mildere Anschauung, die auch früher in Preußen vgl. A.L.R. § 1037 ht. herrschte, verleiht in solchem Falle der Braut die Befugnisse einer geschiedenen und für den unschuldigen Theil erklärten Ehefrau des Schwängerers, sowie ihrem Sprößling die Rechte eines durch nachfolgende Ehe legitimirten Kindes. Die C.Pr.O. § 774, 779 Abs. 2 verwirft aus Urtheilen, die auf Eingehung einer Ehe lauten, jeden Zwang zur Vornahme der Erklärung oder Handlung. Es bleibt daher nur übrig, gegen einen Verlobten, der sein gültiges Eheversprechen nicht erfüllen kann, weil er schon anderweit verheirathet ist, oder der sich einem Urtheil auf Vollzug der Ehe hartnäckig widersetzt, zu beantragen, daß er etwa zugesagte Conventionalstrafen — denen heute kein Bedenken entgegensteht — zahle, sämmtlichen Aufwand, welcher dem Gegner in Folge des Verlöbnisses durch Reisen, Bewirthung, Geschenke 2c. entstand, vergüte, und namentlich der treulos verlassenen Braut eine Genugthuung für ihre Einbuße an Ehre und Affection leiste. Bd. II S. 12. Außerdem verliert er jeglichen Anspruch auf Rückerstattung seiner Brautgeschenke.

Das A.L.R. § 112–118 ht. schließt sich dem Wege der neueren gemeinen

Praxis an und setzt die Entschädigung des unschuldigen Verlobten, falls eine Mitgabe, ein Gegenvermächtniß bedungen oder dem überlebenden Theil ein Erbtheil verschrieben ist, auf den vierten Theil dieses Betrages. Dafür sind die Eltern des treulosen Verlobten subsidiär mitverhaftet, sofern sie in das Verlöbniß und in die Weigerung es zu erfüllen eingewilligt haben. Die geschwängerte und grundlos verlassene Braut hat nach dem Pr.G. vom 24. April 1854 außer dem Ersatz aller durch ihren Zustand hervorgerufenen Kosten noch die Wahl, entweder standesgemäße lebenslängliche Verpflegung oder den sechsten Theil des Vermögens des Schwängerers zu fordern. Ihre Klage verjährt binnen zwei Jahren seit erfolgter Niederkunft oder Fehlgeburt. Doch wird, falls der Schwängerer innerhalb dieser Frist seinen bisherigen Aufenthalt verließ, die Zeit, während welcher sein neuer Aufenthalt der Geschwängerten unbekannt blieb, von der Verjährungsfrist abgerechnet.

E. Endigung.

I. Das Verlöbniß **fällt weg,** wenn einer der Verlobten stirbt oder sich z. B. durch anderweite Verheirathung, nach kanonischem Recht durch Empfang der höheren Weihen, außer Stand setzt, die Ehe zu vollziehen. Bei bedingten Verlöbnissen steht gleich der Eintritt der auflösenden, bzw. der Ausfall der aufschiebenden Bedingung. Das Verlöbniß verjährt nach gemeinem Recht in zwei Jahren. l. 2 C. 5, 1. Dies gilt auch im A.L.R. § 97–98, § 129 ht., wenn im Verlöbniß keine Erfüllungszeit festgesetzt oder dem Belieben eines Theils überlassen ist. Bei Abrede einer bestimmten Zeit soll nach A.L.R. § 128 ht. spätestens ein Jahr nachher die Aufforderung zum Abschluß der Ehe erfolgen.

II. Das Verlöbniß wird **aufgelöst** durch beiderseitige Einwilligung der Verlobten oder durch Anfechtung des Vertrages nach allgemeinen Grundsätzen.

III. Ein **einseitiger Rücktritt** vom Verlöbniß ist in Rom stets zulässig l. 2 § 2 D. 24, 2, heute nur aus hinlänglichen Ursachen. Dazu rechnen nicht blos Ehescheidungsgründe, sondern auch geringere Vergehen, sowie solche Veränderungen in den persönlichen Verhältnissen des einen Verlobten, welche den anderen Theil nach Lage der Umstände vom Abschluß des Verlöbnisses abgehalten hätten, z. B. körperliche Verunstaltung, erhebliche Erkrankung, Confessionswechsel, eintretende Nahrungslosigkeit. Sogar ein Irrthum über derartige Eigenschaften, wie Vermögenslage, Stand, genügt zur Begründung des Rücktritts. c. 3 X 4, 8. A.L.R. § 99–111, § 133–135 ht.

IV. **Vermögensfolgen.**

In Rom findet, wenn das Verlöbniß nicht zur Ehe führt, ein gegenseitiger Austausch der Brautgeschenke (munera sponsalicia) statt. Bei Tod des Bräutigams darf die Braut die Hälfte der empfangenen Geschenke behalten ‚osculo interveniente‘, d. h. wenn sie sich von ihrem Verlobten in Gegenwart von Zeugen küssen ließ. l. 16 C. 5, 3. Das gemeine Recht gestattet dies der Braut immer, auch ohne daß eine Besiegelung des Verlöbnisses durch Küsse geschah, wenn sie nur an der Endigung keine Schuld trägt. Dem A.L.R. ist diese Sitte unbekannt; nach § 122–123, § 132 ht. soll der Austausch der Brautgeschenke binnen Jahresfrist verlangt werden, aber bei Todesfall dem überlebenden Theil freistehen, ganz darauf zu verzichten.

Anders erhält es sich heute, wenn der eine Verlobte durch sein schuldhaftes Verhalten dem andern Theil Grund zum Rücktritt gab. Dann verliert der schuldige Theil das Recht auf Erstattung der von ihm gegebenen Brautgeschenke und ist zum Ersatz aller durch die Verlobung herbeigeführten Auslagen verpflichtet. Im A.L.R. ist dieser Anspruch nur beschränkt vererblich § 124–127 ht. und fällt ganz fort, wenn sich der Rücktrittsberechtigte vor dem anderen Theil verheirathet. § 131 ht.

§ 5.

Ehehindernisse.

A. Eintheilung.
Aufschiebende und trennende. Absolute und relative.
Nichtige und ungültige Ehe.
B. Dispensation.
C. Einzelne Ehehindernisse.
I. Mängel im Willen.
Zustände geistiger Störung.
Zwang, Drohung, Entführung.
Irrthum, Betrug.
II. Mängel im Verfügungsrecht über die eigne Person.
a) Abhängigkeit von Anderen.
Elterlicher Consens.
Erlaubniß von Behörden.
b) Bestehende Ehe.
Gewissensehe. Einspruch aus einem Verlöbniß?
c) Geistliches Gelübde?
III. Mängel in der körperlichen Hingabe.
a) Jugendliches Alter.
b) Geschlechtliches Unvermögen?
c) Verwandtschaft.
Blutsbande, Schwägerschaft.
Geistige Verwandtschaft?
Adoption, Vormundschaft.
IV. Mängel in der sittlichen Führung.
Ehebruch. Gattenmord.
V. Mängel in der Einheit des Standes, der Religion.

Eine rechtsgültige Ehe setzt die Willenseinigung zweier Personen voraus, welche das Gesetz zum Ehebund mit einander für tauglich erklärt. Diese persönliche Fähigkeit zur Ehe wird connubium genannt ‚jus uxoris recte ducendae‘. Gründe, welche die rechtliche Möglichkeit einer Ehe ausschließen, heißen Ehehindernisse.

A. Eintheilung.

Die Ehehindernisse (impedimenta matrimonii) zerfallen in aufschiebende (impedientia) und trennende (dirimentia). Die aufschiebenden stehen zwar der Eingehung entgegen, lösen aber die trotzdem geschlossene Ehe nicht (impediunt fieri). Sie haben meist den Charakter eines religiösen oder disciplinaren Verbots, dessen Uebertretung blos Rügen oder Vermögensbußen nach sich zieht (lex imperfecta, minus quam perfecta vgl. Bd. I S. 169). Die trennenden Hindernisse heben eine zu Unrecht geschlossene Ehe auf (facta retractant).

Von einem andern Gesichtspunkt aus sind die Hindernisse absolute oder relative, je nachdem sie die Ehe mit Allen oder nur mit einem bestimmten Kreise von Personen verwehren.

Die trennenden Hindernisse scheidet man nach der Geltendmachung in öffentliche, welche im Staatsinteresse von Amtswegen zur Trennung der Ehe führen, und in private, welche die Anfechtung in das Ermessen der verletzten Person stellen. In diesem Sinne spricht die C.Pr.O. § 568 ff., welche sich der Ausdrucksweise des A.L.R. anschließt, von einer nichtigen oder ungültigen Ehe. Eine nichtige Ehe kann nicht nachträglich erstarken. Soll sie unter den Personen, welche sie eingingen, Bestand erlangen, so ist nach Wegfall des Hindernisses ein neuer formeller Abschluß vonnöthen. A.L.R. § 946–947 II, 1. Eine ungültige Ehe bleibt aufrecht, wenn der Mangel sich durch spätere Umstände, Verzicht 2c. hebt (revalidatio), oder die zur Anfechtung gesetzte Frist versäumt wird. A.L.R. § 975–976 II, 1.

B. Dispensation.

Sie ist aus entschuldbaren Gründen von den meisten Ehehindernissen zuläßig. Sie gebührt nach katholischem Kirchenrecht dem Papst, zuweilen den Bischöfen, welchen in der Regel für solche Fälle, in denen Gefahr im Verzuge und die Einwilligung der Curie zu erwarten ist, eine von fünf zu fünf Jahren zu erneuernde Vollmacht (Quinquennal-Facultät) eingeräumt wird. In evangelischen Gebieten steht das Recht, Dispens zu ertheilen, dem Landesherrn und seinen Consistorien zu. Das R.G. vom 6. Febr. 1875 § 40 nimmt diese Befugniß für den Staat in Anspruch und überläßt die Ausübung den Landesregierungen.

C. Einzelne Ehehindernisse.

Die Erforderniße einer rechtsgültigen Ehe sind im R.G. vom 6. Febr. 1875 festgestellt. Das Landesrecht kann die Wirkungen einer reichsgesetzlich verbotenen Ehe näher ordnen, aber nicht das Recht zur Eheschließung in weiterem Umfange beschränken. § 36, 39. Dadurch wird die bürgerliche Ehe von vielen rein kirchlichen Verboten unabhängig. Letztere kommen in Verbindung mit geistlichen Dispensen nur als „Gewissenssache" insoweit in Betracht, als die Gatten eine kirchliche Einsegnung ihrer Ehe begehren.

Die Ehehindernisse lassen sich auf folgende Mängel zurückführen:

I. Mängel im Willen, vgl. Bd. I S. 211 ff.

Personen, welche sich im Zustande geistiger Störung befinden, können keine Ehe eingehen.

Der Zwang, unter dessen Druck einer der Nupturienten stand, schließt die gültige Ehe aus. Der körperlichen Gewalt gleich steht die ernsthafte Drohung mit erheblichen Gefahren. Unter denselben Gesichtspunkt fällt die Entführung einer Frauensperson wider deren Willen. Folgte sie dem Entführer freiwillig, so kann dennoch der Ehebund an der fehlenden elterlichen Zustimmung scheitern.

Der Irrthum gilt im kanonischen Recht nur als trennendes Ehehinderniß, wenn er die Identität oder den freien Stand der anderen Person betraf. c. un. C. 29 qu. 1; c. 4 C. 29 qu. 2. Selbst durch den Irrthum über die Virginität der Braut wird keine Anfechtung der Ehe begründet. c. 25 X 2, 24. Die spätere katholische Praxis ging weiter und berücksichtigt den error qualitatis in personam redundans d. h. über Eigenschaften des anderen Theils, die seine Individualität feststellen. Nach protestantischem Kirchenrecht genügt es schon, wenn dem einen Verlobten Eigenschaften des anderen unbekannt blieben, welche entweder das Wesen der Ehe an sich gefährden oder von der Abschließung dieser Ehe zurückgehalten hätten. A.L.R. § 40 II, 1. Dahin gehören: Mangel der Jungfräulichkeit der Braut, ihre Schwangerschaft von einem Dritten, unheilbare oder ansteckende Krankheiten eines Theils, von ihm verübte Verbrechen 2c., aber nicht der bloße Irrthum über Glücksumstände (error fortunae). Der Betrug führt zur Trennung der Ehe, insoweit er einen dazu geeigneten und einem Verlobten arglistig vorgespiegelten Irrthum enthält.

Die Mängel der Willensbestimmung werden durch freien Verzicht geheilt. Als solcher gilt der Umstand, daß die Gatten nach Aufhebung des Zwanges, Irrthums ꝛc. den Beischlaf mit einander vornahmen oder geraume Zeit zusammen wohnten. c. 21 X 4, 1. Dies bezieht sich auch auf das Hinderniß der Entführung, das früher als unverzichtbar angesehen wurde. c. 7 X 5, 17. Das A.L.R. § 41 II, 1 setzt die Frist auf sechs Wochen seit Wegfall des Zwanges oder Entdeckung des Irrthums. Den Erben des verletzten Gatten, der ohne die Ungültigkeit der Ehe zu rügen verstarb, steht die Anfechtung nicht zu, außer im Fall des Zwanges, wenn die Ehe kinderlos blieb. Dabei wird ihnen die Restfrist, welche noch für den Erblasser lief, vom Todestage an verdoppelt. § 42–44 II, 1.

II. Mängel im Verfügungsrecht über die eigne Person.

a) Abhängigkeit von Anderen.

In Rom durften Hauskinder nur mit Einwilligung ihres Gewalthabers heirathen. pr. J. 1, 10; l. 2 D. 23, 2. Versagte derselbe seine Zustimmung grundlos, so fand gegen ihn prätorischer Zwang statt. l. 19 D. 23, 2. Die Ehe einer gewaltfreien minderjährigen Person war vom Consens ihres Curators unabhängig. l. 20 D. eod. Nach den deutschen Volksrechten wurde die Tochter durch ihren Vater oder Muntwald verehelicht. Von diesen Grundsätzen ging ursprünglich auch die katholische Kirche aus, doch schwächte sich im Laufe ihrer Entwicklung der elterliche Consens zu einem blos sittlichen Erforderniß der Eheschließung ab. c. 3 C. 30 qu. 2. Das Tridentiner Concil bestimmt ausdrücklich, daß durch die fehlende Einwilligung der Eltern die Wirkung des Ehesacramentes nicht vereitelt werde. Dagegen erklärt das protestantische Kirchenrecht Ehen, welche ohne Vorwissen und Zustimmung der Eltern geschlossen sind, für ungültig, läßt aber eine richterliche Ergänzung des Consenses zu.

Nach R.G. vom 6. Febr. 1875 § 29–32 bedürfen eheliche Kinder, und zwar Töchter bis zum vollendeten 24., Söhne bis zum zurückgelegten 25. Lebensjahr der Einwilligung des Vaters. Nach dem Tode des Vaters ist der Consens der Mutter und, wenn die Kinder noch minderjährig sind, auch der des Vormunds nöthig. Sind beide Eltern verstorben, so genügt für minderjährige Kinder die Zustimmung des Vormunds allein. Letzterer soll nach Pr. V.O. vom 5. Juli 1875 § 48 die Ermächtigung des Vormundschaftsgerichtes einholen. Dem Tode des Vaters oder der Mutter steht es gleich, wenn dieselbe dauernd entweder zur Abgabe einer Erklärung unfähig oder unbekannten Aufenthaltes sind. Uneheliche Kinder werden wie vaterlose eheliche behandelt. Bei angenommenen Kindern tritt an Stelle des Vaters der Adoptirende, an welchen die väterliche Gewalt überging. Großjährige Kinder, denen der Consens versagt wurde, haben gegen ihre Eltern eine Klage auf richterliche Ergänzung. Dabei hat der Richter zu prüfen, ob die Verweigerung gehörig begründet ist. Das A.L.R. § 58–72 II, 1 führt einige Ursachen als Beispiele auf, anerkennt aber jeden Grund als erheblich, aus welchem „eine vernünftige und wahrscheinliche Besorgniß entspringt, daß die künftige Ehe unglücklich und mißvergnügt sein dürfte.“

Die rechtlichen Folgen einer unconsentirten Ehe richten sich nach Landesrecht. Daher hat das Hinderniß in Gebieten, wo das katholische Kirchenrecht noch gilt, nur aufschiebende Kraft. Nach A.L.R. § 994 II, 1 kann der in seinem Zustimmungsrecht Verletzte die Ehe binnen sechs Monaten, seitdem er von ihrem Abschluß Kunde erhielt, anfechten. Doch bleibt die unconsentirte Ehe eines nicht mehr unter väterlicher Gewalt stehenden Sohnes trotzdem gültig. § 997 II, 1. Die Befugniß, Kinder dafür, daß sie ohne Bewilligung ihrer Eltern heirathen, auf die Hälfte des Pflichttheils zu setzen, ist als Strafe des Ungehorsams vom elterlichen Consensrecht unabhängig. § 995–996 II, 1.

Auf anderen Gründen beruht die Erlaubniß der Behörden zur Ehe von Militärpersonen, Beamten, Landarmen, Ausländern. Heute bedürfen noch Militärpersonen des Friedensstandes der Genehmigung ihrer Vorgesetzten, die für Officiere zumeist von dem Nachweis eines standesgemäßen Vermögens abhängt. R.G. vom 2. Mai 1874 § 40. A.L.R. § 34–35 II, 1. Ausländer haben nach Pr.G. vom 13. März 1854 ein beglaubigtes Attest der Ortsobrigkeit ihrer Heimath beizubringen, daß sie nach dortigen Gesetzen, unbeschadet ihrer Staatsangehörigkeit zur Eingehung einer Ehe im Ausland befugt sind. Doch bleibt nach R.G. vom 6. Febr. 1875 § 38 der Mangel dieser behördlichen Consense auf die Rechtsgültigkeit der geschlossenen Ehe ohne Einfluß.

b) **Bestehende Ehe.**

Ein Gatte darf sich nicht wiederverheirathen, bevor seine Ehe aufgelöst, für ungültig oder nichtig erklärt worden ist. R.G. vom 6. Febr. 1875 § 34. St.G.B. § 171. Streit herrscht, ob die folgende Ehe aufrecht bleibt, wenn sich die frühere als blos putative herausstellt. Nach A.L.R. § 936, 941–947 II, 1 ist die zweite Ehe in der Regel nichtig; doch soll sie, wenn der Gatte aus entschuldbarem Irrthum die erste Ehe für getrennt hielt, blos anfechtbar sein und durch die nachträglich erfolgte Lösung der ersten Ehe von Anfang an gültig werden.

Das Hinderniß einer bestehenden Ehe (ligaminis) ist indispensabel. Das ältere protestantische Recht ließ für Nothfälle im Wege beichtväterlicher Dispensation (in foro conscientiae) eine Doppelehe zu, insbesondere wenn ein Gatte durch Krankheit an der Erfüllung der ehelichen Pflicht gehindert war, was früher keinen Scheidungsgrund abgab. So anerkannte Melanchthon die Doppelehe Philipps des Großmüthigen, Landgrafen von Hessen. Heute nach Erweiterung der Scheidungsgründe ist nur ein evangelischer Landesherr, der sich als höchster Bischof selbst von allen Hindernissen dispensiren kann, in der Lage, eine solche Gewissensehe einzugehen.

Das bestehende Verlöbniß berechtigte zwar nach kanonischem Recht c. 31 X 4, 1 und auch nach A.L.R. § 158 II, 1 den verlassenen Verlobten zu einem Einspruch gegen die Ehe des anderen, vermochte aber dieselbe nicht zu trennen. Nach R.G. vom 6. Febr. 1875 § 39 hat ein Verlöbniß nicht einmal aufschiebende Kraft.

c) **Geistliches Gelübde.**

Das kanonische Recht unterschied das Keuschheits-Gelübde (votum simplex) vom votum solemne durch Empfang der höheren Weihen oder wirklichen Eintritt in einen Orden. Im ersteren Fall galt das Gelübde als ein aufschiebendes, im letzteren als ein trennendes und öffentliches Ehehinderniß. c. un. in VI^to 3, 15. Heute kommen diese Vorschriften für die bürgerliche Ehe nicht in Betracht.

III. Mängel in der körperlichen Hingabe.

a) Jugendliches Alter.

In Rom begann die Ehemündigkeit für Mädchen mit dem vollendeten 12., für Jünglinge mit dem zurückgelegten 14. Lebensjahre. l. 4 D. 23, 2. Dem folgte das kanonische Recht, welches ausnahmsweise auch bei früherer Geschlechtsreife Ehen zuließ. c. 3, 9 X 4, 2. Das A.L.R. § 37 II, 1 verlangte ein Alter von 14 bzw. 18 Jahren und erlaubte bevormundeten Jünglingen unter 18 Jahren, falls der Vormundschaftsrichter die Verheirathung für zuträglich hielt, eine sog. Probe-Ehe. Bd. I S. 220.

Das R.G. vom 6. Febr. 1875 § 28 setzt die Ehemündigkeit für Männer auf das vollendete 20., für Weiber auf das vollendete 16. Lebensjahr. Dispensation — nach Pr.Vo. vom 24. Febr. 1875 durch den Justizminister — ist statthaft. Der Altersmangel wirkt nach A.L.R. § 970, 990–992 als trennendes privates Hinderniß. Die Ehe ist seitens des gesetzlichen Vertreters des unreifen Gatten anfechtbar, wird aber gültig, wenn der Fehler nicht binnen sechs Monaten nach erreichter Ehemündigkeit gerügt wurde.

b) Geschlechtliches Unvermögen.

In Rom war nur die Ehe unter Castraten nichtig, nicht die unter natürlich Zeugungsunfähigen. l. 39 § 1 D. 23, 3. Das kanonische Recht sah auch in der dauernden und unheilbaren Impotenz des Ehemannes, sofern die Frau bei Eheschluß um diesen Fehler nicht gewußt hat, ein trennendes privates Hinderniß. Durch genaue Vorschriften war der Beweis geordnet. Zuvörderst fand eine ärztliche Untersuchung statt. Bestätigte dieselbe den Klagegrund, so wurde den Gatten der Eid auferlegt, daß die Ehe um dieses Mangels willen unvollzogen geblieben sei. Lautete aber das sachverständige Gutachten zweifelhaft, so sollte noch ein experimentum triennalis cohabitationis mit Diligenzeid der Gatten nachfolgen. c. 2–7 X 4, 15.

Dem R.G. vom 6. Febr. 1875 ist das Ehehinderniß der Impotenz unbekannt.

c) Verwandtschaft.

Enge Blutsbande steht der Ehe entgegen, theils weil Inzucht die Familie degenerirt, theils weil nahe Verwandtschaft das geschlechtliche Verlangen ausschließt (horror sanguinis). In Rom war die Ehe verboten zwischen Verwandten auf- und absteigender Linie, unter voll- bzw. halbbürtigen Geschwistern, und aus Gründen des gleichsam elterlichen Verhältnisses (respectus parentelae l. 39 D. 23, 2) zwischen Oheim und Nichte, Tante und Neffen auch in entfernteren Graden. Die Ehe mit der Bruderstochter galt, seitdem sich Claudius mit Agrippina verheirathet hatte, für erlaubt. Gaj. I § 59–62, § 1–5 J. 1, 10. Die Kirche schloß sich ursprünglich dem römischen Rechte an. Später verbot sie nach dem Grundsatz, daß Niemand in seine Verwandtschaft heirathen dürfe, diese aber erst mit dem siebenten Grade endige, auch die Ehen unter Geschwisterkindern und zwischen Geschwisterenkeln. Die Päpste des achten Jahrhunderts setzten an Stelle der römischen Zählung nach Zeugungen die deutsche Sitte, nach Elternschaften zu rechnen vgl. Bd. I S. 180, und untersagten die Ehe unter Verwandten bis zur siebenten Generation, d. h. bis zum 14. Grade römischer Computation. c. 1 C. 35 qu. 2 und 3. Dies ungeheuerliche Verbot beschränkte Innocenz III. im vierten Lateranensischen Concil 1216 auf den vierten Grad kanonischer Rechnung, indem er sich auf die Lehre des Galenus von den vier „Humoren" im menschlichen Körper (Blut, Wasser, schwarze und grüne Galle) berief. c. 8 X 4, 14. Dabei entschied die längere Linie der Abstammung c. 9 eod., so daß, wenn einer der Nupturienten in der fünften Generation, der andere aber in einer näheren mit dem gemeinschaftlichen Stammvater verwandt ist, die Ehe unter ihnen als zulässig gilt. Auf mehrfache oder blos uneheliche Verwandtschaft kommt es nicht an. Doch pflegt die Kirche ausreichenden Dispens bis zum zweiten Grade zu gewähren. Das A.L.R. § 3–4, 8–9 II, 1 verwehrte Ehen zwischen Verwandten in auf- und absteigender Linie, unter Geschwistern, und machte die Verbindung des Neffen mit seiner „älteren" Tante von einem Dispens abhängig.

Nach R.G. vom 6. Febr. 1875 § 33 Z. 1–2 ist die Ehe verboten: zwischen Verwandten in auf- und absteigender Linie, sowie zwischen voll- und halbbürtigen Geschwistern, ohne Unterschied ob das Verhältniß auf ehelicher oder außerehelicher Geburt beruht. Das Hinderniß hat nach A.L.R. § 935 II, 1 trennende und öffentliche Kraft.

Die Schwägerschaft schloß in Rom die Ehe aus: in grader Linie zwischen Stiefeltern und Stiefkindern, zwischen Schwiegereltern und Schwiegerkindern jeden Grades, und in der Seitenlinie zwischen einem Gatten und den Geschwistern des anderen. l. 14 § 4 D. 23, 2; l. 5, 8 C. 5, 5. Auf gleichem Boden stand in älterer Zeit die Kirche, welche sich über das mosaische Gebot der Leviratsehe zwischen der kinderlosen Wittwe und dem Bruder ihres verstorbenen Mannes 5. Mos. 25, 5 hinwegsetzte. Später, zog man aus der Auffassung, daß die Geschlechtsgemeinschaft eine Einheit des Fleisches ‚una caro' c. 15 C. 35 qu. 2–3 bewirke, weitere Folgen. Jedem Gatten wurde die Ehe mit Verwandten des anderen Theils soweit verboten, als letzterer sie nicht wegen Blutsverwandtschaft heirathen durfte. c. 7 eod. Sogar in dem Verhältniß des Gatten zu den Verschwägerten seines verstorbenen Gatten, sowie zu deren Verschwägerten fand man eine der Ehe hinderliche Affinität ‚secundi bzw. tertii generis'. c. 12, 22 eod. Man leitete ferner die Schwägerschaft als illegitima aus dem unehelichen Beischlaf ab und trennte eine bestehende Ehe wegen affinitas superveniens, falls ein Gatte sich ehebrecherisch mit nahen Blutsverwandten des anderen vermischt hatte. c. 8 eod. Schließlich wurde aus Gründen der publica honestas eine Quasi-Affinität zwischen dem einen Verlobten und den Verwandten des anderen Theils angenommen. c. 12 C. 27 qu. 2. Mit Erweiterung des zur Ehe fähigen Verwandtenkreises schrumpfte das Ehehinderniß der Schwägerschaft zusammen. Das vierte Lateranensische Concil anerkennt nur eine Affinität primi generis bis zum vierten Grade, das Tridentiner Concil beschränkt die uneheliche Affinität auf den zweiten und die Quasi-Affinität auf den ersten Grad. Dispense sind in der Seitenlinie statthaft.

Das R.G. vom 6. Febr. 1875 § 33 Z. 3 erklärt — entsprechend dem A.L.R. § 5–7 II, 1 — blos die Schwägerschaft in grader Linie für ein

Hinderniß. Ehen sind verboten zwischen Stiefeltern und Stiefkindern, Schwiegereltern und Schwiegerkindern jeden Grades, ohne Rücksicht darauf, ob das Schwägerschaftsverhältniß auf ehelicher oder außerehelicher Geburt beruht, und ob die Ehe, durch welche jene Beziehung begründet wird, noch besteht oder nicht.

Eine Art geistiger Verwandtschaft (cognatio spiritualis) entsteht nach kirchlicher Lehre für die am Sacrament der Taufe und Firmung Betheiligten. Schon Justinian erblickt in dem Verhältniß zwischen Pathen und Täufling ein gleichsam elterliches und verwehrt die Ehe unter ihnen. l. 26 C. 5, 4. Später wurde das Verbot unmäßig ausgedehnt. c. 5 C. 30 qu. 1. Das Tridentiner Concil beschränkt es auf die Verbindung zwischen dem Taufenden bzw. Pathen einerseits und dem Täufling bzw. dessen Eltern andererseits. Für die bürgerliche Ehe kommt dieses Hinderniß nicht mehr in Betracht.

Die Adoption begründete nach römischer Ansicht verwandtschaftliche Beziehungen (cognatio legalis) unter den Mitwirkenden sowie deren Agnaten, und galt deshalb insoweit als ehehindernd. Doch hing das Verbot von der Dauer des Adoptivverhältnisses ab und war allein für die Heirath zwischen Adoptiveltern und Adoptivkindern ein unbedingtes. § 1, 5 J. 1, 10; l. 14 pr. § 1 D. 23, 2. In gleicher Weise entschied die Kirche. c. un. X 4, 12.

Das R.G. vom 6. Febr. 1875 § 33 Z. 4, das dem A.L.R. § 13 II, 1 folgt, verbietet nur Ehen zwischen Personen, von denen eine die andere an Kindesstatt angenommen hat, so lange dieses Rechtsverhältniß besteht. Das Hinderniß ist nach A.L.R. § 969, 985–989 ein trennendes, aber blos privates.

Aus der Vormundschaft geht die Pflicht zur Verwaltung des Mündelvermögens und zur Rechnungslage hervor. Daher erscheint die Ehe des Vormunds mit seinem Mündel vor gehörig vollzogener Entlastung bedenklich. In Rom war es dem Vormund und seinen männlichen Nachkommen durchaus untersagt, das weibliche Mündel zu heirathen, bevor dasselbe großjährig geworden oder in genügender Weise Rechnung gelegt war. l. 59, 62 § 2, 64 § 1–2, 66 pr., 67 pr. D. 23, 2.

Das R.G. vom 6. Febr. 1875 § 37 erklärt die Eheschließung eines Pflegebefohlenen mit seinem Vormund oder dessen Kindern während der Dauer der Vormundschaft für unzulässig, giebt aber dem Hinderniß — im Gegensatz zum A.L.R. § 14, 977–984 II, 1 — nur aufschiebende Wirkung.

IV. **Mängel in der sittlichen Führung.**

Nach der l. Julia de adulteriis durfte die wegen Ehebruchs angeklagte und überführte Frau ihren Mitschuldigen nicht heirathen. l. 11 § 11 D. 48, 5. Das kanonische Recht verstand dies Verbot auch vom Manne, welcher die Ehe brach. c. 4 C. 32 qu. 4. In der Praxis wurde Dispens üblich, außer wenn die Ehebrecher dem unschuldigen Gatten nach dem Leben getrachtet oder sich für dessen Todesfall die Ehe versprochen hatten. c. 4 C. 31 qu. 1. Besonders hebt die Kirche noch das Hinderniß des Gattenmordes (conjugicidii) als öffentlich und indispensabel hervor, wenn die Nupturienten, ohne sich eines Ehebruchs schuldig gemacht zu haben, den ihrer Heirath hinderlichen Gatten aus dem Wege räumten. c. 1 X 3, 33. Das A.L.R. § 25–29 II, 1 erklärt eine Ehe für nichtig, welche ein wegen Ehebruchs oder verdächtigen Umgangs geschiedener Gatte mit seinem Mitschuldigen einging.

Auch das R.G. vom 6. Febr. 1875 § 33 Z. 5 macht das Hinderniß des Ehebruchs von der vollzogenen Scheidung abhängig und verspricht Dispensation, welche in Preußen nach Ver. vom 24. Febr. 1875 durch den Justizminister gewährt wird.

V. Mängel in der Einheit des Standes, der Religion.

Die l. Canuleja 445 v. Chr. gab das connubium zwischen Patriciern und Plebejern. Bd. I S. 102. Römische Statthalter durften keine Frau heirathen, die aus ihrer Amtsprovinz herstammte oder daselbst ihren Wohnsitz hatte. l. 38 pr. D. 23, 2. Durch die l. Julia Papia Poppaea unter Augustus wurde Personen des Senatoren- oder Ritterstandes, um ihre Familien rein zu halten, die Ehe mit berüchtigten Frauen bei Vermögensstrafen untersagt. Justinian hat diese Satzung im eignen Interesse aufgehoben. Ueber die Mißheirath des deutschen Rechtes vgl. S. 5. Das noch im A.L.R. § 30–33 II, 1 aufgestellte Heirathsverbot zwischen Adligen und Frauen niederen Standes ist durch G. vom 22. Febr. 1869 beseitigt. Heute bildet der Standesunterschied kein Ehehinderniß mehr.

In der Verbindung zwischen Christen und Ungetauften sah die Kirche wegen der ‚disparitas cultus‘ eine Art Unzucht. l. 6 C. 1, 9; c. 17 C. 28 qu. 1. Die Ehen zwischen Katholiken und Protestanten ließen die Päpste unter der Voraussetzung zu, daß der akatholische Theil entweder seine Ketzerei abschwöre oder in einem Revers die rechtgläubige Erziehung der künftigen Kinder versichere. Bd. II S. 9. Doch kam es in manchen Gebieten zu einem modus vivendi, wonach der Pfarrer beim Eheschluß auch ohne den verlangten Revers passive Assistenz in der Sacristei gewährt. Jedenfalls gilt der Kirche dies Hinderniß ‚mixtae religionis‘ nur als aufschiebendes. Auch ist Dispens wegen Religionsverschiedenheit möglich. Das A.L.R. § 36 II, 1 verbot Christen die Verheirathung mit solchen Personen, welche nach den Grundsätzen ihrer Religion, sich den christlichen Ehegesetzen zu unterwerfen, gehindert werden. Heute kommt für die bürgerliche Ehe der religiöse Unterschied der künftigen Gatten nicht mehr in Betracht.

§ 6.

Eheschließung.

A. Nach römischem Recht.
B. Nach Kirchenrecht.
I. In der katholischen Kirche.
II. In der evangelischen Kirche.
III. Ehen Andersgläubiger.
C. Nach R.G. vom 6. Febr. 1875.

A. Nach römischem Recht.

In alter Zeit wurde die civile Ehe nur durch ‚in manum conventio‘ geschlossen. Die Form zur Begründung der manus konnte eine dreifache sein: 1. confarreatio, d. h. ein sacraler Act in Gegenwart von zehn Zeugen mit Speiseopfer (panis farreus Gerstenbrod), 2. coemtio, d. h. Verkauf der Frau Seitens ihres Gewalthabers in Gestalt einer Mancipation, Gaj. I § 113, Bd. I S. 345, 3. usus, d. h. Ersitzung der manus dadurch, daß sich die Frau ein volles

Jahr im Hause ihres Mannes aufhielt, ohne während drei aufeinander folgender Nächte (trinoctium usurpandi causa) abwesend zu sein. Gaj. I § 111, Bd. I S. 347. Später wurde die freie Ehe ohne Folgen der manus erlaubt. Zu ihrer Eingehung genügte die darauf gerichtete und irgendwie bekundete Willenseinigung fähiger Personen ‚nuptias non concubitus, sed consensus facit‘ l. 15 D. 35, 1. In der Regel galt die deductio mulieris in domum mariti, auch im Auftrage des abwesenden Bräutigams, als Erklärung des Consenses und Ausdruck der ‚affectio maritalis‘. l. 5 D. 23, 2; l. 66 pr. D. 24, 1. Nunmehr sank die manus zu einer unwesentlichen Zuthat herab, welche der Ehe durch besondere Rechtsacte beigefügt werden konnte. Man bediente sich sogar der manus zu anderen als Ehezwecken ‚fiduciae causa‘. So trat eine Frau tutelae evitandae gratia durch coemtio in die manus ihres Ehegatten oder eines fremden Mannes, um einem Dritten remancipirt zu werden, welcher sie dann freiließ und zu ihrem tutor fiduciarius wurde. Gaj. I § 114–115. In gleicher Weise schloß die Frau ‚dicis nomine‘ eine Scheinehe testamenti faciendi gratia, um durch die in der Manumission liegende capitis deminutio testirfähig zu werden. Gaj. I § 115a. Auch coemptiones mit Greisen waren nach einem Bericht Ciceros sacrorum interimendorum causa üblich. Diese künstlichen Erweiterungen der manus veralten mit der Geschlechtsvormundschaft. In der klassischen Periode ist die Manusehe außer Gebrauch. Nur für Priesterehen (flamines majores Gaj. I § 112) erhielt sich die confarreatio bis in die späte christliche Kaiserzeit. Die Vorschrift des griechischen Kaisers Leo philosophus, daß der Ehebund einer priesterlichen Einsegung bedürfe, kommt für das römische Recht nicht mehr in Betracht.

B. Nach Kirchenrecht.

I. **Die katholische Kirche** sah während des Mittelalters in der Consenserklärung eine allein zur Eheschließung ausreichende Form. Deshalb ging ein Verlöbniß durch Vollzug des Beischlafs unter den Verlobten sofort in eine Ehe über. c. 30 X 4, 1. Die kirchliche Einsegnung, welche in der Regel dem Eheschluß nachfolgte, schien nur zur christlichen Weihe des Bundes erforderlich. Durch das vierte Lateranensische Concil 1215 wurde die fränkische Sitte verallgemeinert, daß jeder beabsichtigten Ehe eine öffentliche Ankündigung vorausgehen sollte, um etwa entgegenstehende Hindernisse zu erkunden. c. 27 X 4, 1. Ehen, welche unter Beobachtung dieser Vorschrift eingegangen wurden, hießen öffentliche. Dadurch aber wurden matrimonia clandestina, deren Beweis auf andere Weise erbracht werden konnte, nicht ungültig. c. 2, 3 X 4, 3.

Erst das Tridentiner Concil in seiner 24. sessio ‚de reformatione matrimonii‘ beseitigt die formlosen Ehen und bestimmt eine declaratio consensus coram parocho et tribus vel duobus testibus. Zuvörderst sollen sich die Brautleute bei dem parochus proprius d. h. demjenigen Pfarrer, in dessen Sprengel sie ihren Wohnsitz haben, melden. Derselbe stellt nach Herkommen ein s. g. Brautexamen an, worin er sich über die Religionskenntnisse der Verlobten unterrichtet, sie über die Pflichten des Ehestandes belehrt und etwa entgegenstehende Hindernisse (juramentum integritatis) erforscht. Sodann findet an drei aufeinander folgenden Sonn- oder Festtagen ein Aufgebot während des Gottesdienstes statt. Wohnen die Brautleute in verschiedenen Sprengeln, so hat die Verkündigung an beiden Orten zu geschehen. Doch bildet das Aufgebot keine wesentliche Voraussetzung für die Gültigkeit der Ehe. Eine Unterlassung zieht nur Strafen nach sich, es sei denn, daß sie durch die Umstände, z. B. bei Trauungen auf dem Todtenbett, gerechtfertigt wird. Werden dem Pfarrer in Folge des Aufgebots oder sonstwie Ehehindernisse bekannt, so muß er den Ausgang des kirchlichen Verfahrens, das er auf Gesuch der Brautleute beim Bischof beantragen kann, abwarten. In Ermangelung von Ehehindernissen oder nach Beseitigung vorhandener nimmt der zuständige Pfarrer die Consenserklärung der Verlobten in Gegenwart von drei oder zwei Zeugen entgegen. Nach der Praxis soll zwischen diesem Act und dem letzten Aufgebot kein längerer Zeitraum als zwei Monate liegen, widrigenfalls es einer Wiederholung des Aufgebots bedarf. Als zuständig gilt bei verschiedenem Wohnsitz der Brautleute der Pfarrer eines jeden ihrer Sprengel. Doch ist dann dem vollziehenden Pfarrer ein Ledigkeitsschein vorzulegen, in welchem der andere Pfarrer versichert, daß ihm nach ordnungsmäßigem Aufgebot Ehehindernisse nicht gemeldet wurden. Pfarrer, in deren Bezirk weder Bräutigam noch Braut wohnen, werden nur durch bischöfliche Genehmigung oder Entlaßschein (Dimissorialien) des zuständigen Pfarrers fähig. Auf die priesterliche Eigenschaft des Pfarrers kommt es nicht an; er kann suspendirt, sogar mit dem kleinen Bann belegt sein. Die Consenserklärung geschieht durch die Verlobten in Person oder ihre Specialbevollmächtigten. c. 9 in VI[to] 1, 19. Eine bedingte Fassung ist mit bischöflicher Erlaubniß statthaft, vornehmlich um persönliche Eigenschaften des anderen Theils, deren irrige Annahme die Ehe nicht trennen würde (S. 12), sicher zu stellen. c. 5 X 4, 5. Die Bedingung muß eine erlaubte sein: widerstreitet sie dem Wesen der Ehe, so macht sie den ganzen Act nichtig; hat sie einen unmöglichen oder unsittlichen Inhalt, so gilt sie als nicht beigefügt. c. 7 eod. Bei Ausfall der Bedingung kommt die Ehe nicht zu Stande, es müßte denn vorher z. B. durch Vollzug des Beischlafs Verzicht geleistet sein. c. 3, 6 eod. Pfarrer und Zeugen müssen den Ausdruck des Consenses vernehmen. Auf eine Mitwirkung des Pfarrers, eine feierliche Ladung der Zeugen wird nicht gesehen. Selbst ihre erzwungene Anwesenheit, ihr erklärter Widerspruch hindern die Wirkung des Ehesacramentes keineswegs. Ein Mangel in den Consenserfordernissen macht den Eheschluß nichtig. Dies bezieht sich auch auf die Assistenz eines unzuständigen Pfarrers, obwohl die herrschende Meinung die Nupturienten selber als Spender (ministri) des Sacramentes betrachtet. Als bloße Solemnität schließt sich meist unmittelbar an die Consenserklärung eine Einsegnung der Ehe und ihre Eintragung in die Kirchenbücher. Diese Trauung wird in der Kirche, bei Dispens auch in Privathäusern vollzogen. Während der Trauerzeit des Kirchenjahres (tempus clausum) sind feierliche Hochzeiten, particularrechtlich Eheschließungen überhaupt verboten.

In einigen Ländern wie Norwegen, Schottland, wo das Tridentiner Concil nicht publicirt ist, hat sich die alte Sitte formloser Ehen, wenigstens für Angehörige dieser Gebiete, erhalten.

II. **Die evangelische Kirche** folgt den kanonischen Vorschriften über Brautexamen und Aufgebot, legt aber im Laufe ihrer Entwicklung den Nachdruck auf die kirchliche Einsegnung des Ehebündes durch einen im Amt befindlichen Geistlichen. ‚benedictio facit nuptias.‘ Zur Trauung ist meist der Priester, in dessen

Bezirk die Braut wohnt, fähig. ‚ubi sponsa ibi copula.‘ Doch bewirkt die durch einen unzuständigen Priester vollzogene Trauung nur angemessene Bestrafung, nicht Nichtigkeit der Ehe. Trauungen in der Advents- und Fastenzeit sind in der Regel verboten. Zur Trauung bei verschlossenen Kirchenthüren, in Privathäusern rc. bedarf es eines Dispenses. Die Verlobten müssen persönlich erscheinen. Für hohe Adlige ist Haustrauung, für fürstliche Personen Stellvertretung, und für Landesherren sogar formlose Gewissensehe S. 14 erlaubt.

III. **Ehen Andersgläubiger.**

Die Satzungen jeder Kirche gelten zunächst für ihre Mitglieder. Wie aber steht es, wenn sich andersgläubige Gatten zur Kirche bekehren?

Die katholische Kirche sieht die Ehen Ungläubiger, welche die Taufe empfangen, als fortbestehend an, wenn nicht Hindernisse göttlichen Ursprungs wie Polygamie, Zwang, nahe Blutsverwandschaft, jugendliches Alter entgegenstehen. c. 2 C. 28 qu. 3. Freilich wird ein nochmaliger Vollzug der Ehe in der Tridentischen Form verlangt. Läßt sich nur einer der ungläubigen Gatten taufen, so wird dadurch die Ehe nicht gelöst. Will aber der ungläubige Gatte dem getauften ‚sine contumelia creatoris‘, d. h. ohne Verleitung zur Sünde nicht länger beiwohnen, so darf sich Letzterer wiederverheirathen. c. 4 C. 28 qu. 1; c. 7, 8 X 4, 19. Die Ehe protestantischer Gatten, von denen sich einer oder beide bekehren, wird nach einer Declaration Benedicts XIV. 1741 als christliche aufgefaßt und bedarf keiner erneuten Consenserklärung.

In der evangelischen Kirche fehlt es an besonderen Bestimmungen über das Verhältniß zu Ehen Ungläubiger.

C. Nach R.G. vom 6. Februar 1875.

Der Eheschließung soll ein Aufgebot vorhergehen. § 44–51. Dasselbe wird vom Standesbeamten § 1–11 angeordnet, nachdem ihm die gesetzlich zur Ehe nöthigen Erforderniße durch Geburts-, Consensscheine rc. nachgewiesen sind. Zuständig ist der Standesbeamte, in dessen Bezirk einer der Verlobten seinen Wohnsitz hat oder sich gewöhnlich aufhält. Unter mehreren zuständigen Standesbeamten haben die Brautleute die Wahl. Das Aufgebot wird behufs Ermittelung von Ehehindernissen am Rathhause während zweier Wochen ausgehängt, und zwar in den Gemeinden, woselbst die Verlobten ihren Wohnsitz oder gewöhnlichen Aufenthalt haben, und falls in den letzten sechs Monaten ein Wechsel stattfand, auch in der Gemeinde des früheren Wohnsitzes. Kommen Ehehindernisse zur Kenntniß des Standesbeamten, so hat er die Eheschließung abzulehnen. Das Aufgebot verliert nach sechs Monaten seine Kraft. Doch bildet es keine wesentliche Vorbedingung für die Ehe. Auf Grund ärztlicher Bescheinigung, daß einer der Verlobten an einer lebensgefährlichen Krankheit leide, kann der Standesbeamte die Ehe auch ohne Aufgebot schließen. Ein Dispens vom Aufgebot ist zulässig. Nach der Pr.V. vom 8. Jan. 1876 kann der Minister des Inneren, in dringenden Fällen der Landrath, die Frist abkürzen oder ganz vom Aufgebot entbinden.

Die Eheschließung selbst kann rechtsgültig nur durch Zusammenspruch Seitens eines Standesbeamten geschehen. Auf die Zuständigkeit desselben kommt es nicht an. In der Regel nimmt derjenige Standesbeamte, welcher das

Aufgebot anordnete, auch den Zusammenspruch vor, oder ein anderer schriftlich von ihm ermächtigter innerhalb seines Amtsbezirkes. § 41–43, 49. Der Eheschluß hat die Form eines Verbalcontracts. § 52–54. Der Standesbeamte frägt in Gegenwart zweier Zeugen die Verlobten einzeln und nach einander, ob sie die Ehe mit einander eingehen wollen, und nach erfolgter Bejahung spricht er die Verlobten mit den Worten zusammen „so erkläre ich Sie hiermit kraft des Gesetzes für rechtmäßig verbundene Eheleute.“ Die Zeugen sollen großjährig sein, können aber unter einander oder mit den Betheiligten im Verwandtschafts- bzw. Schwägerschaftsverhältniß stehen. Die Zuziehung minderjähriger Zeugen macht die Ehe nicht nichtig. Um der Ordnung willen schließt sich an den Zusammenspruch die Aufnahme eines Protokolls, das vom Standesbeamten, den Eheleuten sowie den Zeugen unterzeichnet wird, und die Eintragung der Ehe in das Heirathsregister. Darüber wird den Eheleuten sofort eine Bescheinigung ausgestellt.

Auf die Landesherren, die Mitglieder ihrer Familien sowie der fürstlichen Familie Hohenzollern, findet das R.G. vom 6. Febr. 1875 keine Anwendung. Für ihre Ehen bleiben, was Erforderniſſe, Aufgebot, Stellvertretung der Verlobten und Abschluß anbetrifft, die Hausgesetze und Observanzen maßgebend. § 72. In Preußen fungirt der Hausminister als Standesbeamter, vor ihm erfolgt nach eingeholter Königlicher Genehmigung die Unterzeichnung der Ehepacten durch die Verlobten oder deren Stellvertreter.

Personen, die sich auf deutschen Seeschiffen befinden, können während der Reise keine Ehe eingehen. Der Schiffer ist nur zur Beurkundung von Geburten und Sterbefällen, aber nicht zu Eheschließungen befugt. § 61–64.

Deutsche, die im Auslande wohnen, schließen Ehen entweder nach den Gesetzen ihres Aufenthaltsortes oder vor dem nach B.G. vom 4. Mai 1870 zur Führung von Heirathsregistern ermächtigten Consul, welcher das Aufgebot und den Zusammenspruch der Verlobten vornimmt. In den deutschen Schutzgebieten tritt nach R.G. vom 17. April 1886 an Stelle des Consuls der vom Reichskanzler mit der Beurkundung des Personenstandes betraute Beamte, dessen Thätigkeit durch Kaiserliche Verordnung auch auf andere Personen als Reichsangehörige ausgedehnt werden kann.

§ 7.

D. 24, 2 de divortiis et repudiis.
A.L.R. § 434 ff., § 668 ff. II, 1.

Auflösung der Ehe.

Eine rechtsgültige Ehe kann nur durch Tod oder Scheidung aufgehoben werden.

A. Tod eines Gatten.

Dadurch endet die Ehe naturgemäß, da sie auf Lebenszeit begründet ist. Dem Tode stehen gleich: in Rom die Sklaverei, insbesondere die Kriegsgefangenschaft eines Gatten, l. 1, 6 D. ht.; l. 12 § 4, l. 14 § 1 D. 49, 15; heute die Todeserklärung vgl. Bd. I S. 175.

B. Scheidung.

Ueber ihre Zulässigkeit haben Kirche und Staat von jeher geschwankt. Der sittlichen Idee, daß der Ehebund sich auf gegenseitige Neigung gründe, entspricht es, die Scheidung dem Willen der Betheiligten anheim zu geben und jeden Zwang zur Aufrechterhaltung einer Ehe, aus welcher die Liebe schwand, zu vermeiden. Andererseits erscheint es als religiöse Pflicht der Gatten, die sich zur lebenslänglichen Gemeinschaft zusammenfanden, jede Veränderung in der Lage des anderen Theils, mag sie verschuldet oder zufällig sein, wie eine göttliche Prüfung zu erdulden. Der Staat nimmt meist einen vermittelnden Standpunkt ein. Sein Interesse geht auf einen möglichst festen Bestand der Familie, aber sein Beruf liegt nicht darin, den unschuldigen Theil auf Lebenszeit an den anderen Gatten zu fesseln, welcher durch schuldhafte Handlungen seinen Anspruch auf eheliches Leben verwirkt hat.

I. In Rom.

Die Scheidung, sowohl durch gegenseitige Uebereinkunft beider Gatten (divortium) als durch einseitige Aufkündigung eines Theils (repudium) war völlig frei. l. 14 C. 5, 4. Verträge, welche die Scheidungswillkür beschränkten, wurden für nichtig erachtet. l. 2 C. 8, 39. Nur für die durch confarreatio geschlossene Ehe bestand eine Lösungsform in der diffarreatio. Zur Zeit der sittenstrengen Republik verhinderte der Censor leichtfertige Scheidungen, indem er sie mit Rügen bedrohte. Noch der Senator Spurius Carvilius Ruga, dessen Scheidung im Jahre 232 v. Chr. großes Aufsehen erregte, entschuldigte sich mit Kinderlosigkeit seiner Frau. Mit dem Verfall der Sitten wurden Scheidungen häufiger. Die l. Julia de adulteriis unter Augustus bestimmte für das repudium eine feierliche Erklärung, die vor sieben Solemnitätszeugen durch einen Liberten des zurücktretenden Gatten mittelst Ueberreichung eines Scheidebriefes erfolgte. l. 2 § 1, l. 9 D. ht. In der christlichen Kaiserzeit wurde die grundlose Scheidung unter Freiheits- und Vermögensstrafen gestellt. Derjenige Gatte, welche durch sein Verhalten dem anderen gerechten Anlaß zur Scheidung bot, verliert seine dos bzw. donatio propter nuptias oder ein Viertheil seines Vermögens. Diese Strafe erhöht sich noch um ein Drittel ihres Betrages, sei es zu Lasten der Frau, welche Ehebruch trieb, sei es zum Nachtheil des Mannes, falls er wider besseres Wissen seine Gattin des Ehebruchs bezichtigte oder eine Concubine ins Haus nahm bzw. an seinem Wohnort aushielt. Die Buße fällt an den unschuldigen Gatten; doch soll er, wenn Kinder aus der Ehe da sind, nur den lebenslänglichen Nießbrauch behalten, während die Proprietät den Kindern zusteht. l. 8, 11 § 1 C. 5, 17; nov. 117 c. 8-9. Das Reichsgericht hält diese Scheidungsstrafen des schuldigen Theils noch für das gemeine Recht aufrecht. Streitig ist, ob heute die schuldlose Ehefrau anstatt der Kapitals-Abfindung lebenslängliche standesgemäße Verpflegung fordern kann.

II. In der katholischen Kirche.

Christus tritt der mosaischen Scheidung 5. Mos. 24, 1 mit den Worten entgegen: „was Gott zusammengefügt, soll der Mensch nicht scheiden“, erklärt aber eine Trennung der Gatten im Fall der Fleischessünde für statthaft. Math. 5, 31; 19, 3. Durch die Ausbildung der Sacramentsnatur der Ehe wird es zum Dogma, daß eine vollzogene Ehe nimmer dem Bande nach lösbar, sondern blos eine Sonderung der Gatten von Tisch und Bett möglich sei. Diesen Satz anerkennt das Tridentiner Concil de sacramento matrimonii. Die beiden Ausnahmen, welche man anführt, sind nur scheinbare. Von dem Fall, daß ein getaufter Gatte, der von dem anderen ungläubig gebliebenen Theil in der Ausübung des Christenthums gehindert wird, sich wieder verheirathen darf, war schon S. 21 die Rede. Ferner macht das feierliche Ordensgelübde eines Gatten, sofern es vor Vollzug des ehelichen Beischlafs und kurz nach Eingehung der Ehe geleistet wird, den anderen Theil frei. c. 2 X 3, 32; c. 5 X 1, 21. Daraus leitet der Papst die Befugniß her, jede noch nicht fleischlich consummirte Ehe ‚quoad vinculum' zu lösen, insbesondere wenn ein wahrscheinlicher aber nicht voll zu beweisender Nichtigkeitsgrund vorliegt oder ein Gatte beharrlich die Erfüllung seiner ehelichen Pflicht verweigert.

Die Sonderung von Tisch und Bett (separatio quoad mensam et thorum) kann für die Dauer (perpetua) oder auf Zeit (temporalis) verfügt werden. Sie erfolgt auf Antrag des verletzten Gatten. Doch verwirkt Letzterer sein Recht, wenn ihn selbst eine Mitschuld oder der Vorwurf eignen Ehebruchs trifft. c. 6–7 X 5, 16. Ein Verzicht auf den Antrag liegt in gewährter Verzeihung, die auch stillschweigend aus dem Vollzug ehelichen Beischlafs hervorgeht. c. 25 X 2, 24. Gründe ständiger Trennung sind: Ehebruch oder widernatürliche Unzucht eines Theils. c. 2 C. 32 qu. 1; c. 11 C. 32 qu. 4. Eine Trennung auf bestimmte oder unbestimmte Zeit wird ausgesprochen, wenn ein Gatte dem anderen nach dem Leben trachtete, ihm schwere Mißhandlungen oder grobe Ehrverletzungen zufügte, ihn zu Verbrechen verleiten wollte, sich böswilliger Verlassung oder Verweigerung der ehelichen Pflicht schuldig machte, oder von der Kirche abfiel. c. 4–6 C. 28 qu. 1. Die Praxis rechnet auch entehrende Strafen und Krankheiten hierher. Dem unschuldigen Gatten steht es jederzeit frei, die Sonderung aufzuheben und Wiedervereinigung zu verlangen. Dazu kann er sogar gezwungen werden, wenn er nach der Trennung selber einen Ehebruch beging. c. 5 X 4, 19.

III. In der evangelischen Kirche.

Luther, welcher in der Ehe kein Sacrament sieht, erlaubt eine Lösung des Bandes wegen Ehebruchs, widernatürlicher Unzucht und böslicher Verlassung. Unter letzterer (malitiosa desertio) verstand man ursprünglich die Entweichung an einen für den Richter unerreichbaren Ort; später begnügte man sich damit, daß ein Gatte sich dauernd vom Ort des ehelichen Wohnsitzes entfernte und die Rückkehr trotz richterlicher Zwangsmaßregeln verweigerte. Die neuere Praxis erweiterte die schriftmäßigen Scheidungsgründe durch Annahme einer Quasi-Desertion. Nach dem Vorgang Melanchthons scheidet man wegen Insidien, Sävitien, nimmt ferner Rücksicht auf schwere Bestrafung oder hartnäckige Verweigerung der ehelichen Pflicht Seitens eines Gatten und hält sogar Unglücksfälle, welche wie ansteckende Krankheit, Geisteszerrüttung 2c. eine Fortsetzung des ehelichen Lebens verhindern, für ausreichend. Freilich bleibt das Urtheil über die Rechtmäßigkeit der Scheidung dem

Gewissen desjenigen Priesters überlassen, an welchen sich der geschiedene Gatte behufs Einsegnung einer neuen Ehe wendet. Um dazu geneigte Geistliche auch zuständig zu machen, hilft der preußische Oberkirchenrath durch Ertheilung von Generaldimissorien.

In Folge der erleichterten Ehescheidung ist eine ständige Sonderung der Gatten von Tisch und Bett dem protestantischen Kirchenrecht unbekannt; auf Zeit kommt sie noch vor als Sicherungsmittel im Proceß vornehmlich bei Gefahr von Insidien.

IV. Nach Staatsgesetz.

Das R.G. vom 6. Febr. 1875 § 77 verbietet eine gerichtliche beständige Trennung der Gatten von Tisch und Bett und schreibt vor, daß der Richter an Stelle derselben auf Auflösung des Bandes der Ehe zu erkennen habe. Das Scheidungsurtheil soll nach erlangter Rechtskraft im Heirathsregister vermerkt werden. § 55. Mit der Scheidung gilt die Ehe für endgültig gelöst. Der Standesbeamte darf dem geschiedenen Gatten, welcher sich unter Beobachtung der gesetzlichen Erfordernisse von Neuem verheirathen will, seine Mitwirkung nicht versagen. Wollen die geschiedenen Gatten sich wieder ehelich mit einander vereinigen, so bedarf ihre Verbindung eines förmlichen Abschlusses. Ueber die einzelnen Scheidungsgründe spricht sich das R.G. nicht aus, daher hängt ihre Feststellung von den Landesgesetzen ab.

Das A.L.R. beeinflußt durch die laxe Richtung der damaligen naturrechtlichen Schule, kennt folgende Scheidungsursachen.

1. Schriftmäßige Gründe des Ehebruchs, der widernatürlichen Unzucht oder böslichen Verlassung. Schon verdächtiger Umgang eines Gatten mit einer Person anderen Geschlechts genügt, wenn auf richterliches Verbot keine Einstellung erfolgt. Eine Frau, die selbst die Ehe brach, kann sich wegen Ehebruchs ihres Mannes nicht von demselben scheiden lassen. Umgekehrt verwirkt ein Mann wegen eignen Ehebruchs sein Scheidungsrecht nicht. § 670–676 ht. Bei böslicher Verlassung ist zu unterscheiden, ob die Entfernung an einem bekannten oder unbekannten Ort geschah. Im ersteren Fall setzt die Scheidung voraus, daß der entwichene Gatte trotz amtsrichterlichen Befehles nicht zurückkehrt. Im letzteren Fall muß nach ein- oder zweijähriger Abwesenheit eine öffentliche Ladung erfolgen und fruchtlos bleiben § 677–693 ht. Diese Fristen und richterlichen Aufforderungen sind durch das Einf.G. § 16 Z. 6–8 zur C.Pr.O. aufrecht erhalten.

2. Schwere Vergehen eines Gatten gegen den anderen: Gefährdung seines Lebens, seiner Gesundheit, Freiheit oder Ehre; erhebliche Schädigung seiner amtlichen oder gewerblichen Thätigkeit; halsstarrige und fortdauernde Versagung der ehelichen Pflicht oder selbstverschuldetes Unvermögen, sie noch zu leisten. Doch reichen für Eheleute gemeinen Standes blos mündliche Beleidigungen oder geringfügige Thätlichkeiten zur Scheidung nicht aus. § 694–696, § 699–703, § 705–706 ht. Den angeführten Vergehen sind ohne Rücksicht auf Verschuldung unheilbare körperliche Gebrechen gleichgestellt, sofern sie Ekel und Abscheu erregen oder die Erfüllung des Ehezwecks gänzlich verhindern. § 697 ht.

3. Schimpflicher Lebenswandel eines Gatten oder persönliche Unglücksfälle: entehrende Bestrafung wegen begangener Verbrechen; unordentliche Wirthschaft,

insbesondere Trunksucht und Verschwendung, wenn nach einem richterlichen Befehl keine Besserung eintritt; Raserei und Wahnsinn, die über ein Jahr ohne Aussicht auf Besserung dauern. § 704, 708–710, 698 ht. Die Frau ist zum Antrag auf Scheidung befugt, sofern sich der Mann durch eigne Schuld außer Stand setzte, sie zu ernähren, oder ihr trotz richterlicher Zwangsmittel den Unterhalt verweigert. § 711–714 ht.

4. Freier Wille. Jeder Gatte kann sich wegen unüberwindlicher Abneigung scheiden lassen, falls der Widerwille als ein so heftiger und eingewurzelter erscheint, daß keine Hoffnung mehr zur Aussöhnung und Erreichung der Zwecke des Ehestandes besteht. Zur Trennung einer kinderlosen Ehe genügt sogar wohlüberlegte Einwilligung beider Gatten. § 716–718 a ht.

Ein Scheidungsgrund kann dadurch wegfallen, daß ihn der andere Gatte durch eignes unsittliches Betragen veranlaßt oder auf seine Geltendmachung verzichtet hat. Eine stillschweigende Verzeihung des Vergehens liegt in der Unterlassung der Scheidungsklage binnen einem Jahr nach erlangter Kenntniß, aber nicht in der Vornahme bzw. Duldung des ehelichen Beischlafs. § 719–722 ht.

In dem Scheidungsurtheil ist festzustellen, ob und welchen der Gatten eine Schuld, oder bei Vergehen auf beiden Seiten die überwiegende Schuld trifft. Bei dieser Abmessung gelten die unter 1 und 2 aufgezählten Gründe für schwerer, als die unter 3. Bei wechselseitiger Verschuldung gleicher Art ruht das Uebergewicht auf demjenigen Gatten, welcher mit Ueberlegung handelte, während der andere sich nur aus Leichtsinn, Uebereilung oder Leidenschaft verging. § 745–750 ht. Wer aus unüberwindlicher Abneigung wider den Willen des anderen Theils Scheidung beantragt, soll eines leichten Vergehens für schuldig erachtet werden. § 718b ht.

Von der vermögensrechtlichen Auseinandersetzung unter geschiedenen Gatten wird im ehelichen Güterrecht die Rede sein.

§ 8.

Wiederverheirathung.

A. Zulässigkeit einer zweiten Ehe.
B. Trauerzeit.
C. Sicherung der Kinder aus erster Ehe. Vermögensnachtheile der zweiten Ehe. Sonstige Beschränkungen der sich wiederverheirathenden Mutter.
D. Einkindschaft.

A. Zulässigkeit einer zweiten Ehe.

Die l. Julia et Papia Poppaea begünstigte, um die Bevölkerungszahl zu heben, Wiederverheirathungen, indem sie dem Wittwer, obwohl er Kinder hatte (pater solitarius), erbrechtliche Nachtheile androhte. Diese Strafen sind durch Constantin aufgehoben. Die christliche Kirche empfiehlt dem überlebenden Gatten, sich einer zweiten Ehe zu enthalten, weil die eheliche Liebe nicht mit dem Tode aufhöre. Doch ist die zweite Ehe an sich erlaubt, wenn ihr auch die Einsegnung, vornehmlich bei Wittwen, die sich von Neuem verheirathen, versagt wird. Die Buße, welche das kanonische Recht c. 8 C. 31 qu. 1 dem sich wiederverheirathenden Gatten auflegte, ist nicht mehr praktisch. Der moderne Staat stellt den Abschluß einer neuen Ehe nach Trennung der früheren in das Ermessen der Betheiligten. A.L.R. § 17 II, 1.

B. Trauerzeit.

In Rom durfte sich eine Wittwe nicht vor Ablauf einer zehnmonatlichen Frist seit dem Tode ihres Mannes verheirathen. Die Ursache lag sowohl in den alten Trauergebräuchen, als auch in der Besorgniß, daß die Abstammung der in der Zwischenzeit geborenen Kinder zweifelhaft werden könnte (turbatio sanguinis). Später überwog der letztere Grund. Daher bezog man das Verbot auch auf geschiedene Weiber und erklärte Frauen, die in der kritischen Frist eines Kindes genasen, für sofort heirathsfähig. l. 11 § 1–2 D. 3, 2. Nur in vornehmen Familien blieb es Herkommen (more majorum), jedenfalls die Trauerzeit abzuwarten. Theodos erstreckte in l. 2 C. 5, 9 die Frist von zehn Monaten auf ein volles Jahr. Auf die Uebertretung waren schwere Strafen gesetzt. Die Frau sammt ihrem angeheiratheten Mann wurde infam, vgl. Bd. I S. 186. Sie verlor alle Zuwendungen ihres ersten Mannes an dessen nahe Verwandte oder an den Fiscus; sie durfte dem angeheiratheten Gatten nicht mehr als ein Drittheil ihres Vermögens hinterlassen; sie wurde unfähig, Personen, denen sie nicht wenigstens im dritten Grade verwandt ist, zu beerben und überhaupt Etwas aus Schenkungen oder letztwilligen Verfügungen zu erwerben. Davon konnte sie sich nur durch volle Abtretung der Hälfte ihres Vermögens an ihre Kinder aus erster Ehe befreien. l. 4 C. 6, 56; nov. 22 c. 22. Gleiche Strafen trafen nach nov. 39 c. 2 die Frau, welche selbst aus unehelichem Beischlaf vorzeitig ein Kind gebar.

Das kanonische Recht bestätigt zwar das Trauerjahr der Wittwe als aufschiebendes Hinderniß, schafft aber die für den Bruch angedrohte Strafe der Infamie ab. c. 4–5 X 4, 21. Auch die übrigen Vermögensnachtheile einer vorzeitigen zweiten Ehe sind im gemeinen Recht veraltet.

Das A.L.R. § 19–24 II, 1 kannte für Wittwen und geschiedene Frauen eine neunmonatliche, sowie für Wittwer eine sechswöchentliche Trauerzeit.

Das R.G. vom 6. Febr. 1875 § 35 verbietet nur Frauen, vor Ablauf des zehnten Monats seit Beendigung ihrer früheren Ehe von Neuem zu heirathen. Dispensation, die in Preußen durch den Amtsrichter ertheilt wird, ist zulässig. Die dem Verbot zuwider geschlossene Ehe bleibt nach A.L.R. § 1006 II, 1 dennoch gültig.

C. Sicherung der Kinder aus erster Ehe.

Um die Kinder gegen jede Zurücksetzung zu sichern, die ihnen aus der Wiederverheirathung eines ihrer Eltern erwachsen könnte, stellt die römische Gesetzgebung der christlichen Kaiserzeit eine Reihe von V e r m ö g e n s n a c h t h e i l e n d e r z w e i t e n E h e auf (poenae secundarum nuptiarum).

1. Der Gatte, welcher sich wieder verheirathet (conjux binubus), verliert an seine ehelichen Kinder jeden in Folge der ersten Ehe gezogenen Erwerb. Zu diesen lucra nuptialia gehören namentlich: Mitgift und alle Güter, welche der überlebende Gatte vom früheren durch Schenkungen oder Erbgang erhielt. Das Eigenthum fällt an die Sprößlinge erster Ehe nach Intestattheilen, ohne Rücksicht darauf, ob die Kinder ihren verstorbenen Erzeuger beerbt hätten, jedoch mit Ausscheidung derer, welche sich eines Enterbungsgrundes schuldig machten. Verwaltung und Nießbrauch bleiben dem conjux binubus für dessen Lebenszeit. Insofern sind die lucra nuptialia unveräußerlich. Bd. I S. 382. Jede Verfügung, welche

der Gatte vor seiner neuen Ehe darüber traf, wird Seitens der berechtigten Kinder anfechtbar. nov. 22 c. 21–26.

2. Der Gatte, welcher zur zweiten Ehe schritt, kann dem angeheiratheten Theil auf keine Weise mehr zuwenden, als das mindest bedachte Kind erster Ehe durch ihn von Todeswegen erhielt. Dabei kommt der Betrag nicht in Betracht, welchen ein undankbares und deshalb der Enterbung ausgesetztes Kind erhielt. nov. 22 c. 27–28; l. 6 C. 5, 9.

3. Der überlebende Gatte, welcher sein Kind zusammen mit dessen Geschwistern beerbt hat, behält, falls er sich wieder verheirathet, nur den Nießbrauch an diesem Erbtheil, während das Eigenthum an die genannten Geschwister bzw. deren Nachkommen fällt. nov. 22 c. 46.

4. Der Gatte, welchem die Leistung bedingter oder betagter Legate an sein Kind obliegt, verliert durch Eingehung einer zweiten Ehe seine Cautionsfreiheit. nov. 22 c. 41; l. 6 § 1 C. 6, 49.

Von diesen Vermögensnachtheilen kann der überlebende Gatte durch letztwillige Verfügung des zuerst verstorbenen entbunden werden. nov. 22 c. 2.

Sonstige Beschränkungen treffen allein die sich wieder verheirathende Mutter. Sie darf Schenkungen an ihre Kinder erster Ehe nur wegen groben Undanks derselben widerrufen. Bd. II S. 248. Sie verliert die Vormundschaft über sie und, wenn sie die zweite Ehe schloß, ohne einen neuen Vormund zu erbitten und Rechnung zu legen, so soll sie die Strafen vorzeitiger Heirath erdulden. nov. 22 c. 40. Endlich verwirkt sie den ihr zunächst zustehenden Anspruch auf Erziehung ihrer Kinder erster Ehe. nov. 22 c. 38.

Dem preußischen Rechte sind Strafen der zweiten Ehe unbekannt. Nach V.O. vom 5. Juli 1875 § 17 Abs. 2 büßt die Mutter durch ihre Wiederverheirathung das vorzugsweise Recht ein, die Vormundschaft über ihre Kinder zu führen. Auch soll vor dem Abschluß der zweiten Ehe, falls aus einer früheren minderjährige Kinder vorhanden sind, deren gesetzliche Abfindung nachgewiesen oder ein Erlaubnißschein des Vormundschaftsgerichts beigebracht werden. A.L.R. § 18 II, 1. Diesem Hinderniß legt das R.G. vom 6. Febr. 1875 § 38 Abs. 2 ausdrücklich blos aufschiebende Kraft bei, vgl. A.L.R. § 1001–1005 II, 1.

D. Einkindschaft.

In einigen deutschen, besonders fränkischen Gebieten findet sich der Brauch, daß der überlebende Gatte, welcher mit dem verstorbenen in Gütergemeinschaft lebte, dieselbe mit den Kindern fortsetzt. Will er später zur zweiten Ehe schreiten, so wird eine Realtheilung des Vermögens nöthig. Um diese zwangsweise Auseinandersetzung, die namentlich beim Verkauf von Grundstücken zu Verlusten führt, zu vermeiden, kommt die Einkindschaft (unio prolium) vor. Dadurch verzichten die Kinder auf ihre Abfindung aus dem elterlichen Vermögen, das nunmehr dem Güterverhältniß der zweiten Ehe unterfällt, und werden erbrechtlich den zu erwartenden Nachkindern gleichsam als Sprößlinge „einer" Ehe gleichgestellt. Häufig wird den Vorkindern noch Verpflegung, Ausstattung bedungen, und ihnen, um sie in keiner Weise zu beeinträchtigen, ein bestimmter Vermögenstheil als Voraus (praecipuum) zugesichert. Der Vertragsschluß vollzieht sich zwischen den Gatten der zweiten Ehe einerseits und den Vorkindern unter Vertretung durch ihren

Vormund, Mitwirkung ihrer nächsten Verwandten andererseits. Im Interesse der Kinder wird richterliche Prüfung und Bestätigung verlangt. Das den Kindern eingeräumte Erbrecht ist ein vertragsmäßiges, also unentziehbar, und richtet sich gegen beide Eltern. Stirbt einer der Gatten, so bleibt, einerlei ob der Nachlaß aufgetheilt wird oder nicht, den Kindern ihr Erbanspruch gegen den überlebenden Theil. Doch entsteht aus dem Vertrage an sich weder ein Erbrecht des Stiefparens gegen die Vorkinder, noch ein näheres Verhältniß der Letzteren zu ihren etwaigen Stiefgeschwistern. Ebensowenig treten familienrechtliche Wirkungen ein. Die Kinder bleiben in ihrer Vormundschaft, falls sich nicht der Stiefparens die Erziehung ausmachte. Die Einkindschaft wird gelöst mit der Ehescheidung, auch Kinderlosigkeit der zweiten Ehe, und durch richterlichen Ausspruch, sei es auf Antrag aller Betheiligter, sei es wegen unbilliger Verletzung der Kinder.

Manche, wie Beseler, halten für den hauptsächlichen Inhalt der Einkindschaft die Begründung eines Eltern- und Kindesverhältnisses. Nach dieser Meinung wird der Vertrag zwischen den beiden Gatten geschlossen und bewirkt unter Stiefparens und Vorkindern ein gegenseitiges Intestaterbrecht, das auf den Pflichttheil gesetzt, sogar aus Enterbungsgründen ganz ausgeschlossen werden kann. Die Vorkinder fallen unter die Gewalt des Stiefparens und gelten gegenüber den Nachkindern wie vollbürtige Geschwister.

Das A.L.R. § 717–752 II, 2, das die Einkindschaft als regelmäßige Einrichtung aufnahm, folgt im Wesentlichen der letzteren Ansicht. Vertragschließende Theile sind die Gatten und die Vorkinder. Daneben sollen hinzugezogen werden: die Ascendenten der Gatten, der Vormund der Kinder, und, sofern die erste Ehe durch richterlichen Spruch getrennt wurde, auch der geschiedene andere Gatte. Der Vertrag bedarf richterlicher Prüfung sowie Bestätigung und muß den Vorkindern ein Voraus aussetzen, das mindestens die Hälfte des Vermögens ihres Erzeugers beträgt. Der Stiefparens tritt in ein elterliches Verhältniß zu den Vorkindern, erhält aber während Lebzeiten derselben an ihrem Vermögen weder Verwaltung noch Nutzung. Auf die zusammengebrachten Kinder selbst und deren Familien erstreckt sich die Verwandtschaft nicht. Zwischen dem Stiefparens und den Vorkindern ist ein beiderseitiges Intestaterbrecht begründet. Doch beschränkt sich die Erbfolge des Stiefparens auf das Vermögen, das den Vorkindern bei Eingehung der Einkindschaft gehörte, und umfaßt nicht ihren späteren Erwerb von dritter Seite her. Die Einkindschaft erlischt durch Ehescheidung und kann durch gerichtlichen Vertrag sämmtlicher Theilnehmer wieder aufgehoben werden.

§ 9.

Verfahren in Ehesachen.

A. Nach kanonischem Recht.
B. In der C.Pr.O.
  I. Parteien und Gericht.
  II. Grundsätze des Verfahrens.
    a) Mitwirkung der Staatsanwaltschaft.
    b) Leitungsmaxime.
    c) Ausschluß der Oeffentlichkeit.
    d) Sühneversuch.
    e) Folgen der Versäumniß.
    f) Persönliches Erscheinen.
    g) Aenderung des Klagegrundes.
    h) Beweis.
    i) Aussetzung.
  III. Urtheil, Rechtsmittel und Kosten.

A. **Das kanonische Recht** hat für die Lösung einer Ehe, welcher ein trennendes Hinderniß entgegensteht, ein besonderes Verfahren ausgebildet. Die Klage (accusatio matrimonii) wird erhoben: im Fall eines privaten Hindernisses durch den verletzten Gatten, im Fall eines öffentlichen Hindernisses auch von Amtswegen, sobald eine glaubhafte Anzeige oder ein dringendes Gerücht vorliegt. c. 4, 6 X 4, 18. Da es auf die Herstellung materieller Wahrheit ankommt, so sind Geständniß und Eideszuschiebung als Beweismittel ausgeschlossen. c. 5 X 4, 13; c. 11 X 1, 36. Mit den Parteien verwandte Zeugen, welche die kanonische Lehre sonst als verdächtig zurückweist, können vernommen werden. c. 22 X 2, 20. Eine Verordnung Benedicts XIV. vom Jahre 1741 befiehlt die Hinzuziehung eines eignen defensor matrimonii, dem die Pflicht obliegt, für die Aufrechterhaltung der Ehe durch Beweisanträge und Rechtsmittel thätig zu sein. Das Urtheil beschreitet keine Rechtskraft. c. 7 X 2, 27. Stellt sich die Annullation als irrthümlich heraus, so besteht die Ehe weiter, mag sich auch ein Gatte inzwischen auf Grund des falschen Erkenntnisses wieder verheirathet haben.

B. **Die C.Pr.O.** § 568–592 kennt außer der Nichtigkeits- und Ungültigkeitsklage S. 11 noch die Klagen behufs Herstellung des ehelichen Lebens und auf Ehescheidung S. 25.

I. Parteien und Gericht.

Die Nichtigkeitsklage wird um des öffentlichen Wohles willen vom Staatsanwalt erhoben; doch kann sie nach Maßgabe des bürgerlichen Rechtes auch von einem der beiden Gatten oder von Dritten, z. B. bei Bigamie von dem Gatten der ersten Ehe, ausgehen. Sie richtet sich Seitens des Staatsanwalts oder eines Dritten gegen beide Gatten, und wenn sie von einem Gatten angestellt wurde, gegen den anderen Gatten. Sie ist ausschließlich und duldet nur Widerklagen, welche die Nichtigkeit der fraglichen Ehe selbst betreffen. § 585–588.

Die Ungültigkeitsklage beruht auf Privatinteressen und steht der verletzten Person zu, z. B. bei Zwang, Irrthum dem dadurch betroffenen Gatten, bei Mangel der elterlichen Einwilligung dem Consensberechtigten. Ihre Häufung mit den Klagen auf Herstellung des ehelichen Lebens und auf Ehescheidung ist statthaft. Mit Ansprüchen oder Widerklagen anderer Art darf sie nicht verbunden werden. § 575.

Der Tod eines Gatten hindert nicht die Anfechtung seiner Ehe durch die Erben oder sonstigen Interessenten. Doch kann die nachträgliche Scheidung einer Ehe von den Erben blos verlangt werden, falls bereits auf Betreiben ihres Erblassers ein Sühneversuch stattfand und erfolglos verlief. Dann beschränkt sich das richterliche Erkenntniß auf die Feststellung der Schuldfrage.

Für solche Rechtsstreitigkeiten ist dasjenige Landgericht ausschließlich zuständig, bei welchem der Ehemann seinen allgemeinen Gerichtsstand hat. Gegen einen Mann, der seine Gattin verließ und seinen Wohnsitz nur im Ausland hat, kann die Ehefrau bei dem Landgericht seines letzten Wohnsitzes im Deutschen Reich klagen, sofern der Beklagte zur Zeit seiner Entweichung ein Deutscher war. § 568.

II. Grundsätze des Verfahrens.

Ihre Besonderheit erklärt sich daraus, daß der Staat an der Ermittelung der materiellen Wahrheit und an der Aufrechterhaltung der Ehe Antheil nimmt.

a) **Mitwirkung der Staatsanwaltschaft.**

Der Staatsanwalt, welchem alle Termine in Ehesachen von Amtswegen mitzutheilen sind, kann den gerichtlichen Verhandlungen beiwohnen, sich über die zu erlassende Entscheidung gutachtlich äußern und neue Thatsachen sowie Beweismittel, welche den Fortbestand der Ehe begünstigen, vorbringen. § 569. Im Fall einer Nichtigkeitsklage, selbst wenn dieselbe von ihm nicht erhoben wurde, ist er zum selbständigen Betrieb des Rechtsstreits, insbesondere durch Stellung von Anträgen und Einlegung von Rechtsmitteln, befugt. § 589.

b) **Leitungsmaxime.**

Das Gericht darf zum Zweck der Aufrechterhaltung der Ehe solche Thatsachen, die von den Parteien nicht vorgebracht sind, berücksichtigen und Beweisaufnahmen von Amtswegen anordnen. § 581.

c) **Ausschluß der Oeffentlichkeit.**

Einem derartigen Antrage, welcher von einer der Parteien ausgeht, ist Folge zu leisten. Ger.Verf.G. § 171.

d) **Sühneversuch.**

Bei Klagen auf Ehescheidung oder Herstellung des ehelichen Lebens muß der mündlichen Verhandlung ein Sühneversuch vorangehen, es sei denn, daß der Aufenthalt des Beklagten unbekannt oder im Ausland ist. Es liegt ohne vorgängiges Gehör des Beklagten im Ermessen des Vorsitzenden des Landgerichts, den Sühneversuch zu erlassen, falls ein schwer zu hebendes und Seitens des Klägers unverschuldetes Hinderniß entgegensteht oder die Erfolglosigkeit sich bestimmt voraussehen läßt. § 570, 573.

Der Sühneversuch findet bei dem Amtsgericht Statt, vor welchem der Ehemann seinen allgemeinen Gerichtsstand hat. Kläger hat die Anberaumung eines Sühnetermins zu beantragen und den Beklagten dazu vorzuladen. Die persönliche Gegenwart beider Parteien im Termin ist erforderlich. Beistände können zurückgewiesen werden. Der Zuziehung eines Geistlichen bedarf es nicht mehr. Bleibt Kläger aus oder erscheinen beide Parteien nicht, so verliert die Ladung ihre Kraft, die Verjährung zu unterbrechen. Stellt sich nur Kläger, aber nicht der Beklagte ein, so gilt der Sühneversuch als mißlungen. § 571–572.

e) **Folgen der Versäumniß.**

Ein Versäumnißurtheil kann gegen den Beklagten nur dann erlassen werden, wenn er in dem zur Leistung eines richterlichen Eides bestimmten Termin ausbleibt. Sonst ist auf Antrag des Klägers ein neuer Termin zur mündlichen Verhandlung anzusetzen und dem abwesenden Beklagten in Form einer Ladung mitzutheilen. Letztere Vorschrift findet keine Anwendung auf solche Beklagte, die durch öffentliche Zustellung geladen, aber nicht erschienen sind. § 578.

f) **Persönliches Erscheinen.**

Auf Anordnung des Gerichts ist jede Partei verpflichtet, sich in Person behufs Vernehmung über die von ihr, dem Gegner oder dem Staatsanwalt behaupteten Thatsachen zu stellen. Bei Verhinderung oder weiter Entfernung der geladenen Partei ist ihre Vernehmung durch einen beauftragten oder ersuchten

Richter zulässig. Bleibt sie ohne genügende Entschuldigung aus, so kann sie in die dadurch verursachten Kosten und in eine Geldstrafe bis zu 300 ℳ. verurtheilt werden. Im Fall wiederholten Ausbleibens hängt es vom Gericht ab, noch einmal auf die Strafe zu erkennen, auch zwangsweise Vorführung zu verfügen. § 579, vgl. § 345–346.

g) **Aenderung des Klagegrundes.**

Bis zum Schluß derjenigen mündlichen Verhandlung, auf welche das Urtheil ergeht, steht es dem Kläger frei, den von ihm angeführten Klagegrund zu ändern, sowie dem Beklagten, eine Widerklage vorzubringen, ohne daß es eines Sühneversuches bedarf. § 574.

h) **Beweis.**

Der Streitgegenstand in Ehesachen unterliegt in der Regel nicht der freien Verfügung der Parteien. Daher werden Thatsachen, welche die Trennung, Ungültigkeit oder Nichtigkeit der Ehe begründen sollen, nicht allein durch Zugestehen bzw. Nichtbestreiten erwiesen. Insoweit sind auch Eideszuschiebungen und Anträge, dem Gegner die Vorlage einer Urkunde aufzugeben, unzulässig. Die Feststellung der Echtheit von Urkunden, sowie die Beeidigung von Zeugen und Sachverständigen erfolgen unabhängig von Parteianträgen. In gleicher Weise ist die Erledigung des Rechtsstreits durch Anerkenntniß oder Verzicht ausgeschlossen. § 577. Bd. I S. 182.

i) **Aussetzung.**

Bei Klagen auf Ehescheidung oder Herstellung des ehelichen Lebens kann das Gericht von Amtswegen eine Aussetzung des Verfahrens anordnen, wenn es die Aussöhnung der Parteien nicht für unwahrscheinlich erachtet. Doch darf dies im Laufe des Rechtsstreits nur einmal höchstens auf ein Jahr geschehen, und in dem Falle gar nicht, daß die Scheidung auf Grund eines Ehebruchs beantragt ist. § 580.

III. Urtheil, Rechtsmittel und Kosten.

Urtheile, welche auf Trennung, Ungültigkeit oder Nichtigkeit der Ehe lauten, sind den Parteien von Amtswegen zuzustellen. § 582. Nach erlangter Rechtskraft werden sie im Heirathsregister vermerkt. R.G. vom 6. Febr. 1875 § 55. Die Abweisung mit einer Klage auf Trennung und Ungültigkeit der Ehe hat zur Folge, daß dadurch alle anderen nicht vorgebrachten Scheidungs- und Anfechtungsgründe beseitigt werden, welche in dem früheren Verfahren von einem der beiden Theile durch Klaghäufung oder Erhebung von Widerklagen hätten geltend gemacht werden können. § 576.

Gegen das Urtheil in Ehesachen findet eine Berufung an das Oberlandesgericht Statt, welche den Parteien die nochmalige unbeschränkte Darstellung des Sachverhalts ermöglicht. § 583. Die Entscheidung in der Berufungsinstanz kann, sofern sie auf der Verletzung einer Rechtsnorm beruht, durch Revision beim Reichsgericht angefochten werden. Gehen im Nichtigkeitsverfahren die Rechtsmittel vom Staatsanwalt aus, so gelten die Privatparteien als Gegner. Erfolgt die Einlegung durch eine Privatpartei, so sind die übrigen Privatparteien und der Staatsanwalt, falls derselbe Partei ist, als die Gegner anzusehen. § 590.

In die Kosten des Verfahrens wird die unterliegende Partei verurtheilt. § 87. ff. Bei Niederlage des Staatsanwalts, der als Partei auftrat, hat die Staatskasse die dem obsiegenden Gegner erwachsenen Kosten zu erstatten. § 591.

§ 10.

Vermögensfolgen der Ehe in Rom.

A. Allgemeines.

Die alte Ehe bewirkte einen Universalerwerb. Bd. I S. 229. Der Mann trat ‚per universitatem' in das Vermögen der Manusfrau, haftete aber bis zum Belauf desselben für ihre zugebrachten Vertragsschulden. Gaj. IV § 80. Was die Frau in der Ehe erwarb, fiel nothwendig an ihren Eheherrn. Gaj. II § 90.

Die freie Ehe hat keinen Einfluß auf das Vermögen der Gatten, unter ihnen herrscht volle Gütertrennung. Jeder Theil darf über sein Vermögen selbständig verfügen, mit dem anderen Gatten Rechtsgeschäfte wie Verkäufe, Darlehen abschließen und gegen ihn Processe führen. l. 8 C. 5, 14. Nur Intercessionen der Frau für ihren Ehemann sind wegen ihrer hausabhängigen Lage beschränkt Bd. II S. 217, und Schenkungen unter den Gatten aus sittlichen Rücksichten ganz verboten. Es war Brauch, daß die Frau ihrem Mann eine Dos zur Bestreitung der Ehekosten einbrachte. Für die Ascendenten wird es sogar Zwangspflicht, ihre zur Ehe schreitende Tochter bzw. Enkelin auszustatten. Güter, welche der Frau außer der Dos gehören, heißen ihre Paraphernen, deren Verwaltung sie häufig dem Ehemann überläßt. Dabei gilt die nach ihrem Urheber genannte Mucianische Vermuthung, daß Vermögensstücke, die sich in der Hand eines der Gatten befinden, im Zweifel dem Ehemann gehören ‚quaestus turpis (Seitens der Frau) evitandi gratia'. l. 51 D. 24, 1. Die Präsumtion bezieht sich auf alle, nicht blos auf die in der Ehe erworbenen Güter, l. 9 C. 5, 16, und ist durch Gegenbeweis die Frau ausschließbar.

I. Schenkungen unter Ehegatten.

D. 24, 1.

Geschäfte, durch die ein Gatte dem anderen während der Ehe einen Vermögenswerth schenkt, sind nach altem Herkommen nichtig ‚ne mutuo amore invicem spoliarentur'. l. 1, l. 3 pr. D. ht. Der Grund lag in der Scheidungsfreiheit. Kein Gatte soll den anderen durch Freigebigkeiten zur Fortsetzung der Ehe bewegen, ‚ut venalicia essent matrimonia' l. 2 D. ht., noch auch sich

Geschenke erschmeicheln, um auf Grund des hinterlistig erlangten Reichthums die Ehe zu lösen. Das Verbot wird strict ausgelegt und bezieht sich nur auf Geschäfte, welche unter den Rechtsbegriff der Schenkung vgl. Bd. II S. 244 fallen und den Empfänger auf Kosten des Gebers erheblich bereichern, sowie auf ihren Abschluß während bestehender Ehe. Daher gelten: gebräuchliche Gelegenheitsgeschenke l. 31 § 8 D. ht.; mäßige Liebesgaben l. 28 § 2 D. ht. z. B. sepulturae causa l. 5 § 8 D. ht.; freigebige Zuwendungen, welche dem Manne den Erwerb bzw. die Bekleidung von Ehrenstellen ermöglichen l. 40–42 D. ht., zum Wiederaufbau von Gebäuden dienen l. 14 D. ht., oder deren Erfolg erst in die Zeit nach Lösung der Ehe fällt l. 9 § 2 — l. 10 D. ht. z. B. mortis, divortii causa (freilich nicht zum Zweck der Ehescheidung l. 11 § 11 — l. 12 D. ht.); ferner Schenkungen vor Abschluß der Ehe, selbst noch am Hochzeitstage l. 27 D. ht.; unter geschiedenen Gatten, die sich wieder mit einander verheirathen wollen l. 64 D. ht.; an die Concubine oder putative Ehefrau l. 3 § 1, l. 65 D. ht.

Die Uebertretung des Verbots zieht Nichtigkeit des Schenkungsgeschäftes nach sich. Der Bedachte erwirbt weder Eigenthum an der empfangenen Sache, noch eine Forderung aus dem Versprechen, noch wird er von der erlassenen Schuld befreit. l. 3 § 10, l. 5 § 1 D. ht. Dem Schenkgeber steht eine Vindication auf den überlieferten Gegenstand zu, und nach Consumtion desselben eine condictio ob injustam causam vgl. Bd. II S. 352 auf die noch beim Beklagten zur Zeit des Proceßbeginns vorhandene Bereicherung l. 5 § 18 — l. 7 pr., l. 55 D. ht.

Nach einer oratio Severi et Caracallae aus dem Jahre 206 sollen an sich nichtige Schenkungen unter Gatten dann Kraft erlangen, wenn der Schenkgeber, ohne widerrufen zu haben, vor dem Beschenkten in der Ehe verstirbt. l. 32 § 2 D. ht. Demnach steht den Erben des Schenkgebers ein Widerrufsrecht blos zu, falls sie nachweisen, daß ihr Erblasser seinen Gatten überlebt habe. Diese Vorschrift betrifft nach Ulpian auch das noch nicht erfüllte Schenkungsversprechen l. 32 § 1, l. 33 § 2 D. ht., wogegen Papinian in l. 23 D. ht. eine solche Ausdehnung mißbilligte.

II Paraphernen in der Verwaltung des Ehemanns.

Der Ehemann, welchem die Frau die Verwaltung ihrer Paraphernen überließ, gilt als ihr Mandatar. Doch genießt er die Erleichterung, sich mit der in eignen Angelegenheiten gewohnten Sorgfalt entschuldigen zu dürfen. l. 11 i. f. C. 5, 14. Er ist an die Weisungen seiner Frau, insbesondere bei Anlage des Vermögens gebunden. Die Frau wird insoweit seine Gläubigerin, kann jederzeit widerrufen, und hat zur Sicherung ihrer Ansprüche eine gesetzliche Generalhypothek an seinem Vermögen. Bd. I S. 500.

B. Dos.

D. 23, 3 de jure dotium.

I. Begriff.

Die Dos besteht in Vermögenswerthen, welche der Ehemann ‚ad onera matrimonii sustinenda' erhält, d. h. nicht als Geschenk vgl. Bd. II S. 245, sondern mit der Pflicht, daraus die Kosten für Haushalt und Erziehung der Kinder zu bestreiten. l. 56 § 1, l. 76 i. f. D. ht.; l. 8 § 13 D. 20, 6. Sie kommt nur in rechtsgültigen Ehen vor. l. 3 D. ht. Die Bestellung liegt gewissen Personen als Zwangspflicht ob und geschieht in der Art der Uebertragung oder Verpflichtung. Gegenstand der Dos kann jeder Vermögenswerth sein, auch unter Angabe einer Schätzung in Geld. Während der Ehe darf der Mann über die Dos, mit Ausnahme der dazu gehörigen Grundstücke, verfügen. Doch sind der Frau weitgehende Rechte, insbesondere Maßregeln verstattet, um eine dem Ehezweck gemäße Verwendung der Dos, die deshalb res uxoria heißt, zu sichern. l. 75 D. ht. Nach Aufhebung der Ehe wird die Dos zurückerstattet, zumeist an die Frau bzw. deren Erben, zuweilen an den Besteller oder den Vater der Frau. Dabei finden Abzüge und sonstige Erleichterungen Statt. Verträge, welche das Dotalverhältniß abändern, sind zulässig, sofern sie nicht gegen das Wesen der Dos verstoßen.

II. **Bestellung.**

Eine Dos, welche vom Vater oder väterlichen Großvater der Frau herrührt, wird ohne Rücksicht auf deren Gewaltverhältniß ‚profecticia‘ genannt. l. 5 pr., § 11 D. ht. Für eine Dos, die von der Frau selbst, ihrer Mutter oder anderen Personen ausgeht, brauchen die Quellen den Ausdruck ‚adventicia‘. Eine Dos, bei deren Einräumung Besteller sich den Rückfall vorbedang, heißt ‚recepticia‘. l. 31 § 2 D. 39, 6.

a) **Ausstattungspflicht.**

Im alten Rom war die Bestellung einer Dos Sache des freien Willens (voluntaria). Doch galt es als eine freilich nicht durch Klage erzwingbare Anstandspflicht der Frau (naturale debitum Bd. II S. 46), dem Ehemann aus ihrem Vermögen eine Dos zu überlassen. Die l. Julia Papia et Poppaea verbot dem Gewalthaber, seine Töchter grundlos von der Ehe abzuhalten und empfahl deren Dotirung im Staatsinteresse. l. 19 D. 23, 2; l. 2 D. ht. Daraus entwickelt sich ein gesetzlicher Zwang für den Vater und väterlichen Großvater, ihre vermögenslosen Töchter und Enkelinnen, auch wenn sie nicht mehr in ihrer Gewalt waren, beim Eheschluß standesgemäß auszustatten. l. 5 § 12 D. ht.; l. 7 C. 5, 11. Die Klage auf die dos necessaria steht der Frau gegen ihren Ascendenten, nach Proceßbeginn auch gegen dessen Erben zu. Die Höhe der Dos richtet sich nach den Vermögensverhältnissen des Verpflichteten, seiner Kinderzahl und dem Stande des Schwiegersohnes. l. 69 § 4 D. ht. Zu einer Erneuerung der zufällig untergegangenen Dos (Redotation) ist der Ascendent nicht verhaftet, doch muß er die Tochter bei Wiederverheirathung, falls sie die erste Mitgift ohne eignes grobes Versehen verlor, von Neuem ausstatten.

In dringenden Fällen trifft auch die Mutter eine Dotationspflicht ihrer Töchter ‚ex magna et probabili vel lege specialiter expressa causa‘ l. 14 C. 5, 12, nämlich wenn die Mutter in großem Reichthum, die Tochter aber in Dürftigkeit lebt — oder wenn die Mutter im Gegensatz zu ihrer rechtgläubigen Tochter Ketzerin ist. l. 19 § 1 C. 1, 5. Aus l. 12 § 3 D. 26, 7 leitet man ferner her, daß der Anstand dem Vormund gebiete, die soror consanguinea seines Mündels auszusteuern.

b) **Art der Einräumung.**

Die Dos wird dem Ehemann bestellt, sei es durch unmittelbare Uebertragung, sei es durch Uebernahme einer Verpflichtung.

Die Uebertragung (datio) besteht in Tradition, Cession, Schulderlaß und erfolgt an den Ehemann selbst oder an eine von diesem zugewiesene Person z. B. seinen Gläubiger. Bisweilen werden Sachen vor der Ehe zur Dos überlassen. Darin liegt je nach der Absicht des Gebers entweder eine sofortige Uebereignung, die sich mit dem Eheschluß in eine Dos wandelt und ohnedies zu einer grundlosen rückforderbaren Bereicherung wird — oder aber eine bedingte Zuwendung, die erst mit Eingehung der vorausgesetzten Ehe in das Vermögen des Mannes als Dos übergeht. l. 7 § 3, l. 8, l. 43 pr. D. ht.

Die Uebernahme einer Dotalverpflichtung macht den Promittenten zum Schuldner des Ehemanns. Der geleistete Gegenstand wird Dos. Zur Klagbarkeit des Versprechens gehörte in klassischer Zeit die Stipulationsform (promissio) oder ein eigenthümlicher Verbalact (dictio vgl. Bd. II S. 51). Theodos erklärt in l. 6 C. 5, 11 formlose Dotalverträge (nuda pollicitatio) für klagbar. Daher genügt es, wenn die Frau ihr Eingebrachtes stillschweigend zur Dos bestimmt oder bei Wiederverheirathung die ihr aus früherer Ehe zurückerstattete Dos als solche fortbestehen läßt. l. 30, 40 D. ht. Das Versprechen einer freiwilligen Dos darf bezüglich ihres Umfangs nicht in die reine Willkür des Promittenten gestellt sein, Bd. II. S. 13, sondern muß eine gewisse, oder wenigstens der Lage nach angemessene Höhe enthalten. l. 1, 3 C. 5, 11. Eine vor der Ehe abgegebene Zusage gilt als bedingte und wird mit dem Eheschluß fällig. l. 21 D. ht. Doch trifft den Promittenten zwei Jahre nach diesem Zeitpunkt auch ohne Mahnung eine gesetzliche Zinspflicht. l. 31 § 2 C. 5, 12. Dotalversprechen, die ausdrücklich auf die Zeit nach Lösung der Ehe gestellt wurden, sind nichtig. Dem aus der Zusage einer bestimmten Dos verklagten Schwiegervater steht die Competenz=Wohlthat zu. l. 84 D. ht. Mit Rücksicht auf dieses Verhältniß ist es auch zulässig, die Ausklagung der Dos während bestehender Ehe auszuschließen. l. 20 D. ht.

c) **Gegenstand.**

Zur Dos eignet sich jeder übertragbare Vermögenswerth. Der Besteller kann körperliche Sachen tradiren, Forderungen cediren, dingliche Rechte einräumen, namentlich den Nießbrauch, sowohl durch Uebertragung eines bestehenden der Ausübung nach, als auch durch Begründung eines neuen. l. 78 § 2 D. ht. Auch in einem Verzicht kann die Dos bestehen, z. B. wenn der Besteller dem Ehemann dessen Schuld erläßt, ihn von einer Forderung Dritter befreit oder letztwillige Zuwendungen zu Gunsten des Ehemanns ausschlägt. l. 43 D. ht.; l. 14 § 3 D. 23, 5. Häufig kommt es vor, daß eine Frau ihr ganzes Vermögen — natürlich in Form der Singularsuccession nach Abzug der Schulden — dem Mann als Dos überweist. l. 72 pr. D. ht.

Die Dos hat die Natur eines Sondervermögens, Bd. I S. 199, das durch Theilnahme am Rechtsverkehr wirthschaftlichen Veränderungen unterworfen ist. Der Wechsel der Bestandtheile (permutatio dotis) vollzieht sich entweder in Folge gesetzlicher Vorschrift, oder gemäß Uebereinkunft der Gatten. So scheidet z. B. ein gemeinschaftliches Dotalgrundstück, das im Theilungsverfahren dem anderen Miteigenthümer zugesprochen wurde, gegen Zahlung der Abfindungssumme aus, wogegen die mit Dotalgeldern angeschafften Sachen, sofern der Frau daraus kein erheblicher Nachtheil erwächst, eintreten. l. 54 D. ht.

d) **Gewährspflicht.**

Wird eine kraft Gesetzes erzwingbare Dos entwehrt, so muß sie noch einmal geleistet werden, weil der Ausstattungspflicht nicht genügt ist. Bei Eviction einer freiwilligen Dos kommen die Grundsätze der Schenkung Bd. II S. 247 in Betracht. Der Besteller haftet aus Arglist und übernommener Garantie für volles Interesse, sonst nur aus generischem Dotalversprechen auf die Lieferung ebensolcher Stücke, als es die evincirten waren. l. 52 D. ht.; l. 1 C. 5, 12. Weiter gehen andere Ansichten, welche dem Besteller entweder stets eine Gewährspflicht aufbürden, oder wenigstens für den Fall, daß er die Dos nicht dando sondern obligando einräumte.

e) **Schätzung.**

Die Dos kann unter Angabe ihres Geldwerthes eingebracht werden. Dies läuft theils auf einen Verkauf hinaus, so daß der angeführte Preis als Dos gilt, theils auf eine bloße Feststellung des Sachwerthes. Zu einer dos aestimata venditionis causa steht der Ehemann wie ein Käufer der Sache, er hat bei Entwehrung die actio emti gegen den Besteller, wird freier Eigenthümer, trägt die Gefahr, zieht die Vortheile und muß die Schätzungssumme, falls sie dem damaligen Werth der Sache entsprach, oder den in Folge der Eviction erhaltenen Betrag zurückerstatten. l. 14–16 D. ht.; l. 10 C. 5, 12. Bei der dos aestimata taxationis causa dient die Schätzung als Grundlage etwaiger Ersatzansprüche gegen den Ehemann, welcher die Dotalsachen mit weniger Sorgfalt behandelte, als er in eignen Dingen gewöhnt war. l. 69 § 7 D. ht. Schließlich kann die Schätzung auch dahin gehen, daß es in der Wahl der Betheiligten steht, die Dos entweder in Natur oder in Geld zu restituiren. l. 10 § 6 D. ht. Dann kommen die Regeln der Alternativschuld über Wahlrecht, Haftung für Gefahr 2c. Bd. II S. 15 ff. zur Anwendung.

III. Rechtsverhältnisse während der Ehe.

a) **Rechte des Mannes.**

Die Dos geht in das Vermögen des Ehemanns über, jedoch mit den Beschränkungen, daß er den Ertrag zu den Ehelasten verwende und Dotalgrundstücke nicht veräußere. Daraus hat man fälschlich einen bloßen Nießbrauch des Mannes, oder gar ein doppeltes Eigenthum beider Gatten an der Dos vgl. Bd. I S. 339 gefolgert.

Der Ehemann wird Eigenthümer bzw. Ersitzungsbesitzer an den köperlichen Sachen, sowie deren Zuwüchsen und Früchten; er kann sie vindiciren, mit Delictsklagen z. B. der condictio furtiva l. 49 § 1 D. 47, 2 verfolgen, veräußern, Sclaven freilassen u. s. w. l. 3 § 2 D. 38, 16. An Forderungen und eingeräumten Rechten erwirbt er volle Befugniß mit entsprechendem Rechtsschutz.

Die l. Julia de fundo dotali D. 23, 5 (ein Theil der l. Julia de adulteriis aus dem Jahre 18 v. Chr.) bindet Veräußerungen italischer Dotalgrundstücke an die Einwilligung der Ehefrau und untersagt in Hinblick auf die leichte Bestimmbarkeit des weiblichen Charakters Verpfändungen selbst bei Ertheilung dieses Consenses. Gaj. II § 62–63. Später wird das Verbot, das auch dem Bräutigam gegenüber galt l. 4 D. 23, 5, auf provinciale Grundstücke ausgedehnt und zu einem absoluten erhoben. pr. J. 2, 8. Die Frau darf das von ihrem Mann veräußerte Grundstück an sich ziehen. Die Vindication steht auch dem Manne zu, ohne daß ihm eine Einrede der Arglist entgegengesetzt werden kann; freilich bleibt er aus dem Kaufgeschäft dem redlichen Erwerber aufs Interesse verantwortlich. l. 42 D. 41, 3. Die l. Julia bezweckt, der Frau ein von den Conjuncturen des Handelsverkehrs möglichst unabhängiges Wittwengut zu sichern. l. 3 § 1 D. 23, 5. Daher gilt die Veräußerung solcher Grundstücke, die zu einer dos recepticia gehören, oder welche unter einer Schätzung eingebracht wurden, mag dadurch ein Verkauf oder ein alternatives Wahlrecht des Ehemannes beabsichtigt sein. Das Verbot erstreckt sich in Folge seines Grundes nicht auf die Aufgabe von Grundstücken, welche durch gesetzliche Gebote oder wirthschaftliche Verhältnisse der Ehe gerechtfertigt wird. l. 26–27 D. 23, 3. Eine rechtswidrige Veräußerung kann nach Lösung der Ehe in Kraft treten, z. B. dadurch, daß die wegen Ehebruchs geschiedene Frau ihren Dotalanspruch verwirkt oder als Wittwe das Geschäft genehmigt. l. 17 D. 23, 5. Als stillschweigende Genehmigung wurde es nach älterem Rechte angesehen, wenn sie den Mann beerbte oder ein Vermächtniß von ihm annahm. l. un. § 3 C. 5, 13.

b) **Rechte der Frau.**

Die Ehefrau kann verlangen, daß die Kosten für ihre standesgemäße Ernährung und den gemeinsamen Haushalt aus der Dos bestritten werden. Gegen den Mann, welcher sich dessen weigert, ist auf Antrag der Frau oder ihrer Angehörigen richterlicher Zwang zulässig. l. 22 § 8 D. 24, 3. Die Frau genießt, falls unbewegliche Sachen zu ihrer Mitgift gehören, die Cautionsfreiheit der Grundbesitzer l. 15 § 3 D. 2, 8 und macht bei Eviction der Dos die etwaigen Gewährsansprüche geltend. l. 75 D. ht. Auf Gesuch wird ihr, sofern der Mann die Dotalgüter offenbar mißbraucht oder in Vermögensverfall gerieth, an seiner Statt die ehegemäße Verwaltung und Nutzung der Dos anvertraut. l. 29 C. 5, 12. In dringlichen Umständen darf sie sogar trotz Fortdauer der Ehe Rückgabe der Dos behufs Verausgabung fordern, z. B. um ihre Schulden zu bezahlen, ein passendes Grundstück anzukaufen, ihre nahen Verwandten zu unterhalten, ihren Mann aus der Gefangenschaft auszulösen ꝛc. l. 20 D. 24, 3; l. 73 § 1 D. ht.

IV. Rechtsfolgen nach gelöster Ehe.

D. 24, 3 soluto matrimonio quemadmodum dos petatur.

a) **Rückgabepflicht.**

In alter Zeit verblieb nach beendigter Ehe die Dos beim Manne bzw. dessen Erben. Doch galt es als Ehrenpflicht des Mannes, die Vermögensverhältnisse seiner Frau, falls sie ihn überleben sollte, testamentarisch zu regeln und ihr einen Gegenwerth für die Dos auszusetzen.

Dieser arkadische Zustand wurde gegen Ende der Republik, als die willkürlichen Ehescheidungen zunahmen, unleidlich. Der Schutz, welchen Censor und Familienrath der schuldlos verstoßenen Gattin gewährten, reichte nicht mehr aus. Daher wurden bei Eingehung der Ehe cautiones rei uxoriae üblich, durch welche der Mann für den Scheidungsfall die Rückgabe der Dos versprach. Weiter half der Prätor (l. Maenia de dote? um 180), indem er der geschiedenen oder verwittweten Frau gegen ihren Mann bzw. dessen Erben eine höchstpersönliche actio rei uxoriae gab, bei welcher der Umfang der Verurtheilung vom freien Ermessen des Richters abhing ‚quantum aequius melius erit'. Das edictum de alterutro stellte der Wittwe die Wahl anheim, diese Klage zu erheben oder das zu fordern, was ihr der Mann nach altem Brauch letztwillig zugewandt hatte.

In der Kaiserzeit gewann die Rechtsidee immer festeren Boden, daß der Mann nur die Früchte der Dos lucriren dürfe, aber nach aufgehobener Ehe zur Rückerstattung der Substanz mit gewissen Erleichterungen verpflichtet sei. Die klassischen Juristen machten folgende Unterschiede: 1. Stirbt die Frau, so kann ihr Mann die dos adventicia stets behalten. Die dos profecticia hat er an den Besteller herauszugeben, falls dieser die Frau überlebte, darf aber $^1/_5$ für jedes eheliche Kind abziehen. 2. Stirbt der Mann, so muß jede Dos zurückerstattet werden, und zwar steht die Klage, wenn die Wittwe nicht mehr Haustochter ist, ihr allein zu, sonst ihrem Gewalthaber ‚filia adjuncta'. Gemeinsam 1 und 2 sind bei Rückgabe der Dos die Abzüge propter res donatas, amotas, impensas und die Restitution der vertretbaren Dotalsachen in drei jährlichen Terminen (annua, bima, trima die). 3. Bei Ehescheidung gelten die unter 2 angeführten Grundsätze. Der schuldige Ehemann wird mit Abkürzung der Restitutionsfristen und mit Abzügen von den gewonnenen Früchten bestraft. Trägt die Ehefrau Schuld an der Scheidung, so treffen sie Retentionen propter liberos, $^1/_6$ für jedes Kind, aber nicht mehr als $^3/_6$, und propter mores, $^1/_6$ wegen Ehebruchs, $^1/_8$ wegen geringerer Vergehen.

Um die vielfachen Abzüge zu vermeiden, kamen in der klassischen Zeit häufig Stipulationen vor, durch welche der Besteller der Dos sich, der Frau oder deren Erben die volle Dotalforderung vorbehielt. Daraus entsteht eine actio ex stipulatu, welche vererblich ist und nach Maßgabe des Versprechens auf Rückgabe der Dos ohne Kürzungen und ohne Fristen geht.

Justinian setzt in l. un. C. 5, 13 an Stelle der actio rei uxoriae stets eine actio ex stipulatu, grade als ob eine Stipulation über die Rückgabe der Dos abgeschlossen sei. Trotzdem hat diese actio de dote einen bonae fidei Charakter, da dem Ehemanne die Competenzwohlthat, Abzüge wegen nothwendiger Verwendungen und die Restitutionsfrist eines Jahres für Mobilien zukommen. § 29 J. 4, 6. Um die Ansprüche der Frau nach jeder Richtung zu sichern, giebt ihr Justinian, neben dem schon früher anerkannten Vorrecht im Concurse des Mannes, eine gesetzliche privilegirte Generalhypothek am Vermögen desselben Bd. I S. 517 und eine utilis vindicatio auf Dotalsachen Bd. I S. 396 ‚si tamen exstant' l. 30 pr. C. 5, 12 d. h. unter der Voraussetzung, daß sie sich noch beim Ehemanne befinden. Die Vindication erstreckt sich auch auf die unter Schätzung eingebrachten Gegenstände, es müßte denn der Mann die Zahlung der Schätzungssumme vorziehen. Alle diese Rechte aber verwirkt die Frau, wenn sie durch eigne Schuld die Ehescheidung veranlaßte. S. 23.

Daneben besteht die dos recepticia fort, deren Rückfall sich der Besteller besonders ausmacht und je nach der Art des Uebereinkommens durch eine actio ex stipulatu oder praescriptis verbis verfolgt. l. 6 C. 5, 12.

b) Justinians Dotalklage.

Wer rückforderungsberechtigt ist, richtet sich danach, durch wessen Tod die Ehe gelöst wurde. Bei früherem Tode des Mannes steht die Klage der Wittwe zu und, falls sie sich noch in väterlicher Gewalt befindet, ihrem Gewalthaber gemeinsam mit ihr. l. 2 § 1 — l. 3 D. 24, 3. Stirbt die Frau zuerst, so fällt die dos adventicia an ihre Erben, die profecticia an ihren Vater, falls dieser sie überlebte, sonst auch an ihre Erben. l. 6 pr. D. 23, 3. Durch Mißverständniß der l. un. § 13 C. 5, 13 wird das Anrecht des Vaters auf die dos profecticia auf den Fall beschränkt, daß seine verheirathete Tochter zur Zeit der Dosbestellung oder ihres Todes noch seiner Gewalt unterstand. In gleicher Weise ist der Rückfall der Dos bei Ehescheidung geregelt, sofern die Frau an derselben keine Schuld trägt.

Der Beweis liegt dem Kläger ob, daß eine Dos bestellt und er rückforderungsberechtigt sei. In der Regel braucht er nur das Dotalversprechen darzuthun, weil der Ehemann für die gehörige Einziehung haftet oder seinen Mißerfolg entschuldigen muß. l. 16 D. 23, 5. Rührt aber die Dos von der Frau oder ihrem Vater her, so ist der Nachweis wirklicher Zahlung vonnöthen. l. 33 D. 23, 3. Derselbe wird häufig durch das Empfangsbekenntniß des Mannes im schriftlichen Ehevertrage (instrumentum dotale) geführt. l. 1 C. 5, 15. Da jedoch solche Schriftstücke vor Empfang der Dos ausgefertigt zu werden pflegen, so bestimmt Justinian, daß sie mittelst rechtzeitiger Verwahrung entkräftbar sein sollen. l. 3 C. 5, 15. Dauerte die Ehe bis zu zwei Jahren, so ist noch binnen einem Jahre nach ihrer Auflösung die exceptio non numeratae dotis zulässig. Bestand die Ehe von zwei bis zu zehn Jahren, so verringert sich die Einredefrist auf drei Monate. Wird während mindestens zehnjähriger Dauer der Ehe kein Protest eingelegt oder das Empfangsbekenntniß nicht durch querela non numeratae dotis zurückgefordert, so soll dasselbe unanfechtbaren Beweis schaffen. nov. 100 c. 1–2.

Ziel der Klage ist die Rückerstattung des Dotalvermögens, wie es zur Zeit steht und liegt, sowie Ersatz des Schadens, welchen der Ehemann durch eine ihm sonst ungewöhnte nachlässige Verwaltung Bd. II S. 138 der Dos zufügte.

Bei einer unter Schätzung eingebrachten Dos entscheidet die Geldsumme. Vertretbare Sachen werden in gleichem Betrage zurückgegeben l. 42 D. 23, 3; andere Gegenstände in Natur, soweit sie sich noch beim Manne befinden, oder nach ihrem Werth, falls sie durch Schuld des Mannes untergingen l. 11, 66 D. 24, 3. Wirthschaftlicher Wechsel in den Bestandtheilen der Dos wird berücksichtigt, sofern die Frau durch derartige Geschäfte ihres Mannes keinen Schaden erleidet. l. 50 D. 24, 3. Forderungen und andere Rechte, in deren Einräumung die Dos bestand, sind dem Begriff nach, oder wie beim Nießbrauch l. 66 D. 23, 3 der Ausübung nach zurückzuübertragen. Lastet das behufs Dotirung bestellte dingliche Recht auf einem Grundstück des Dotalklägers, so vollzieht sich die Restitution durch Verzicht. l. 78 § 2 D. 23, 3. Aus Forderungen, welche der Ehemann bei Fälligkeit einzog, haftet er auf das Object. Der Beitreibung steht es gleich, wenn er mit dem überwiesenen Schuldner eine Novation schloß l. 35 D. 23, 3 oder demselben einen Erlaß bewilligte l. 49 D. 23, 3. Doch wird eine Verantwortlichkeit für die Insolvenz des Schuldners dem Manne nicht beizumessen sein, er müßte denn nachlässiger Weise die Verfolgung versäumt haben. l. 41 § 3 D. 23, 3. Erlasse, welche den Gegenstand der Dos bildeten, werden rückgängig gemacht. l. 43 D. 23, 3

Die Erträge der Dos während der Ehezeit darf der Mann behalten. l. 7 pr. D. ht. Dazu gehören Früchte, Zinsen, Miethsgelder und jeder Erwerb aus einer Verkaufs halber abgeschätzten Mitgift. Dagegen fallen die vor Eingehung der Ehe gezogenen Früchte, sowie die Accessionen der Dotalsachen z. B. Windbruch, Schatz, Sclavenkinder, unter die Rückerstattungspflicht. l. 7 § 12 D. 24, 3. In Betreff der Früchte desjenigen Jahres, in welchem die Ehe endigte, findet eine Theilung zwischen dem Ehemanne bzw. seinen Erben und dem Dotalkläger nach Verhältniß der Ehetage Statt. l. un. § 9 C. 5, 13. Dabei herrscht Streit, ob der Rechnung das Dotaljahr, welches von dem Eheschluß bzw. der späteren Lieferung der Dos an läuft l. 5–6 D. 24, 3, oder das Fruchtjahr, welches sich nach der wirthschaftlichen Ausbeutung des Dotalgrundstücks richtet l. 7 § 1 D. 24, 3, zu Grunde gelegt wird.

Nothwendige Auslagen, welche der Ehemann auf die Erhaltung der Dotalsachen verwandte, vermindern die Dos von selbst. Dies gilt nicht von den laufenden Kosten, welche die Bebauung des Bodens und die Erzielung des Fruchtgewinns mit sich bringen. l. 5 pr., l. 16 D. 25, 1. Für nützliche Verwendungen kommen, je nachdem sie unter Zustimmung der Frau oder ohnedies gemacht sind, die Regeln des Auftrags oder der Geschäftsführung zur Anwendung. l. 7–8 D. 25, 1.

Die Restitution der Dotalgrundstücke muß sofort nach Auflösung der Ehe erfolgen. Für andere Objecte z. B. Rückgabe von Mobilien, Erstattung von Rechten, Errichtung erlassener Pflichten besteht eine Frist von einem Jahre. Die Nutzungen der Zwischenzeit gehören zur Dos. Nach Ablauf der Frist beginnt ohne Mahnung eine Zinspflicht von 4 %, die aber bei nutzbaren Sachen auf die Früchte aufgerechnet wird. l. un. § 7 C. 5, 13.

V. Dotalverträge.

D. 23, 4 de pactis dotalibus.

Das gesetzliche Dotalverhältniß kann durch Abreden verändert werden. Doch dürfen die Dotalverträge weder gegen die guten Sitten, das Wesen der Ehe oder der Dos verstoßen, noch die Stellung der Frau ungebührlich schmälern. Deshalb sind unwirksam: der Verzicht des Ehemannes auf die Competenz-Wohlthat l. 14 § 1 D. 24, 3; die Herabsetzung der Scheidungsstrafen für den schuldigen Theil; das Versprechen des Mannes, sämmtliche Dotalfrüchte zurückzuerstatten l. 4 D. 23, 4 oder nothwendige Verwendungen nicht von der Dos abzuziehen l. 5 § 2 D. 23, 4. Ferner gilt nicht das Uebereinkommen, wodurch dem Manne die Haftung für Versehen erleichtert l. 6 D. 23, 4, die gesetzliche Restitutionsfrist verkürzt wird l. 14–16 D. 23, 4 — oder wodurch das Recht der Frau auf Herausgabe der Dos, sei es während der Ehe aus dringlichen Umständen, sei es nach Lösung der Ehe überhaupt, ausgeschlossen wird. l. 3 C. 5, 14. Nur zu Gunsten ihrer Kinder kann die Frau in eine Verschlechterung ihrer Lage willigen und z. B. für den Fall ihres früheren Todes oder der Ehescheidung dem Mann die Dos zusichern. l. 1 § 1 D. 33, 4.

Vereinbarungen mit Bestellern einer freiwilligen Dos werden milder beurtheilt. Es steht im Belieben des Bestellers, den Rückfall für sich oder Andere vorzubehalten; doch bedarf er der Zustimmung der Frau, um ihre durch den Eheschluß bereits erworbenen Dotalansprüche nachträglich einzuschränken. l. 29 pr., l. 40 D. 24, 3.

C. Donatio propter nuptias.

C. 5, 3 de donationibus ante nuptias vel propter nuptias et sponsaliciis.

Im Anfang der Kaiserzeit kam die Sitte auf, daß der Mann bei Eingehung der Ehe seiner Frau ein Geschenk als Gegengabe für die Dos überließ. Dadurch sollte vornehmlich die von ihrem Gatten schuldlos verstoßene Frau gegen Mangel geschützt werden. Später wurde diese donatio ante nuptias der Frau nicht mehr übergeben, sondern blos versprochen, um ihr für den Fall der Ehetrennung ein standesgemäßes Leben zu ermöglichen. l. 9–10 C. 5, 14. Die Verwaltung des der Frau zugesicherten Gegenstandes verbleibt zu Ehezwecken dem Manne. Justinian erlaubt eine solche Zuwendung auch während der Ehe und nennt sie sachgemäßer donatio ‚propter' nuptias. l. 20 pr. C. ht.; § 8 J. 2, 7. Die donatio propter nuptias soll dem Betrage der Dos entsprechen. nov. 97 c. 1. Wie dem Vater die Ausstattung seiner Tochter obliegt, so ist auch der Gewalthaber des Ehemanns zur Bestellung einer donatio propter nuptias verpflichtet. l. 7 C. 5, 11. Wegen dieses Anspruchs hat die Frau eine gesetzliche Generalhypothek am Vermögen ihres Gatten. l. 12 § 2 C. 8, 18 (17). Während der Ehe dient die donatio propter nuptias wie die Dos zur Bestreitung ehelicher Lasten. Daher sind die darin enthaltenen Grundstücke im Interesse der Frau unveräußerlich nov. 61, und ihr steht bei Vermögensverfall oder Verschwendungssucht des Mannes das Recht zu, die vorzeitige Herausgabe behufs besserer Verwaltung zu begehren. l. 29 C. 5, 12. Nach Lösung der Ehe fällt die donatio propter nuptias zumeist als Scheidungsstrafe des schuldigen Mannes an die Frau. S. 23.

§ 11.

Eheliches Güterrecht in Deutschland.

A. Geschichtliche Uebersicht.

Die römischen Vermögensfolgen der Ehe sind grundsätzlich recipirt. Von einer Ausstattungspflicht der ketzerischen Mutter gegenüber ihrer rechtgläubigen Tochter kann nicht mehr die Rede sein. Die Veräußerung des Dotalgrundstücks gestattet das kanonische Recht c. 28 X 2, 24 unter eidlicher Bestärkung der Frau, die heutige Praxis meist ohne Weiteres. Bd. II S. 83. Die Dotalvorrechte der Ehefrau im Konkurse ihres Mannes sind in der R.K.O. nicht anerkannt. Bd. II S. 125. Aus ihrem privilegirten gesetzlichen Pfandrecht am Vermögen des Mannes ist in den Ländern mit Grundbuchverfassung ein bloßer Anspruch auf Eintragung einer Hypothek geworden. Bd. I S. 483. Das Einf.G. § 17 zur C.Pr.O. beseitigt Justinians Vorschriften über die Beweiskraft von Urkunden, in welchen sich der Ehemann zum Empfang der Dos bekennt. In Betreff des

Rückfalls der dos profecticia zieht die Praxis nach einer humanen, aber nicht quellenmäßig begründeten Ansicht des Martinus die Kinder der Frau ihrem sie überlebenden Vater vor. Die Bestimmungen über donatio propter nuptias gelten nicht mehr. Selbst innerhalb dieser Schranken hat sich das römische Dotalsystem nur in kleinen Gebieten, wie Mecklenburg, Neuvorpommern, Rügen — und auch da blos für einzelne Stände — Bahn gebrochen.

Bei der Reception suchte man den deutschen Rechtsgedanken, daß die Ehe zu einer wirthschaftlichen Vereinigung der ehelichen Güter in der Hand des Mannes führe, römischen Formen anzupassen. So gelangte man in den Ländern des kursächsischen Rechtes zu dem System des ehemännlichen Nießbrauchs. Alles, was die Frau einbringt (bona illata), fällt zu ehelichen Zwecken in die Nutzung und Verwaltung des Mannes. Davon sind die ausdrücklich vorbehaltenen Güter (bona recepticica) ausgenommen, welche das Paraphernalvermögen im römischen Sinne darstellen.

Durch die Reception wurden die deutschen Gebräuche nicht verdrängt, welche die innige Lebensgemeinschaft der Gatten auf deren Vermögen übertragen. Sie lassen sich, trotz zahlloser Eigenthümlichkeiten in Statuten und Willküren, auf die beiden Gruppen der Verwaltungs- und Gütergemeinschaft zurückführen und bilden in höherem Maße als das recipirte Dotalsystem „ein gemeines eheliches Güterrecht".

Nach Ssp. I, 31 nimmt der Mann das ganze Frauenvermögen in seine „Gewere zu rechter Vormundschaft", denn während der Ehe soll „kein gezweiet Gut" bestehen. Die Verwaltung der Gütermasse steht dem Manne zu; er darf über die eingebrachte Fahrniß frei verfügen, über Liegenschaften der Frau nur mit ihrer und ihres nächsten Erben Genehmigung, es sei denn in Fällen echter Noth. Der Frau verbleibt das Eigenthum an ihren Gütern, sie ist aber durch die ehemännliche Vormundschaft in der Verschuldung und Veräußerung ihrer Habe beschränkt. Ssp. I, 45 § 2. Nach Lösung der Ehe fällt die Gütermasse auseinander. Das Eingebrachte, soweit es noch vorhanden ist, wird der Frau bzw. ihren Erben zurückgegeben. An der Errungenschaft in der Ehe hat sie keinen Antheil. Doch kommen dem überlebenden Theil gewisse Vergünstigungen zu Gute. Der Wittwer behält die gesammte Fahrniß mit Ausnahme der Gerade, welche an die nächste weibliche Verwandte seiner verstorbenen Frau, die Niftel fällt. Seine Restitutionspflicht beschränkt sich also auf die eingebrachten Grundstücke. Die Wittwe kann außer ihrem Eingebrachten noch folgende Vortheile begehren: 1. Gerade d. h. Wirthschaftsgeräthe und die zu ihrem persönlichen Bedürfniß bestimmten Mobilien (Aussteuer); 2. Morgengabe d. h. ein hergebrachtes Geschenk Seitens des Mannes am Morgen nach der Brautnacht, in der Regel ein Wittwenhaus „gezune und gezimbere"; 3. Mußtheil d. h. alle verzehrbaren Vorräthe auf jeglichem Hofe ihres Mannes. Ssp. I 20–24. Sind Kinder aus der Ehe vorhanden, so wird um derentwillen die Theilung vorläufig aufgeschoben, und dem überlebenden Vater die volle Gewere, der überlebenden Mutter Beisitz unter Aufsicht eines Geschlechtsvormundes belassen. Ssp. I, 11–13. Aus diesen Sätzen entwickelte sich im nordöstlichen Theile Deutschlands das System der Verwaltungsgemeinschaft, bei welcher das Verfügungsrecht des Ehemannes auch über das unbewegliche Frauenvermögen immer schärfer hervortritt.

Die Sitte erforderte eine ausreichende Versorgung der Frau für den Fall ihres Wittwenstandes. Dazu dienten die Geschäfte des Witthums und des Leibgedinges. Das Witthum (wieten = weisen, widmen; vidualicium, Leibzucht) besteht darin, daß der Frau, falls sie den Gatten überlebt, ein lebenslänglicher Nießbrauch an gewissen Vermögenstheilen, besonders Grundstücken des Mannes zugesichert wird. Nach neuerem Recht beschränkt sich der Nießbrauch auf die Wittwenzeit und endigt mit der Wiederverheirathung. Das Leibgeding (dotalicium) enthält eine Leibrente der Wittwe, welche im Verhältniß zu ihrem eingebrachten Heirathsgut steht. Bei Ehen adliger Personen war es üblich, der Frau für ihr zugebrachtes Capitalvermögen eine gleich große Widerlage (contrados) auszusetzen, die mit dem Tode des Mannes fällig und durch Säumniß seiner Erben zinsbar wurde. Die sächsischen Constitutionen von 1572 geben der adligen Wittwe die Wahl, entweder das Eingebrachte sammt der Widerlage oder die doppelte Verzinsung ihres Heirathsgutes als lebenslängliche Leibrente zu fordern.

Die schwierige Auseinandersetzung mit der Wittwe, die für ländliche Verhältnisse berechnet war, wurde in den Städten vielfach durch die statutarische Portion ersetzt. Darnach darf die Wittwe eine Quote vom gesammten Ehevermögen beanspruchen. In den meißenschen Städten findet sich das Drittheilsrecht, in der Mark mehr das Halbtheilsrecht.

Nach fränkisch-schwäbischem Recht ist die Verschmelzung der ehelichen Güter zu einem einheitlichen Familienvermögen eine so innige, daß sie in mancher Beziehung die Ehe überdauert. Der Mann kann über jedes Stück der Fahrniß frei verfügen, bedarf aber zur Veräußerung und Belastung von Grundstücken, auch der von ihm eingebrachten, weil sie „zu gesammter Hand" der Gatten stehen, der Zustimmung seiner Frau. Nach Lösung der Ehe erhält der Wittwer die ganze Gütermasse, die Wittwe mindestens einen Antheil an der Errungenschaft in der Ehe, denn „längst Leib, längst Gut." Bisweilen kommt auch das „Fallrecht" vor, wonach das gesammte Ehevermögen im Nießbrauch des überlebenden Gatten verbleibt, bei dessen Tode aber in die ursprünglichen Bestandtheile zerfällt. Ist die Ehe durch Kinder beerbt, so tritt „Verfangenschaft" ein, d. h. die Fahrniß geht an den überlebenden Theil, während die Grundstücke den Kindern verfangen bleiben. Dagegen schreiben einige Statuten ein „Theilrecht" vor, das zur sofortigen Auseinandersetzung mit den Kindern führt. Auf dieser Grundlage bildete sich in Mittel- und Süddeutschland das System der Gütergemeinschaft, welche sich entweder als allgemeine auf alles Vermögen der Gatten erstreckt, oder als besondere nur einzelne Güter wie Errungenschaft auch Fahrniß umfaßt, sodaß im letzteren Falle neben dem Sammtgut noch ein Sondergut des Mannes und ein solches der Frau bestehen.

B. System des ehemännlichen Nießbrauchs.

Das von der Frau eingebrachte Vermögen bleibt in ihrem Eigenthum und gelangt — mit Ausnahme der vorbehaltenen Güter — in die Verwaltung und Nutzung ihres Mannes zu ehelichen Zwecken. Dieser ususfructus maritalis weicht von den Grundsätzen des Nießbrauchs Bd. I S. 453 ff. verschiedentlich ab. Der Ehemann ist zur Veränderung des wirthschaftlichen Charakters der Sachen, meist auch zur Veräußerung von Mobilien, wie sie der gewöhnliche Betrieb mit sich bringt, befugt, er steht nur für die in eignen Angelegenheiten übliche

Sorgfalt ein und braucht keine Caution für die Rückgabe zu stellen. Zu wichtigen Verfügungen, wozu meist auch die Kündigung und Einziehung ausstehender Capitalien gehört, bedarf er der Zustimmung der Ehefrau, welche rechtswidrig veräußerte Sachen an sich ziehen kann. Aus den Erträgen hat er die Ernährung seiner Gattin und Erziehung seiner Kinder zu bestreiten, widrigenfalls ihm der Nießbrauch auf Antrag der Frau entzogen wird. Oft ist der Frau zur Sicherung ihrer Ansprüche ein Pfandrecht am Vermögen ihres Mannes, oder wenigstens ein Titel zur Eintragung einer Hypothek eingeräumt.

Für Schulden des Mannes haftet das Frauengut nicht. Doch haben die Concursgläubiger des Ehemannes Anspruch darauf, daß sein Nießbrauch in die Masse fließe, wofern sie der Frau und ihren Kindern standesgemäßen Unterhalt bewilligen. Bd. II S. 115. Aus vorehelichen Schulden der Frau bleiben alle ihre Güter unbeschränkt verhaftet. In der Ehe kann sie das Eingebrachte ohne Einwilligung ihres Mannes nur insoweit verschulden, als dadurch sein Nießbrauch an diesem Vermögen als an einem Ganzen nicht gestört wird.

Nach Lösung der Ehe fällt nach Analogie der römischen Dos die Substanz des Eingebrachten oder was in Folge erlaubten Wechsels an seine Stelle trat, an die überlebende Wittwe zurück, bzw. an die Erben der zuerst verstorbenen Frau.

C. System der Verwaltungsgemeinschaft.

Der von Gerber aufgestellte Name „Gütereinheit" erscheint weniger passend, da das Verhältniß trotz der wirthschaftlichen Einigung in der Hand des Mannes auf eine Trennung der Güter hinausläuft.

I. Eigenthumsverhältniß.

Jeder Gatte behält Eigenthum an seinen Gütern. Die Verbindung erfolgt nur während der Ehe, um eine der Innigkeit des ehelichen Lebens entsprechende Bewirthschaftung durch den Mann zu erzielen. Was der Mann in der Ehe erwirbt, gehört ihm. Auch der Erwerb der Frau im Hauswesen oder Gewerbe des Mannes — nicht in selbständiger Stellung z. B. durch Lotteriegewinnste, Erbschaften — fällt dem Letzteren zu. Durch ausdrückliche Uebereinkunft der Gatten kann der Frau ein Sonder- oder Einhandsgut eingeräumt werden. Dazu genügt bei Zuwendungen Dritter ein derartiger, vom Manne genehmigter Vorbehalt. Kleinodien der Frau, ihre Geräthschaften und Kleidungsstücke gelten an sich nicht als Sondergut. Fideicommisse, Lehns- und Colonatsgüter fallen blos den Früchten, aber nicht der Substanz nach, in das eheliche Vermögen.

II. Rechte des Mannes.

Der Mann ist als Haupt der Familie befugt, die Gütermasse zu ehelichem Bedürfniß zu brauchen und darüber zu verfügen. Dafür liegt ihm die Deckung des gemeinsamen Haushalts ob. Nach den meisten Statuten darf er Liegenschaften der Frau nicht ohne deren Zustimmung belasten oder veräußern, es müßte sich denn um Fälle echter Noth handeln.

III. Rechte der Frau.

Die Frau steht der häuslichen Wirthschaft vor (Schlüsselgewalt) und ist zur Vertretung ihres Mannes bei dessen Abwesenheit oder Krankheit berufen. Sie hat dadurch, daß ihr statutarisch ein Consens zu wichtigen Verfügungen des Mannes über ihr Gut eingeräumt ist, einen Schutz gegen dessen Willkür und kann bei ungerechtfertigtem oder maßlosem Aufwand ihres Gatten richterliche Verbote erwirken, Entmündigung beantragen, sogar gegen den Genossen des ehemännlichen Truges auf Rückgabe klagen. Zu solchen Geschäften über ihr Vermögen, welche die eheherrlichen Rechte nicht beeinträchtigen, z. B. letztwilligen Dispositionen, ist sie befugt. An ihrem Sondergut steht ihr freie Verwaltung zu, obwohl dem Ehemann nicht jeder Einfluß darauf entzogen ist.

IV. Schulden des Mannes.

Für Verbindlichkeiten des Mannes haftet die Gütermasse, da nach deutscher Auffassung auch der Betrieb seines Berufes oder Gewerbes zu den Ehelasten gehört. Freilich gebührt der Frau, an deren Vermögen sich die Gläubiger ihres Mannes subsidiär hielten, ein Entschädigungsanspruch.

V. Schulden der Frau.

Für voreheliche Verbindlichkeiten der Frau bleibt ihr Vermögen auch in der Hand des Mannes verhaftet. In der Ehe ist ihre Verpflichtungsfähigkeit beschränkt. Ihre Gläubiger dürfen höchstens ihr Sondergut angreifen, aber nicht ihr Eingebrachtes, so lange es sich in der ehemännlichen Verwaltung befindet. Dies gilt nur für freiwillig übernommene Schulden, und nicht für Zustands- und Delictsobligationen, in welche die Frau unwillkürlich geräth. Bewilligte der Mann seiner Frau einen selbständigen Gewerbebetrieb, so muß er ihr Vermögen den Gläubigern zur Befriedigung ausliefern. H.G.B. Art. 8. In einigen Fällen lasten die Schulden der Frau auf der ehelichen Gütermasse. Solches findet Statt, wenn die Frau im Auftrage ihres Mannes oder zu dessen Besten als seine berufene Vertreterin oder innerhalb ihrer wirthschaftlichen Befugnisse contrahirte. Doch steht es in der Macht des Mannes, diese weitere Verantwortlichkeit dadurch abzulehnen, daß er öffentliche Warnungen erläßt, seiner Frau auf seinen Namen Nichts zu borgen.

Soweit eine Deckung von Schulden der Frau aus dem ehelichen Vermögen erfolgt, kann der Mann aus ihrem Sondergut unter Umständen Ersatz verlangen, z. B. wenn sie voreheliche Schulden verschwieg oder das für Wirthschaftsbedürfnisse empfangene Geld anderweit verwandte.

VI. Rechtsfolgen nach Lösung der Ehe.

Nach Trennung der Ehe fällt die Gütermasse auseinander. Die Errungenschaft in der Ehe gebührt dem Manne. Die Frau erhält ihr Eingebrachtes, falls es noch vorhanden ist, zurück. In Betreff dessen, was vom Manne ordnungswidrig z. B. durch nachlässige Verwaltung, zur Bezahlung persönlicher Schulden 2c. verbraucht wurde, ist sie ersatzberechtigt, denn „Frauengut mehrt und schwindet nicht.“ Häufig ist vereinbart oder gesetzlich bestimmt, daß die Wittwe blos die wirklich vorhandenen Stücke nehmen darf und wegen der fehlenden durch eine Leibzucht am Vermögen des Mannes oder ein Erbrecht abgefunden wird. Manche Statuten lassen diese schwierige Auseinandersetzung ganz bei Seite und gewähren dem überlebenden Gatten besonders, wenn die Ehe beerbt, d. h. bekindert ist, anstatt der Rückerstattung seines Eingebrachten einen erbrechtlichen und meist unentziehbaren Anspruch auf einen Bruchtheil der ehelichen Gütermasse. Nach der constitutio Joachimica, die seit 1527 in der Kur- und Neumark Bd. I S. 146 ff. gilt, kann zwischen dem Eingebrachten und einem Halbtheil des Nachlasses gewählt werden.

Das Recht der Frau auf ihr Eingebrachtes geht in der Regel den Gläubigern ihres verstorbenen Gatten nach. Reicht der Nachlaß nicht zur Befriedigung der Letzteren hin, so fällt die Wittwe aus. Persönlich mit ihrem Sondergut und dem späteren Erwerb aus zweitem Bett haftet sie für die Schulden ihres verstorbenen Mannes nicht, es sei denn, daß sie dieselben durch Antritt der Erbschaft übernahm. Um jede Vermuthung dafür auszuschließen, besteht in einigen Gegenden der Brauch, daß die Wittwe im Sterbehause die Schlüssel auf den Sarg des Mannes legt (beneficium abdicationis). Im Lübischen Recht heißt dieser symbolische Act „das Bergen und Dachdingsauftragen."

Viele Statuten schieben im Fall beerbter Ehe die Auseinandersetzung auf. Der überlebende Gatte setzt die Verwaltung des gemeinsamen Ehevermögens fort und sorgt für Unterhalt, Erziehung sowie Ausstattung der Kinder. Dies Verhältniß endigt durch freiwillige Entsagung, ferner mit dem Tod oder der Wiederverheirathung des überlebenden Gatten und auf Antrag der Kinder bzw. ihrer Vormünder wegen schlechter Wirthschaft. Nunmehr tritt eine Abschichtung der Kinder ein, deren Antheile an der jetzt vorhandenen Masse ermittelt und ausgehändigt werden. Das Hamburger Recht erlaubt dem zur zweiten Ehe schreitenden Gatten anstatt der wirklichen Theilung den „Ausspruch", wonach er sich auf die Antheile seiner Kinder als Schuldner bekennt und den Betrag als Kindergelder auf seine Grundstücke eintragen läßt.

D. System der Gütergemeinschaft.

Die Verschmelzung der ehelichen Güter zu einer rechtlichen Einheit kann das ganze Vermögen der Gatten oder einen Theil davon betreffen. Bei der allgemeinen Gütergemeinschaft (communio bonorum universalis) ist Alles, was die Gatten einbringen oder in der Ehe rechtmäßig erwerben, Sammtgut. Nur durch Vorbehalt oder die gesetzliche Beschaffenheit von Lehen, Fideicommissen 2c. entstehen Sondergüter eines Gatten. Bei der besonderen Gütergemeinschaft (particularis) beschränkt sich das Sammtgut auf die Errungenschaft in der Ehe und die Fahrniß, während alles Uebrige als Sondergut des Mannes oder solches der Frau gilt. Zur Errungenschaft gehört entweder jeder Erwerb der Gatten, auch durch Glücksfälle, Schenkungen, Vermächtnisse, Nutzungen ihres Sondervermögens — oder blos der Erwerb durch ihre Ersparnisse und ihre gewerbliche Thätigkeit (Collaboration). Die Fahrniß, einerlei ob sie eingebracht oder in der Ehe erworben ist, bildet theils allein, theils in Verbindung mit der Errungenschaft das Sammtgut.

I. Eigenthumsverhältniß.

Das Sammtgut gehört beiden Gatten zu ideellen Theilen, welche sich erst je nach Beerbung der Ehe näher bestimmen und im Zweifel gleiche sind. Freilich ist während der Ehe Auseinandersetzung, oft auch einseitige Verfügung ausgeschlossen und steht die Vertretung nur dem Ehemanne zu. Unrichtig erscheint es, darin ein alleiniges Eigenthum des Mannes oder ein volles Gesammteigenthum beider

Gatten zu erblicken. Ebensowenig läßt sich die Annahme einer Societät oder einer ehelichen Genossenschaft zur gesammten Hand, noch gar die Erhebung der Ehe zur juristischen Person rechtfertigen. Bd. I S. 340. Etwaige Sondergüter verbleiben dem betreffenden Gatten.

II. Verwaltung während der Ehe.

Der Mann verwaltet und vertritt das Sammtgut. In der Verfügung über die fahrende Habe ist er unbeschränkt. Zur Verpfändung und Veräußerung von Grundstücken, mögen sie auch von ihm selber eingebracht sein, bedarf er in der Regel der Erlaubniß seiner Frau, vornehmlich wenn die Eintragung im Grundbuch auf den Namen beider Gatten geschah. Bei besonderer Gütergemeinschaft, die sich nicht allein auf die Collaboration erstreckt, steht ihm auch die Verwaltung des weiblichen Sondergutes zu, jedoch ohne Verfügungsrecht über die Substanz.

Die Frau kann eine ehemäßige Verwendung verlangen, widrigenfalls ihr manche Statuten verstatten, richterliche Hülfe nachzusuchen, sogar Auflösung der Gemeinschaft zu erwirken. Wegen leichtfertiger Schenkungen des Mannes erhält sie einen Entschädigungsanspruch, der aus dem etwaigen Sondergut des Mannes erstattet oder auf den Antheil, welcher ihm bei Auseinandersetzung zufällt, angerechnet wird. Ihr gebührt die Führung der häuslichen Wirthschaft, sowie die Vertretung ihres abwesenden oder erkrankten Mannes. Bei besonderer Gütergemeinschaft darf sie bezüglich ihres Sondergutes Geschäfte schließen, welche die Rechte des Ehemannes nicht kränken.

III. Schulden der Gatten.

Für voreheliche Schulden beider Gatten haftet das Sammtgut. Der durch Ueberschuldung des anderen Theils benachtheiligte Gatte ist zum Ersatz befugt, nach einigen Statuten binnen bestimmter Frist zur Aufhebung der Gemeinschaft oder zur Absonderung des überschuldeten Eingebrachten, damit sich die Gläubiger ausschließlich daraus befriedigen.

Für ineheliche Schulden des Mannes haftet das Sammtgut stets; für solche der Frau nur, wenn sie aus Zuständen, Delicten, erlaubter Gewerbsthätigkeit stammen oder im Auftrage des Mannes, zu dessen Besten, im Betriebe des Haushalts aufgenommen sind. Was aus Delicten eines Gatten bezahlt ist, wird ihm bei der Auseinandersetzung von seinem Antheil abgezogen.

Bei besonderer Gütergemeinschaft lasten Schulden eines Gatten überdies auf seinem Sondergut, und falls sie dem Ehezweck dienten, also beiden Gatten zu gute kamen, auch auf dem Sondergut des anderen Theils. Doch braucht der Mann das seiner Verwaltung unterstehende Sondergut der Frau ihren Gläubigern nicht auszuliefern, wenn sich dieselben auf Geschäfte berufen, welche den Wirkungskreis der Frau überschritten.

IV. Rechtsfolgen nach gelöster Ehe.

Nach Trennung der Ehe wird das Sammtgut getheilt. Die eine Hälfte fällt an den überlebenden Gatten, die andere an die Erben des verstorbenen. Das Sondergut verbleibt demjenigen Gatten, welchem es zugehört. Im Falle einer Errungenschafts-Gemeinschaft gestaltet sich die Scheidung zwischen Sammtgut und den Sondergütern beider Gatten zu einer verwickelten Beweisfrage. Die

Ermittlung erfolgt auf Grund eines bei Eheschluß aufgenommenen Inventars und aus einer während der Ehe fortlaufenden Buchführung. Im Zweifel vermuthen einige Statuten für Errungenschaft. Hierbei werden Entschädigungsansprüche in Ansatz gebracht, z. B. wenn ein Gatte den ehelichen Aufwand aus seinem Sondergut bestritt, oder der Mann das Sondergut der Frau zu seinen persönlichen Ausgaben mißbrauchte.

Häufig erhält der überlebende Gatte außer seiner Hälfte am Sammtgut — noch einen Erbantheil an der anderen Hälfte, sowie lebenslänglichen Nießbrauch am Rest und schließt entferntere Verwandte des verstorbenen Gatten ganz aus. Nach Lippischem Recht fällt das volle Sammtgut an den überlebenden Gatten, denn „wer zuletzt geht, macht die Thüre zu.

Der Theilung des Sammtguts unter den Gatten geht der Abzug von Schulden voraus, welche auf dem ehelichen Vermögen ruhen. Eine persönliche Haftung für die Verbindlichkeiten des verstorbenen Mannes trifft die Wittwe weder mit ihrem Sondergut, noch mit ihrem künftigen Erwerbe. Ueber das beneficium abdicationis vgl. S. 47.

In vielen Statuten findet sich eine fortgesetzte Gütergemeinschaft (communio bonorum prorogata) zwischen dem überlebenden Gatten und seinen Kindern. Die Verwaltung führt der verwittwete Gatte auf gemeinschaftlichen Gedeih und Verderb, nur alle Grundstücke der Masse bleiben meist als unantastbares Familiengut „verfangen". Was erworben wird, fällt unter das Sammtgut. Bisweilen wird der spätere Erwerb der Kinder ausgeschieden. Schulden, welche durch die Vertretung der Masse begründet sind, mindern die letztere. Den Kindern bzw. ihren Vormündern steht das Recht zu, richterliche Maßnahmen gegen verschwenderische Verfügungen durchzusetzen. Die fortgesetzte Gütergemeinschaft endigt — abgesehen vom gegenseitigen Verzicht — mit dem Tod oder der Wiederverheirathung des überlebenden Gatten. Um die nunmehr nöthige Auseinandersetzung zu vermeiden, ist in einzelnen Gegenden die Einkindschaft vgl. S. 28 üblich.

E. Eheliches Güterverhältniß im einzelnen Fall.

Mit Abschluß der Ehe tritt unter den Gatten dasjenige Güterrecht ein, welches am Wohnsitz des Ehemannes durch Gesetz oder Gewohnheit gilt. Manche Statuten verlegen den Beginn auf die Beschreitung des Ehebetts oder verwandeln eine bestehende Verwaltungsgemeinschaft mit Geburt des ersten Kindes oder Jahr und Tag nach Eingehung der Ehe in Gütergemeinschaft. Dabei kommt es auf die Beschaffenheit und Lage der einzelnen Güter nicht an, weil sie für die Ehe ein zusammenhängendes Vermögen bilden. Die Verlegung des ehelichen Wohnsitzes verändert das einmal begründete Güterverhältniß nicht. Bd. I S. 163. Doch findet sich die particularrechtliche Bestimmung, daß alle an dem neuen Wohnort vorgenommenen Handlungen nach dessen Recht beurtheilt werden sollen.

Durch Vertrag können die Gatten, sowohl bei Eheschluß ein beliebiges Güterrecht für sich einführen, als auch das für ihre Ehe geltende nachträglich umgestalten. Oft ist zur Begründung der Gütergemeinschaft, namentlich auf Seiten der Frau eine besondere Form vorgeschrieben. Der Ausschluß einer bestehenden Gütergemeinschaft bedarf um des Credits willen zur Wirksamkeit gegen Dritte einer öffentlichen Bekanntmachung und vermag, falls die Abrede während der Ehe erfolgt, bereits erworbene Rechte der Gläubiger nicht zu schädigen.

§ 12.

A.L.R. II, 1.

Eheliche Vermögensverhältnisse im Preußischen Recht.

A. Allgemeines.

Das A.L.R. ist im Gegensatz zum Justinianeischen Recht von der deutschen Idee des ehemännlichen Mundium durchdrungen. Daher kennt es kein Dotalrecht und beschränkt die Verpflichtungsfähigkeit der Ehefrau in hohem Grade. Schenkungen unter Eheleuten sind statthaft. Doch gelten Juwelen und Kostbarkeiten, welche die Frau von ihrem Manne erhielt, nur als ihr geliehen. § 310–317 ht. Verträge, durch welche die Ehefrau ihrem Manne gegenüber Pflichten übernimmt, die ihr nicht schon gesetzlich obliegen, oder auf ihr zustehende Rechte verzichtet, sollen gerichtlich unter Zuziehung eines Beistandes geschlossen werden. § 198–201, § 272 ht. Viele leiten eine Beseitigung dieser Form aus dem G. vom 1. Decbr. 1869 her, vgl. Bd. II S. 218.

Als grundsätzliches Güterrecht unter Gatten ist das System des Eingebrachten ausgebildet, welches die Mitte zwischen dem ehemännlichen Nießbrauch und der Verwaltungsgemeinschaft hält. Dasselbe geht, entsprechend der subsidiären Anlage des A.L.R., vgl. Bd. I S. 150, den Statutar- und Provinzialrechten nach und gilt hauptsächlich in der Mark (mit Ausnahme der Kur-, Neumark und des Kottbuser Kreises), sowie in Sachsen. Daneben finden sich die Einrichtungen des Vorbehalts und des Erbschatzes. Auch die Gütergemeinschaft, sowohl die allgemeine als die des Erwerbes, ist im A.L.R. geordnet. Ihre Regeln kommen, theils rein, theils mit particularen Abweichungen, in denjenigen Gebieten zur Anwendung, in welchen die Gütergemeinschaft gesetzlich oder statutarisch eingeführt ist § 345–346 ht., z. B. in Ost- und Westpreußen, G. vom 19. April 1844 und 5. Febr. 1869, Posen G. vom 9. Novbr. 1816 und 5. Juni 1863, in Theilen von Pommern, G. vom 4. Aug. 1865, im Herzogthum Schlesien und der Grafschaft Glatz, G. vom 11. Juli 1845, in Westphalen und den landrechtlichen Kreisen der Rheinprovinz (außer für den hohen Adel und unter Ausschluß derjenigen Bezirke, in welchen wie Arnsberg Dotalrecht gilt), G. vom 16. April 1860.

Das Güterverhältniß unter den Gatten beginnt mit dem Abschluß ihrer Ehe, und richtet sich nach dem ersten ehelichen Wohnsitz, ohne Rücksicht auf dessen spätere Verlegung. Doch sollen bei Umzügen an einen Ort, wo Gütergemeinschaft gilt, deren Regeln für alle an diesem Ort vorgenommenen Handlungen maßgebend sein. Die Collision verschiedener Güterrechte in Folge doppelten Wohnsitzes wird dahin entschieden, daß das System des Eingebrachten der Gütergemeinschaft vorgeht, und falls die allgemeine Gütergemeinschaft mit der des Erwerbes zusammentrifft, die letztere stattfindet. § 347–353 ht. Streitig ist, ob der minderjährigen bevormundeten Ehefrauen gewährte Schutz — insbesondere Aussetzung der gesetzlichen allgemeinen Gütergemeinschaft bis zur Großjährigkeit der Frau und Recht derselben, alsdann nach gehöriger Rechtsbelehrung den Ausschluß zu beantragen § 415 ht., § 780–798 II, 18, vgl. auch § 737–751 II, 18 — nach der Pr.V.O. vom 5. Juli 1875 § 95 noch Geltung hat.

Den Verlobten steht frei, die Vermögensfolgen ihrer künftigen Ehe durch gerichtlichen Vertrag festzusetzen. Zur Einführung der Gütergemeinschaft, die im Zweifel als eine auf den Erwerb beschränkte vermuthet wird, bedarf es auf Seiten der Frau der Zuziehung ihres Vaters oder eines rechtskundigen Beistandes. § 354, 356–359 ht. Soll die am ersten ehelichen Wohnsitz geltende Gütergemeinschaft ausgeschlossen werden, so ist zur Wirksamkeit gegen Dritte eine öffentliche Bekanntmachung binnen vorgeschriebener Frist nöthig. § 412, 422 ht. G. vom 20. März 1837. Für Kaufleute muß noch eine Eintragung des Ausschlusses in das Handelsregister erfolgen. Bd. II S. 454. Oft wird in solchen Ehepacten der Frau für den Fall ihres Wittwenstandes ein Gegenvermächtniß, Leibgeding oder Witthum ausgesetzt. § 456–477 ht. Während bestehender Ehe dürfen die Gatten eine Umgestaltung ihres einmal begründeten Güterverhältnisses nur in gewissen Schranken vereinbaren. Eine vertragsmäßig eingeführte Gütergemeinschaft ist beliebig aufhebbar, eine gesetzlich bestimmte wenigstens unter den Gatten für die Folgezeit. Sonst ist es bei Umzügen zulässig, die Gütergemeinschaft vertragsmäßig einzuführen oder auszuschließen, um dadurch zu einer Uebereinstimmung mit dem am neuen Wohnort geltenden Güterrecht zu gelangen. Doch bedarf der nachträgliche Ausschluß der Gütergemeinschaft zur Wirksamkeit gegen gutgläubige Dritte einer öffentlichen Bekanntmachung und kann den bisherigen Gläubigern keinen Nachtheil bringen. Verlegen die Eheleute, welche Gütergemeinschaft ausschlossen, ihren Wohnsitz nach einem der Gütergemeinschaft unterworfenen Ort, so muß die öffentliche Bekanntmachung an diesem Ort wiederholt werden, damit die Wirkung gegen Dritte erhalten bleibt. § 355, 418–419, 425–429 ht.

B. System des Eingebrachten.

I. Befugnisse in der Ehe.

Der Mann hat die Nutzung und Verwaltung am Eingebrachten der Frau. Was die Frau während der Ehe im Hauswesen und Gewerbe des Mannes erwirbt, gehört ihm; was ihr durch Erbschaften, Geschenke oder Glücksfälle zufällt, wird ihrem Eingebrachten beigerechnet. In der Verfügung über eingebrachte Mobilien der Frau ist der Mann frei. Zur Veräußerung, Belastung eingebrachter Grundstücke und Gerechtigkeiten, sowie zur Verfügung über Capitalien, welche auf den Namen der Frau, ihres Erblassers bzw. Schenkgebers geschrieben sind, bedarf er der Einwilligung seiner Gattin, die unter Umständen durch das Vormundschaftsgericht ersetzt werden kann. Wegen rechtswidrig veräußerter Grundstücke und

Gerechtigkeiten hat die Frau ein Rückforderungsrecht § 7 I, 15; wegen unbefugt eingezogener Capitalien einen Entschädigungsanspruch gegen ihren bisherigen Schuldner, soweit sie nicht vom Ehemann schadlos gehalten wird. Wenn der Mann aus dem Eingebrachten der Frau Grundstücke und Gerechtigkeiten anschafft oder Capitalien ausleiht, so wird er in Person Eigenthümer bzw. Darlehnsgläubiger und der Frau ersatzpflichtig, es sei denn, daß die Grundstücke auf den Namen der Frau eingetragen sind, oder diese selbst beim Darlehn als Gläubigerin bezeichnet wurde. Zu gerichtlichen Angelegenheiten, welche die Substanz des Eingebrachten betreffen, sind die Eheleute gemeinsam legitimirt. § 205, 210–212, 231–247 ht.

Die Frau hat Anspruch auf Verwendung des Eingebrachten zu ihrem und ihrer Kinder standesgemäßen Unterhalt. Andernfalls ist sie — auch im Concurse des Mannes — befugt, die Erstattung des Eingebrachten behufs Bestreitung der ehelichen Lasten zu fordern. Doch kann der Mann, sobald er in bessere Vermögenslage gelangt, die Rückgabe begehren, wenn nicht sein früherer Verfall durch nachlässige oder verschwenderische Wirthschaft verursacht war. Zur Sicherung dieser Rechte ist der Frau ein gesetzlicher Pfandtitel auf die Grundstücke des Mannes eingeräumt, der aber nach dem Ausf.G. § 4 zur R.K.O. binnen Jahresfrist nach Beginn der Verwaltung bzw. nach Erwerb der Grundstücke geltend gemacht werden muß. § 254–269 ht. Der Frau steht die Führung der Hauswirthschaft, sowie die Vertretung des abwesenden oder sonst verhinderten Mannes zu. § 202–204 ht.

II. Haftung für Schulden.

Für Schulden des Mannes haftet zunächst sein Vermögen. Die Gläubiger dürfen sich auch an den ihm noch zustehenden Nießbrauch am Eingebrachten halten, sofern dadurch der standesgemäße Unterhalt von Frau und Kindern nicht verkümmert wird. § 257 ht. Eingebrachte Mobilien der Frau sind ihnen sowohl der Substanz, als dem Nießbrauch nach entzogen, es sei denn, daß sie an denselben bereits durch freie Verfügung des Mannes ein dingliches Recht erwarben. Vo. vom 7. April 1838.

Für voreheliche Schulden der Frau haftet ihr Eingebrachtes, unbeschadet etwaiger Ersatzansprüche ihres Mannes an sie. § 338–340 ht. Während der Ehe ist sie ohne ehemännlichen Consens verpflichtungsunfähig. Ihre Verpflichtungen werden, was die Gebundenheit ihres Gegners aus zweiseitigen Verträgen und das Anerkenntniß nach gelöster Ehe betrifft, nach den für Minderjährige aufgestellten Regeln behandelt. Bd. II S. 31. Doch verhaftet die Frau in einigen Fällen sich und ihren Mann: wenn sie in Vertretung oder zum Besten desselben contrahirte, wenn sie mit seiner Erlaubniß ein selbständiges Gewerbe trieb, Einf.G. Art. 19 zum H.G.B., oder wenn sie innerhalb ihrer wirthschaftlichen Befugnisse Schulden machte. Entnahm die Frau, obwohl sie das zur Besorgung der Wirthschaft nöthige Geld von ihrem Manne empfing, trotzdem derartige Bedürfnisse auf Credit, so wird sie ihm insoweit ersatzpflichtig. Der Mann kann sich gegen künftige Haushaltungsschulden dadurch schützen, daß er den Erlaß einer gerichtlichen Bekanntmachung nachsucht. Aus Verbindlichkeiten, welche die Frau unter Zustimmung ihres Gatten einging, ist dieser mitverhaftet, wenn er nicht ausdrücklich dagegen Verwahrung einlegte. Freilich bleibt ihm, falls er blos wegen der ertheilten Einwilligung eine Schuld seiner Frau bezahlen mußte, ein Entschädigungsanspruch gegen Letztere. § 320–337 ht. Obligationen, in welche die Frau aus Delicten oder Zuständen gerieth, lasten stets auf ihrem Eingebrachten.

III. Auseinandersetzung.

Nach Lösung der Ehe wird das Frauengut vom Vermögen des Mannes gesondert. Dabei streitet nach römischem Vorbilde die Vermuthung für das Recht des Ehemannes. § 543–544 ht. Die Regeln der Auseinandersetzung sind für die Fälle, daß die Ehe durch Tod oder Scheidung endet, sehr ins Einzelne ausgebildet. Von dem Erbrecht des überlebenden Gatten am Nachlaß des verstorbenen wird noch später die Rede sein.

a) Bei Tod eines Gatten.

1. Rückgabe des von der Frau Eingebrachten.

Sie gestaltet sich verschieden, je nachdem baares Geld und Capitalforderungen, andere bewegliche Sachen, oder Grundstücke und Gerechtigkeiten zum Frauengut gehören.

Baares Geld ist in gleichem Betrage zu erstatten. § 548 ht.

Eingebrachte Capitalforderungen, welche bei Lösung der Ehe noch ausstehen, fallen als solche an die Frau bzw. deren Erben. Hat der Mann eingebrachtes oder aus der Kündigung von Capitalforderungen eingezogenes Geld verborgt, so kommt es darauf an, ob er unter Zuziehung seiner Gattin handelte. In solchem Fall behält die Frau die auf ihren Namen begründete Forderung und kann den Mann nur wegen mäßigen Versehens mit Rücksicht auf seine persönlichen Fähigkeiten verantwortlich machen. Dagegen hat sie, falls der Mann auf seinen Namen und ohne ihre Einwilligung auslieh, die Wahl zwischen Uebernahme der Forderung oder baarer Rückzahlung. § 549–558 ht.

Von anderen beweglichen Sachen, welche die Frau einbrachte, fordert sie die noch vorhandenen zurück. An Stelle der fehlenden treten die dafür angeschafften Ersatzstücke. Bei Untergang oder Verschlechterung steht der Mann für Vorsatz und grobes Versehen ein. Geschah die Einbringung unter Angabe eines Sachwerthes, so darf, falls ein Verkauf beabsichtigt war, nur der Preis verlangt werden. Sonst kann die Frau zwischen den Mobilien selbst, deren Rückgabe nach den gewöhnlichen Grundsätzen erfolgt, und ihrem angeschlagenen Werthe wählen. § 559–569 ht.

In Betreff eingebrachter Grundstücke und Gerechtigkeiten wird der Umstand entscheidend, welcher von den beiden Gatten zuerst verstarb. Der überlebende Mann ist befugt, entweder die Grundstücke mit gesetzlichem Zubehör zurückzugeben oder ihren Werth zu ersetzen. Dagegen hat die überlebende Frau blos Anspruch auf Auslieferung der Grundstücke in dem Zustande, wie sie sich zur Zeit der Lösung der Ehe befinden, es sei denn, daß sie nach einem Anschlage eingebracht wurden. Ob Verbesserungen und Verringerungen, welche der Mann während der Ehe an den Grundstücken und ihrem Zubehör vornahm, eine Vergütung begründen, richtet sich im Allgemeinen nach den Grundsätzen des Nießbrauchs. § 570–613 ht.

2. Theilung der Nutzungen am Eingebrachten der Frau.

Sie erfolgt für das Sterbejahr nach den beim Nießbrauch geltenden Regeln. Bd. I S. 456. Doch müssen aus dem Ertrage, welchen ein Landgut im Sterbejahr brachte, auch die Zinsen gültiger persönlicher Capitalsschulden der Frau berichtigt werden, sofern die Einkünfte ihres übrigen Eingebrachten dazu nicht ausreichen. Ferner darf der überlebende Gatte seine Wohnung in dem vorhandenen Hause bis zum Ablauf desjenigen Vierteljahrs, welches dem Sterbejahre folgt, behalten. § 614–617 ht.

3. Abzug der Schulden.

Sie werden dem für den verstorbenen Gatten ausgemittelten Nachlaß abgerechnet. Dabei kommt die beschränkte Verpflichtungsfähigkeit der Frau ihren Erben zu Statten. § 618–620 ht.

b) Bei Scheidung.

Ist keiner der Gatten für überwiegend schuldig erklärt, so geschieht die Auseinandersetzung wie im Falle der Lösung durch Tod. Nur das Wahlrecht, anstatt der eingebrachten Sachen ihren Werth zu geben bzw. zu fordern, fällt fort. Der Ehemann gilt bezüglich der auf eingebrachte Grundstücke gemachten Verbesserungen und Verringerungen als redlicher Besitzer. Jeder Gatte behält die ihm vom anderen zugewandten Geschenke. § 751–754 ht.

Den für den schuldigen Theil erklärten Gatten treffen besondere Nachtheile. Auf Verlangen des unschuldigen Gatten tritt an Stelle der eingebrachten Sachen ihr Werth, welcher in Ermangelung eines Anschlages durch gerichtliche Taxe ermittelt wird. Der ehemännliche Nießbrauch endigt zu Ungunsten des schuldigen Theils, der aus der Einlage von Rechtsmitteln keine Vortheile für sich ziehen darf, schon mit Verkündung des ersten Scheidungsurtheils. Der schuldige Theil liefert die empfangenen Brautgeschenke aus, ohne die von ihm gegebenen zurückfordern zu dürfen. Gegen ihn ist ein Widerruf der vom andern Gatten in der Ehe gemachten Schenkungen zulässig. § 766–777 ht. Endlich muß er dem unschuldigen Theil eine Abfindung leisten. Dieselbe beträgt je nach der Schwere seines Vergehens $^1/_4$ oder $^1/_6$ seines freien veräußerlichen Vermögens. Die unschuldige Frau kann dafür lebenslänglichen standesgemäßen Unterhalt begehren. Dem unschuldigen Manne steht diese Wahl nur zu, wenn er nicht im Stande ist, sich selbst seinen Unterhalt zu verdienen. § 783–810, 823–826 ht. Alle diese Forderungen richten sich auch gegen die Erben des Schuldigen. Doch ist die active Vererblichkeit beschränkt. Das Recht auf Auseinandersetzung wird mit Ablauf des Sühneversuchs und der Anspruch auf Abfindung erst dadurch vererblich, daß dieselbe bei Lebzeiten des Erblassers rechtskräftig zuerkannt wurde. § 824–834 ht.

C. Vorbehalt und Erbschatz.

I. Vorbehalt.

Derselbe besteht in solchen Vermögensstücken der Frau, welche der ehemännlichen Verwaltung entzogen sind, und beruht auf Gesetz oder Vertrag. § 205 ht.

Zum gesetzlichen Vorbehalt gehören — außer einer etwa vom Manne versprochenen Morgengabe — diejenigen Gegenstände, welche nach ihrer Beschaffenheit zum Gebrauch der Frau gewidmet sind, insbesondere was der Mann seiner Gattin an Kleidern 2c. zum standesgemäßen Unterhalt schenkte. § 206–207, 213,

314–315 ht. Der Vertrag, durch welchen bei Eheschluß das vorbehaltene Vermögen der Frau festgesetzt wird, bedarf notarieller oder gerichtlicher Form. Auch nach Eingehung der Ehe sind derartige Vereinbarungen zulässig, aber unbeschadet der bereits erworbenen Rechte Dritter und nur durch gerichtlichen Abschluß mit Zuziehung eines Beistandes für die Frau. Dem Vertrage steht gleich die vom Ehemann genehmigte Bestimmung eines Dritten, welcher der Frau Vermögenswerthe zuwandte. Um den Vorbehalt an Grundstücken und Capitalien gegen Dritte wirksam zu machen, z. B. bei Verfügung Seitens des Ehemannes, ist Umschreibung auf den Namen der Frau nöthig. Ersparnisse, welche die Frau aus den Einkünften ihres vorbehaltenen Vermögens macht, wachsen diesem zu, sofern sie im Besitz der Frau verblieben sind. § 214–220, 251–253 ht.

Das vorbehaltene Vermögen wird von der Frau, und, im Fall sie minderjährig ist, von ihrem Vormund verwaltet. Insoweit ist sie selbst ohne Einwilligung ihres Gatten veräußerungs- und verpflichtungsfähig, doch muß sie die Verbindlichkeit ausdrücklich auf ihren Vorbehalt unter Verpfändung desselben übernehmen. § 318–319 ht. Bei schlechter Wirthschaft der Frau kann der Mann geeignete Maßregeln anwenden, sogar Entmündigung erwirken. Lasten und Kosten hinsichtlich des gesetzlichen Vorbehalts treffen den Mann, wenn die Frau keine freien Capitalien und Einkünfte besitzt. Dagegen trägt die Frau sämmtliche Lasten des vertragsmäßigen Vorbehalts und die zu seiner Vertheidigung erforderlichen Proceßkosten. § 221–230 ht. Es steht im Belieben der Frau, die Verwaltung ihres vorbehaltenen Vermögens dem Ehemann zu überlassen, welcher dadurch ihr Schuldner wird. § 270–271 ht. Ohnedies darf der Mann nicht über die zum Vorbehalt gehörigen Mobilien verfügen. That er es dennoch Mangels Zustimmung seiner Frau, so ist letztere befugt, die veräußerten Mobilien vom Erwerber zurückzufordern, und zwar, falls sie dem gesetzlichen Vorbehalt entstammen, ohne Ersatzpflicht des Erwerbspreises. § 248–250 ht.

Nach Lösung der Ehe nimmt die Frau ihr vorbehaltenes Vermögen in dem Zustande, wie es sich zu dieser Zeit befindet. Für allen Schaden, der aus unbefugten Handlungen des Mannes bzw. seiner Erben entstand, haften Letztere wie unredliche Besitzer. Hat aber die Frau den Vorbehalt ihrem Manne zur Verwaltung oder sonstigen Verfügung übergeben, so hat sie nur die gleichen Rechte, die ihr in Betreff des Eingebrachten zustehen. § 545–547 ht.

II. Erbschatz.

Derselbe umfaßt Zuwendungen Dritter unter der Abrede, daß Besitz und Nießbrauch den Gatten zukommen, das Eigenthum aber den aus dieser Ehe erzeugten Kindern aufbewahrt sein solle. § 276–286, 478–480 ht. Dadurch wollten die Redactoren des A.L.R. den Eheleuten einen für deren Gläubiger unantastbaren Vermögensstock sichern. Trotz genauer Vorschriften über die Rechtsverhältnisse des Erbschatzes sowohl während der Ehe § 287–309 ht., als auch nach Auflösung der Ehe § 540–542, 761–765, 778–782, 791, 801 ht., § 294 bis 299 II, 2, ist diese Einrichtung nicht zum praktischen Gebrauch gelangt.

D. Gütergemeinschaft.

Die allgemeine Gütergemeinschaft umfaßt das gesammte frei veräußerliche Vermögen der Gatten bei Eheschluß und jeglichen rechtmäßigen Erwerb derselben während der Ehe. Das Miteigenthum entsteht ohne Weiteres, vgl. Bd. I S. 321. Bei eingebrachten oder später erworbenen Grundstücken empfiehlt sich die Eintragung auf den Namen beider Eheleute, um gutgläubigen Dritten die Berufung auf den öffentlichen Glauben des Grundbuchs zu verwehren. Von Lehen und Fideicommissen fallen nur die Erträge unter das Sammtgut. Reine Einhandsgüter bilden die nothwendigen Kleidungsstücke der Frau und solche Grundstücke oder Capitalien, die ein Dritter einem der Gatten, unter ausdrücklichem Ausschluß des Miteigenthums des anderen Gatten, freigebig zuwandte. Im letzteren Falle ist zur Wirksamkeit gegen Dritte ein Vermerk im Grundbuch oder eine gerichtliche Anzeige an den Schuldner des Capitals nöthig. § 363–376 ht.

Die Erwerbsgemeinschaft erstreckt sich auf die Errungenschaft in der Ehe. Dazu gehören alle Einnahmen aus Beruf, Gewerbe und Glücksfällen, sowie die Nutzungen der Sondergüter, aber nicht der Erwerb durch Schenkungen oder letztwillige Zuwendungen. Bei Eintritt in diese Gemeinschaft soll ein Vermögensverzeichniß aufgenommen werden, das entweder gerichtlich zu beglaubigen oder von beiden Eheleuten, mit Zuziehung eines rechtskundigen Beistandes von Seiten der Frau, zu unterschreiben ist. § 396–399, 402–405 ht.

I. Befugnisse in der Ehe.

Der Mann verwaltet das Sammtgut und verfügt über dasselbe. Zur Verpfändung und Veräußerung gemeinschaftlicher Grundstücke und Gerechtigkeiten, zur Aufkündigung und Einziehung von Capitalien, die auf den Namen der Frau, ihres Erblassers bzw. Schenkgebers oder auf den Namen beider Eheleute geschrieben sind, bedarf er der Zustimmung seiner Gattin, welche unter Umständen durch das Vormundschaftsgericht ersetzt werden kann. Anderweite Verfügungen des Mannes sind nur dann ungültig, wenn die Frau seinem Contrahenten gegenüber ausdrücklichen Widerspruch erhob, und keine Genehmigung des Vormundschaftsgerichts vorliegt. Schenkungen, welche der Mann aus dem Sammtgut vornahm, darf die Ehefrau wegen gesetzlicher Gründe Bd. II S. 248 widerrufen. Ist die Schenkung so bedeutend, daß dadurch die Rückgabe des von der Frau Eingebrachten gefährdet würde, so steht ihr deshalb ein Widerruf insoweit zu, als zur Ergänzung des fehlenden Betrages nothwendig erscheint. Die Frau ist zur Führung des Haushalts und zur Vertretung ihres verhinderten Ehemannes berufen. § 378–382, 387–388 ht.

II. Haftung für Schulden.

Für voreheliche Schulden beider Eheleute haftet ihr Sammtgut; bei Erwerbsgemeinschaft vorzugsweise das Sondergut des betreffenden Gatten. § 391, 406–408 ht. Zeigt sich das von einem Gatten Eingebrachte als mit Schulden überlastet, so kann der andere Gatte bzw. sein Erbe binnen zwei Jahren seit Vollzug der Ehe verlangen, daß das überschuldete Vermögen den vorehelichen Gläubigern zur abgesonderten Befriedigung ausgehändigt werde. § 392–395 ht. Ferner steht es dem gefährdeten Gatten frei, binnen der genannten Frist eine Aufhebung der allgemeinen Gütergemeinschaft durchzusetzen. Durch öffentliche Bekanntmachung dieses Ausschlusses befreit er sich zugleich von der Haftung für zukünftige einseitige Schulden des anderen Gatten. Letztere Folge tritt auch auf seinen Antrag ein, wenn Concurs über das Vermögen des verschuldeten Gatten eröffnet ist. § 420–422 ht. Bei Erwerbsgemeinschaft kann unter solchen Umständen blos eine Absonderung des künftigen Erwerbes gefordert werden, falls der verschuldete Gatte gar kein Vermögen in die Ehe brachte. § 410 ht.

Für ineheliche Schulden des Mannes haftet das gemeinschaftliche Vermögen; bei Erwerbsgemeinschaft überdies das Sondergut des Mannes, und wenn die Verpflichtung zum Besten der Ehe erfolgte, auch das Sondergut der Frau. Gleiches gilt von den Verbindlichkeiten der Ehefrau, soweit sie aus Delicten und Zuständen hervorgingen oder in den S. 52 geschilderten Schranken übernommen sind. § 380, 389, 411 ht.

Zu Gunsten der Frau findet sich noch im § 386 ht. die Vorschrift, daß die von ihr eingebrachten Grundstücke und Gerechtigkeiten wegen einseitiger Schulden des Mannes erst dann angegriffen werden können, wenn zu deren Bezahlung das übrige gemeinschaftliche Vermögen nicht hinreicht.

III. Auseinandersetzung.

Das Sammtgut wird grundsätzlich nach Abzug der Schulden unter den Gatten bzw. deren Erben getheilt. Schenkungen Seitens des Mannes, welche die Frau hätte widerrufen können, und Delictsschulden eines Gatten, die aus dem Sammtgut bezahlt wurden, werden auf den Antheil des Verpflichteten angerechnet. § 383–385, 390 ht. Bei Erwerbsgemeinschaft nimmt jeder Gatte außerdem sein Sondergut, muß aber aus demselben seine persönlichen Schulden, welche von dem gemeinschaftlichen Erwerb getragen wurden, ersetzen. § 409 ht. Welche Sachen zu den Sondergütern zählen, ergiebt sich aus dem bei Eintritt in die Erwerbsgemeinschaft aufgenommenen Verzeichniß. Was darin nicht angegeben ist, also Mangels eines Verzeichnisses das ganze vorhandene Vermögen, hat die Vermuthung des Sammtgutes für sich. § 400–401 ht. Im Einzelnen wird unterschieden, ob die Ehe durch Tod eines Gatten oder durch Scheidung endet.

a) Bei Tod eines Gatten.

Aus dem Nachlaß sind zunächst Kleidungsstücke, Betten und Leibwäsche auszuscheiden. Was davon zum persönlichen Bedarf des überlebenden Gatten dient, wird diesem belassen; was aber im Gebrauch des verstorbenen Gatten stand, den etwa vorhandenen und unabgefundenen Kindern überwiesen. § 640–641 ht. Von dem übrigen Sammtgut fällt die eine Hälfte an den überlebenden Gatten, die andere an die Erben des verstorbenen. § 637–638, 664 ht. Nießbrauch und Miterbrecht, welche dem überlebenden Gatten noch in Bezug auf die andere Hälfte zustehen, werden später erörtert werden.

Für die Auftheilung und Berechnung des Bestandes gelten folgende Grundsätze. Bei den zum täglichen Hausgebrauch bestimmten Mobilien hat der überlebende Gatte die Wahl, ob er sie zu einer gehörig aufgestellten Privattaxe behalten oder zur Theilung bringen will. Die übrigen Mobilien kann er entweder öffentlich verkaufen oder derart den Erben des verstorbenen Gatten überweisen, daß Letztere zwei Hälften legen und er selber sich eine davon auswählt. In Betreff der Grundstücke und Gerechtigkeiten, deren Einbringung nicht bereits unter einem gewissen Anschlage geschah, findet eine Werthbestimmung durch die Erben des verstorbenen Gatten Statt. Der überlebende Gatte übernimmt nun entweder die

Grundstücke zu diesem Preise, oder überläßt sie den Erben gegen Erstattung des Werthes. § 648–651 ht. Die Schulden werden nach den Regeln der Erbtheilung behandelt. Nach erfolgter Auseinandersetzung haftet der überlebende Gatte den auf das Sammtgut berechtigten Gläubigern nur noch mit demjenigen Antheil, welchen er daraus erhielt. § 661 ht.

Oft wird die Zerlegung des Sammtguts im Interesse der Theilhaber aufgeschoben. In der Zwischenzeit gebühren Besitz und Nutzung der Masse dem überlebenden Gatten, welcher aber, sofern er nicht Nießbraucher ist, seinen Miterben Rechnung legen muß. Darin liegt keine fortgesetzte Gütergemeinschaft vgl. S. 49, da weder der spätere selbständige Erwerb des überlebenden Gatten in die Masse fällt, noch Schulden desselben, die von der Verwaltung unabhängig sind, auf der Masse lasten. § 653–660 ht. Jeder von den Gemeinschaftern hat das Recht, jederzeit wirkliche Theilung zu begehren. Kinder sind dazu nur befugt: bei Wiederverheirathung, Unfähigkeit des überlebenden Gatten, wenn sie aus der väterlichen Gewalt scheiden, oder der Mutter gegenüber, wenn sie großjährig wurden, eine Tochter heirathen, ein Sohn sich eine eigne Wirthschaft gründen will. § 35–36, § 411–417 II, 18.

b) Bei Scheidung.

Mit Rechtskraft des Scheidungsurtheils wird die Aufhebung der Gütergemeinschaft wirksam. Ist keiner der Gatten für überwiegend schuldig erklärt, so nimmt jeder von ihnen sein erweislich Eingebrachtes, sowie seinen in der Ehe aus Erbschaften, Vermächtnissen, Geschenken, Glücksfällen, gemachten Erwerb vorweg und erhält von dem verbleibenden Reste des Sammtguts eine Hälfte. § 755—756 ht. Dagegen wird die Lage des für schuldig erklärten Theils zu Gunsten des unschuldigen Gatten bedeutend erschwert. Letzterer bzw. sein Erbe hat die Wahl zwischen der eben geschilderten Absonderung nebst einer Abfindung oder der Hälfte des gemeinschaftlichen Vermögens. Die Abfindung besteht wie beim System des Eingebrachten S. 54 in $^1/_4$ bzw. $^1/_6$ aller frei veräußerlichen Güter des schuldigen Gatten, oder in lebenslänglichem, standesgemäßem Unterhalt. Wählt der unschuldige Gatte die Hälfte des Sammtguts, so erhält er vorweg die zu seinem persönlichen Bedarf bestimmten Kleider, Betten, Leibwäsche, genießt ferner mannigfache Vortheile in Bezug auf Abschätzung, Uebernahme der vorhandenen Gegenstände, und braucht sich Verbindlichkeiten, welche nach angemeldeter Scheidungsklage für den schuldigen Gatten entstanden sind, nicht mehr anrechnen zu lassen. § 811–822, 832 ht. Die in Folge der Scheidung durchgeführte Auseinandersetzung berührt die Rechte der Gläubiger in Ansehung des gemeinschaftlich gewesenen Vermögens nicht. § 757–758 ht.

Zweiter Titel.

Väterliche Gewalt.

§ 13. C. 8, 47 (46) de patria potestate. A.L.R. II, 2.

Begriff.

Persönliche Folgen nach römischer und deutscher Auffassung.

Die römische patria potestas ist ein Recht des Vaters, auf das er durch Entlassung des Kindes — meist gegen eine Vergütigung — verzichten kann. Gaj. I § 55. Dagegen erscheint die deutsche Were mehr als eine vormundschaftliche Schutzpflicht der Eltern, welche zur Ausstattung der Kinder verhaftet und mit deren Selbständigkeit ohne Weiteres erlischt.

Im alten Rom stand dem Hausherrn eine nur durch die Sitte (propinquorum concilio adhibito) beschränkte Macht über die Personen seiner Familie zu. Er hatte das Recht, seine gewaltunterworfenen Kinder zu tödten (jus vitae ac necis), sie auszusetzen (jus exponendi), in die Sclaverei zu verkaufen (jus vendendi, mancipandi Gaj. I § 117), und im Fall eines von ihnen angerichteten Schadens anstatt des Ersatzes auszuliefern (jus noxae dandi Gaj. IV § 75). Dieser strenge aber ehrbare Hausverband lockerte sich mit der Aufnahme fremder Sitten. Je mehr die Theilnahme des Bürgers an den öffentlichen Angelegenheiten eingeschränkt wurde, um so inniger und uneigennütziger übertrug sie sich auf den häuslichen Heerd. Die Tödtung und Aussetzung der Kinder wird, gleichviel aus welchem Grunde als schweres Verbrechen bestraft. l. 5 D. 48, 9. Der Verkauf ist nur in Fällen echter Noth an blutjungen Kindern (sanguinolenti), statthaft. l. 1–2 C. 4, 43. Die noxae deditio geschieht behufs Abarbeitung des Schadens und kommt ganz außer Uebung. § 7 J. 4, 8. Dem Vater verbleiben zur Zeit Justinians blos folgende persönlichen Befugnisse. Er giebt seinen Kindern Namen, Stand und Wohnsitz. Er leitet die Erziehung, ohne sich derselben völlig durch Verträge begeben zu können, und übt dazu ein mäßiges Züchtigungsrecht. l. 3–4 C. ht. Wird ihm das Kind durch Dritte vorenthalten, so hat er ein interdictum de liberis exhibendis item ducendis auf Vorweisung und Wegführung. D. 43, 30. Bei schlechtem Lebenswandel des Vaters l. 1 § 3 D. 43, 30, insbesondere wenn er überwiegende Schuld an der Scheidung trägt nov. 117 c. 7, fällt die Erziehung an die Mutter. Der Gewalthaber giebt die Einwilligung zur Ehe der Kinder vgl. S. 13 und setzt ihnen durch letztwillige Verordnung einen Vormund.

In älteren deutschen Rechtsquellen findet sich ein Mundium des Vaters, welcher ursprünglich durch den Befehl, das neugeborene Kind vom Boden aufzuheben (Hebeamme), über dessen Leben entschied. Allein die Ausbildung eines väterlichen Gewaltrechtes scheitert an der Milde des deutschen Hauses. Die Eltern — voran der Ehemann als Haupt der Familie — haben die Pflicht, ihre Kinder zu nützlichen Gliedern der bürgerlichen Gesellschaft heranzubilden, wogegen ihnen die Kinder Gehorsam und Ehrerbietung schulden. A.L.R. § 58–63, 74–75, 86–89, 249–250 ht. In diesem Sinne kommen die Vorschriften des neueren römischen Rechtes auch der Mutter zu Gute. Von einer Gewalt des Großvaters über die Enkel kann heute nicht mehr die Rede sein. Das Kind verbleibt bis zum zurückgelegten vierten Jahre in der Pflege der Mutter, welche bei Unfähigkeit des Vaters, bei schwerer Schuld desselben an der Ehescheidung, oder nach seinem Tode auch die fernere Aufsicht beanspruchen darf. A.L.R. § 67–73, 92–107, 266 ht. Gegen Eltern, welche ihre Kinder grausam mißhandeln, zum Bösen verleiten, oder ihnen den nothdürftigen Unterhalt versagen, schreitet das Vormundschaftsgericht ein, indem es die Erziehung anderen zuverlässigen Personen anvertraut. A.L.R. § 89–91 ht. Pr.V.O. vom 5. Juli 1875 § 28, 53. Wegen strafbarer Handlungen der Kinder kann eine staatliche Zwangserziehung eintreten. Sie erfolgt nach St.G.B. § 55–56 für Kinder bis zum 12. Lebensjahr durch Beschluß der Vormundschaftsbehörde, und für Kinder zwischen dem 12. und 18. Lebensjahr, denen bei Begehung der That die zur Erkenntniß ihrer Strafbarkeit erforderliche Einsicht fehlte, durch das freisprechende Urtheil des Strafgerichtes Bd. I S. 31. Die nähere Ordnung ist den Landesgesetzen überlassen, vgl. Pr.G. vom 13. März 1878, 27. März 1881, 23. Juni 1884. Die elterliche Erziehung begreift das Recht in sich, Religion und Beruf der Kinder zu bestimmen. Freilich wird das Kind mit dem vollendeten 14. Lebensjahre, das „Discretionsjahr" heißt, zur eignen Wahl fähig. A.L.R. § 74–75, 77–85, 108–118 ht. Viel Streit herrscht über die religiöse Erziehung von Kindern aus gemischten Ehen. Die katholische Kirche nimmt zwar solche Kinder grundsätzlich für sich in Anspruch S. 18, duldet aber z. B. in Bayern eine Theilung nach dem Geschlecht, sodaß die Söhne dem väterlichen Bekenntniß, die Töchter dem mütterlichen folgen. Eine gleiche Vorschrift des A.L.R. § 76 ht. ist durch die Declaration vom 21. Novbr. 1803 beseitigt. Darnach soll die Religion des Vaters ausschließlich maßgebend sein, ohne daß jedoch Dritten ein Widerspruch zusteht, falls die Eltern über den ihren Kindern zu ertheilenden Religionsunterricht einig sind.

§. 14.

A.L.R. II, 2.

Entstehung.

A. Eheliche Zeugung.
B. Legitimation unehelicher Kinder.
  I. Durch nachfolgende Ehe.
  II. Durch Hofrescript.
C. Annahme an Kindesstatt.
  I. Persönliche Erfordernisse.
  II. Errichtungsact.
  III. Wirkungen.

Die väterliche Gewalt entsteht entweder auf natürliche Weise durch eheliche Zeugung und Legitimation unehelicher Kinder, oder wird künstlich durch Annahme an Kindesstatt begründet.

A. Eheliche Zeugung.

Als ehelich erzeugt gelten diejenigen Kinder, welche die Gattin zwischen dem 182. Tage seit Eingehung und dem 300. Tage nach Auflösung ihrer Ehe gebiert l. 12 D. 1, 5; l. 3 § 11–12 D. 38, 16. ‚pater is est, quem nuptiae demonstrant' l. 5 D. 2, 4. Gegen diese Vermuthung findet Gegenbeweis aus überzeugenden Gründen Statt. Solche Gründe sind: Impotenz des Ehemannes, Abwesenheit desselben von der Frau während der längstmöglichen Conceptionsfrist, vel alia causa l. 6 D. 1, 6 z. B. Geburt eines farbigen Kindes in der Ehe unter Weißen. Doch genügt es nicht, der Frau, welche mit ihrem Manne zusammenlebte, einen Ehebruch nachzuweisen, da nicht ermittelt werden kann, aus welchem Beischlaf die Empfängniß herrührt. l. 11 § 9 D. 48, 5. Die Anfechtung steht dem Ehemann bzw. dessen Vormund zu, nach dem Tode des Ehemanns seinen benachtheiligten Erben und sonstigen Interessenten wie Lehns-, Fideicommiß-Anwärtern. l. 1 § 6, § 12 D. 25, 3. Kinder, welche in der Ehe vor dem 182. oder nach beendeter Ehe hinter dem 300. Tage geboren sind, haben keine Vermuthung der Legitimität für sich. Es bleibt ihnen bzw. ihrer Mutter überlassen, in Streitfällen eine Klage (de partu agnoscendo) gegen den Ehemann anzustellen und dessen Paternität darzuthun. Hat der Ehemann ein in seiner Ehe zu frühzeitig geborenes Kind als eignen Sprößling ausdrücklich oder stillschweigend anerkannt, so bindet diese Erklärung — abgesehen von Fällen des Betruges — ihn und seine Erben. l. 11 C. 5, 27. Auch eine Maternitätsklage Seitens der Kinder auf Feststellung der bestrittenen Mutterschaft ist zulässig. Dagegen wird vom Standpunkt der guten Sitten die s. g. negative Filiationsklage verworfen, in welcher das Kind seine eheliche Abstammung läugnet und der eignen Mutter Ehebruch vorwirft, um sich die Alimentationsansprüche gegen den Erzeuger zu sichern.

Das A.L.R. § 1–11, 14–24, 20 ht. sieht jedes in der Ehe oder bis zum 302. Tage nach Lösung der Ehe geborene Kind als ehelich an. Gegenbeweis ist statthaft. Als Conceptionsfrist gilt die Zeit von 210–302 Tagen, von der Geburt an rückwärts gerechnet. Die Anfechtung steht dem Ehemann bzw. seinen Erben zu, aber nur binnen Jahresfrist seit erlangter Kenntniß von der Geburt des Kindes, und geht durch Anerkenntniß des Vaters verloren. Lehns- und Fideicommiß-Anwärter haben ein selbständiges Anfechtungsrecht binnen drei Jahren nach dem Tode des Ehemannes.

B. Legitimation unehelicher Kinder.

C. 5, 27 de naturalibus liberis etc.

I. Durch nachfolgende Ehe.

Die spätrömischen Kaiser begünstigten den Eheschluß mit Concubinen, indem sie den aus solcher Verbindung entsprossenen natürlichen Kindern durch die Heirath ihrer Eltern (per subsequens matrimonium) Legitimität beilegten. Justinian erhob in l. 10 C. ht. diesen Brauch zu einer festen Einrichtung, welche das kanonische Recht c. 1, 6 X 4, 17 auf alle unehelichen Kinder, mit Ausnahme der in Ehebruch oder Blutschande erzeugten, übertrug. Im gemeinen Recht ist auch die Legitimation der adulterini und incestuosi statthaft, sofern das darin liegende Ehehinderniß durch Dispens beseitigt wird. Freilich muß die Erzeugung der vorhandenen Kinder durch den Ehemann, meist in Form eines Anerkenntnisses desselben, feststehen. Auf die Einwilligung der Kinder, welche nov. 89 c. 11 zur Begründung der väterlichen Gewalt forderte, kommt es heute nicht mehr an. Die legitimirten Kinder stehen den ehelichen völlig gleich; sie sind den in späterer Ehe erzeugten Geschwistern vollbürtig und den Angehörigen des Vaters verwandt. A.L.R. § 596–600 ht. Nur die Nachfolge in den hohen Adel, in Lehne und Fideicommisse versagt das deutsche Recht in der Regel den Mantelkindern. Bd. I S. 184.

II. Durch Hofrescript.

Den Regenten ist in nov. 74 pr. c. 1–2 und nov. 89 c. 9–10 die Befugniß verliehen, uneheliche Kinder auf Antrag ihres Erzeugers, oder falls derselbe im Testament einen derartigen Wunsch aussprach, auf Gesuch der Kinder selbst bzw. ihrer Mutter zu legitimiren. Dieser Gnadenact, welcher nach gemeinem Recht vom römischen Kaiser oder seinem Delegaten ausging, setzt jedoch voraus, daß die Ehe mit der Mutter unmöglich oder unthunlich ist, und daß eheliche Kinder des Erzeugers nicht vorhanden sind. Weitere Einschränkungen, z. B. daß die Verheirathung mit der Mutter zur Zeit der Zeugung des Kindes erlaubt war, oder daß das Kind zustimmt, finden nicht Statt. Die Legitimation durch Rescript hat die vollen unter I aufgeführten Wirkungen.

Auch das A.L.R. § 601–611 ht. kennt eine Legitimation durch landesherrliche Declaration. Zur Ertheilung derselben ist nach Erl. vom 25. April 1870 der Justizminister ermächtigt, soweit es sich nicht um die Annahme adliger Namen handelt. Vor Prüfung des Gesuchs soll die Zuträglichkeit der Legitimation für das Kind erwogen, und bei Bedenken das Kind selbst bzw. sein Pfleger vernommen werden. Im Uebrigen hängt die Bewilligung vom freien Ermessen ab. Das auf diese Weise legitimirte Kind tritt an sich nicht in die Familie des Vaters, es gilt nur seinen Eltern gegenüber als ehelich und im Verhältniß zu ehelichen Abkömmlingen seines Vaters als halbbürtig.

Die römische Kaisergesetzgebung suchte das verhaßte Amt eines Decurio welcher für die Steuerausfälle der Stadt verantwortlich war, dadurch begehrenswerth zu machen, daß einem unehelichen Sohn, welcher Decurio wurde, oder einer unehelichen Tochter, welche einen Decurio heirathete, beschränkte Legitimität zugesichert wurde. § 13 J. 1, 10. Damit hat Aehnlichkeit die im älteren deutschen Recht übliche Makelloserklärung von Bastarden (legitimatio minus plena). Bd. I S. 187. Heute ist dies Alles veraltet.

C. Annahme an Kindesstatt.

D. 1, 7 de adoptionibus etc.

Die altrömische Adoption, mochte sie an gewaltfreien Personen (arrogatio) oder an Hauskindern (adoptio im engeren Sinne l. 1 § 1 D. ht.) geschehen, hatte den sacral-politischen Zweck, die Geschlechter zu erhalten. Mit der abnehmenden Bedeutung des Agnatenverbandes tritt dieser Gesichtspunkt zurück. Heutzutage soll durch die Annahme von Personen an Kindesstatt ein rein persönliches Verhältniß zwischen Eltern und Kindern geschaffen werden.

I. Persönliche Erfordernisse.

In Rom kann nur ein Mann adoptiren, eine Frau höchstens mit kaiserlicher Erlaubniß zum Trost für verlorene Kinder. § 10 J. 1, 11; l. 5 C. 8, 48 (47).

Heute sind Frauen stets dazu fähig, Ehefrauen bedürfen der Zustimmung ihres Gatten. Häufig kommt es vor, daß Ehefrauen sich an der von ihrem Mann vorgenommenen Adoption selber betheiligen. A.L.R. § 674–676 ht. Da die Adoption als Abbild der Natur gilt ‚naturam imitatur' § 4 J. 1, 11, so soll der Adoptirende um mindestens 18 Jahre älter sein, als das von ihm anzunehmende Kind. Für den pater arrogator war sogar ein Lebensalter von 60 Jahren nöthig ‚quia minor sexaginta annis magis liberorum creationi studere debeat' l. 15 § 2 D. ht., es sei denn, daß Krankheit oder andere wichtige Gründe vorlagen. Das A.L.R. § 668–669, 677 ht. verlangt, daß der Adoptirende mindestens 50 Jahre und einen Tag älter als der an Kindesstatt Anzunehmende sei, verspricht aber jüngeren Personen, wenn sie zur Erzeugung natürlicher Kinder unfähig erscheinen, einen Dispens, welcher nach der Cab.O. vom 16. Juli 1805 in der Regel vom Justizminister ertheilt wird. Castraten — nicht natürlich Impotenten spadones — ist die Adoption versagt. § 9 J. 1, 11. Das A.L.R. § 670–671 ht. schließt Personen, welche vermöge ihres Standes zur Ehelosigkeit verpflichtet sind, oder welche noch eheliche Abkömmlinge am Leben haben, von dem Recht zu adoptiren aus. Dafür gestattet das A.L.R. § 753–773 ht. solchen Personen, denen die Erfordernisse zur Adoption mangeln, ein von seinen Eltern verlassenes Kind in Pflege zu nehmen und über dasselbe alle persönlichen Rechte leiblicher Eltern zu erwerben. Der Adoptirende braucht nicht verheirathet zu sein l. 30 D. ht.; er kann eine Person zu seinem Enkel annehmen, auch wenn er keine eigne Nachkommenschaft besitzt. l. 37 pr. D. ht.

Was den zu Adoptirenden betrifft, so kommt es auf sein Geschlecht und Alter nicht an. Freilich widerstrebte die Annahme von Töchtern an Kindesstatt dem römischen Gedanken, die Familie fortzusetzen, und war in Form einer Arrogation, so lange dieselbe in der Volksversammlung geschah, ganz unzulässig. l. 21 D. ht. Das letztere Verbot bezog sich auch auf Unmündige. Später wird ihre Arrogation unter besonderen Schutzmaßregeln gegen Erbschleicherei erlaubt. Gaj. I § 102. Der pater arrogator muß Sicherheit dafür leisten, daß er dem Arrogirten bei Emancipation sein Vermögen zurückgebe, oder es, wenn der Arrogirte während der Unmündigkeit verstirbt, an seine Verwandten bzw. Erben ausliefere. l. 18–20 D. ht.; § 3 J. 1, 11. Außerdem hat der arrogirte Pupill für den Fall, daß er ohne gerechten Grund aus der Gewalt entlassen oder enterbt wird, einen mit der actio familiae herciscundae als gesetzliches Vermächtniß einklagbaren Anspruch auf $^1/_4$ des väterlichen Vermögens. (Quarta divi Pii). l. 2 C. 8, 48 (47); § 3 J. cit.; l. 2 § 1 D. 10, 2; l. 8 § 15 D. 5, 2; l. 1 § 21 D. 37, 6. Wurde ihm dieses Recht durch Veräußerungen Seitens des Arrogators verkürzt, so kann er vom Empfänger behufs Ergänzung seiner Quart Herausgabe der Bereicherung fordern. Die darauf bezügliche Klage heißt actio quasi Faviana oder Calvisiana, je nachdem der Arrogator mit oder ohne Testament verstorben ist. l. 3 § 3, l. 13 D. 38, 5. Ueber die Vorschrift der l. 7 § 3 C. 5, 27, die Justinian in nov. 74 c. 3 und nov. 89 c. 7 bestätigt, daß es nämlich dem Erzeuger verwehrt sei, seine eignen unehelichen Kinder zu adoptiren, setzt sich die gemeinrechtliche Praxis hinweg. Dem A.L.R. ist eine derartige Schranke unbekannt.

II. Errichtungsart.

Die Arrogation vollzog sich ursprünglich in der Volksversammlung (comitiis calatis) durch drei feierliche Rogationen, welche der leitende Pontifex an die beiden Betheiligten und an das Volk richtete. Gaj. I § 99. Später trat an Stelle des Comitialbeschlusses ein kaiserliches Rescript. l. 6 C. 8, 48 (47). Dasselbe setzt einen wohlbegründeten Antrag des Vaters sowie die Zustimmung des zu Arrogirenden bzw. seines Vormunds voraus und ergeht nur nach gehöriger Prüfung der Umstände. Die Form der Adoption entnahm die ältere Jurisprudenz dem Satz der zwölf Tafeln, daß ein Vater, welcher seinen Sohn dreimal in die Sclaverei verkauft, trotz Freilassung desselben seine Gewalt zur Strafe verlieren solle. Noch in der klassischen Zeit geschah die Adoption von Haussöhnen durch dreimalige, die von Haustöchtern und Enkeln durch einmalige mancipatio mit nachfolgender in jure cessio, vgl. Bd. I S. 345. Justinian führt anstatt dieser Scheinacte eine formlose Erklärung ein, welche vor der zuständigen Gerichtsbehörde von dem natürlichen sowie dem Adoptivvater persönlich und in Gegenwart des nicht widersprechenden Kindes abzugeben ist. l. 11 C. 8, 48 (47). Gemeinsam beiden Arten der Annahme an Kindesstatt ist die Bestimmung, daß sie nicht unter Bedingung oder auf Zeit erfolgen dürfen. l. 34 D. ht.

In den gemeinrechtlichen Gebieten wird der Unterschied in den Formen der Arrogation und Adoption nicht immer festgehalten; theils wird die landesherrliche Entscheidung, theils die Erklärung zu richterlichem Protokoll auf jede Annahme an Kindesstatt angewandt.

Das A.L.R. § 666–667, 678–680 ht. fordert einen schriftlichen Vertrag zwischen den beiden Personen, welche an Kindesstatt annehmen und dazu angenommen werden. Die Zustimmung eines noch nicht mündigen Adoptivkindes wird durch seinen gesetzlichen Vertreter ersetzt. Befindet sich der Vater des zu Adoptirenden noch am Leben, so ist seine Einwilligung einzuholen, ohne Rücksicht darauf, daß seine väterliche Gewalt bereits erlosch. Zur Annahme Bevormundeter an Kindesstatt bedarf es der Genehmigung des Vormundschaftsgerichts. Pr.V.O. vom 5. Juli 1875 § 42 Z. 2. Auf die Zustimmung der Eltern oder der Ehefrau des Annehmenden kommt es nicht an, doch darf ihnen ohnedies kein erbrechtlicher Nachtheil erwachsen. § 672–673, 676 ht. Der Adoptionsvertrag muß dem Amtsgericht, in dessen Bezirk der Annehmende seinen Wohnsitz hat, zur Prüfung und Bestätigung vorgelegt werden.

III. Wirkungen.

Im alten Rom trat der an Kindesstatt Angenommene (der Arrogirte mit etwa ihm selbst unterworfenen Kindern l. 40 pr. D. ht.) in die Gewalt des Adoptivvaters, nahm an dessen Agnatenverband Theil und führte dessen Gentilnamen. l. 23 D. ht. Damit war ein Universalerwerb Seitens des Adoptivvaters verbunden, der das Vermögen des Angenommenen an sich zog, aber bis auf den Bestand für Schulden haftete. l. 15 pr. D. ht. Das von einer Frau adoptirte Kind galt als ihr leibliches. Justinian schwächt den Universalerwerb zu einem bloßen Nießbrauch ab und nimmt einen Fall der Hauskinder-Adoption ganz aus. § 2 J. 3, 10; § 2 J. 1, 11. Wird ein Hauskind unvollkommen (minus plene) d. h. von einer Person, die nicht sein leiblicher Ascendent ist, adoptirt, so soll kein Wechsel der väterlichen Gewalt, sondern nur ein Intestaterbrecht des Kindes gegen seinen Adoptivvater entstehen l. 10 C. 8, 48 (47).

Im gemeinen Recht schafft jede Annahme an Kindesstatt ein von agnatischen Folgen freies, persönliches Kindesverhältniß, das sich auch auf die Nachkommen des Angenommenen erstreckt; die Arrogation und vollkommene Adoption geben noch die väterliche Gewalt mit vermögensrechtlichen Wirkungen. Von dem dadurch begründeten Erbrecht wird später die Rede sein.

Das A.L.R. unterscheidet keine Arten der Annahme an Kindesstatt. Der Angenommene wird als rechtes Kind des Annehmenden behandelt und erhält dessen Namen sowie Stand. Zum Uebergang adliger Namen und Wappen ist Königliche Erlaubniß nöthig, die nach Erl. vom 16. August 1854 durch das Hausministerium bzw. das Heroldsamt vermittelt wird. Eine Wittwe darf den Namen des verstorbenen Ehemannes nur mit Bewilligung seiner Verwandten und des Justizministers auf ihr Adoptivkind übertragen. Der Angenommene behält in der Familie, in welcher er geboren wurde, seine Stellung und kann dies dadurch bekunden, daß er seinen ursprünglichen Namen zugleich mit dem des Annehmenden weiterführt. Die persönlichen Folgen erstrecken sich auch auf die Abkömmlinge des Angenommenen, sowohl die bei der Adoption schon vorhandenen, als die nachher erzeugten. Dagegen gelangt das Adoptivkind zur Ehefrau des Annehmenden, die nicht beitrat, in ein bloßes Stiefverhältniß, und zu der sonstigen Familie des Annehmenden, insbesondere seinen später erzeugten Kindern, an sich in gar keine verwandtschaftliche Verbindung. § 681–690, 707–713 ht. An dem Vermögen des angenommenen Kindes erwachsen dem Adoptivvater keine Rechte. Dasselbe fällt in die Nutzung des Adoptivkindes, wird aber, so lange dasselbe minderjährig ist, von seinem natürlichen Vater verwaltet. Bei Ableben des Letzteren wird eine Pflegschaft vonnöthen, zu deren Führung der Adoptivvater zunächst berufen wird. § 694–700 ht. Pr.V.O. vom 5. Juli 1875 § 17 Z. 1, § 86. Eine Abänderung dieser Folgen durch den Adoptionsvertrag gilt nur insoweit, als das Wesen des Geschäfts nicht betroffen wird, und bedarf, falls es sich bei Adoption Minderjähriger um vermögensrechtliche Abweichungen handelt, einer besonderen Prüfung durch das Vormundschaftsgericht. § 703–705 ht. Die Wirkungen der Annahme an Kindesstatt können durch einen gerichtlich bestätigten Vertrag der Interessenten wieder aufgehoben werden. § 714–716 ht.

§ 15.

A.L.R. II, 2.

Endigung.

A. Entlassung des Kindes.
B. Wegfall aus äußeren Ursachen.
Tod. Zur Strafe des Vaters, zu Ehren des Kindes.
S. g. emancipatio Germanica.

Die väterliche Gewalt endigt entweder durch freiwillige Entlassung des Kindes oder fällt aus äußeren Ursachen weg.

A. Entlassung des Kindes.

D. 1, 7 de adoptionibus et emancipationibus etc.

Es steht im freien Belieben des Gewalthabers, die unterworfenen Kinder jederzeit aus seiner Gewalt zu entlassen. l. 28, 31 D. ht.; l. 9 C. 8, 48 (47).

Dies geschieht — abgesehen von den Fällen der in manum conventio und in adoptionem datio, die eine neue Gewalt begründen — durch emancipatio. Ihre Form lehnte sich noch in der klassischen Zeit an die Strafbestimmung der zwölf Tafeln an und setzte den Durchgang durch einen sklavenähnlichen Zustand voraus. Bd. I S. 345. Anastasius gestattet eine Emancipation durch kaiserliches Rescript, welches der Vater auch in Abwesenheit aber unter Zustimmung seines Kindes, es sei denn, daß dasselbe noch im Kindesalter steht, beantragen darf. l. 5 C. 8, 49 (48). Nach einer Vorschrift Justinians genügt eine Erklärung des Vaters vor Gericht in Gegenwart seines wenigstens nicht widersprechenden Kindes. l. 6 C. eod.; § 6 J. 1, 12. Dem Vater steht ein heute veraltetes praemium emancipationis zu, das Constantin auf ein Drittel des Kindesvermögens, Justinian auf die Hälfte des Nießbrauchs daran bestimmte. l. 6 § 3 C. 6, 61. Das A.L.R. § 214–217, 230 ht. fordert zur Emancipation, die in einer ausdrücklichen Erklärung des Vaters besteht, Großjährigkeit des Kindes. Nur minderjährige Söhne können mit ihrer Zustimmung durch eine Verlautbarung vor dem Vormundschaftsgericht entlassen werden, wenn sie das 20. Lebensjahr vollendet haben. Eine einseitige Entlassung von Adoptivkindern ist ganz verboten. § 714 ht.

Der Emancipirte scheidet aus dem Agnatenverbande, wird sui juris und steht im Quasipatronat seines Freilassers. § 6 J. 1, 12. Dies betrifft nur ihn aber nicht seine bei der Emancipation bereits gezeugten Kinder, die in der Gewalt des Großvaters zurückbleiben. Gaj. I § 135. Dieser Wechsel des Familienstandes (capitis deminutio minima) hatte ursprünglich für die Schulden und das Erbrecht des ehemaligen Hauskindes die einschneidendsten Folgen, welche durch das prätorische Edict gemildert und durch die Justinianeische Gesetzgebung völlig beseitigt wurden. Im heutigen Recht ist blos die vermögensrechtliche Wirkung übrig, daß mit der Entlassung des Kindes der väterliche Nießbrauch an dessen Vermögen aufhört.

B. Wegfall aus äußeren Ursachen.

Der Regel nach dauerte die Gewalt des römischen Hausvaters bis zu seinem Tode, ohne Rücksicht auf Großjährigkeit, Heirath oder Staatsamt der Kinder. Zur Emancipation konnte er nicht gezwungen werden, außer bei schlechter Behandlung der Kinder l. 5 D. 37, 12, und auf Antrag von Adoptivkindern, die nach erlangter Mündigkeit richterliche Hülfe zur Befreiung nachsuchen. l. 32 pr. D. ht. Selbst Geisteskrankheit, Verbannung des Vaters vermochten sein Recht nicht aufzuheben. Heute kann in solchen Fällen das Vormundschaftsgericht die Endigung der väterlichen Gewalt beschließen. Das A.L.R. § 255–265 ht. unterscheidet zwischen Verlust und Ruhen der väterlichen Gewalt. Sie geht verloren, wenn der Vater zu Zuchthaus oder einer längeren als zehnjährigen Freiheitsstrafe verurtheilt, wegen Verschwendung entmündigt wird, wenn er die Kinder vorsätzlich in hülfloser Lage verläßt oder aus dem Staatsgebiet entweicht. Sie ruht, wenn der Vater in Geisteskrankheit verfällt oder mit Freiheitsentziehung von zwei bis zu zehn Jahren bestraft wird. Während dieser Lage tritt für minderjährige Hauskinder eine Vormundschaft ein. Pr.V.O. vom 5. Juli 1875 § 11.

Der Tod des Vaters macht die Kinder gewaltfrei. In Rom fielen Sohnesenkel, falls der großväterliche Hausherr verstarb, in die Gewalt ihres Vaters.

pr. J. 1, 12. Dem Tod stand der Verlust der Freiheit oder Civität gleich, jedoch mit Rücksicht auf das jus postliminii. Bd. I S. 360. § 3 J. 1, 12; Gaj. I § 129.

Bisweilen erlischt die Gewalt zur Strafe des Vaters, wenn er den Sohn aussetzt l. 2 C. 8, 52 (51), die Tochter verkuppelt l. 6 C. 11, 40 (41), eine blutschänderische Ehe eingeht nov. 12 c. 2 — oder zu Ehren des Kindes, wenn dieses nach älterem Recht in den Priesterstand der flamines Diales, virgines Vestales eintritt Gaj. I § 130, oder zur Zeit Justinians die Würde eines Patricius, Bischofs erlangt. § 4 J. 1, 12; nov. 81.

Von der römischen Auffassung über die Dauer der väterlichen Gewalt weicht die deutsche Rechtsidee erheblich ab. Nach der s. g. emancipatio Germanica oder Saxonica endet die Gewalt des Vaters mit der abgesonderten Wirthschaft des Sohnes oder mit der Heirath der Tochter. A.L.R. § 210, 228 ht. Ein besonderer Haushalt (separata oeconomia) liegt nicht blos in dem Betrieb eines eigenen Gewerbes, der Bekleidung eines öffentlichen Amtes (auf militärischem Gebiete nach A.L.R. Anh. § 90 zu § 212 ht. mindestens Rang und Gehalt eines Hauptmanns), sondern auch in jeder selbständigen, zum Erwerb des Unterhalts geeigneten Thätigkeit z. B. als Handlungsgehülfe, Diener. Dies schließt nicht aus, daß der Sohn noch ferner am Heerde des Vaters lebt oder von ihm kleine Unterstützungen bezieht. Großjährigen Söhnen steht die Errichtung eines eignen Haushalts, um damit die väterliche Gewalt aufzuheben, durchaus frei. Im A.L.R. dürfen sie sogar durch Vermittlung des Vormundschaftsgerichts vom Vater eine Ausstattung, namentlich aus ihrem mütterlichen Vermögen verlangen § 231–248 ht.; doch hat der Vater, welcher seine Gewalt nicht aufgeben will, ein Widerspruchsrecht, das gerichtlich geltend zu machen und aus der Verschwendung des Kindes zu begründen ist. § 211 ht. Minderjährige Söhne bedürfen zur emancipatio Germanica der väterlichen Einwilligung. A.L.R. § 218 –225 ht. Die Tochter wird durch rechtmäßige Ehe stets von der väterlichen Gewalt befreit. Ist sie noch minderjährig, so gilt nach A.L.R. § 229 ht. der Vater als ihr gesetzlicher Vormund. Pr.V.O. vom 5. Juli 1875 § 12. Bei den heutigen Erwerbsverhältnissen muß auch der großjährigen Tochter das Recht eingeräumt werden, sich dadurch, daß sie einen selbständigen Beruf ergreift, von der väterlichen Gewalt loszumachen. Dagegen hat die Heirath des Sohnes für sich diese Wirkung nicht.

§ 16.

A.L.R. II, 2.

Vermögensfolgen.

A. Nach römischem Rechte.

In alter Zeit hatten Hauskinder kein eignes Vermögen ‚nihil suum habere possunt' Gaj. II § 87. Was sie erwarben, fiel nothwendig an ihren Gewalthaber. Dies erklärt sich aus der patriarchalischen Verfassung im altrömischen Hause, dessen Genossen eine wirthschaftliche Gemeinschaft bildeten. Die Sitte gab den gewaltunterworfenen Kindern Mitgenuß am Familiengut bei Lebzeiten des Vaters und Erbrecht nach dessen Tod. Es ist falsch, darin ein Gesammteigenthum am Hausvermögen zu erblicken. Vielmehr ist der Vater als Hausvorstand Alleinherrscher, und in seiner Macht lag es, ungehorsame Kinder zu verstoßen oder sie ohne Angabe von Gründen ausdrücklich zu enterben. Diese starre Ordnung milderte sich durch die Entwicklung der Peculien. Unter Justinian erwirbt das Hauskind, abgesehen von häuslichen Diensten, nur dann für seinen Gewalthaber, wenn es entweder in solcher Absicht (ex voluntate) oder als Verwalter väterlichen Gutes (ex re patris) auftritt. Ein Ueberrest des alten Zustandes ist noch die Befugniß des Vaters, jeden vom Kinde ausgeschlagenen Erwerb, besonders Erbschaften und Vermächtnisse, für sich zu machen. l. 8 pr. § 2 C. 6, 61.

Auf die Verpflichtungsfähigkeit der Hauskinder äußert die väterliche Gewalt blos beschränkten Einfluß. Verträge, welche sie mit ihrem Gewalthaber schließen, entbehren der Klagbarkeit, sofern der Rechtsvorgang nicht ihr freies Vermögen betrifft. Bd. II S. 47. Dritten gegenüber verbinden sie sich selbst, ohne die Lage des Vaters schlechter machen zu können. Daß sie aus Darlehen nur natural haften (S. C. Macidonianum) und aus gewissen Schulden neben sich auch indirect den Gewalthaber verpflichten (actiones adjecticiae qualitatis), ist bereits Bd. II S. 33 ff. erörtert.

Hier erübrigt, das Peculienwesen näher darzustellen. Peculium (quasi pusilla pecunia l. 5 § 3 D. 15, 1) ist ein Sondergut, das der Vater thatsächlich, nicht rechtlich aus seinem Vermögen ausscheidet, um es seinem Hauskinde oder Sklaven zur Verwaltung zu überlassen ‚quod servus domini permissu separatum a rationibus dominicis habet‘ l. 5 § 4 D. 15, 1; veluti patrimonium filiorum filiarumque § 10 J. 4, 6. Es heißt auch ‚in paganis‘ l. 7 § 6 D. 39, 5 im Gegensatz zum peculium castrense, das der Sohn bei Gelegenheit seines Kriegsdienstes erwirbt. Dem peculium castrense, wovon der Sohn Nutzung und freie Verfügung hat, wird später das quasi castrense gleichgestellt, das aus amtlicher Thätigkeit herrührt. Die Bezeichnung ‚peculium‘ rechtfertigt sich für die bona castrensia und quasi castrensia insoweit, als sie Mangels einer letztwilligen Verfügung des verstorbenen Sohnes an den Hausvater fallen. l. 2 D. 49, 17. Die christliche Kaiserzeit stellt den Grundsatz auf, daß jeder Erwerb des Kindes, der von mütterlicher oder dritter Seite, also nicht aus dem väterlichen Vermögen herstammt, rechtlich dem Kinde gehöre, aber in die Nutzung und Verwaltung des Gewalthabers gelange. Solche Güter nennt man nach l. 28 D. 42, 5 ‚quia id ex adventicio acquisitum est, non per patrem ad eum pervenit‘ bona adventicia, und wenn die väterliche Nutzung aus besonderen Gründen ausgeschlossen ist, adventicia irregularia. Justinian, welcher in nov. 118 das castrensische Vermögen der regelmäßigen Intestatfolge unterwirft nimmt ihm damit den Anspruch, ferner peculium zu heißen. Die Neueren verstehen unter peculium das Kindesvermögen überhaupt und fügen dem vom Vater eingeräumten Sondergut, das zu Justinians Zeit allein als peculium gelten kann vgl. l. 182 D. 50, 16, den Zusatz profecticium bei ‚quia a patre proficiscitur‘.

I. Peculium (profecticium). D. 15, 1 de peculio.

Das Peculium entsteht durch Bewilligung (concessio l. 4 pr. § 2 D. ht.) Seitens des Vaters, welcher beliebige Werthe aus seinem Vermögen absondert und dem Hauskind zur Verwaltung überläßt. l. 7 § 4, l. 8 D. ht. Umfang und Bestand des Sondergutes hängen ganz vom Willen des Vaters ab, der Eigenthum behält. Jede Schenkung, welche der Gewalthaber seinem Kinde zuwendet, gilt als Begründung eines neuen oder als Vermehrung des schon eingeräumten Peculium. Der Verwalter ist, gleichsam als ob ihm das Peculium gehört, zum Geschäftsbetrieb befugt l. 47 § 6 D. ht., doch sind ihm Schenkungen in der Regel verboten. l. 28 § 2 D. 2, 14; l. 7 D. 39, 5. Durch den Rechtsverkehr wechseln die Bestandtheile des Sondergutes, es vermehrt sich und nimmt ab, ohne seine Einheit einzubüßen. l. 40 pr. D. ht. Bis zur Höhe des Peculium steht der Vater für die Schulden des mit der Verwaltung betrauten Kindes ein; über die actio de peculio und tributoria vgl. Bd. II S. 34. Das Peculium verbleibt dem Kinde als freies Gut, wenn es der Vater bei der Emancipation nicht zurücknimmt. l. 53 D. ht., l. 31 § 2 D. 39, 5.

II. Castrensia vel quasi castrensia bona. D. 49, 17 de castrensi peculio.

Zum castrensischen Vermögen gehört Alles, was der Haussohn vermöge seiner Eigenschaft als Soldat erwirbt, z. B. seine militärische Ausrüstung, Sold und Beute, die ihm von Kameraden gemachten Zuwendungen, selbst die Erbeseinsetzung Seitens seiner Gattin. l. 11, 13, D. ht.; l. 1 C. 12, 37 (36). Mit solchem Gut nimmt er auch nach beendetem Kriegsdienst wie ein pater familias am Rechtsverkehr Theil. l. 15 § 3, l. 19 § 1 D. ht. In diesem Bereich gebührt ihm unbeschränktes Eigenthum, daher wird er insoweit aus Gelddarlehen belangt l. 1 § 3, l. 2 D. 14, 6, kann gültige Geschäfte mit seinem Gewalthaber eingehen l. 15 § 1–2 D. ht. und darf letztwillig verfügen pr. J. 2, 12.

Auf gleiche Weise wird das quasi-castrensische Vermögen behandelt § 6 J. 2, 11, d. h. jeglicher Erwerb der Hauskinder aus der Bekleidung von Staats- oder Kirchenämtern l. 7 C. 1, 51; l. 34 C. 1, 3, aus dem Betrieb einer Advocatur l. 4 C. 2, 7 und aus Geschenken des Regenten bzw. seiner Gemahlin l. 7 C. 6, 61.

III. Adventicia. C. 6, 60 de bonis maternis et materni generis.

Constantin sucht den Kindern ihr mütterliches Erbe dadurch zu erhalten, daß er dem Hausvater die Pflicht sorgsamer Nutzung während Lebenszeit auflegt und ihm die Veräußerung der Substanz verbietet. l. 1 C. ht. Daraus entwickelt sich die Anschauung, daß solche Güter den Kindern zu Eigen gehören und nur während der Dauer der väterlichen Gewalt im Nießbrauch und in der Verwaltung des Vaters stehen. Dem mütterlichen Erbe wird später gleichgestellt, was dem Hauskinde von mütterlicher Seite l. 2 C. ht. oder von seinem Ehegatten anfällt l. 1 C. 6, 61. Unter Justinian erstrecken sich die Adventicien auf jeden nicht castrensischen Erwerb des Hauskindes, den es außerhalb des väterlichen Vermögens macht. l. 6 pr. § 1 C. 6, 61; § 1 J. 2, 9.

Der Vater verwaltet (gubernat) und nutzt die Adventicien kraft eignen Rechts. l. 6 § 2 C. 6, 61. Deshalb treffen ihn die Schranken des gewöhnlichen Nießbrauchs nicht. Er ist zur Veränderung der Substanz, selbst bei Widerspruch des Kindes, befugt und von Sicherheitsleistung sowie Rechnungslage befreit. Doch liegt ihm die Pflicht ob, Processe nicht ohne Genehmigung des Hauskindes, sofern dasselbe großjährig und anwesend ist, anzustellen und adventicische Sachen nicht zu veräußern, es sei denn, daß es sich um unbrauchbare Gegenstände oder um die Tilgung von Schulden des Kindes handelt. l. 8 § 3–5 C. 6, 61. In anderen Fällen, in welchen eine Veräußerung zweckmäßig erscheint, ist die Zustimmung des großjährigen Hauskindes bzw. eines dazu erbetenen Pflegers einzuholen, und der Erlös zu den Adventicien zu rechnen. Zur Sicherung ist den Kindern eine gesetzliche Generalhypothek am väterlichen Vermögen bewilligt. l, 8 § 5 C. 5, 9. Dadurch nehmen sie im Concurse des Vaters, obwohl die Nutzungen der Adventicien in die Masse fließen, eine bevorrechtigte Stellung ein. Die Rechte des Vaters endigen regelmäßig mit seiner Gewalt, vgl. aber l. 7 § 1 C. 6, 56. Nunmehr dürfen die Kinder rechtswidrig veräußerte Sachen binnen 30 Jahren vindiciren und wegen erweislich sorgloser Verwaltung Ersatz beanspruchen.

Aus besonderen Gründen kann dem Vater der Nießbrauch an einzelnen Adventicien, die deshalb irregularia oder extraordinaria heißen, entzogen sein. Dazu gehören: 1. freigebige Zuwendungen Dritter an das Hauskind unter ausdrücklichem Ausschluß der väterlichen Rechte nov. 117 c. 1; 2. Erwerbungen des Hauskindes wider Willen des Vaters l. 8 pr. § 1 C. 6, 61; 3. Erbtheile des Hauskindes, welches eins seiner Geschwister mit dem Vater zugleich ab intestato beerbte nov. 118 c. 2. Die Güter befinden sich im Eigenthum und Nießbrauch des Kindes. Dasselbe führt auch, falls es großjährig ist, die Verwaltung; sonst steht sie dem Vater oder einem zu diesem Zweck bestellten Pfleger zu. Der Hauptunterschied vom castrensischen Vermögen liegt darin, daß das Hauskind über seine irregulären Adventicien nicht letztwillig verfügen darf.

B. Nach heutigem Rechte.

Die deutsche Were hindert den selbständigen Erwerb der Hauskinder nicht. A.L.R. § 124 ht. Sogar Schenkungen, welche der Vater ihnen zuwendet, werden ihr Eigen. Sie sind fähig, Dienstverträge mit ihrem eignen Vater abzuschließen und dürfen für ihre geordnete und dauernde Thätigkeit im väterlichen Gewerbe, sofern sie über die aus dem häuslichen Verhältniß geschuldete Beihülfe A.L.R. § 121–122 ht. hinausgeht, den herkömmlichen Lohn beanspruchen. Da sie aber unter dem Mundium ihres Vaters stehen, so hat dieser ihr Vermögen zu verwalten und sie im Rechtsverkehr mit Dritten sowohl gerichtlich als außergerichtlich zu vertreten. Das Kindesvermögen wird ein unfreies oder freies genannt, je nachdem die Nutzungen dem Vater oder den Kindern selber gebühren. Von einem Peculium im römischen Sinne kann nicht mehr die Rede sein. Das Hauskind, welchem ein Sondergut zur Verwaltung eingeräumt wurde, gilt als Vertreter des Vaters und verpflichtet denselben direct und persönlich innerhalb der ertheilten Vollmacht. Von den römischen actiones adjecticiae qualitatis ist nur die actio de in rem verso anwendbar geblieben, und auch diese richtet sich nicht nebenbei, sondern allein gegen den Vater. Bd. II S. 36. A.L.R. § 126–130 ht.

Die Fähigkeit der Hauskinder, Verbindlichkeiten zu übernehmen, hängt gemäß dem Begriff der deutschen Were von der vormundschaftlichen Einwilligung ihres Vaters ab. Dies gilt für das unfreie Kindesvermögen durchaus. Auch das A.L.R. § 125, 131–138 ht. erklärt die ohne väterliche Genehmigung gemachten Schulden für unverbindlich, gestattet aber rechtsgültige Erfüllung und nach aufgehobener väterlicher Gewalt Anerkenntniß. Was die Stellung großjähriger Hauskinder in Bezug auf ihr freies Vermögen betrifft, so giebt ihnen die gemeinrechtliche Praxis, beeinflußt von römischer Tendenz, volle Verpflichtungsfähigkeit, während das A.L.R. § 165–166 zur Gültigung ihrer Schulden noch Pfandgabe verlangt.

I. Unfreies Kindesvermögen.

Dasselbe umfaßt die römischen Adventicien. Insbesondere rechnet das A.L.R. § 156–157 ht. Pathengeschenke hierher. Nutzung und Verwaltung des Vaters richten sich nach den Grundsätzen des ehemännlichen Nießbrauchs. S. 44. A.L.R. § 168–175 ht. Das Nutzungsrecht ist ein übertragbarer Vermögenswerth und dem Zugriff der Gläubiger des Vaters ausgesetzt. A.L.R. § 205 ht. Bei Concurs über das väterliche Vermögen fallen die Nutzungen in die Masse, aus welcher die Mittel zur standesgemäßen Erhaltung und Erziehung der Kinder bestritten werden müssen. Bd. II S. 115. Anstatt der heute unpraktischen Generalhypothek gewährt die R.K.O. § 54 Z. 5 den Kindern ein Concursprivileg für die Ansprüche, welche sie gegen den Vater aus der Verwaltung ihres Vermögens haben. Das A.L.R. § 179–200 ht. legt noch dem Vater unter Umständen, namentlich bei Vermögensverfall, eine Sicherheitsleistung auf, und erklärt ihn bei vorsätzlicher Verabsäumung dieser Pflicht seines Nießbrauchs für verlustig. Die Rechte des Vaters am Kindesvermögen erlöschen mit Endigung seiner Gewalt, also mit der abgesonderten Wirthschaft des Sohnes oder der Heirath der Tochter. Dann findet eine Auseinandersetzung Statt, für welche das A.L.R. § 275–299 ht. genaue Vorschriften, ähnlich denen bei Lösung einer Ehe, enthält. Schon während dauernder Gewalt erlaubt das A.L.R. § 187, 267–268 ht. eine Beschränkung des Nießbrauchs, falls der Vater sich wiederverheirathet, in Concurs geräth, oder zur Ernährung und Erziehung der Kinder unvermögend wird.

II. Freies Kindesvermögen.

Dazu gehören die römischen Castrensien und Adventicien. Die gemeinrechtliche Praxis versteht unter castrensischem Vermögen jeden Erwerb des Hauskindes aus selbständiger, nicht blos handwerksmäßiger Thätigkeit. Das A.L.R. § 148–155 ht. dehnt den Begriff noch weiter aus auf Alles, was die Hauskinder aus Anlaß ihres Civil- bzw. Kriegsdienstes oder in Folge ihrer Thätigkeit von den Eltern oder Dritten erlangen, und was sie von den Mitteln ersparen, die ihnen die Eltern zur Bestreitung ihrer Ausgaben angewiesen haben. Nutzung und Verwaltung dieses Vermögens gebühren den Hauskindern. Während der Minderjährigkeit des Kindes verwaltet der Vater, welcher die Einkünfte, soweit es nöthig erscheint, zum Besten der Kinder verwenden und den Rest zum Hauptstock des Vermögens schlagen muß. Ist die Verwaltung des Vaters durch Anordnung Dessen, welcher die Güter zuwandte, ausgeschlossen, so wird ein Pfleger zu diesem Behuf bestellt. A.L.R. § 158–164 ht. Pr.V.O. vom 5. Juli 1875 § 87.

Dritter Titel.

Vormundschaft.

---

§ 17.

Wesen und Arten.

Tutel und Cura in Rom.
Einheitlicher Begriff der heutigen Vormundschaft.

Die Vormundschaft ist eine unter öffentlicher Autorität stehende Pflicht von Privatpersonen, schutzbedürftige Gewaltfreie zu beschirmen und zu vertreten. ,tutela est vis ac potestas in capite libero ad eum tuendum, qui propter aetatem suam sponte se defendere nequit.' l. 1 pr. D. 26, 1. Die römische Tutel nahm ihren Ausgang von der Wehr- und Waffenlosigkeit der Weiber und Unmündigen, welche in Ermangelung eines Gewalthabers der Obhut ihrer Familie anheimfielen. Dazu gesellte sich der aus der Erwartung der Erbfolge gerechtfertigte Anspruch der nächsten Angehörigen, die Verwaltung des Vermögens zu beaufsichtigen. ,ut tuerentur bona, ne dilapidarentur' l. 1 pr. D. 26, 4. Der Vormund ergänzt die mangelhafte Handlungsfähigkeit seines Mündels, indem er dessen Erklärungen unmittelbar durch einen bestimmten mündlichen Willensausdruck bekräftigt. ,auctoritatem interponit.' § 2 J. 1, 21. Auf ganz anderer Grundlage ruhte die später entstandene römische Cura. Sie war eine von der Obrigkeit übertragene Pflicht, das Vermögen solcher Personen zu verwalten, die wegen Geisteskrankheit, Verschwendung, minderjährigen Alters, körperlicher Gebrechen 2c. dazu untauglich sind. Der Curator führt die Geschäfte entweder selbst oder ertheilt den Verfügungen seines Pfleglings eine formlose Zustimmung, die auch unter Vorbehalten, durch Vertreter, vor oder nach dem Abschluß erfolgen kann. ,facit consensum.' Im Laufe der Zeit schwächte sich der Unterschied zwischen Tutel und Cura ab. Der Tutor wird, falls es an einer testamentarischen Bestimmung des Gewalthabers oder an geeigneten Verwandten fehlt, von der Obrigkeit berufen, ohne sich der Uebernahme grundlos entziehen zu dürfen ,placuit publicum munus esse' pr. J. 1, 25; er muß zu wichtigen Veräußerungen richterliche Genehmigung einholen und ist am Ende seiner Thätigkeit zur Rechnungslage verpflichtet. Justinian hebt hervor, daß der Curator weniger zur Fürsorge der Person, als zur Güterpflege dient, wie aus den Worten ,tutor personae, non causae vel rei datur' § 4 J. 1, 14 folgt. In diesem Sinne kommt noch eine cura bonorum vor: sowohl zur Besorgung einzelner Vermögensangelegenheiten, wenn Vormund oder Vater vorübergehend unfähig werden oder ihre Interessen mit denen ihrer Schützlinge collidiren § 5–6 J. 1, 23; § 3 J. 1, 21; l. 8 pr. § 1 C. 6, 61, — als zur Verwaltung unvertretener Vermögen, die Abwesenden gehören, oder in Beziehung zu einem noch nicht rechtsbeständigen oder unbekannten Erben stehen. l. 48 D. 26, 7.

Das gemeine Recht hat die tutela impuberum und cura minorum zu einem einheitlichen Begriff verschmolzen, wie Bd. II S. 29 ff. geschildert ist. Nach der R.P.O. von 1548 wird jugendlichen Personen bis zur Volljährigkeit ohne weiteren Altersunterschied ein „Vormund" gesetzt, der sein Amt nicht eher antreten soll, als bis er „durch die Obrigkeit decernirt und befohlen" ist. Die R.P.O. von 1577 verschärft die obrigkeitliche Aufsicht und führt eine Reihe von Sicherheitsmaßregeln ein, wie Vereidigung des Vormunds, Pflicht desselben, Caution zu stellen, ein Vermögensverzeichniß aufzunehmen, jährlich Rechnung zu legen 2c. Dadurch wird der Grund zur Obervormundschaft gelegt, die particularrechtlich weiter ausgebildet ist.

Das A.L.R. stellt die Vormundschaftslehre II, 18 an das Ende des Staatsrechtes, weil es im Vormund eine Art Staatsbeamten erblickt. Die Redactoren haben, um den Mündel möglichst sicher zu stellen, ängstliche Formvorschriften erlassen, durch welche das Gericht unnöthig belastet und jede den Verkehrsverhältnissen sich anschmiegende Wirksamkeit des Vormunds gehemmt wird. Die Pr.V.O. vom 5. Juli 1875, welche seit dem 1. Jan. 1876 im ganzen Gebiet der Monarchie gilt, vermeidet diesen Fehler. Sie überläßt den Gemeinden durch Bildung eines Waisenraths die Aufsicht über das persönliche Wohl des Mündels, sichert der Familie des Letzteren einen größeren Einfluß und giebt dem Vormund meist unter Controle eines Gegenvormunds eine freiere Stellung.

Der Altersvormundschaft steht im Wesentlichen gleich die Vormundschaft über Großjährige, welche durch Krankheit oder Abwesenheit an der Besorgung ihrer Rechtsangelegenheiten gehindert sind. Die cura bonorum umfaßt heute unter dem Namen „Pflegschaft" eine weitere Vollmacht, als in Rom üblich war. Hier erübrigt allein die Ausführung der Geschlechts- und Altersvormundschaft. Von der Vormundschaft über Verschollene, Geisteskranke, Verschwender war bereits Bd. I S. 174, 181 ff. die Rede und die Pflegschaft ist an passender Stelle z. B. Bd. I S. 172, Bd. III S. 71 erörtert.

§ 18.

Geschlechtsvormundschaft.

Geschichte der rechtlichen Emancipation der Frauen in Rom und in Deutschland.

Im alten Rom bedürfen Frauen, die nicht unter väterlicher oder eheherrlicher Gewalt stehen, auch wenn sie volljährig sind, eines Tutors. Gaj. I § 144. Derselbe wird gewöhnlich im Testament des Gewalthabers ernannt. Dabei kann der Manusfrau die Befugniß verliehen sein, sich selbst einen willfährigen Tutor (optivus im Gegensatz zum dativus) auszusuchen, sei es ein für alle Mal, sei es mit mehrfacher Neuwahl (optio angusta vel plena). Gaj. I § 150–154. Mangels einer letztwilligen Bestimmung tritt der nächste Agnat der Frau, in der Regel ihr Bruder, (bei libertae ihr Patron) als gesetzlicher Tutor (legitimus) ein. Die gesetzliche Tutel ist durch injure cessio auf einen Anderen übertragbar (cessitia), fällt aber durch Tod oder capitis deminutio eines der Betheiligten an den agnatischen Anwärter zurück. Gaj. I § 168–170. Bei Unmündigkeit des nächsten Agnaten, bei Verhinderung des Tutors durch Krankheit oder Abwesenheit wird der Frau vom Prätor ein Tutor gestellt. Gaj. I § 173, § 180–181. Dies geschieht auch für den Fall, daß es an einem testamentarischen oder gesetzlichen Vormund fehlt.

Die Thätigkeit des Weibervormunds bestand nicht in der Geschäftsführung, sondern in der Gewährung der auctoritas, wenn die Frau vor Gericht auftritt, einen civilen Act wie Manusehe, Testament vornimmt, Verbindlichkeiten eingeht, oder eine res mancipi veräußert. Sonst galt die Frau im Rechtsleben für selbständig, z. B. bei Hingabe eines Darlehns, Empfang einer Geldzahlung. Gaj. II § 80–81, 85. Das Ersitzungsverbot, welches die zwölf Tafeln in Bezug auf rechtswidrig veräußerte res mancipi aufstellten, wurde schon durch die constitutio Rutiliana beseitigt. Bd. I S. 347.

Mit der Zersetzung der gesellschaftlichen Zustände gegen Ende der Republik sinkt der würdige Schützer der Matrone zu einem Schattenbild herab. Seine Autorität wird zu einer Phrase (dicis nomine), da sie meistentheils erzwungen oder umgangen werden kann. Nur den gesetzlichen Vormündern bleibt ein Rest ihrer Gewalt. Gaj. I § 190–192. Aber die Frauen schließen eine Scheinehe (coëmtio tutelae evitandae causa S. 19), um sich den lästigen Agnaten vom Halse zu schaffen und sich in die tutela fiduciaria eines Vertrauensmannes, der bei dieser Komödie die Rolle des Freilassers spielte, zu begeben. Gaj. I § 195. Die lex Julia et Papia Poppaea befreit Frauen mit jus liberorum (si ter sunt enixae) von der vormundschaftlichen Gewalt. Gaj. I § 145. Claudius hebt die gesetzliche Tutel auf, mit Ausnahme derjenigen, welche dem Patron Frauen für zusteht. Die übrigen Fälle der Geschlechtsvormundschaft verschwinden im dritten Jahrhundert der Kaiserzeit.

Auch in Deutschland stehen ursprünglich Frauen für ihr Leben lang unter der Vogtei ihres Vaters oder nächsten Schwertmagens. Die Vormundschaft über Ehefrauen kommt dem Gatten zu und fällt bei dessen Tode an seine Verwandte, sofern der Verstorbene seinem Stande nach der Frau mindestens ebenbürtig gewesen war. Ssp. I, 45 § 1. Später wird es Sitte, daß unverheirathete mündige Frauen für einzelne oder alle Fälle sich selber einen Vormund wählen, der freilich der obrigkeitlichen Bestätigung bedarf.

Die Thätigkeit des Vormundes unverheiratheter Frauen beschränkte sich nach Ssp. I, 46 auf ihre processualische Vertretung vor Gericht. Nach manchen Stadtrechten z. B. den Hamburger Statuten war außerdem eine Mitwirkung des Vormundes bei gerichtlichen Geschäften und wichtigen Veräußerungen erforderlich. Viel weiteren Umfang hatte die Macht des Ehemannes, um ihm nachtheilige Verfügungen seiner Frau über deren Vermögen zu hindern.

Heute ist die Geschlechtsvormundschaft fast ganz abgestorben. Die C.Pr.O. § 51 Abs. 3 schließt ihre Anwendung auf die Proceßführung ausdrücklich aus. Der Einfluß des Ehemanns auf die Verpflichtungsfähigkeit seiner Frau besteht noch, erklärt sich aber aus seiner Stellung als Oberhaupt der Familie. Die Beistände, deren Zuziehung das A.L.R. § 200 II, 1 für gerichtliche Verhandlungen der Ehefrau mit ihrem Manne vorschreibt, fallen nicht unter den Begriff der Vormundschaft, vgl. § 5, 51 II, 18.

§ 19. D. 26, 1—10; 27, 1—10. Pr.V.O. vom 5. Juli 1875.

Altersvormundschaft.

A. Beginn.

Unmündige, nach heutigem Rechte Minderjährige erhalten einen Vormund, wenn sie nicht unter väterlicher Gewalt stehen. Dem Untergang der väterlichen Gewalt sind die Fälle gleich zu achten, in denen sie nach Maßgabe des A.L.R. ruht, oder der Vater selbst bevormundet wird, vgl. S. 66.

B. Aufsichtsorgane.

I. Vormundschaftsgericht.

Die Obervormundschaft führt in Rom der Magistrat, nach den deutschen R.P.O. die politische Behörde, heute das Amtsgericht. Für die örtliche Zuständigkeit war in Rom die Heimath des Mündels maßgebend. l. un. C. 5, 32. Nach der Pr.V.O. § 1—10 entscheidet der Wohnsitz bzw. Aufenthalt des Vaters zu der Zeit, in welcher die Bevormundung nothwendig wurde, und bei unehelichen Kindern der Wohnsitz bzw. Aufenthalt der Mutter zur Zeit der Geburt. In Ermangelung eines solchen Orts tritt der letzte Wohnsitz ein und, wenn es auch an diesem fehlt, die Bestimmung des Justizministers. Für Minderjährige, deren Eltern unbekannt sind, kommt es auf den Fundort an. Geräth ein Nichtpreuße, der sich ohne festen Wohnsitz im Gebiet der Monarchie befindet, in eine des vormundschaftlichen Schutzes bedürftige Lage, so kann das Gericht des Aufenthalts vorläufige Maßregeln treffen und muß, falls der Heimathsstaat keine Sorge für den zu Bevormundenden trägt, eine Vormundschaft einleiten. Aus Zweckmäßigkeitsgründen ist die Abgabe der Vormundschaft an ein unzuständiges Gericht zulässig. Streitigkeiten mehrerer Gerichte in Sachen ihrer Zuständigkeit entscheidet das gemeinschaftliche Oberlandesgericht, sonst der Justizminister. Gegen alle Anordnungen des Vormundschaftsgerichtes steht den Betheiligten eine Beschwerde offen, die nur ausnahmsweise an eine Frist geknüpft ist.

Die Pflicht der Obervormundschaft besteht in der gehörigen Bestellung, Beaufsichtigung und Leitung des Vormundes. Pr.V.O. § 51. Dazu gehört insbesondere die Genehmigung zu wichtigen Veränderungen, welche die persönliche oder vermögensrechtliche Lage des Mündels betreffen, und die Prüfung der Rechnungen, welche vom Vormund in wiederkehrenden Fristen einzureichen sind. Schon in Rom war es Brauch, daß der Magistrat, bevor er in erheblichen Erziehungsfragen entschied, die nächsten Angehörigen des Mündels, sofern sie ohne Verzug erreichbar waren, hörte. l. 1 § 1 D. 27, 2. Die Pr.V.O. § 55 empfiehlt die Einholung solcher Gutachten und fordert sogar die Anhörung des mindestens achtzehnjährigen Mündels, falls es sich um Veräußerung unbeweglicher Sachen oder um die Auflösung eines Erwerbsgeschäftes handelt, ohne aber die Wirksamkeit der gerichtlichen Anordnung davon abhängig zu machen. Wer die Obervormundschaft verwaltet, haftet dem Mündel subsidiär für Versehen. l. 7 D. 27,8; A.L.R. § 85 ff. II, 10; vgl. Bd. II S. 150.

II. Waisenrath.

Pr.V.O. § 52–54.

Die Gemeindebehörde hat für ihren Bezirk oder örtlich abgegrenzte Theile desselben eine bzw. mehrere Personen zu Waisenräthen zu bestellen, deren Amt ein unentgeltliches ist. Der Waisenrath schlägt dem Gericht die zur Führung der Vormundschaft geeigneten Personen vor und beaufsichtigt die körperliche sowie sittliche Erziehung des Mündels. Zu diesem Behuf setzt das Gericht den Waisenrath desjenigen Bezirks, in welchem der Mündel wohnt, von jeder eingeleiteten Vormundschaft in Kenntniß und macht ihm den Vormund namhaft. Wird die Wohnung des Mündels in einen anderen Bezirk verlegt, so soll der Vormund den für ihn zuständigen Waisenrath davon benachrichtigen, damit dieser dem Waisenrath des neuen Aufenthaltsortes Meldung erstatten kann.

III. Familienrath.

Pr.V.O. § 71–80.

An Stelle des Vormundschaftsgerichtes kann, falls kein Verbot der Eltern vorliegt, eine zumeist der Familie des Mündels entnommene Körperschaft treten. Ihre Bildung erfolgt auf letztwillige Anordnung der Eltern oder auf Antrag des Vormundes bzw. dreier Angehöriger des Mündels, die mit ihm bis zum dritten Grade verwandt oder verschwägert sind. Der Familienrath besteht aus dem Vormundschaftsrichter als Vorsitzenden und aus höchstens sechs Mitgliedern. Zu Letzteren werden Verwandte oder Verschwägerte des Mündels berufen, andere Personen nur nach Bestimmung der Eltern oder auf Beschluß eines bestehenden Familienraths. Die Mitglieder müssen männlichen Geschlechts und sonst zur Führung der Vormundschaft fähig sein. Ein Zwang zur Uebernahme dieser Stellung findet nicht Statt. Ueber Bestellung, Entsetzung oder Entlassung der Mitglieder gelten ähnliche Vorschriften wie für den Vormund. Der Familienrath wird vom Vormundschaftsrichter versammelt, sei es von Amtswegen, sei es auf Antrag des Vormundes oder zweier Mitglieder. Alle Mitglieder sind mündlich oder schriftlich einzuladen und unterfallen einer Ordnungsstrafe, wenn sie unentschuldigt ausbleiben. Zur Beschlußfähigkeit genügt die Anwesenheit des Vormundschaftsrichters und zweier Mitglieder. Beschlüsse werden durch die Mehrheit der Anwesenden gefaßt, bei Stimmengleichheit giebt der Vormundschaftsrichter den Ausschlag. Die Beurkundung der Beschlüsse geschieht durch Unterschrift des Vormundschaftsrichters. Der Vormund kann verlangen, daß ihm die Beschlüsse des

Familienraths schriftlich zugehen. Bei Gefahr im Verzuge ist der Vormundschaftsrichter allein zu Verfügungen berechtigt, doch muß er den Familienrath sofort zusammenrufen, ihm von den getroffenen Maßregeln Mittheilung machen und seine Beschlußfassung herbeiführen.

C. Vormund.

I. Berufung und Bestellung.

a) In Rom sind Delationsgründe der Tutel: Testament, Gesetz und obrigkeitliche Verfügung.

Der Gewalthaber kann seinen unmündigen, hausunterthänigen Kindern, auch den zur Zeit seines Todes blos concipirten, in einem gültigen Testament oder testamentarisch bestätigten Codicill einen Tutor (testamentarius) setzen. l. 73 § 1 D. 50, 17; l. 1 D. 26, 1; § 3–4 J. 1, 13. Die Ernennung muß in befehlenden Worten eine bestimmte Person als Tutor bezeichnen und sich auf das Gesammtvermögen des Erblassers erstrecken. Gaj. I § 149; l. 12, 20 pr. D. 26, 2. Die Beifügung von Bedingungen und Befristungen ist zulässig. § 3 J. 1, 14. Die auf solche Weise bestellten Tutoren bedürfen keiner prätorischen Bestätigung (confirmatio), es sei denn, daß Formfehler unterliefen oder Gründe dafür vorliegen, daß der Erblasser seinen Entschluß geändert habe. l. 1 § 1, l. 3, l. 8 D. 26, 3. Später wurde die testamentarische Ernennung auch anderen Personen als dem unmittelbaren Gewalthaber gestattet, z. B. dem Vater eines emancipirten Kindes, der Mutter, sogar Dritten, welche den Unmündigen zu ihrem Erben einsetzten. Doch ist für derartige Tutoren eine obrigkeitliche Confirmation nöthig, welcher noch, falls der Vorschlag nicht vom Vater ausging, eine sachgemäße Untersuchung (inquisitio) vorangehen muß. l. 2, 4 D. 26, 3; § 5 J. 1, 13.

In Ermangelung einer testamentarischen Anordnung tritt der durch das Gesetz berufene Tutor (legitimus) ein. Gaj. I § 155. Dies war nach älterem Recht der nächste Agnat des Pupillen, bei emancipirten Kindern der Freilasser als Quasipatron (fiduciarius) vgl. S. 66. Gaj. § 165–166; l. 3 § 10 D. 26, 4; J. 1, 19. Justinian erklärt in nov. 118 c. 5 die zur Intestatfolge berechtigten Blutsverwandten des Mündels als gesetzliche Vormünder.

Die Berufung eines Tutors durch obrigkeitliche Verfügung (dativus) beschränkte sich ursprünglich auf einzelne Fälle. So gab der Prätor, um die Interessen des Mündels gegenüber seinem eignen Vormund im Legisactionen-Verfahren wahrzunehmen, einen besonderen Tutor (praetorius). Die lex Atilia ermächtigte den Stadtprätor in Verbindung mit der Mehrheit der Volkstribunen, unter Umständen Tutoren zu geben. Dies geschah, wenn der ordentliche Tutor in Kriegsgefangenschaft gerieth, bis zu seiner Rückkehr, oder wenn ein testamentarischer Tutor unter einer Bedingung bzw. Befristung eingesetzt war, für die Schwebezeit bis zum Eintritt des Ereignisses. Die lex Julia et Titia übertrug die Befugniß, Tutoren zu berufen, in erweitertem Umfange auf die Statthalter in den Provinzen. Gaj. I § 185–187. Im Laufe der Kaiserzeit mehrten sich die Gesuche um obrigkeitliche Bestellung von Vormündern. Dadurch wird es Sitte, daß die Magistrate dann einen Tutor ernennen, wenn es entweder an einem testamentarischen bzw. gesetzlichen Vormund ganz fehlt, oder die Rechte eines solchen durch

Ablehnung, Entsetzung erloschen sind. l. 11 § 1–2 D. 26, 2; § 3–4 J. 1, 20. Die Pflicht, einen Tutor zu erbitten und namhaft zu machen, trifft die Mutter, nach neuestem Recht alle künftigen Intestaterben des Mündels (postulatores). Sie gehen bei Säumniß ihres Erbrechtes verlustig und haften für die von ihnen vorgeschlagene Person subsidiär wie Bürgen. l. 2 § 2 D. 26, 6; l. 10 C. 6, 58.

Das Rechtsverhältniß des Tutors beginnt, sobald er von seiner Berufung Kunde hat. l. 1 § 1 D. 26, 7. Doch kann er bei einer durch die Obrigkeit übertragenen Vormundschaft officielle Mittheilung Seitens der betreffenden Behörde verlangen. l. 13 § 1 D. 27, 1.

b) **Im gemeinen Recht** giebt es auf Grund der R.P.O. von 1548 nur eine obrigkeitliche Bestellung der Vormünder. Weder sind die durch Testament, Erbvertrag oder Gesetz berufenen Personen verhaftet, ein richterliches Decret auszuwirken, noch braucht ihnen die Behörde die nachgesuchte Bestätigung zu ertheilen. Freilich wird das Gericht bei Ernennung des Vormunds zweckmäßige Vorschläge, welche die Eltern oder der Erblasser des Mündels im Testament machten, in Betracht ziehen und auch die Interessen der Angehörigen berücksichtigen. Die Pflicht des gemeinrechtlichen Vormundes (ex jure Germanico confirmandus) beginnt, sowie er dem bestellenden Gericht den Eid oder mindestens den Handschlag an Eidesstatt geleistet hat. Zu seiner Legitimation erhält er in der Regel eine schriftliche Bestallung, die „Tutorium“ heißt.

c) **Die Pr.V.O.** § 12–19 kennt gesetzliche und bestellte Vormünder.

Als gesetzliche Vormünder sind ohne Weiteres berufen: 1. der Vater, welcher seine Gewalt über das minderjährige Kind durch Heirath, abgesonderte Wirthschaft oder Entlassung desselben verlor; 2. der mütterliche Großvater eines unehelichen Kindes; 3. der Vorstand einer unter Staats- oder Gemeindeverwaltung stehenden Verpflegungsanstalt, in welcher der Minderjährige Aufnahme fand. In den beiden letzten Fällen erlischt die gesetzliche Vormundschaft, wenn das Gericht eine andere Person zum Vormund bestellt.

Bestellte Vormünder sind solche, denen die Vormundschaft durch das zuständige Gericht übertragen wurde. Von Fällen, welche die Bestellung eines Vormundes nöthig machen, ist das Gericht unverzüglich in Kenntniß zu setzen. Die Anzeige liegt ob: der Mutter, Stiefmutter, den großjährigen Geschwistern und Adoptiveltern des Mündels, ferner dem Standesbeamten in Bezug auf die ihm gemeldeten Geburts- und Sterbefälle, sowie unter Umständen dem Gericht und der Staatsanwaltschaft. Strafen sind an die Säumniß der Anzeige nicht geknüpft. Gewisse Personen haben ein Anrecht auf richterliche Berufung in nachstehender Reihenfolge: 1. wer, ohne die väterliche Gewalt zu erwerben, den Mündel an Kindesstatt angenommen hat, z. B. die Adoptivmutter; 2. wer von dem Vater in einem Testament oder in einer gerichtlich bzw. notariell beglaubigten oder eigenhändig ge- und unterschriebenen Urkunde benannt ist, sofern der Vater bis zu seinem Tode die Gewalt oder die Vormundschaft über den Mündel hatte oder im Fall der bereits erfolgten Geburt desselben die Gewalt gehabt hätte; 3. die Mutter über ihre ehelichen, nicht an Kindesstatt hingegebenen Kinder, es sei denn, daß sie mit einem Anderen als dem Vater des Mündels verheirathet ist, oder ihre Ehe mit dem Vater des Mündels durch Urtheil getrennt wurde; 4. wer von der

Mutter, welche die Vormundschaft bis zu ihrem Tode führte, in den unter 2 bestimmten Formen benannt ist; 5. der Großvater väterlicher Seits; 6. der Großvater mütterlicher Seits. Der Ehefrau darf vor jeder dieser berufenen Personen ihr Mann zum Vormund bestellt werden. Wird eine Person, welche ein Anrecht auf Berufung hat, vom Richter übergangen, so kann sie, binnen vier Wochen seit erlangter Kenntniß von der Bestellung eines anderen Vormundes, Beschwerde einlegen. Doch ist die Uebergehung gerechtfertigt, wenn wegen eingetretener Umstände die Bestellung des Berufenen als nachtheilig für den Mündel erscheint. Erhebt der Berufene dagegen Widerspruch, so entscheidet das Beschwerdegericht. In letzter Reihe wählt der Richter den Vormund nach freiem Ermessen. Er soll vorher den Waisenrath anhören, ohne aber an dessen Vorschläge gebunden zu sein, und zunächst geeignete Verwandte oder Verschwägerte des Mündels berücksichtigen. Der bestellte Vormund wird vom Gericht mittelst Handschlages an Eidesstatt zur treuen Führung verpflichtet und mit einer Bestallungsurkunde versehen. § 24.

So lange ein Vormund nicht vorhanden oder der vorhandene Vormund bei dem Anfalle eines Nachlasses an den Mündel abwesend ist, hat das Vormundschafts- bzw. Ortsgericht das Mündelvermögen sicherzustellen. Dies ist nicht erforderlich, wenn der Vater oder die Mutter des Mündels oder großjährige Miteigenthümer vorhanden sind.

II. Fähigkeit.

Im alten Rom reichten Civität und männliches Geschlecht zur Uebernahme der Vormundschaft hin. Selbst unmündige und geisteskranke Personen behielten ihr Recht auf die gesetzliche Tutel, wenn man ihnen auch einstweilen die Führung der Geschäfte entzog. l. 17 D. 26, 1; l. 10 § 7 D. 27, 1. Später unterscheidet man absolut und relativ Unfähige, je nachdem ihre Bestellung zu Vormündern nichtig oder blos verboten ist.

a) Absolut Unfähige.

Sie werden selbst durch obrigkeitliche Ernennung keine gültigen Vormünder und vermögen bei etwaiger Vertretung des Mündels denselben nicht zu verhaften. Dazu gehören nach Justinianeischem Rechte: Minderjährige, Geisteskranke, interdicirte Verschwender l. 5 C. 5, 30; § 13 J. 1, 25; Bischöfe und Mönche, während anderen Geistlichen die gesetzliche Vormundschaft über Verwandte gestattet ist. nov. 123 c. 5; endlich Soldaten mit Ausnahme der ihnen von Kameraden angetragenen Vormundschaften l. 4 C. 5, 34; l. 23 § 1 D. 27, 1. Heutzutage dürfen Militärpersonen mit Genehmigung ihrer Vorgesetzten Vormundschaften übernehmen. R.G. vom 2. Mai 1874 § 41. Frauen galten noch zur klassischen Zeit für unfähig. ‚virile officium‘ l. 16 pr., 18 D. 26, 1. Justinian erlaubt in nov. 118 c. 5 der Mutter und Großmutter, falls sie auf ihre Wiederverheirathung und auf die Bürgschaftsprivilegien der Frauen verzichten, die Vormundschaft über ihre Kinder und Enkel zu führen. Der mittelalterliche Ausschluß der Ketzer ist durch das B.G. vom 3. Juli 1869 beseitigt. Doch wird auch heute der Richter bei der Auswahl des Vormundes möglichste Rücksicht auf das religiöse Bekenntniß des Mündels nehmen, vgl. Pr.V.O. § 19 Abs. 2.

Die Pr.V.O. § 25 erklärt nur die Bestellung eines Handlungsunfähigen zum Vormund für nichtig, und läßt die gesetzliche Vormundschaft ausfallen, wenn der dazu Berechtigte selber unter Vormundschaft steht oder sich nicht im Besitz der bürgerlichen Ehrenrechte befindet.

b) **Relativ Unfähige.**

Sie dürfen nicht zu Vormündern bestellt werden, führen aber, falls dies dennoch geschah, die Vormundschaft wirksam bis zu ihrer Entlassung. Hierher rechnet das römische Recht: Blinde, Taube und Stumme l. 3 C. 5, 34; l. 1 § 2–3 D. 26, 1; Personen, die durch Verbot der Eltern des Mündels ausgeschlossen sind oder mit ihnen in unversöhnlicher Feindschaft leben l. 21 § 2 D. 26, 5; l. un. C. 5, 47; l. 3 § 12 D. 26, 10; Gläubiger und Schuldner des Mündels, denen Privatstrafen bei Verheimlichung ihrer Forderung angedroht sind nov. 72 c. 1, vgl. Bd. II S. 241; endlich Ehemänner hinsichtlich ihrer Frauen l. 14 D. 27, 10; l. 2 C. 5, 34.

Nach Pr.V.O. § 21–22 gelten für relativ unfähig: Bevormundete und Minderjährige; Ehrlose gemäß St.G.B. § 34, außer wenn es sich um die Vormundschaft ihrer Descendenten handelt und das Gericht die Genehmigung ertheilt; Gemeinschuldner während der Dauer des Concursverfahrens; endlich Personen, welche offenkundig einen unsittlichen Lebenswandel führen oder durch gehörige Anordnung des Vaters bzw. der Mutter des Mündels ausgeschlossen wurden. Von weiblichen Personen sind zur Führung der Vormundschaft nur fähig: die Mutter in Betreff ihrer ehelichen, unehelichen oder angenommenen Kinder und die Großmutter, sofern sie nicht bei etwaiger Trennung der Ehe für den schuldigen Theil erklärt sind, sowie diejenigen Frauen, welche Vater und Mutter des Mündels nach Maßgabe der gesetzlichen Bestimmungen als Vormünderinnen bezeichnet haben. Doch bedürfen Ehefrauen, welche mit einem Anderen, als dem Vater des Mündels verheirathet sind, der Einwilligung ihres Gatten. Ingleichen ist für Personen, welche ein Staatsamt oder ein besoldetes Amt in der Gemeinde- bzw. Kirchenverwaltung bekleiden, die Genehmigung der zunächst vorgesetzten Behörde erforderlich.

III. **Uebernahme.**

Wer zu einer Vormundschaft berufen und fähig ist, muß sie übernehmen. Die Erfüllung dieser Bürgerpflicht ist durch Strafen erzwingbar. Ausnahmsweise gilt die der Mutter und Großmutter beigelegte Fähigkeit zur Vormundschaft als eine bloße Gunst, die ihnen nicht aufgedrungen werden soll. nov. 94 c. 1. Doch auch dem Pflichtigen steht aus Billigkeit eine Ablehnung der angetragenen Vormundschaft (excusatio) offen. Dazu genügte ursprünglich, daß der vom Magistrat bestimmte Tutor an seiner Statt eine besser geeignete z. B. dem Mündel näher verwandte Person vorschlug, für welche er dann wie ein Bürge verantwortlich war. Diese ‚potioris nominatio‘ wurde von Septimius Severus wesentlich eingeschränkt und verlor sich später ganz. Unter Justinian kommt ein umständliches Excusationsverfahren vor, das in J. 1, 25 und D. 27, 1 geschildert ist. Die Ablehnung muß sich auf einen gesetzlichen Grund stützen, der zumeist aus den persönlichen Verhältnissen des Berufenen herstammt. Solche Gründe sind: Bekleidung eines öffentlichen Amtes (auch berufsmäßige Thätigkeit als Arzt, wissenschaftlicher Lehrer), Abwesenheit im Staatsdienst, Anzahl leiblicher, lebender Kinder (in Rom 3, in Italien 4, in den Provinzen 5), Häufung von drei Vormundschaften in einem Hause, Armuth, Krankheit, Alter von 70 Jahren, Unkunde des

Lesens und Schreibens, Wohnsitz außerhalb des Bezirks der bestellenden Behörde rc. Excusant hat sein Gesuch binnen einer Ausschlußfrist von 50 Tagen, seit er von seiner Berufung erfuhr, bei der zuständigen Obrigkeit anzubringen. Für Abwesende findet eine entsprechende Verlängerung der Frist Statt. Der Magistrat prüft das Gesuch und ernennt für die Zwischenzeit einen Interimsvormund. l. 17 § 1 D. 49, 1. Wird der Entschuldigungsgrund verworfen oder stellt er sich nachträglich als unrichtig heraus, so haftet der Berufene von dem Tage an, an welchem er die Vormundschaft hätte übernehmen müssen. l. 3 C. 5, 63. Anderenfalls wird er von der Last der Tutel befreit. Im gemeinen Recht reicht hin, daß der bestellte Vormund, bevor er von der Obrigkeit verpflichtet wird, eine wohlbegründete Ablehnung vorschützt. Die Militärpersonen des Friedensstandes und die Civilbeamten der Militärverwaltung haben nach R.G. vom 2. Mai 1874 § 41 in ihrer Stellung einen Entschuldigungsgrund.

Die Pr.V.O. § 20, 23 erzwingt die Uebernahme von Vormundschaften durch Ordnungsstrafen, welche das Vormundschaftsgericht bis zur Höhe von 300 ℳ. festsetzen und dreimal in Zwischenräumen von mindestens einer Woche verhängen kann. Ablehnungsgründe sind: weibliches Geschlecht, Alter von 60 Jahren, Führung von zwei Vormundschaften oder Pflegschaften, Krankheit, Wohnsitz außerhalb des Bezirks des Vormundschaftsgerichts, Unvermögen zu der bei erheblicher Vermögensverwaltung nothwendigen Sicherheitsleistung und Zahl von mindestens fünf minderjährigen ehelichen Kindern. Das Ablehnungsrecht geht verloren, wenn es nicht bei dem Vormundschaftsgericht vor der Verpflichtung geltend gemacht wird.

D. Führung.

I. Stellung mehrerer Vormünder.

In der Regel wird für einen Mündel oder für mehrere Geschwister nur „ein" Vormund bestellt. Doch können auch, namentlich durch Testament der Eltern, mehrere Vormünder (contutores) berufen sein. Eine vom Erblasser bezeichnete Person, die blos Auskunft über seine Vermögensverhältnisse ertheilen soll (notitiae causa datus), gilt nicht als Vormund. l. 14 § 1, § 6 D. 46, 3. Die Stellung mehrerer Vormünder regelt in Rom die Obrigkeit, welche an letztwillige Vorschläge der Interessenten nicht gebunden ist. l. 3 § 3, § 6–7 D. 26, 7. Private Abreden, welche die Vormünder untereinander über ihre Geschäftsführung treffen, entbinden sie nicht von ihrer vollen Verantwortlichkeit. l. 2 i. f. C. 5, 52. Die Verwaltung kann durch die Obrigkeit entweder einem der Vormünder zugewiesen oder unter ihnen getheilt werden. § 1 J. 1, 24. Führt einer der Mitvormünder die Geschäfte (gerens), so sind die übrigen nur Ehrenvormünder (honorarii). Sie haben die Aufsicht über die Anlage der Mündelgelder, dürfen Vorweisung der Vormundschaftsrechnungen fordern, sind verpflichtet, die Entlassung des verwaltenden Vormunds wegen Untreue herbeizuführen und haften subsidiär für ihre Nachlässigkeit. l. 3 § 2 D. 26, 7. Sogar zur Gewährung der Auctoritas für den Mündel waren sie gegenüber redlichen Dritten befugt l. 49 D. 29, 2; l. 4 D. 26, 8, was für das gemeine Recht nicht mehr anzunehmen ist. Wird eine Theilung der Tutel (divisa) verfügt, so kann dies entweder nach Geschäftszweigen (in partes) oder nach Bezirken (in regiones) geschehen. l. 3

§ 9, l. 4 D. 26, 7. Jeder Vormund verwaltet selbständig die ihm zugetheilten Geschäfte und ist für die anderen Ehrenvormund. l. 1 § 15 D. 27, 3. Mangels einer obrigkeitlichen Vorschrift steht die Verwaltung allen Vormündern ungetheilt zu. l. 3 § 8 D. 26, 7. Jeder hat die volle Verfügung, es müßte sich denn um Geschäfte handeln, die wie eine Arrogation, der Tutel ein Ende bereiten. l. 5 C. 5, 59. Da in Fällen unbeschränkter Geschäftsführung jeder Mitvormund solidarisch haftet, ist ihm ein Einspruch gegen schädliche Vornahmen der Genossen und ein Recht auf Klagencession gewährt. l. 55 pr. § 3 D. 26, 7; l. 2 in. C. 5, 52.

Nach Pr.V.O. § 26, 30–31 „muß" im Fall einer Vermögensverwaltung neben dem Vormund noch ein Gegenvormund bestellt werden, welchem die Aufsicht, eine Mitwirkung bei gewissen Geschäften und die Anzeigepflicht etwaiger Pflichtwidrigkeiten obliegen. Diese Maßregel unterbleibt, wenn mehrere Vormünder zu ungetrennter Verwaltung bestellt sind, oder der Vater bzw. die Mutter des Mündels ein letztwilliges Verbot erlassen haben. Neben dem gesetzlichen Vormund wird ein Gegenvormund nur bestellt, wenn dessen Anhörung für einzelne wichtige Geschäfte erforderlich wird. Mehrere Vormünder verwalten Mangels anderweiter Bestimmung gemeinschaftlich. Bei Meinungsverschiedenheiten entscheidet die Mehrheit oder, wenn eine solche nicht erzielt wird, das Vormundschaftsgericht. Es steht im Belieben des zur Berufung Berechtigten, andere Anordnungen, z. B. Theilung nach Geschäftszweigen zu treffen. Im letzteren Falle verwaltet jeder Vormund den ihm zugewiesenen Vermögenskreis, und ein Vormund wird zum Gegenvormund des anderen bestellt.

II. Sorge für die Person des Mündels.

Der Vormund hat die Erziehung des Mündels durch die Mutter zu überwachen und bei Ableben oder Unwürdigkeit der letzteren selber zu leiten. l. 1 C. 5, 49. Nach Pr.V.O. § 28 darf die Erziehung der Mutter nur aus erheblichen Gründen entzogen werden, worüber das Vormundschaftsgericht nach Anhörung des Vormundes sowie des Waisenrathes entscheidet. Auch bedarf es nach § 42 Z. 1–3 der Genehmigung des Vormundschaftsgerichts, wenn die Entlassung des Mündels aus dem preußischen Staatsverbande, seine Annahme an Kindesstatt oder sein Eintritt in eine Einkindschaft in Frage kommen. Die Mittel zur Erziehung bestreitet der Vormund aus dem Mündelvermögen. l. 2–3 D. 27, 2. Nach Pr.V.O. § 37 darf er zu diesem Behuf das Stammvermögen angreifen, sofern die Einkünfte nicht ausreichen.

Der Vormund ertheilt zur Ehe des Mündels seinen Consens. S. 13. Pr.V.O. § 48. Ihm steht es zu, Klagen, welche die familienrechtliche Stellung des Mündels betreffen, zu erheben, z. B. wenn die Vaterschaft über ihn bestritten, die Ehe desselben nichtig oder ungültig ist. Bei Antragsdelicten am Mündel ist er antragsberechtigt St.G.B. § 65, bei einem Strafverfahren gegen den Mündel dessen Vertreter und Beistand St.Pr.O. § 137, 149, 340.

III. Verwaltung des Mündelvermögens.

a) Sicherheitsmaßregeln.

Der römische Tutor, insbesondere der gesetzliche l. 5 § 1 D. 26, 4, soll Bürgen stellen, welche versichern, ‚rem pupilli salvam fore'. Von dieser durch

Pfändung erzwingbaren Cautionspflicht sind testamentarische und die von der höheren Obrigkeit nach sachgemäßer Prüfung bestellten Tutoren befreit pr., § 3 J. 1, 24. Das Gebot der R.P.O. von 1577, daß die Vormünder „rechtmäßige genugsame Caution und Versicherung" leisten, wird von der gemeinen Praxis nicht streng durchgeführt. Nach Pr.V.O. § 58–60 hängt es vom richterlichen Ermessen ab, bei erheblicher Vermögensverwaltung vom Vormund eine Sicherheitsleistung zu fordern, deren Kosten dem Mündel zur Last fallen. Die Eltern, Großeltern, der Ehemann des Mündels und der Gegenvormund sind davon frei; auch dürfen die Eltern letztwillig eine Befreiung des Vormundes anordnen, welche aber bei veränderten Umständen erlischt.

Der römische Tutor soll über das vorgefundene Mündelvermögen ein Inventar in Gegenwart öffentlicher Personen anfertigen, es müßte denn ein ausdrückliches Verbot des Erblassers vorliegen. l. 24 C. 5,37; l. 13 C. 5, 51; l. 7 pr. D. 26, 7. Die R.P.O. von 1548 verlangt die Ablieferung des Inventars an die Behörde. Nach der Pr.V.O. § 35 hat der Vormund unter Zuziehung des etwaigen Gegenvormundes von dem bei Einleitung vorhandenen oder später dem Mündel zugefallenen Vermögen ein genaues Verzeichniß aufzunehmen und dem Vormundschaftsgericht mit der von ihm und dem Gegenvormund abzugebenden Versicherung der Richtigkeit und Vollständigkeit einzureichen. Der Vater des Mündels ist als gesetzlicher Vormund von dieser Verpflichtung befreit. Sofern der Erblasser des Mündels die Offenlegung des Verzeichnisses seines Nachlasses untersagt hat, genügt eine Einsiegelung des eingereichten Inventars durch das Gericht.

Die R.P.O. von 1577 verbindet den Vormund zur jährlichen Rechnungslage bei der Behörde. Die Pr.V.O. § 56–57 nimmt diese Regel an, erlaubt aber dem Gericht, bei Verwaltungen geringeren Umfangs, wenn die Rechnung des ersten Jahres gelegt ist, den Termin für die folgenden auf zwei bis drei Jahre zu bestimmen. Der Rechnung sind beizufügen: ein Vorbericht über den Ab- und Zugang des Vermögens, die Beläge, sowie die Versicherung des Vormundes, daß er alle Einnahmen verrechnet habe und andere Vermögensstücke des Mündels als die aufgeführten nicht verwahre. Die Rechnung soll zunächst dem Gegenvormund unter Nachweisung des Vermögensbestandes vorgelegt und dann mit den Bemerkungen des Gegenvormundes dem Gericht eingereicht werden. Das Gericht prüft die Rechnung und giebt nach Erledigung der Anstände die Beläge mit einem Vermerke des erfolgten Gebrauchs dem Vormund zurück. Die Eltern, Großeltern und der Ehemann des Mündels sind von dieser Rechnungslage befreit, die auch durch letztwillige Anordnung der Eltern dem von ihnen benannten Vormund erlassen werden kann. Doch tritt für die befreiten Vormünder an Stelle der Rechnungslage die Pflicht, auf Erfordern des Gerichts alle zwei Jahre oder in längeren Zwischenräumen eine vom Gegenvormund bestätigte Uebersicht des Vermögensbestandes einzureichen. Der Vater des Mündels ist auch davon frei. In dem Verbot der Offenlegung des Vermögensverzeichnisses liegt zugleich ein Erlaß der Pflicht, periodische Rechnung zu legen, sowie die Vermögensübersicht einzureichen.

Der römische Tutor wird bei Strafe zur öffentlichen Deposition von Mündelgeldern angehalten. Nach Pr.V.O. § 60 kann das Gericht verfügen, daß auf den Inhaber lautende Werthpapiere des Mündels außer Kurs gesetzt oder dieselben nebst Kostbarkeiten des Mündels bei der Reichsbank bzw. einer öffentlichen Kasse niedergelegt werden. Die Verwahrung muß angeordnet werden, falls sie der bestellte Vormund gegenüber Dritten beantragt. Der Vater des Mündels ist von dieser Pflicht befreit und darf den von ihm berufenen Vormund derselben entheben.

b) **Vertretung des Mündels.**

In Rom betheiligt sich der Pupill persönlich am Rechtsverkehr. Doch erhalten seine Handlungen in der Regel erst dadurch rechtlichen Charakter, daß der bei der Vornahme anwesende Tutor unmittelbar seine formelle Ermächtigung (auctoritas) einlegt. l. 9 D. 26, 8. Heutzutage wird der Mündel durch seinen Vormund vertreten und aus den für ihn geschlossenen Geschäften direct berechtigt bzw. verpflichtet. Dabei ist es gleichgültig, ob der Abschluß ausdrücklich im Namen des Mündels erfolgt oder sich ein solcher Wille der Betheiligten aus den Umständen ergiebt. Pr.V.O. § 29.

Der römische Tutor kann Mündelacte, aus denen er selbst erwerben will, nicht genehmigen, ‚in rem suam auctor fieri non potest‘. l. 1 pr. D. 26, 8. Nach gemeinem Recht soll der Vormund in Geschäften, welche sein eignes Interesse berühren, den Mündel nicht vertreten. Die Pr.V.O. § 40 Abs. 2 verbietet dem Vormund nur, Hypotheken und Grundschulden, die auf seinem Grundstück haften, für den Mündel zu erwerben.

c) **Anlage von Capitalien.**

Bei der Verwerthung flüssiger Mündelgelder hat der Vormund vor Allem auf Sicherheit zu achten, und erst in zweiter Linie auf Gewinn, soweit er sich ohne Gefahr erzielen läßt. Das römische Recht empfiehlt den Ankauf von Grundstücken l. 3 § 2, l. 5 pr., l. 7 § 3 D. 26, 7 und Justinian warnt sogar in nov. 72 c. 6–8 vor zinsbarer Belegung. In Anbetracht der Sicherheit, welche das heutige Credit- und Grundbuchwesen bieten, ist die Anlage in guten Werthpapieren und Hypotheken vorzuziehen. Die Pr.V.O. § 39 zählt die zur Anlage geeigneten Schuldverschreibungen auf und erklärt Hypotheken bzw. Grundschulden dann für pupillarisch sicher, wenn sie bei ländlichen Grundstücken innerhalb der ersten zwei Drittheile, bei städtischen innerhalb der ersten Hälfte des öffentlichen Taxwerthes liegen oder das Fünfzehnfache des Grundsteuerreinertrages nicht übersteigen. Vorschriften, welche ein Erblasser des Mündels für die Anlage und Verwaltung seiner Nachlaßmasse dem Vormund gab, sind nach § 36 zu befolgen, sofern nicht das Vormundschaftsgericht, um Nachtheile vom Mündel abzuwenden, eine Abweichung zuläßt.

d) **Schranken der Verfügung.**

Schenkungen aus dem Mündelvermögen sind dem Vormund verboten, mit Ausnahme derjenigen Gaben, welche üblich sind oder durch die Vermögensverwaltung begründet werden. l. 22, l. 46 § 7 D. 26, 7, Pr.V.O. § 38. Aus diesem Anstandsgefühl erklärt es sich, daß der römische Tutor zur Dotation der soror consanguinea seines Mündels verpflichtet ist. l. 12 § 3 D. 26, 7. Ferner darf der Vormund Vermögensgegenstände des Mündels nicht in seinem Nutzen verwenden. l. 7 § 10 D. 26, 7. Pr.V.O. § 40.

Was die **Veräußerung** von Mündelgütern anbetrifft, so waren dem Tutor im alten Rom keinerlei Schranken gezogen. Eine oratio Severi 195 n. Chr. macht die Veräußerung landwirthschaftlicher Grundstücke (praedia rustica vel suburbana), wenn es sich nicht um die Ausführung testamentarischer Gebote handelt, von einer durch gute Gründe z. B. Schulden halber gerechtfertigten Erlaubniß des Prätors abhängig. l. 1 § 2, l. 11, 14 D. 27, 9. Dies Verbot, das man auch von der Auflage dinglicher Rechte verstand l. 3 § 5 D. eod., wird von Constantin auf alle Mündelgüter erstreckt l. 22 C. 5, 37 und von Justinian sogar auf die Einziehung von Mündelforderungen bezogen l. 25, 27 C. eod. Ausgenommen sind nur: geringfügige, unbrauchbare, der Aufbewahrung nicht fähige Gegenstände, die Einnahmen aus jährlichen, nicht über zwei Jahre rückständigen Gefällen und die regelmäßig laufenden Ausgaben. Wegen rechtswidrig veräußerter Sachen hat der Mündel eine Vindication, der aber in Höhe seiner etwaigen Bereicherung aus dem Kaufpreise eine Einrede der Arglist entgegen steht. l. 13 D. 27, 9; l. 16 C. 5, 71 vgl. Bd. I S. 324. Die Veräußerung wird wirksam, wenn der Mündel nach erlangter Großjährigkeit sie entweder genehmigt oder fünf Jahre unangefochten läßt. l. 2 C. 5, 46 (45); l. 3 C. 5, 74. Ueber die Kraft des promissorischen Eides bei solchen Veräußerungen vgl. Bd. II S. 82. In der gemeinrechtlichen Praxis ist es Brauch, die obrigkeitliche Erlaubniß aus bloßen Zweckmäßigkeitsgründen zu ertheilen und meist auf die Veräußerung oder Belastung von Immobilien einzuschränken.

Die Pr.V.O. § 41–47 erfordert für einzelne Handlungen des Vormundes theils die Genehmigung des Gegenvormundes, theils die des Vormundschaftsgerichts. Der Zustimmung des Gegenvormundes, die durch das Gericht ersetzt werden kann, bedarf es: zur Veräußerung von Werthpapieren; zur Einziehung, Abtretung oder Verpfändung von Capitalien, sofern dieselben nicht bei Sparkassen belegt sind; zur Aufgabe oder Minderung der für eine Forderung bestellten Sicherheit. Von der Erlaubniß des Vormundschaftsgerichts hängen ab: die Erbesauseinandersetzung, welcher die Theilung des gütergemeinschaftlichen Vermögens zwischen dem Ehegatten und den Erben des Verstorbenen gleichsteht; die Veräußerung oder Belastung, der lästige Erwerb und unter Umständen die Verpachtung bzw. Vermiethung unbeweglicher Sachen; der Abschluß von Vergleichen, deren Gegenstand unschätzbar ist oder die Summe von 300 ℳ. übersteigt; die Veränderung oder Auflösung, sowie die Neubegründung oder Uebernahme eines Erwerbsgeschäfts; die Eingehung wechselmäßiger Verbindlichkeiten, welche erforderlichenfalls in allgemeinem Umfange gestattet werden kann; die Ertheilung einer Procura; die Aufnahme von Darlehen; die Uebernahme fremder Verbindlichkeiten; die Entsagung einer Erbschaft oder eines Vermächtnisses. Die Art, in welcher die Veräußerung unbeweglicher Sachen erfolgen soll, unterliegt, unbeschadet der Rechte der Miteigenthümer, der Bestimmung des Gerichts, das nach freiem Ermessen gerichtliche bzw. notarielle Versteigerung oder Verkauf aus freier Hand verfügt. Wird eins der hier aufgeführten Geschäfte ohne die dazu nöthige Genehmigung abgeschlossen, so wird es hinsichtlich der Gebundenheit des Gegentheils und der Erstarkung durch Anerkenntniß nach denjenigen Regeln beurtheilt, welche für die von einem erwerbsfähigen Mündel ohne Consens des Vormunds vorgenommenen Rechtshandlungen vgl. Bd. II S. 31 gelten. Dem Vater des Mündels steht es frei, den von ihm letztwillig benannten Vormund von dem Erforderniß solcher Genehmigungen zu befreien; doch wird die Befreiung erst dadurch wirksam, daß sie in Gestalt einer allgemeinen Ermächtigung in die Bestallung des Vormunds aufgenommen ist.

e) **Haftung.**

Der römische Tutor ist für diligentia quam suis verantwortlich. l. 1 pr. D. 27, 3. Bd. II S. 138. Für Mündelgelder, welche er in eignem Nutzen verwandte, hat er die höchsten Zinsen, seit Justinian 6 %, zu zahlen. l. 7 § 10 D. 26, 7. Bd. II S. 90. Vor nov. 72 traf ihm auch die Pflicht, Mündelgelder, deren rechtzeitige Anlage er ungeschickter Weise versäumte, zu verzinsen. l. 3 C. 5, 56. Die ihm zur Anlage gewährte Zeitfrist (laxamentum temporis l. 7 § 11 D. 26, 7) betrug für die bei Antritt der Vormundschaft vorgefundenen Capitalien 6 Monate und für die später einlaufenden Gelder 2 Monate. l. 15 D. 26, 7. Mehrere Tutoren haben die Rechtswohlthat der Theilung, welche im gemeinen Recht wegfällt. Bd. II S. 42.

Nach Pr.V.O. § 32 steht der Vormund für die Sorgfalt ein, welche ein ordentlicher Hausvater auf seine eignen Angelegenheiten verwendet. Durch die Genehmigung eines Geschäfts Seitens des Gegenvormundes oder des Vormundschaftsgerichts wird er von seiner Haftpflicht gegenüber dem Mündel nicht befreit. § 49. Für das in eignem Nutzen verwandte Mündelgeld muß er 8–20 % nach Ermessen des Gerichts zahlen. § 40. Ist eine Ehefrau zur Vormünderin bestellt, so haftet ihr Mann als Bürge, falls er nicht der Vater des Mündels ist. Die Einrede der Theilung unter mehreren Verhafteten findet nicht Statt.

E. Ende.

I. Fortfall der Bevormundung.

Die Vormundschaft hört auf, wenn der Mündel stirbt (in Rom eine capitis deminutio erleidet l. 14 pr. § 1–2 D. 26, 1), das großjährige (in Rom das mündige) Alter erreicht oder für großjährig erklärt wird. Bd. I S 177. Auch während der Minderjährigkeit des Mündels kann seine Bevormundung dadurch endigen, daß er in väterliche Gewalt gelangt, sei es, daß ihn ein Dritter an Kindesstatt annimmt, sei es, daß sein Vater die zeitweilig gehemmte Gewalt wieder erhält. Pr.V.O. § 61. Ob ein weiblicher Mündel durch Verheirathung aus der Vormundschaft scheidet ist schon S. 7 erörtert.

II. Wechsel des Vormundes.

a) **Durch veränderte Lage.**

Das Amt des Vormundes erlischt von selbst mit seinem Tode (dem in Rom capitis deminutio maxima bzw. media, für die gesetzliche Tutel sogar minima gleichstand § 4 J. 1, 22; l. 7 pr. D. 4, 5) oder mit eintretender Unfähigkeit (die ursprünglich dem gesetzlichen Tutor sein Recht nicht entzog). Die Pr.V.O. § 65 verpflichtet für den Fall, daß der Vormund oder Gegenvormund stirbt, den Ueberlebenden sowie die Erben zur Anzeige an das Gericht und trägt den Erben auf, für die Sicherstellung der im Nachlaß befindlichen Vermögensstücke des Mündels zu sorgen. Nach nov. 118 c. 5 verlieren Mutter und Großmutter durch ihre

Wiederverheirathung die Vormundschaft über Kinder und Enkel. Der unter Bedingung oder Befristung bestellte Tutor fällt mit Eintritt des betreffenden Ereignisses fort. § 2, 5 J. 1, 22. Nach Pr.V.O. § 62 tritt mit Aufnahme des Mündels in eine staatliche oder communale Verpflegungsanstalt der Vorstand derselben als gesetzlicher Vormund an Stelle des bisherigen.

b) **Durch obrigkeitliche Verfügung.**

Der Vormund kann seines Amtes durch die Behörde entlassen oder entsetzt werden. Die beliebige Niederlegung der Vormundschaft (abdicatio), welche noch Ulpian für den testamentarischen Tutor erwähnt, ist veraltet. Im neueren römischen Recht findet nur obrigkeitliche Entlassung Statt, die vom Vormund nachgesucht und gerechtfertigt werden muß. Gründe dafür sind: Verhinderung durch Staatsdienst, Verarmung, Erkrankung. l. 11 § 2 D. 4, 4; l. 12 § 1 D. 27, 1. Nach Pr.V.O. § 63–64 geben solche Gründe, welche zur Ablehnung einer angetragenen Vormundschaft befugt machen, bei späterem Eintritt dem Vormund einen Anspruch auf gerichtliche Entlassung. Ein Staatsbeamter oder besoldeter Gemeinde- bzw. Kirchenbeamter ist der Vormundschaft zu entheben, wenn die zur Führung erforderliche Genehmigung der vorgesetzten Behörde verweigert oder zurückgenommen wird. Verheirathet sich eine zur Vormünderin bestellte Frau, so hat das Gericht zu entscheiden, ob sie zu entlassen sei. Gegen die erfolgte Entlassung ist Beschwerde bis zum Ablauf von vier Wochen nach Zustellung des Beschlusses zulässig.

Die Entsetzung eines sich pflichtwidrig erweisenden Vormundes (suspecti remotio) geschah in Rom entweder durch öffentliche Anklage (accusatio quasi publica) oder, falls die Gründe offenkundig waren, von Amtswegen. l. 1 § 6 –7, l. 3 § 4 D. 26, 10. Heute schreitet stets das Gericht nach Kenntnißnahme der Umstände ein. Die Pflichtwidrigkeit kann nicht blos in Arglist oder grobem Versehen bestehen, sondern auch in unvorsichtigem, ungeschicktem Benehmen, das dem Mündel Nachtheile droht. l. 3 § 12, § 18 D. 26, 10. Die Pr.V.O. § 63 gewährt dem durch gerichtliche Entscheidung entsetzten Vormund binnen vier Wochen ein Beschwerderecht. Die römische Strafe der Infamie für den wegen Arglist removirten Tutor ist nicht mehr anwendbar. pr. § 1, § 3, § 6 J. 1, 26.

Nach Beendigung der Vormundschaft, aus welchem Grunde dies immer erfolgen mag, muß die Bestallung des ehemaligen Vormundes an das Gericht zurückgegeben werden. Pr.V.O. § 66.

F. Klagen.

Zwischen Vormund und Mündel ist ein mandatsähnliches Verhältniß begründet, aus welchem ein ‚bonae fidei judicium tutelae' entspringt. l. 5 § 1 D. 44, 7.

Im alten Rom kannte man nur eine Delictsklage gegen den Tutor, welcher Mündelgüter, ohne grade den animus furandi zu haben, unterschlug. Diese actio rationibus distrahendis ging auf das Doppelte des entzogenen Sachwerths und setzte sich aus Ersatz und Strafe zusammen. Sie wurde nach Ausbildung der Tutelklage gegen den Vormund wahlweise neben derselben gegeben. l. 1 § 19 –24, l. 2 D. 27, 3. Heute haftet der Vormund wegen Untreue nicht auf eine Privatstrafe, sondern ist strafrechtlich verantwortlich. St.G.B. § 266 Z. 1.

In der Regel findet die actio tutelae erst nach beendigter Vormundschaft Statt. l. 4 pr. D. 27, 3. Doch ist auch eine frühere Erhebung der Klage gegen den Tutor zulässig, um einzelne Interessen des Mündels, dem zu diesem Behuf ein Curator bestellt wird, zu wahren. l. 9 § 4 D. 27, 3. Ob der berufene Tutor, welcher zur Uebernahme der Vormundschaft verpflichtet war, sie wirklich geführt hat, darauf kommt es nicht an. l. 4 § 3 D. 46, 6.

I. Ansprüche des Mündels.

Sie werden mit einer actio tutelae directa geltend gemacht und umfassen die Rechnungslage über die gesammte Verwaltung, die Herausgabe des Mündelvermögens sowie den Ersatz für verschuldete Verluste. l. 1 § 3 D. 27, 3. Die Rechnungslage gilt als eine öffentliche Pflicht, die selbst der Vater durch die testamentarische Bestimmung, daß der von ihm ernannte Tutor ‚aneclogistus' sein soll, nicht erlassen darf. l. 5 § 7 D. 26, 7. Von dem auszuliefernden Vermögen können die Verwaltungskosten abgezogen werden. l. 1 § 4 D. 27, 4. Unter den verschuldeten Nachtheil fällt es, wenn der Vormund, dessen Amt erlosch, in brüsker Weise die laufenden Geschäfte abbrach, ohne für nothdürftige Fortführung zu sorgen. l. 33 § 1 D. 26, 7. Die Klage steht dem bisherigen Mündel, seinem Erben, sowie bei Wechsel des vormundschaftlichen Amtes dem neu bestellten Vormund zu, und richtet sich gegen den ehemaligen Vormund sowie dessen Erben. Letztere haften voll, wenn die Klage bereits zu Lebzeiten ihres Erblassers eingeleitet war, sonst nur aus dessen Arglist oder grobem Versehen. l. 1 § 16 D. 27, 3; l. 1 C. 5, 54. Eine selbständige Verantwortlichkeit der Erben des Vormundes entsteht dadurch, daß sie begonnene Geschäfte rücksichtslos vernachlässigen. l. 1 pr. D. 27, 7.

Die Pr.V.O. § 67–69 Abs. 1 enthält genaue Vorschriften über die Schlußrechnung, welche mit etwaigen Bemerkungen des Gegenvormundes binnen zwei Monaten dem Gericht einzureichen ist. Eine Befreiung von dieser Pflicht, welche auch den Erben des Vormundes und im Fall des Concurses über sein Vermögen dem Verwalter obliegt, kann nicht beliebt werden. Das Gericht prüft die Schlußrechnung nicht, sondern legt sie zur Erklärung dem bisherigen Mündel, dessen Rechtsnachfolger oder dem neu bestellten Vormund vor, welchen Personen behufs Prüfung eine Einsicht in die Vormundschaftsacten gestattet wird. Werden Ausstellungen nicht gemacht, so führt das Gericht die Entlastung des Vormundes herbei. Anderenfalls steht den Betheiligten der Weg des Rechtsstreits offen.

Die Forderungen des Mündels waren in Rom durch gesetzliche Generalhypothek am Vermögen des Vormundes gesichert. l. 20 C. 5, 37. Im heutigen Grundbuchsystem ist daraus ein Titel zum Pfandrecht geworden, den die Pr.V.O. § 32 Abs. 6 vollends beseitigt. Dagegen genießen die Ansprüche des Mündels im Concurse des Vormundes ein auch von der R.K.O. § 54 Z. 5 vgl. Bd. II S. 125 anerkanntes Vorrecht. l. 44 D. 26, 7.

II. Ansprüche des Vormundes.

Der bisherige Vormund hat unter Umständen eine actio tutelae contraria gegen seinen ehemaligen Mündel. l. 1 § 3 D. 27, 4. Sie geht auf Ersatz zweckmäßiger, für den Mündel gemachter Auslagen sammt Zinsen vom Tage der Verausgabung an, auf Abnahme von Verbindlichkeiten, welche der Vormund für

Rechnung des Mündels persönlich übernahm und auf Rückgabe einer etwa vom Vormund gestellten Sicherheit. l. 3, 6 D. 27, 4. Nach Pr.V.O. § 69 Abs. 2 –§ 70 ist dem Vormund und Gegenvormund über treu und richtig geführte Vormundschaft sowie über Ausantwortung des Vermögens Quittung und Entlastung zu ertheilen. Wegen einzelner Ausstellungen darf nur ein Vorbehalt gemacht werden, dessen Wirksamkeit bei schriftlicher Beurkundung von der Aufnahme in die Urkunde abhängt. Inwieweit im Falle eines solchen Vorbehaltes die vom Vormund geleistete Sicherheit zurückzugeben oder die auf seine Grundstücke eingetragene Sicherheitshypothek zu löschen ist, unterliegt der Entscheidung des Vormundschaftsgerichts. Die Anfechtung der anerkannten Schlußrechnung wegen Irrthums, Betruges oder Drohung richtet sich nach allgemeinen Grundsätzen. Bd. II S. 81.

Ein Honorar für seine Mühewaltung kann der römische Tutor nicht beanspruchen, es sei denn daß ihm ein solches (solatium) vom Besteller ausgesetzt wurde. l. 33 § 3 D. 26, 7. Der in einigen deutschen, namentlich friesischen Rechtsquellen vorkommende Brauch, daß der Vormund die Nutzungen des Mündelvermögens für sich bezog (tutela usufructuaria), hat im Lehnwesen Bd. I S. 431 weitere Bedeutung erhalten, findet sich aber heute nur noch bei der Vormundschaft über Verschollene Bd. I S. 174. Auch nach der Pr.V.O. § 33–34 wird die Vormundschaft in der Regel unentgeltlich geführt. Dem Vormund steht ein Honorar höchstens dann zu, wenn es ihm vom Erblasser des Mündels oder vom Vormundschaftsgericht zugebilligt wurde. Der gerichtliche Zuspruch setzt die Anhörung des Gegenvormundes und eine besonders umfangreiche Vermögensverwaltung voraus. Dem Gegenvormund darf das Gericht niemals ein Honorar zubilligen. Verschieden vom Honorar ist die Vergütung für Dienste, welche in das Gewerbe oder den Beruf des Vormundes schlagen, und für die er nach üblichen Sätzen Bezahlung aus dem Mündelvermögen fordern kann.

III. Rechtsverhältniß des Protutor.

Protutor ist, wer, ohne Vormund zu sein, sich der vormundschaftlichen Verwaltung unterzieht. In Rom kam dies häufig vor, weil die Delationsgründe des Testaments und der Vormundschaft vielen Anlaß zu Zweifeln und Irrungen boten. l. 1 pr. D. 27, 5. Heutzutage ist der Fall seltener, weil die Obrigkeit den Vormund bestellt.

Zwischen Protutor und Mündel entsteht ein der wirklichen Vormundschaft nachgebildetes Verhältniß (actio protutelae ficticia). l. 4, 5 D. 27, 5. Allein der Protutor hat als Nichtvormund (falsus tutor) weder Verwaltungsbefugniß, noch die Fähigkeit, für den Mündel gültig aufzutreten. l. 1 § 5, l. 10 D. 27, 6. Den durch die geschäftliche Thätigkeit eines arglistigen Protutors Getäuschten versprach der Prätor einen außerordentlichen Schutz. Hatten sie eine Klage gegen den Mündel dadurch verloren, daß sie sich in eine Litiscontestation mit dem Protutor einließen, so wurden sie in den unbilliger Weise verlorenen Rechtsstand zurückversetzt. l. 1 § 1, § 6 D. 27, 6. Für die Nachtheile, die sie bei einem Vertragsschluß mit dem Mündel durch die ungültige Auctorität des Protutors erlitten, war ihnen eine besondere actio in factum gegen den Letzteren auf vollen Ersatz gewährt. l. 7 pr; l. 11 pr. D. 27, 6. Heute reichen bei Schädigungen durch die Schuld eines vermeinten Vormundes die gewöhnlichen Rechtsmittel aus. Bd. II S. 331.

Vierter Titel.

Verwandtschaft.

§ 20.

D. 38, 10 de gradibus et affinibus etc.
A.L.R. § 40—45 I, 1.

Kreis der Familie.

A. Agnaten.
Sui, gentiles, liberi in Rom.
Agnaten im deutschen Sinn.
B. Cognaten.
Ascendenten, Descendenten, Collateralen.
Voll- und Halbgeburt.
Mehrfache Verwandtschaft.
Uneheliche Kinder.
C. Verschwägerte.

Der römische Ausdruck ‚familia' bedeutet das Hauswesen eines Bürgers d. h. den Hausvater selbst, sowie alle Personen und Sachen, die seiner civilen Herrschaft unterliegen (familia pecuniaque). Im engeren Sinne verstand man darunter theils einen Personenverband, theils die vermögensrechtliche Hinterlassenschaft eines Verstorbenen. Bisweilen wird der Name auf die Gesammtheit der Sclaven eines Herrn beschränkt. Als Personenkreis umfaßt familia entweder die Gewaltunterworfenen eines Hausvaters, mögen sie in dessen ‚manu, potestate, mancipio' stehen, oder die Angehörigen, welche durch väterliche Gewalt oder gemeinsame Abstammung rechtlich mit einander verbunden sind. l. 195 D. 50, 16. Der heutige Sprachgebrauch bezieht Familie nur auf den Kreis solcher Personen, die durch nachweisbare Blutsverwandtschaft oder eheliche Verbindung eine natürlich-sittliche Gemeinschaft bilden.

A. Agnaten.

Das römische Recht begreift unter Agnaten alle Personen, die unter derselben väterlichen Gewalt stehen oder, falls das gemeinsame Oberhaupt noch am Leben wäre, stehen würden. ‚qui legitima (per virilis sexus personas) cognatione juncti sunt' Gaj. III § 10. Die einzelnen Agnaten sind bereits Bd. I S. 74 aufgezählt. Dazu gehören auch Frauen z. B. die Tochter und Schwester des Hausherrn. Aber die Sprößlinge der verheiratheten Tochter fallen in die Familie des Ehemannes. l. 195 § 5, l. 196 D. 50, 16 ‚mulier familiae suae et caput et finis est.' Da das Agnatenthum auf der väterlichen Gewalt beruht, kann es wie diese künstlich entstehen und untergehen. So treten Blutsfremde durch Manusehe und Annahme an Kindesstatt in die Familie ein, während Kinder dadurch ausscheiden, daß sie emancipirt, in Adoption gegeben werden oder in die Manus ihres Gatten gelangen. Agnat kann man nur in „einer" Familie sein.

Eine engere Gruppe der Agnaten bilden die sui d. h. die unmittelbar Gewaltunterworfenen, welche mit Wegfall ihres Gewalthabers sui juris (patres- aut matres-familias ohne Rücksicht auf ihr Alter l. 4 D. 1, 6) werden. Dies sind die Manusfrau, die Söhne und Töchter des Hausvaters, sowie seine Sohnesenkel, falls der Zwischensohn nach der Zeugung durch Tod oder Emancipation ausgeschieden ist. Gaj. III § 2–3. Die Eigenschaft der sui wird durch ihre Nachgeburt nicht beeinträchtigt, vorausgesetzt daß sie bei Tod des Hausherrn schon concipirt waren. Solche nachgeborene Kinder heißen postumi (postremi, post humationem nati?) sui Gaj. III § 4, und wenn es Enkel sind, nach der Formel des Gallus postumi Aquiliani l. 29 pr. D. 28, 2. An die Agnaten grenzt die weitere Gruppe der gentiles d. h. der Sippgenossen, welche denselben Stammnamen (nomen gentilicium) führen. Dies sind die emancipirten Söhne mit ihrer Familie und namentlich solche Agnaten, deren Abstammung von einem gemeinsamen Ahnherrn sich nicht mehr nachweisen läßt. Der Gentilverband hatte durch gemeinschaftliche sacra und durch eine gegenseitige Unterstützungs- bzw. Beerdigungspflicht aus der Familienkasse einen öffentlich-rechtlichen Charakter.

Der strengen Gliederung der Agnatenfamilie wird allmälig ihre Bedeutung entzogen. Der Gentilverband gilt gegen Ende der Republik für aufgelöst. Gaj. III § 17. Länger erhielt sich die agnatische Grundlage des gesetzlichen Erbrechtes, in welche erst der Prätor durch Berufung der liberi Bresche legte. Dazu gehören entsprechend der Umgestaltung des wirthschaftlichen Lebens, das die Abgeschlossenheit des altrömischen Hauses durchbrochen hatte, außer den sui des Erblassers auch solche leibliche Kinder und Enkel desselben, die ohne Emancipation sui geblieben wären. § 9 J. 3, 1. Die in Adoption gegebenen und sodann vom Adoptivvater entlassenen Kinder sind nicht dessen liberi, sondern die ihres natürlichen Vaters, sofern Letzterer die Emancipation noch erlebte. § 10–11 J. 3, 1; Gaj. II § 137. Trotzdem blieb in der Intestatfolge der aristokratische Zug maßgebend, das Vermögen des Erblassers in der Familie, welche seinen Namen trug, zu erhalten und die Verwandten der Frau auszuschließen. Justinian hat für den künstlichen Glanz alter Geschlechter wenig Verständniß und erklärt die Wittwe sowie alle Blutsverwandten des Erblassers für gleichmäßig erbberechtigt. Seitdem beschränkt sich die ehemals so bedeutsame Stellung der Agnaten auf spärliche und überlebte Ueberreste. Ein Pflichttheilsrecht kommt nur den Geschwistern zu, welche denselben Vater gemein haben, nicht den halbbürtigen von der Mutter her. l. 27 C. 3, 28. In gleicher Weise bezieht sich die Anstandspflicht des Vormunds, die Schwestern seines Mündels auszustatten, allein auf die consanguineae. l. 12 § 3 D. 26, 7. Den Eltern und Kindern des Testators, welche von der Codicillarclausel Bd. I S. 82 Gebrauch machen, ist ein Wahlrecht gewährt, und zwar Agnaten bis zum vierten, Cognaten bis zum dritten Grade. l. 8 § 2 C. 6, 36. Für die Alimentationspflicht wird behauptet, daß sie zunächst auf den väterlichen Ascendenten ruhe l. 5 § 2 D. 25, 3, und die Dotationspflicht trifft die Mutter erst in zweiter Reihe l. 14 C. 5, 12.

Das ältere deutsche Recht wird von der Tendenz beeinflußt, den Mannsstamm, besonders bei der Erbfolge in den Grundbesitz zu bevorzugen. Bd. I S. 118. Daher versteht es unter Agnaten blos Männer, die durch Verwandte männlichen Geschlechts mit einander verbunden sind. Heute beschränkt sich der Vorzug des

Mannsstamms im privaten Erbrecht auf die Nachfolge in Lehen und Fideicommisse. Dabei werden als Agnaten nur männliche Seitenverwandte bezeichnet. Bd. I S. 442.

B. Cognaten.

Cognaten sind Blutsverwandte, die von einander oder von einem gemeinsamen Dritten abstammen. ‚quasi ex uno nati, quasi commune nascendi initium habuerint'. l. 1 § 1 D. 38, 8. Das römische Recht unterscheidet in grader Linie (linea recta: superior, inferior) die Ascendenten und Descendenten, in der Seitenlinie (linea obliqua, transversa) die Collateralen. Die Verwandten aufsteigender Linie (parentes) heißen: pater und mater, avus und avia, proavus und proavia, abavus und abavia, atavus und atavia, tritavus und tritavia; die Verwandten absteigender Linie (liberi l. 220 D. 50, 16): filius und filia, nepos und neptis, pronepos und proneptis, abnepos und abneptis, adnepos und adneptis, trinepos und trineptis. Die Seitenverwandten heißen frater und soror, fratris bzw. sororis filius und filia u. s. f. In Beziehung zu einander führen sie verschiedene Namen, je nachdem sie von väterlicher oder mütterlicher Seite abstammen. Oheim und Tante werden als Geschwister des Vaters patruus und amita genannt, als Geschwister der Mutter avunculus und matertera. Vettern väterlicher Seits heißen patrueles und amitini, solche mütterlicher Seits consobrini. Das deutsche Recht kennt das Bild eines Stammbaumes nicht, sondern nimmt die Bezeichnungen Schoß für Eltern im weiteren Sinn, Busen für Kinder, Magen für Seitenverwandte von den Theilen des menschlichen Körpers her. Von der Zählung der Verwandten, in Rom nach Graden, gemäß deutscher Sitte nach Parentelen war schon Bd. I S. 180 die Rede.

Das Cognatenthum ist ein natürliches Verhältniß, das nur durch Zeugung begründet und durch Tod gelöst werden kann. Oft durchkreuzt es sich in Rom mit dem Agnatenverband (civilis cognatio). l. 4 § 2 D. ht. Es giebt Cognaten, die keine Agnaten sind, z. B. emancipirte Kinder. Die in Adoption gegebenen Kinder, die in strenge Ehe eingetretenen Töchter fallen nicht einmal unter den prätorischen Begriff der liberi. Umgekehrt werden alle Agnaten, sogar die blos Adoptirten während der Dauer dieses Verhältnisses, unter einander als Cognaten behandelt. l. 10 § 4 D. ht; l. 1 § 4, l. 3 D. 38, 8. Mit dem Cognaten seines Cognaten braucht man selber nicht nothwendig blutsverwandt zu sein, dagegen steht man stets zu dem Agnaten seines Agnaten im Agnationsverhältniß.

Geschwister können beide Eltern oder nur den Vater bzw. die Mutter gemeinsam haben. Die vollbürtigen Geschwister nennt man germani, die halbbürtigen consanguinei oder uterini, je nachdem sie von demselben Vater oder von derselben Mutter stammen. Das römische Recht, das allein auf den Vater sieht, begreift unter consanguinei auch die vollbürtigen Geschwister.

Eine mehrfache Verwandtschaft entsteht durch Abstammung aus gewissen Ehen. Dies ist der Fall, wenn entweder zwei unter sich verwandte Personen wie Vetter und Base mit einander eine Ehe eingehen, oder wenn mehrere Angehörige verschiedener Familienkreise sich kreuzweis mit einander verheirathen, z. B. zwei Brüder mit zwei Schwestern. Die mehrfache Verwandtschaft wird bei der Intestatfolge insofern berücksichtigt, als sie in denjenigen Erbklassen, in welchen nach Stämmen getheilt wird, Anspruch auf doppelte Portionen giebt.

Die cognatische Verbindung mit dem Vater setzt eheliche Zeugung voraus. Uneheliche Kinder (spurii, vulgo concepti) haben rechtlich keinen Vater Gaj. I § 64, l. 23 D. 1, 5, sondern stehen blos zu ihrer Mutter und auch zu deren Verwandten in Cognation. l. 2, 8 D. 38, 8. Nach A.L.R. § 639–641 II, 2, das hierin dem Lübschen Rechte folgt, treten sie nicht einmal in die Familie ihrer Mutter.

C. Verschwägerte.

Verschwägerte sind die Blutsverwandten des einen Ehegatten im Verhältniß zu dem anderen. ‚adfines sunt viri et uxoris cognati‘ l. 4 § 3 D. ht. Die Verschwägerung in grader Linie umfaßt die Schwieger- und Stiefverbindung. Die Schwiegereltern heißen socer und socrus, die Schwiegerkinder gener und nurus, die Stiefeltern vitricus und noverca, die Stiefkinder privignus und privigna. Das Verhältniß zu den Geschwistern des anderen Ehegatten wird Schwägerschaft im engeren Sinne genannt. Der Schwager heißt levir, die Schwägerin glos. Das römische Recht kannte keine Grade der Verschwägerung und setzte zu ihrer Begründung in der Regel eine rechtmäßige Ehe voraus, mit deren Lösung das Band der Affinität fortfiel. l. 4 § 5, § 8 D. ht. Ueber die moderne Erweiterung des Begriffs, insbesondere die kanonische Affinität secundi, tertii generis, die Quasi-Affinität aus unehelichem Beischlaf und Verlöbniß vgl. Bd. I S. 180, Bd. III S. 16. Die Verschwägerung giebt kein Erbrecht, schafft aber in gewissem Umfang ein Ehehinderniß, eine Anfechtung im Konkurse 2c. Bd. II S. 119. Richter sind von der Ausübung ihres Amtes nach C.Pr.O. § 41 Z. 3, St.Pr.O. § 22 Z. 3 ausgeschlossen, wenn sie zu einer der Parteien oder zum Beschuldigten in naher Verschwägerung stehen. Verschwägerte brauchen gegen einander kein Zeugniß zu legen. C.Pr.O. § 348 Z. 3, St.Pr.O. § 51 Z. 3. Personen, die in fremde Rechte eingreifen, um einen Verschwägerten aus schwerer Gefahr zu retten, werden durch ihren Nothstand entschuldigt. St.G.B. § 54.

§ 21.

Vermögenspflichten der Verwandten.

A. Alimentationspflicht.
Insbesondere für den Erzeuger unehelicher Kinder.
B. Dotationspflicht.
Insbesondere aus dem Delict außerehelichen Beischlafs.
C. Beerdigungspflicht.

Verwandte sind unter Umständen verhaftet, einander zu alimentiren, zu dotiren und zu beerdigen.

A. Alimentationspflicht.

D. 25, 3 de agnoscendis et alendis liberis vel parentibus.

Ascendenten und Descendenten müssen einander im Fall der Nothdurft Unterhalt gewähren. Aus l. 5 § 2 D. ht. wird gefolgert, daß diese Pflicht zunächst auf dem Vater und seinen Ascendenten ruhe und erst sodann die Mutter, sowie die mütterlichen Großeltern treffe. Auch gehen die Kinder bei Ernährung ihrer Eltern den Enkeln vor. Mehrere in gleicher Weise Verpflichtete haften solidarisch unbeschadet des inneren Rückgriffs. Die Erben stehen nur bei ‚summa egestas‘ des Berechtigten ein. l. 5 § 17 D. ht. Zur Unterstützung von Geschwistern und weiteren Verwandten wird man nicht genöthigt, darf aber ein aus Anstand ‚respectu pietatis‘ dargebrachtes Opfer nicht zurückfordern. l. 27 (26) § 1 D. 3, 5; l. 1 § 2 D. 27, 3. Die Alimente betreffen Alles, was zum Lebensunterhalt gehört, wie leibliche Nahrung, Kleidung, Wohnung, eventuell auch Pflege, Wartung und Erziehung. Bd. II S. 93. Die Höhe bemißt sich nach dem Stande des Berechtigten und der Vermögenslage des Verpflichteten. l. 2 C. 5, 25. Kläger hat unter der Voraussetzung, daß das Eltern= bzw. Kindesverhältniß anerkannt ist, seine Bedürftigkeit darzuthun, mag sie aus jugendlichem Alter oder Arbeitsunvermögen stammen. l. 5 § 7, l. 9 D. ht. Aus Billigkeit ist ihm der schwer zu erbringende Nachweis erlassen, daß die Vermögensumstände des Beklagten zur Erfüllung der Alimentationspflicht ausreichen. Vielmehr ist es Sache des Letzteren, durch Aufdeckung seines Einkommens zu erhärten, daß er durch Hingabe der ihm zugemutheten Unterstützung selber Mangel leiden würde. Auch steht ihm der Einwand offen, daß Kläger durch sein unwürdiges Verhalten die verwandtschaftliche Verbindung gröblich verletzt und damit den Anspruch auf Beihülfe verwirkt habe. l. 5 § 11, § 23 D. ht.

Das A. L. R. § 14–22 II, 3 verpflichtet Verwandte in auf= und absteigender Linie, sowie Geschwister zu wechselseitigem Unterhalt. Die Reihenfolge richtet sich nach der Nähe des gesetzlichen Erbrechts, doch liegt dem Vater hauptsächlich die Verpflegung seiner Kinder ob. § 64–65 II, 2. Ist der nächste Erbe selbst unvermögend, so tritt der auf ihn Folgende an seine Stelle. Gleich nahe Verwandte haften gemeinschaftlich nach Verhältniß ihres Vermögens. Die Höhe der Alimente bestimmt sich unter Ascendenten und Descendenten nach ihrem Stande, wird aber auf die Nothdurft beschränkt, wenn der hülfsbedürftige Theil durch eigne Schuld verarmt oder in Folge seines Betragens einer Enterbung ausgesetzt ist. § 251–254 II, 2. Geschwister brauchen einander nie mehr als nothdürftige Alimente zu leisten, können bei besserer Vermögenslage des Empfängers Rückerstattung verlangen und sind nach der Decl. vom 20. Oct. 1822 ganz befreit, wenn die Hülfsbedürftigkeit des anderen Theils auf Freiheitsentziehung wegen eines Strafurtheils beruht. Was die Beweislast im Alimentenstreit anbetrifft, so gehört die Frage der Leistungsfähigkeit zu den Einwendungen des Beklagten. Decl. vom 21. Juli 1843.

Die Alimentationspflicht kann sich auf andere Ursachen gründen, z. B. auf Ehe S. 38, auf ein Lehns= oder Dienstverhältniß Bd. I S. 438, Bd. II S. 169, auf Delict Bd. II S. 147, Vertrag Bd. II S. 263 und in letzter Linie auf die Gemeindeangehörigkeit des Hülflosen Bd. I S. 189.

Uneheliche Kinder sind in Rom nur gegen ihre Mutter und deren Ascendenten alimentationsberechtigt. Dieser Auffassung folgt noch heute das französische Recht mit den Worten ‚la recherche de la paternité est interdite‘. Weiter geht die gemeinrechtliche Praxis. Sie stützt sich auf nov. 89 c. 12 § 6, worin den Concubinenkindern Ernährung aus dem väterlichen Vermögen zugesagt wird, und schließt daraus, daß jeder Erzeuger eines unehelichen Sprößlings zum Unterhalt desselben beizutragen habe. Die Klage steht dem unehelichen Kinde bzw. seinem Vormund zu. Geschah die Verpflegung bereits durch die Mutter oder die unterstützungspflichtige Gemeinde, so kann Ersatz der nothdürftigen Auslagen mit der actio negotiorum gestorum contraria gefordert werden. Streit herrscht, ob der Alimentationsanspruch des Kindes gegen seinen Erzeuger aus der Verwandschaft oder aus dem Delict des unehelichen Beischlafs erwächst. Der Unterschied zeigt sich vornehmlich in der exceptio plurium constupratorum, d. h. dem Nachweis, daß die Mutter während der Conceptionsfrist mit mehreren Männern geschlechtlich verkehrt habe. Vom Standpunkt der Verwandtschaft, die sich in solchem Falle kaum ermitteln läßt, sind alle Concumbenten frei, während sie als Uebelthäter solidarisch auf Schadensersatz haften müßten. Nach der Delictstheorie würde es auf die Zurechnungsfähigkeit des Thäters, und im Falle einer Statuten-Collision auf den Ort des begangenen Beischlafs vgl. Bd. I S. 163 ankommen. Dagegen erklären sich allein aus dem Rechtsgrunde der Verwandtschaft: das Erziehungsrecht des Erzeugers, die subsidiäre Haftung der väterlichen Großeltern des Kindes, und die Pflicht des Kindes, nothleidende väterliche Ascendenten seinerseits zu unterstützen.

Das A.L.R. § 612–646 II, 2 zieht die Folgerungen der Verwandtschaft, nahm aber im Interesse des unehelichen Kindes eine Solidarhaft mehrerer Zuhälter und eventuell auch ihrer Eltern an. Letztere Sätze sind durch das Pr.G. vom 24. April 1854 beseitigt. Danach gilt — Mangels eines ausdrücklichen Anerkenntnisses der Vaterschaft in öffentlicher Urkunde — derjenige als Erzeuger des unehelichen Kindes, welcher mit der Mutter in der Zeit von 285–210 Tagen vor deren Entbindung den Beischlaf vollzogen hat, sofern nicht aus der Beschaffenheit der Frucht auf eine kürzere Schwangerschaft geschlossen werden kann. Dem Kinde steht kein Anspruch gegen den Erzeuger zu, wenn die Mutter zur Zeit der Schwängerung in Ehe lebte oder zwar unverheirathet war, aber den Beischlaf während der Conceptionsfrist mit mehreren Männern trieb oder zu den geschlechtlich bescholtenen Personen gehört. Als Beispiele solcher Bescholtenheit werden angeführt: Annahme einer Bezahlung für die Gestattung des Beischlafs, offenkundig unzüchtiger Lebenswandel, frühere außereheliche Schwängerung Seitens eines Anderen, früherer Ehebruch, Verführung des jüngeren noch nicht volle 20 Jahr alten Schwängerers. Die Alimentenforderung ist gegen die Erben des Schwängerers, aber nicht gegen seine Eltern und Großeltern als solche verfolgbar. Sie besteht in Verpflegungs- und Erziehungskosten, wie sie für Kinder des Bauern- oder gemeinen Bürgerstandes üblich sind. A.L.R. § 650 II, 2. Die Pflicht dauert in der Regel bis zum vollendeten 14. Jahre des Kindes, es sei denn, daß dasselbe durch Krankheit oder leibliche bzw. geistige Gebrechen außer Stande ist, sich selber seinen Unterhalt zu erwerben. Doch findet deshalb gegen Personen des Soldatenstandes vom Feldwebel (Wachtmeister) abwärts kein Abzug vom Solde Statt, und gegen Officiere ein solcher blos in Höhe von 6–12 ℳ monatlich je nach der Verschiedenheit ihres Ranges.

B. Dotationspflicht.

Von der Pflicht der Ascendenten, ihre Töchter auszustatten, war bereits S. 35 die Rede. Diese Pflicht kann auch auf anderen Gründen beruhen, insbesondere auf einem Delict. Das kanonische Recht befiehlt dem Verführer einer Jungfrau ‚dotabit eam et habebit uxorem‘. c. 1 X 5, 16. Die gemeinrechtliche Praxis machte aus dem et ein aut, giebt aber den Anspruch jeder geschlechtlich unbescholtenen Frauensperson, mag sie Jungfrau oder Wittwe sein. Daß aus der Verführung eine Schwangerschaft entsteht, wird nicht erfordert; doch tritt in solchem Falle ein Ersatz des mit der Entbindung zusammenhängenden Vermögensschadens hinzu. Bd. II S. 147. Die Dotation des Verführers ist von der Verheirathung des mißleiteten Weibes unabhängig und selbst, wenn dasselbe ehelos versterben sollte, nicht rückforderbar.

Das Pr.G. vom 24. April 1854, das an Stelle des A.L.R. § 1015–1119 II, 1 getreten ist, setzt eine bewirkte Schwängerung voraus. Die Geschwängerte kann von Dem, welcher mit ihr in der kritischen Frist den Beischlaf vollzog, Erstattung der durch die Schwangerschaft, die Niederkunft und das Wochenbett herbeigeführten unvermeidlichen Kosten verlangen, insbesondere eine sechswöchentliche ihrem Stande angemessene Verpflegung. Wer den Beischlaf unter Anwendung von Gewalt vornahm, oder an einer willens- bzw. bewußtlosen Frau, oder unter Vorspiegelung von Umständen, daß der Beischlaf für einen ehelichen gelten mußte, oder wer ein Mädchen zwischen 14 und 16 Jahren dazu verführte, haftet überdies nach Wahl der Geschwächten entweder auf lebenslänglichen standesgemäßen Unterhalt derselben oder auf eine Abfindung, die ein Viertheil seines Vermögens beträgt. Aehnlich verhält es sich mit einer geschwängerten Braut, welcher, ohne daß sie eine Schuld trifft, die Ehe verweigert wird, S. 10. Die Klage der Geschwängerten verjährt binnen zwei Jahren nach erfolgter Niederkunft oder Fehlgeburt. Hat der Schwängerer innerhalb dieser Frist seinen bisherigen Aufenthalt verlassen, so wird die Zeit, während welcher sein neuer Aufenthalt der Geschwängerten unbekannt blieb, von der Verjährungsfrist abgerechnet. Die Ansprüche aus der unehelichen Schwängerung fallen fort, wenn sie Ehefrauen betraf oder solche unverheirathete Weiber, die in der Conceptionszeit mehreren Männern beiwohnten oder in geschlechtlicher Beziehung bescholten sind. Personen des Soldatenstandes kommt, um ihren Sold nicht allzusehr zu kürzen, dasselbe Vorrecht zu Gute, das ihnen gegenüber der Alimentenforderung ihrer unehelichen Kinder zusteht, vgl. S. 95.

C. Beerdigungspflicht.

D. 11, 7 de religiosis et sumtibus funerum.

Die Kosten zur Bestattung eines Verstorbenen sind aus dessen Nachlaß zu entnehmen. Daher trägt sie zunächst Derjenige, welchem Etwas unter dieser Bestimmung hinterlassen ist, und sodann der Erbe, dessen Erbschaft sich um jenen Betrag mindert. l. 12 § 4 D. ht.; l. 1 § 19 D. 35, 2. Das Begräbniß einer Ehefrau soll zugleich von ihrem Erben und von Dem, an welchen die Dos fällt, nach Verhältniß dieser Vermögen bestritten werden. l. 16, l. 22 D. ht. In zweiter Linie haften der Vater und eventuell der Ehemann der verstorbenen Person. l. 21, l. 28 D. ht. Der Aufwand der Beerdigung richtet sich, falls sie aus den Mitteln des Verstorbenen erfolgt, nach dessen Stande, sonst nach der Vermögenslage des dazu Verhafteten. l. 12 § 5 D. ht. Wer die Bestattung vornahm, ohne daß sie ihm oblag, hat eine actio funeraria auf Ersatz der angemessenen Auslagen, selbst wenn er sich für den Verpflichteten hielt oder dieser es verboten hatte. Nur durch die Absicht, eine Pietätspflicht zu erfüllen, wird der Ersatzanspruch ausgeschlossen. l. 14 § 6–16 D. ht. Bd. II S. 298 ff.

Das A.L.R. legt dem Erben bzw. Erbschaftskäufer die Beerdigung des Erblassers auf. § 470 I, 11. Reicht der Nachlaß nicht hin, so trifft die Pflicht den überlebenden Ehegatten, soweit er Vermögen hat. § 435 II, 1. Zur Alimentation der Kinder gehört auch, daß der Erzeuger ihre Begräbnißkosten trägt. Anh. § 84 zu § 1018 II, 1.

Auf anderen Rechtsgründen beruht es, daß, wer den Tod einer Person verschuldet hat, für ihre Beerdigung sorgen muß. Bd. II S. 147, 163.

§ 22.

A.L.R. II, 4.

Familienvermögen.

A. Stammgüter.
B. Familienfideicommisse.
I. Errichtung.
Person des Stifters, Gegenstand, Art der Bestellung.
II. Rechtsverhältniß des Inhabers.
Eigenthum am Gut. Erhaltung, Veräußerung, Verschuldung.
III. Nachfolge.
Bestimmte Successionsordnung. Apanage.
IV. Aufhebung.
C. Familienstiftungen.
Errichtung. Genuß. Verwaltung. Untergang.

Im Gegensatz zum römischen Recht, das den Hausvater über sein Vermögen frei schalten und walten läßt, sah die ältere deutsche Sitte in dem Grundbesitz, welcher die Quelle aller öffentlichen Rechte bildete, eine Art Familiengut. Noch im Ssp. I, 52 § 1 findet sich ein Beispruchsrecht des nächsten Erben, welcher das widerrechtlich d. h. ohne echte Noth veräußerte Grundstück an sich ziehen darf. Bd. I S. 317. Später wurde der Einfluß der Familie auf ererbte Grundstücke beschränkt und schwächte sich allmälig zu einem bloßen Näherrechte ab. Bd. II S. 78. Doch haben sich aus der deutschen Rechtsidee, den Besitz, vornehmlich den unbeweglichen in der Familie zu erhalten, die Einrichtungen der Stammgüter und der Familienfideicommisse entwickelt. An ihre Erörterung wird sich die Lehre von den Familienstiftungen schließen.

A. Stammgüter.

Stammgüter sind Grundstücke, welche nach Herkommen der Familie bis zu deren Aussterben verbleiben sollen. Sie kommen zumeist beim Adel vor, in dessen Kreise es üblich war, die Töchter von der Nachfolge in den Grundbesitz auszuschließen. Ihre Veräußerung oder dauernde Belastung ist verboten, außer bei echter Noth, wozu auch der Concurs über das Vermögen des jeweiligen Inhabers gehört. Im Falle unbefugter Verfügung haben die Söhne eine Revocation und die zu dieser Zeit vorhandenen Agnaten einen Retract. In der Hand des letzten männlichen Erben wird ein solches Gut frei. Bisweilen finden sich Stammgüter in bürgerlichen Familien durch erbrechtliche Zuwendung von Seiten naher Blutsfreunde. Ihre Veräußerung darf — abgesehen von Zuständen echter Noth — nur mit Erlaubniß des nächst berufenen gesetzlichen Erben ohne Unterschied seines Geschlechts geschehen, widrigenfalls demselben, wenn er binnen Jahr und Tag Widerspruch einlegt, eine Vindication zusteht.

B. Familienfideicommisse.

Familienfideicommisse sind Vermögensstücke, welche durch eine Anordnung des Stifters derart mit einem Geschlecht zur Erhaltung seines Glanzes verknüpft sind, daß sie sich für alle Zeit unveräußerlich unter den Gliedern dieser Familie forterben. Das A.L.R. § 141–142 ht. nimmt noch in den Begriff eine vom Stifter festgesetzte Successionsordnung auf, die sich aber nach § 23 ht. auf einzelne Geschlechtsfolger beschränken kann.

Die Familienfideicommisse entstanden im sechzehnten Jahrhundert beim Adel, welcher das Bestreben zeigte, seinen Grundbesitz durch testamentarische Satzungen dem Mannsstamm zu sichern. Die frühere Doctrin berief sich auf das römische Vorbild des successiven Vermächtnisses, ohne zu bedenken, daß sich dasselbe blos auf die vom Erblasser bestimmten Personen bezog und nach nov. 159 im vierten Grade erlosch. Heutzutage gilt das Familienfideicommiß als ein selbständiges deutschrechtliches Institut, das nicht nur dem Adel, sondern allen Gesellschaftsklassen geöffnet ist. Bd. I S. 185.

Streit herrscht über den wirthschaftlichen Nutzen der Familienfideicommisse. In Preußen wurden sie durch die V.U. Art. 40 verworfen, weil man die Ansammlung großer Gütermassen in der todten Hand als eine Gefahr für den Nationalwohlstand erklärte. Ein G. vom 5. Juni 1852 stellte sie wieder her, um durch den „befestigten" Grundbesitz das Ansehen bevorzugter Familien zu befördern.

I. Errichtung.

Jede an sich verfügungsfähige Person kann an ihrer Sache zu Gunsten der eigenen oder einer fremden Familie ein Fideicommiß stiften. Freilich bleibt den dadurch verkürzten Gläubigern und Pflichttheilsberechtigten die Anfechtung unbenommen. A.L.R. § 47 ht.

Zum Gegenstand des Fideicommisses eignen sich nur dauernde, fruchttragende Sachen, also landwirthschaftliche Grundstücke und Capitalien, denen auch andere Objecte wie Kostbarkeiten, Bibliotheken als Zubehör beigegeben werden können. Das A.L.R. § 49–61 ht. setzt einen Mindestwerth voraus, nämlich bei Landgütern einen Reinertrag von 7500 ℳ. nach einem landüblichen Wirthschaftsanschlage und bei Geldfideicommissen ein Capital von 30 000 ℳ.

Das Fideicommiß wird bestellt durch einseitige Willenserklärung des Stifters, sei es unter Lebenden, sei es von Todeswegen. Im A.L.R. § 56 ht. ist für Fideicommisse, deren Reinertrag 30 000 ℳ. übersteigt, landesherrliche Genehmigung erforderlich. Auch wird daselbst § 62–71 ht. im Interesse der Rechtssicherheit eine behördliche Mitwirkung vorgeschrieben, zu welcher nach Pr.G. vom 5. März 1855, vgl. Ausf.G. § 49 zur Ger.Verf., das Oberlandesgericht der belegenen Sache berufen ist. Die Stiftungsurkunde muß vor dieser Behörde verlautbart und ihr zur Bestätigung vorgelegt werden. Darauf sorgt die Behörde für Eintragung der Fideicommiß-Eigenschaft im Grundbuch und für die Aufnahme eines Inventars, das bei den Grundbuchacten aufbewahrt wird. Die zur Nachfolge berufenen Anwärter, deren Ermittelung unter Umständen durch öffentlichen Aufruf erfolgt, sind verpflichtet, ihre Namen im Grundbuch vermerken zu lassen. Zu diesem Behuf ertheilt ihnen die Behörde eine Bescheinigung, welche dem Grundbuchrichter vorzulegen ist. G.O. vom 5. Mai 1872 § 52, 74.

II. Rechtsverhältniß des Inhabers.

Eigenthum am Fideicommiß hat der jeweilige Inhaber. Ihm gebühren die Nutzung, Verwaltung und Vertretung der Sache, obwohl er nach manchen Particularrechten zu wichtigen Maßregeln der Zustimmung der Familie bedarf, die in der Regel durch die beiden nächsten Anwärter vertreten wird. Im Interesse dieser Nachfolger, welche durch den Stiftungswillen bestimmt sind, liegt ihm die unversehrte Erhaltung des Gutes ob. Für schuldhafte und grobe Verschlechterungen steht er dem Nachfolger ein, während er für Verbesserungen nur insoweit Ersatz fordern kann, als sie die zur Fruchtziehung gewöhnlichen Auslagen überschreiten. Jede Verfügung über die Substanz ist ihm untersagt. Veräußerungen und dauernde Belastungen, die er am Fideicommiß vornahm, gelten für seine Lebzeiten, hindern aber nicht die Vindication der zur Nachfolge gelangenden Anwärter, sie müßten denn als seine Allodialerben verpflichtet sein, die Handlungen des Erblassers anzuerkennen. Ebensowenig ist er im Stande, das Fideicommiß mit anderen Schulden, als welche der Stifter auflegte, zu belasten. Wegen der von ihm eingegangenen Verbindlichkeiten findet keine Zwangsvollstreckung in die Substanz des Fideicommisses Statt. Höchstens haften nach dem Vorbild der Lehnschulden Bd. I S. 438 die Früchte des Gutes, so lange sich dasselbe im Besitz des Contrahenten oder seiner Allodialerben befindet. Andere Nachfolger sind nicht gebunden, es sei denn, daß sie selber oder durch ihre Vertreter in die Aufnahme der Schuld einwilligten. Doch gestattet man in Nothfällen dem jeweiligen Inhaber, Nachstiftungen zu begründen, welche die Einkünfte in der Hand aller Nachfolger und unter Umständen sogar die Substanz treffen.

Das A.L.R. § 72–133 ht. wendet auf Fideicommisse die Lehre vom getheilten Eigenthum Bd. I S. 341 an, indem es dem jeweiligen Inhaber die Nutzungen und der ganzen Familie als solcher die Verfügung einräumt. Der Besitzer hat die Rechte und Pflichten eines nutzbaren Eigenthümers. In Processen über die Substanz des Gutes soll er zwei Anwärter hinzuziehen. Vorschriften des Stifters über die Verwendung der Einkünfte hat er zu befolgen, z. B. daß ein Theil den nicht successionsfähigen Kindern gutgebracht oder zur Kapitalsansammlung, zur Verbesserung bzw. Erweiterung des Fideicomisses zurückgelegt werde. Doch muß ihm, wenn die Einnahmen des Gutes sich durch besondere Unglücksfälle verringern, ein Reinertrag von mindestens 3750 ℳ. übrig bleiben. Rechtsgeschäfte, welche sich auf die Substanz des Gutes beziehen, sind nach Einholung eines zustimmenden Familienschlusses erlaubt. § 40–46 ht. Ueber die Art, in welcher ein Familienschluß zu Stande kommt, enthält das G. vom 15. Febr. 1840 nähere Bestimmungen, die dann gelten, wenn das Provinzialrecht oder die Stiftungsurkunde nicht Anderes festsetzen. Die Fideicommiß-Behörde ladet die Anwärter und prüft die Legitimation der erschienenen Familienglieder bzw. ihrer Vertreter. Zur Wirksamkeit des Beschlusses gehört Einhelligkeit. Die Stimmen von Anwärtern, welche trotz gehöriger Ladung ausgeblieben sind oder sich der Abstimmung enthalten haben, werden nicht mitgezählt. Für Kinder, die einem der betheiligten Anwärter binnen 302 Tagen geboren werden, ist ein Pfleger zu bestellen, welcher für seinen Schützling das Stimmrecht besonders ausübt. Der gefaßte Familienschluß bedarf gerichtlicher Bestätigung. In Betreff der Schulden wird unterschieden, ob sie auf der Substanz oder den Einkünften des Fideicommisses ruhen. Eine Verschuldung der Substanz kann nur durch den Stifter oder einen nachträglichen Familienschluß erfolgen. Dagegen darf jeder Inhaber auf die Einkünfte Schulden legen. Dies gilt für seine Besitzzeit und die solcher Nachfolger, welche in die Schuldaufnahme eingewilligt haben. Eine Belastung der Früchte in der Hand aller Nachfolger ist zulässig, wenn es sich um nothwendige Darlehen handelt. Sie dienen zum Aufbau verfallener Gebäude und zur Wiederherstellung des durch Krieg oder Naturereignisse verheerten Inventars oder Landgutes. Die Aufnahme geschieht unter Mitwirkung der Fideicommißbehörde und mit Zustimmung zweier Anwärter. Dabei soll eine terminliche Rückzahlung festgesetzt werden, doch derart, daß die einzelne nicht den vierten Theil der Jahreseinnahme des zeitigen Besitzers übersteigt.

III. Nachfolge.

Das Fideicommiß vererbt sich in derjenigen Familie, welcher der Stifter es gewidmet hat. In der Regel werden unter Familiengliedern nur die Agnaten verstanden, d. h. männliche Verwandte, welche durch ihren Namen ihre Geschlechtszugehörigkeit bekunden. Eine Erstreckung auf Weiber und deren Nachkommenschaft muß, insbesondere bei Fideicommissen des Adels, ausdrücklich ausgemacht sein. Wer unter den an sich Berufenen im einzelnen Falle nachfolgt, richtet sich nach der Ordnung des gesetzlichen Erbrechtes. Gleich nahe Berechtigte treten gemeinschaftlich in den Genuß des Fideicommisses, sofern nicht vom Stifter eine wirkliche Theilung beabsichtigt wurde. Im Uebrigen gelten die Grundsätze der Lehnfolge über die Fähigkeit der Nachfolger, den Anfall, welcher sich mit dem Tode von selbst vollzieht, den Vorzug der Erbtochter vor der Schwester eines Besitzers bei Fideicommissen, die Weibern geöffnet sind. Bd. I S. 442. Auch entscheidet das lehnrechtliche Vorbild, wenn eine Absonderung zwischen dem Fideicommißfolger und dem davon verschiedenen Allodialerben nöthig wird. Bd. I S. 439.

Häufig kommt es vor, daß der Stifter eine besondere Successionsordnung einsetzt, damit sich das Fideicommiß immer nur auf einen einzigen Besitzer ungetheilt forterbe (ex pacto et providentia majorum). Die Auswahl des Berechtigten gründet sich auf folgende Systeme. Nach dem Seniorat folgt schlechtweg der Aelteste aus der ganzen Familie; nach dem Majorat der im Grade Nächste und unter mehreren gleich Nahen der Aelteste; nach der Primogenitur in der erstgeborenen Linie der Erstgeborene bzw. dessen Descendenz, und nach Aussterben der ersten Linie der Erstgeborene in der zweiten Linie ꝛc. Seltner sind der Minorat, wonach unter gleich nahen Verwandten der Jüngste vorgeht, und der Juniorat, der in Secundo-, Tertio-, Postremogenitur auslaufen kann. Beim hohen Adel ist es Brauch, daß der zeitige Besitzer des Fideicommisses den durch ihn ausgeschlossenen Gliedern seines Stammhauses eine Apanage (paragium) gewährt, die in Gestalt eines Nutzungsrechtes an Grundstücken oder in Form einer festen Geldrente zum standesgemäßen Unterhalt dient.

Das A.L.R. § 134–226 ht. folgt im Wesentlichen gleichen Regeln, verlangt aber für jedes Fideicommiß eine bestimmte Successionsordnung. Als Arten derselben werden Majorat, Primogenitur und Minorat angeführt. Der Seniorat ist für Landgüter verboten, um einen allzu häufigen Besitzwechsel zu vermeiden. Der Stifter kann auch eine Theilung des Fideicommisses unter mehreren Erben anordnen, sofern die einzelnen Stücke nach Größe und Ertrag den gesetzlichen Erfordernissen entsprechen.

IV. Aufhebung.

Die Fideicommißeigenschaft eines Gutes endigt, wenn der letzte berufene Besitzer ohne zur Nachfolge geeignete Verwandte verstirbt. Weder genügt der übereinstimmende Wille der vorhandenen Berechtigten, um das vom Stifter festgelegte Schicksal des Fideicommisses zu durchkreuzen, noch hat die Verjährung gegenüber dieser Eigenschaft erlöschende Kraft. Nur Rechte, welche auf dem Gute als einer im Rechtsverkehr befindlichen Sache ruhen, können im Verhältniß zu Dritten durch Verjährung entstehen oder untergehen.

Im A.L.R. vermag jederzeit ein Familienschluß, die Successionsordnung abzuändern oder das Fideicommiß in freies Gut umzugestalten.

C. Familienstiftungen.

Familienstiftungen sind Vermögen, deren Genuß den Gliedern einer bestimmten Familie zu Gute kommen soll.

Ihre Errichtung geschieht durch einen Willensact des Stifters. Sie haben, wie Stiftungen überhaupt vgl. Bd. I S. 192, die Rechte juristischer Persönlichkeit. Im A.L.R. § 27–33 ht. soll die Stiftungsurkunde gerichtlich verlautbart und nach vorgängiger Sachprüfung bestätigt werden. Als dafür zuständig gilt dasjenige Amtsgericht, in dessen Bezirk der Stifter seinen Wohnsitz hat, sofern nicht der Justizminister ein anderes Gericht bestimmt. Ausf.G. § 26, 29 zur Ger.Verf. Weder ist wie bei Fideicommissen ein Mindestbetrag, noch bei gewisser Höhe eine landesherrliche Genehmigung erforderlich. Einer besonderen Verleihung der Corporationsrechte bedarf es nicht, was die Cab.O. vom 23. Mai 1845 ausdrücklich bestätigt.

Der Genuß der Stiftung steht den vom Begründer berufenen Familiengliedern zu. Ihre Ordnung richtet sich im Zweifel nach der gesetzlichen Erbfolge, ohne daß dem Mannsstamm ein Vorzug gebührt. Hat der Stifter die Familie „namentlich" bezeichnet, so sind diejenigen Verwandten, welche den Familiennamen nicht führen, als ausgeschlossen zu erachten. A.L.R. § 34–37 ht.

Die Stiftung wird durch die vom Begründer bestellten Organe verwaltet. Sonst liegt dem von der Familie erwählten Vorsteher oder ihrem Senior die Pflicht ob, für die Erhaltung der Stiftung und die Beobachtung ihrer Verfassung Sorge zu tragen, sowie die darauf bezüglichen Urkunden zu bewahren. A.L.R. § 9–20, § 38 ht.

Der Untergang der Stiftung erfolgt gemäß allgemeinen Grundsätzen. Bd. I S. 196. Nach Pr.G. vom 15. Febr. 1840 ist eine Abänderung oder Aufhebung der Stiftung durch Familienschlüsse zulässig, welche der Vorsteher unter Mitwirkung des für die Stiftung zuständigen Gerichts herbeiführt. S. 99. Das Vermögen der Stiftung fällt nach ihrem Ende an den Begründer bzw. dessen Erben, und Mangels solcher Personen an den Staat.

Sclaverei.

§ 23.

Sclaven und Freigelassene in Rom.

Die Sclaverei war im Alterthum allgemein verbreitet (juris gentium), obwohl sie schon den klassischen Juristen vernunftwidrig (centra naturam) erschien` l. 4 § 1 D. 1, 5; l. 32 D. 50, 17. Neben den eigentlichen Sclaven gab es noch Klassen theilweis Unfreier. Dazu gehörten die ‚glebae adscripti,‘ welche zwar familienrechtlich unabhängig, aber auf Lebenszeit an die Scholle ihres Herrn gefesselt waren. Mit dem sich steigernden Einfluß des Christenthums auf die Staatsidee nehmen Ursachen und Art der Sclaverei ab. Allein so sehr war die Sclavenarbeit wirthschaftliche Grundlage des antiken Staates, daß dieser erst in Trümmer fallen mußte, ehe sich der christliche Gedanke zur rechtlichen Anerkennung durchrang, daß allen Menschen eine Persönlichkeit innewohne. Bd. I S. 360.

A. Stellung der Sclaven.

Der Sclave (servus, homo) gilt als eine Sache, mag er im Eigenthume eines Herrn stehen oder zur Zeit herrenlos sein. § 4 J. 1, 16. Trotzdem tritt in vielen Punkten die menschliche Persönlichkeit des Sclaven hervor, der als eine Art lebenslänglichen Gesindes zum Hausstand seines Herrn (in potestate domini) zählt. Gaj. I § 52; l. 3 § 3 D. 24, 1. Eine grausame und unwürdige Behandlung des Sclaven ist schon durch die lex Petronia dem Herrn untersagt. Kaisergesetze schärfen dieses Verbot ein und geben sogar dem Sclaven ein Beschwerderecht bei der Obrigkeit. Gaj. I § 53; l. 1 § 8 D. 1, 12. Für die eheliche Verbindung unter Sclaven (contubernium) kommt nahe Verwandtschaft als Hinderniß in Betracht. § 10 J. 1, 10. Das Kind einer Sclavin (partus ancillae) rechnet nicht zu den Früchten. l. 28 § 1 D. 22, 1. Der Ort, in welchem ein Sclave beerdigt ist, scheidet als locus religiosus aus dem Verkehr. l. 2 pr. D. 11, 7. Der Sclave erwirbt für seinen Herrn und erhält oft von demselben ein Peculium zur Verwaltung. l. 5 § 4 D. 15, 1. Selbst für eigene Rechnung kann er Handlungen vornehmen, deren Rechtswirkungen sich nach seiner Freilassung zeigen. So entstehen aus seinen Rechtsgeschäften Naturalobligationen, während er aus Delicten voll verantwortlich bleibt. l. 14 D. 44, 7. Schließlich wird der Sclave dadurch, daß er die Freiheit erlangt, ein rechtsfähiges Subject.

B. Entstehung des Sclavenstandes.

Der Sclavenstand entsteht durch Kriegsgefangenschaft (mancipia = manu capta) und pflanzt sich durch Geburt Seitens einer Sclavin weiter fort. § 4 J. 1, 3. Von den Begünstigungen des römischen Bürgers, welcher aus der Kriegsgefangenschaft zurückkehrte, oder in derselben verstarb, war bereits Bd. I S. 360 die Rede.

Das Kind einer Sclavin gewinnt den besten Stand, welchen die Mutter zwischen Conception und Geburt einnahm. l. 5 § 2–3 D. 1, 5. Nach Civilrecht kann eine Person aus folgenden Gründen ihre Freiheit einbüßen (capitis deminutio maxima). Wer sich dem Census oder Kriegsdienste entzog oder dem Gläubiger wegen nicht bezahlter Schulden zugesprochen wurde, verfiel durch Verkauf ‚trans Tiberim‘ der Sclaverei. l. 4 § 10 D. 49, 16. Eine Freie, welche sich mit einem Sclaven in Geschlechtsgemeinschaft einließ und dieselbe trotz Aufforderung des Herrn nicht aufgab, wurde nach S. C. Claudianum selber Sclavin. § 1 J. 3, 12. Im neueren Recht finden sich nur: die Auslieferung an den Feind in Folge Treubruchs l. 17 D. 50, 7; die Verurtheilung zu einer Capitalstrafe, welche den davon Betroffenen zum servus poenae machte § 3 J. 1, 12; und der betrügerische Selbstverkauf eines Freien, der über 20 Jahre alt ist, l. 21 D. 1, 5.

C. Endigung des Sclavenstandes.

I. Durch Freilassung Seitens des Herrn.

Je nach der Wirksamkeit der Manumission zerfallen die Freigelassenen in liberti cives Romani, Latini Juniani und dediticiorum numero.

a) liberti cives Romani. Ihre Manumission setzt eine Vereinigung aller Erfordernisse, die Eigenthum, Alter und Act betreffen, voraus.

Der Herr muß voller quiritarischer Eigenthümer des Sclaven sein. Bd. I S. 337. Läßt einer der Miteigenthümer den Sclaven frei, so wuchs nach älterem Recht sein Antheil dem anderen zu. l. 1 § 7 C. 7, 7. Steht der Sclave im Nießbrauch, so wird er durch Manumission Seitens des Proprietars zwar herrenlos aber nicht frei.

Die l. Aelia Sentia 5 n. Chr. schreibt ein Mindestalter vor, das für den Freilasser 20 und für den freizulassenden Sclaven 30 Jahre beträgt. Davon wird nur abgesehen, wenn der Freilasser ‚apud concilium‘ (in Rom vor fünf Senatoren und fünf Rittern, in der Provinz vor zwanzig Recuperatoren) einen gerechten Grund nachweist, z. B. daß der Sclave ihm nahe verwandt, sein Lehrer, Lebensretter rc. ist. Gaj. I § 18–20, § 38. Zugleich verbietet dieselbe lex Freilassungen ‚in fraudem creditorum‘, nimmt aber den Fall von allen Beschränkungen aus, wenn ein zahlungsunfähiger Herr, um seine Kinder vor der Schande des Concurses zu bewahren, seinen Sclaven unter Gewährung der Freiheit zum Erben einsetzt. § 3 J. 1, 6; Gaj. I § 21.

Der Act der Freilassung kann sich in dreifacher Art vollziehen: 1. per vindictam d. h. in Gestalt eines Scheinstreits, der sich an einem beliebigen Ort abspielen kann. l. 7 D. 40, 2. Ein Dritter behauptet die Freiheit des Sclaven (assertor libertatis). Der Herr schweigt dazu und stößt den Sclaven symbolisch mit der Hand fort (manu mittit). Darauf bestätigt der Magistrat die Freiheit (addicit). Später genügt eine bloße Erklärung des Herrn vor der Behörde oder in der Kirche vor Zeugen. l. 23 D. 40, 2. Justinian legt sogar einer formlosen Freilassung (per epistolam, inter amicos), wenn sie in Gegenwart von fünf Zeugen erfolgt, volle Rechtswirkung bei. l. un. § 1–2 C. 7, 6. 2. per censum d. h. durch Eintragung in die Bürgerlisten. 3. per testamentum d. h. durch rechtsgültige letztwillige Verfügung. l. 23 D. 40, 4. Geschieht dieselbe unter einer Bedingung oder Befristung, so heißt der Freigelassene statuliber und bleibt bis zum Eintritte des künftigen Ereignisses Sclave, aber mit einer rechtlichen, von seinem Herrn unabhängigen Anwartschaft auf die Freiheit. l. 1 pr., l. 29 pr., l. 33 D. 40, 7. Im Interesse der Staatssicherheit setzte die von Justinian J. 1, 7 aufgehobene l. Furia Caninia 8 n. Chr. der leichtsinnigen testamentarischen Freilassung Schranken. Von 3 Sclaven sollten höchstens 2, von 3 –10 die Hälfte, von 10–30 ein Drittel, von 30–100 ein Viertel, von 100 –500 ein Fünftel und nie mehr als 100 freigelassen werden. Die in einer vorhergehenden Klasse erlaubte Mindestzahl galt auch für die folgende. Hatte Erblasser mehr Sclaven freigelassen, so waren nur die zuerst Geschriebenen innerhalb der gesetzlichen Grenzen frei. Eine Umgehung dieser Vorschrift dadurch, daß die freizulassenden Sclaven in einen Kreis geschrieben wurden, blieb ohne alle Wirkung. Gaj. I § 42–46.

Die liberti cives Romani haben wie römische Bürger private Verkehrsfähigkeit (commercium, connubium) und Antheil an den politischen Rechten (suffragium, honores).

b) **liberti Latini Juniani.** Sclaven, die in mangelhafter Weise freigelassen waren, nämlich von einem bonitarischen Eigenthümer, oder entgegen den Altersbestimmungen der l. Aelia Sentia, oder durch formlosen Act, standen ursprünglich blos unter prätorischem Schutz. Die l. Junia Norbana 20 n. Chr. gewährte ihnen die Rechte der Latinität (Latini coloniarii), aber ohne active Testirfähigkeit ‚liberi vivebant, servi moriebantur'. Gaj. III § 56. Auch zum Erwerb letztwilliger Zuwendungen waren sie untauglich (incapaces). Gaj. I § 23. Doch standen ihnen viele Wege offen, die Stellung römischer Bürger zu erwerben, z. B. durch kaiserliche Bewilligung (beneficio principis), durch Militärdienst oder gewisse bürgerliche Beschäftigung (militia, nave, pistrino), durch gehörige Wiederholung der Manumission (iteratione), durch Verheirathung mit einer Römerin, Latinerin bzw. einer Frau, die man irrthümlich dafür hielt und Vorweisung eines ehelichen einjährigen Kindes (erroris, anniculi probatione). Gaj. I § 28–35, § 67–72.

c) **liberti dediticiorum numero.** Sclaven, die in Folge schwerer Bestrafung einen Makel erlitten hatten, kamen durch Manumission in die ungünstige Lage rechtloser Peregrinen. Gaj. I § 13. Sie waren zu allen civilen Geschäften unfähig und außer Stande, die Civität zu erlangen. Der Aufenthalt innerhalb Roms oder seiner Bannmeile war ihnen verboten, widrigenfalls der Staat ihr Vermögen einzog und sie zu servi populi Romani erklärte. Gaj. I § 25–27.

Im Laufe der Zeit verschwanden die Abstufungen unter den Freigelassenen. Justinian hebt sie vollends auf und kennt nur die Klasse der liberti cives Romani. § 3 J. 1, 5. Die Kinder einer liberta werden als Freigeborene (ingenui) erachtet. ‚natalibus non officit manumissio'. pr. § 1 J. 1, 4.

II. Aus anderen Ursachen.

Sclaven erhalten ohne Manumission die Freiheit: zur Bestrafung ihres Herrn l. 2 D. 40. 8 oder zu ihrer Belohnung l. 5 D. eod., oder falls ihr Käufer die übernommenen Verpflichtungen, insbesondere, den Sclaven binnen bestimmter Frist freizulassen, nicht innehielt. l. 7 pr. D. 37, 14; l. 1 D. 40, 8.

D. Patronat.

I. Erwerb.

Der Freigelassene tritt zu seinem ehemaligen Herrn, der sein Patron wird, in eine Art Kindesverhältniß, dessen gröbliche Verletzung den Verlust der Freiheit nach sich zieht. l. 2 C. 6, 7. Das Patronatsrecht vererbt sich auf alle Kinder des Patrons gleichmäßig nach Gradesnähe, wenn es nicht einem oder mehreren von ihnen besonders zugewiesen ist (assignatio liberti J. 3, 8). l. 1 § 3, l. 7 D. 38, 4. Dagegen geht es an sich nicht auf die Nachkommen des Liberten über. l. 22 § 1 D. 38, 1.

II. Inhalt.

Der Liberte schuldet seinem Patron, dessen Eltern und Kindern, Ehrerbietung, Treue, Gehorsam (obsequium et reverentia). l. 9 D. 37, 15; l. 1, l. 19 D. 37, 14. Er darf gegen diese Personen keine infamirenden Klagen anstellen und muß ihnen im Fall der Nothdurft Unterhalt gewähren. l. 5 § 1, l. 7 § 2 D. 37, 15.

In älterer Zeit hatte der Patron einen weitgehenden Anspruch auf Dienste des Liberten, die in operae officiales d. h. individuelle, auf die Person beschränkte und in fabriles, artificiales d. h. geldwerthe, übertragbare zerfielen. l. 1 pr. D. 38, 2; l. 6, l. 9 § 1 D. 38, 1. Allmälig schwächte sich diese Dienstpflicht zu einem naturale debitum Bd. II S. 46 ab. Eine Klage steht dem Patron nur dann zu, wenn ihm die Dienste vom Freigelassenen durch förmlichen Vertrag oder durch eidliches Gelöbniß zugesagt sind. l. 1 § 1 D. 38, 2; l. 7 § 3 D. 38, 1. Selbst in solchem Fall kann der Liberte noch unter Umständen seine Befreiung durchsetzen. l. 37 pr. D. 38, 1.; l. 1 § 5 D. 44, 5.

Die wichtigste Befugniß des Patrons ist sein Erbrecht gegen den Freigelassenen. Dasselbe ergab sich bezüglich der liberti Latini Juniani aus ihrer Rechtslage zur Zeit des Todes. Ihr Nachlaß fiel wie ein Peculium an den Herrn oder wurde unter mehreren Herren nach Verhältniß ihres früheren Miteigenthums am Sclaven getheilt. An Stelle des verstorbenen Herren traten seine Erben, jedoch in Folge des S. C. Largianum unter Vorzug der nicht enterbten Kinder nach Gradesnähe. Gaj. III § 58–63. Dagegen beruhte die Erbberechtigung des Freilassers gegenüber den liberti cives Romani allein auf dem Patronat. Sie gebührte mehreren Patronen zu gleichen Theilen, ging blos auf die agnatische Nachkommenschaft des Patrons ohne Rücksicht auf deren Enterbung über, und beschränkte sich nach den zwölf Tafeln auf den Fall, daß der Liberte ohne sui, sowie ohne Testament verstorben war. Später kamen mannigfache Erweiterungen hinzu. Durch den Prätor wurde dem Patron, sofern es an erbberechtigten leiblichen Kindern des Liberten fehlte, ein Anspruch auf die Hälfte des Nachlasses gegeben, der auch gegen ein etwaiges Testament durchdrang. Die l. Julia et Papia Poppaea sprach dem Patron vom Nachlaß seines libertus centenarius, der weniger als drei Kinder hinterlassen hatte, eine Virilportion als Pflichttheil zu, Gaj. III § 39–42. Justinian gestaltet in l. 3 C. 6, 4 das patronatische Erbrecht gegenüber allen Liberten folgendermaßen um. Durch leibliche Nachkommenschaft des Liberten, sie müßte denn gehörig enterbt sein, wird der Patron stets ausgeschlossen. Anderenfalls sind der Patron bzw. seine Descendenten sowie seine

Seitenverwandten bis zum fünften Grade berufen, und zwar gleich Nahe zu Kopftheilen. Der Anspruch erstreckt sich, falls der Liberte ohne Testament verstarb, auf den ganzen Nachlaß, — falls er ein Testament und ein Vermögen von mindestens 100 Aurei hinterließ, auf ein Drittel des Nachlasses. § 3 J. 3, 7.

III. Untergang.

Der Patron verliert sein Recht durch mißbräuchliche Ausbeutung desselben l. 15 D. 37, 14, durch Verletzung der ihm obliegenden Patronatspflichten l. 5 § 1 D. eod., l. 14 pr. D. 38, 2 und durch kaiserliche Ertheilung der natalium restitutio an den Liberten l. 2 D. 40, 11. Uebrigens kann Letzterer auch ohne Aufhebung des Patronats in den Stand der Ingenuität erhoben werden (s. g. jus aureorum annulorum) l. 6 D. 40, 10.

§ 24.

Unfreie und Halbfreie im älteren deutschen Recht.

Servi und liti in den germanischen Volksrechten.
Leibeigene und Hörige im späteren Deutschland.

Die germanischen Volksrechte unterschieden servi und liti. Die servi waren rechtlos und konnten von ihrem Herrn veräußert werden. Der Herr übte über sie richterliche Gewalt und war nur wegen unbefugter Tödtung verantwortlich. Wurden sie eines Verbrechens angeklagt, so stand es beim Herrn, für sie den Reinigungseid zu schwören oder sie durch Zahlung der Strafgelder von der auferlegten Leibesstrafe zu befreien. Immer aber traf den Herrn, auch wenn der Uebelthäter der Rache oder Strafe preisgegeben wurde, die Pflicht, wegen mangelnder Bewachung eine Buße zu erlegen. Der Stand der servi ging hervor aus Kriegsgefangenschaft; aus unfreier Geburt, wobei das Kind der ärgeren Hand folgte; und aus freiwilliger Ergebung, z. B. wegen Schulden. Die Freilassung vollzog sich im fränkischen Recht durch Ausstellung eines Freibriefes (cartularii, tabularii) oder in Gestalt eines symbolischen Loskaufs (denariales). Die Freigelassenen erlangten in der Regel nicht die vollen Rechte von Freien, sondern blieben noch in der Gewalt ihres ehemaligen Herrn oder traten zu demselben in ein Schutzverhältniß. Die liti (longobardisch aldiones) waren halbfrei. Sie saßen auf dem zugewiesenenen Hofe ihres Herrn, mußten ihm Abgaben an Vieh und Früchten entrichten und wurden durch ihn vor Gericht vertreten.

Auf diesen Grundlagen haben sich im späteren Deutschland die Leibeigenschaft und die Hörigkeit entwickelt. Der Leibeigene war mit seiner Person dem Herrn untergeben, doch nicht dessen Belieben wie eine Sache ausgesetzt. Der Hörige war persönlich fast frei, aber Hintersasse auf dem Gut seines Herrn und zu Diensten, Abgaben vgl. Bd. I S. 425 verpflichtet. Mit Milderung der Sitten wurde ein beschränkter Vermögenserwerb der Unfreien aus Erbschaften, Schenkungen anerkannt und vollwirksame Freilassung durch Loskauf gestattet. Die neue Zeit hat diese politische Abhängigkeit weiter gemildert und schließlich durch Proclamirung der Menschenrechte beseitigt. In Preußen verwandelte die Bauern-Ordnung vom 30. Decbr. 1764 die Leibeigenschaft in eine Gutsunterthänigkeit, aus welcher sich die Gutshörigen frei kaufen durften. Diese noch im A.L.R. § 87 ff. II, 7 behandelte Gutsunterthänigkeit wurde durch das Edict vom 9. Oktbr. 1807 aufgehoben.

Vierter Haupt-Theil.

Das Erb-Recht.

Erster Titel.

Wesen und Inhalt.

§ 25.

Begriff.

Erbrecht im objectiven und subjectiven Sinn. Erblasser und Erbe. Systematische Stellung. Rechtsphilosophische und wirthschaftliche Begründung.

Erbrecht im objectiven Sinn ist der Inbegriff der Regeln über die Nachfolge Lebender in das hinterlassene Vermögen eines Verstorbenen. ,hereditas nihil aliud est, quam successio in universum jus, quod defunctus habuerit.' l. 62 D. 50, 17. **Im subjectiven Sinn** bedeutet Erbrecht die Berechtigung einer bestimmten Person, in den Nachlaß ihres Erblassers einzutreten. Diese Befugniß gründet sich auf eine Berufung (delatio l. 151 D. 50, 16) des Erben, die durch das Gesetz oder den Willen des Erblassers erfolgen kann. Das Gesetz beruft die nächsten Angehörigen des Verstorbenen, sei es in Ermangelung eines Testaments, sei es unter Umständen gegen ein vorhandenes Testament. Daraus ergeben sich die Intestat- und die Notherbfolge. Der Wille des Erblassers ist entweder als „Testament" ein einseitiger, bis zum Tode frei widerruflicher — oder als „Erbvertrag" ein mit dem künftigen Erben vereinbarter. Die Intestatfolge ist trotz ihres Namens älter, als das Testament, welches ,legis instar' genannt wird. Das A.L.R. § 271 II, 2 faßt sie umgekehrt als eine subsidiäre Einrichtung auf, die dann zur Geltung kommt, wenn es an einer letztwilligen Verordnung mangelt. Der Berufene nimmt durch Erwerb der Erbschaft (acquisitio hereditatis) die Persönlichkeit des Erblassers in sich auf. ,personam defuncti sustinet.' l. 34 D. 41, 1. Dies zeigt sich vornehmlich in dem Uebergang des gesammten Vermögens, soweit dasselbe den Tod des Inhabers überdauert, als einer Einheit l. 50 pr. D. 5, 3, aber auch in anderer als vermögensrechtlicher Hinsicht, da der Erbe die Handlungen des Erblassers vertreten, seine Anordnungen verwirklichen muß, für seine Bestattung Sorge zu tragen hat ꝛc. Der Eintritt in öffentlich-rechtliche Beziehungen, wie die Thronfolge, scheidet hier aus.

Das Erbrecht setzt den Tod bzw. die Todeserklärung des Erblassers und das Dasein eines Erben voraus. Bei lebendigem Leibe kann Keiner, selbst nicht mit seinem Willen, **beerbt** werden. ,hereditas viventis non datur.' Daher ist der Verkauf der Erbschaft eines noch Lebenden gegenstandslos und nichtig. l. 1 D. 18, 4. Nach römischem Civilrecht waren nur selbständige Bürger der Beerbung fähig.

Heutzutage kann jeder Mensch beerbt werden, mag immer sein Nachlaß überschuldet sein. Ueber die frühere rechtlose Stellung der Mönche und Nonnen vgl. Bd. I S. 171. Auch das durch den Untergang einer juristischen Person freigewordene Vermögen fällt Mangels anderweiter Bestimmungen wie ein erbenloses Gut an den Staat. Bd. I S. 196. Der Erbe muß zur Zeit, wo Erblasser verstirbt, am Leben oder im Mutterleibe concipirt sein. Doch kann ein Testator den Erbanfall bis zur künftigen Existenz des Berufenen hinausschieben. l. 9 § 17–18 D. 28, 5. A.L.R. § 530 I, 12. Die Fähigkeit, Erbe zu sein, war in Rom ein Vorrecht der Bürger und zur Strafe entziehbar. Heute bildet sie einen Theil der allgemeinen Persönlichkeit und kommt auch juristischen Personen zu Gute. A.L.R. § 36–39 I, 12. Nur in einzelnen Fällen finden sich Beschränkungen des Erbschaftserwerbes, z. B. gegen Ausländer behufs Wiedervergeltung A.L.R. § 40 I, 12, und insbesondere aus letztwilligen Zuwendungen, um Unsittlichkeiten oder Gefahren für das öffentliche Wohl zu verhüten.

Die systematische Stellung des Erbrechts als eigner Hauptheil des Privatrechtes rechtfertigt sich aus der Idee, daß das Vermögen durch den Tod des Inhabers nicht seine Einheitlichkeit verliert, sondern als Ganzes auf den Erben übergeht. Bd. I. S. 46. Freilich gehören die Bestandtheile des Erbrechts theils in das Vermögensrecht, weil der Erbe die Herrschaft über den Nachlaß erwirbt und auf die Verbindlichkeiten, welche Erblasser schuldete oder auferlegte, verpflichtet wird, theils in das Personenrecht, soweit der Erbe als Mitglied der Familie berufen wird und die Persönlichkeit des Erblassers nicht blos in vermögensrechtlicher Beziehung darstellt. Das A.L.R. zerstückelt das Erbrecht in diese Theile und erörtert es im Anschluß an die verschiedenartigsten Lehren. Die gesetzliche Erbfolge und die mit dem Familienverbande zusammenhängenden Vorschriften finden sich inmitten des Familienrechts II, 1–3; die letztwilligen Verfügungen als Titel zur Erwerbung des Eigenthums von Todeswegen I, 12. Der Erbschaftserwerb wird als Art des unmittelbaren Eigenthumserwerbes in I, 9 abgehandelt; der Erbschaftskauf als Titel zum Eigenthumserwerb unter Lebenden in I, 11; die Erbtheilung als Auseinandersetzung des Miteigenthums in I, 17.

Sehr streitig ist die rechtsphilosophische Begründung des Erbrechts. Man führt die gesetzliche Erbfolge auf Verwandtschaft zurück. Dies reicht für das Verhältniß zwischen Eltern und Kindern aus. Wer Kinder in die Welt setzt, schuldet ihnen seine Hinterlassenschaft, wie die der Kinder an ihre Erzeuger fällt, denen sie das Leben verdanken. Allein unter Geschwistern lockert sich das Familienband und verschwindet unter entfernteren Seitenverwandten ganz, zumal mit der Entwicklung des Staatswesens die Vermögenspflichten der Gens oder Sippe auf die Gemeinde übergehen. Daher berief der Prätor die Cognaten blos bis zum siebenten Grade. Justinian beseitigt diese Schranke und schafft dadurch das Vorbild „des lachenden Erben“, der seine Verwandtschaft mit dem Erblasser zu dem einzigen Zweck hervorsucht, um den Nachlaß an sich zu reißen. Im A.L.R. wird der gleiche Fehler begangen, den das Pr.G. vom 30. Mai 1873 durch Einführung einer mäßigen Erbschaftssteuer von 1%–8% auszugleichen versucht. Die Testamentsfolge leitet man aus dem Verfügungsrecht des Eigenthümers her. Aber dasselbe kommt ihm genau genommen nur zu, solange er athmet, und kann auf die Verhältnisse nach seinem Tode keinen Einfluß üben. Ebensowenig läßt sich eine Rechtfertigung darin erblicken, daß der Testator die eingesetzten Erben zu seiner gleichsam „geistigen Familie“ erhebt.

Trotzdem ist das Erbrecht aus wirthschaftlichen Gründen unentbehrlich. Durch die Berufung der nächsten Blutsverwandten wird der Wohlstand der Familie gefördert und befestigt, ohne daß grade die gesetzliche Ordnung als vermuthlicher Wille des Erblassers zu gelten braucht. In der Möglichkeit letztwilliger Verfügung liegt eine Steigerung des persönlichen Werthes, da Jeder die Früchte seiner Arbeit über seinen Tod hinaus sicherstellen und Anderen zuwenden kann. Ohne Erbrecht würde der Antrieb zur Thätigkeit, der Sporn zum industriellen Fortschritt erlöschen, die Genuß- und Verschwendungssucht zunehmen, und der Staat durch die Zersplitterung des Nationalvermögens seine geordnete Grundlage einbüßen.

§ 26.

Civiles und prätorisches Erbsystem.

Geschichtliche Entwicklung. Unterschiede der bonorum possessio. Abnahme ihres Uebergewichts im neueren Recht.

Die Aufgabe des Prätors, das Civilrecht zu unterstützen, seine Härten abzuschleifen, seine Lücken auszufüllen und für weitere Fortbildung zu sorgen, wurde im Erbrecht aufs Trefflichste gelöst. Anfangs gab der Prätor demjenigen Anwärter im Erbschaftsstreit, welcher seinen Anspruch am besten bescheinigen konnte, eine vorläufige Einweisung (bonorum possessio), die mittelst des interdictum quorum bonorum zu einer Besitzerlangung der körperlichen Nachlaßsachen führte. Aus dieser processualischen Vertheilung des Besitzstandes (vindiciae) bildete sich im Laufe der geschichtlichen Entwicklung ein eignes Schutzmittel, das schließlich eine Correctur des civilen Erbsystems (hereditas) bewirkte. In Intestatfällen geschah die Einweisung nach einer bestimmten Reihenfolge, deren Klassen, um den civilen Anfall der Erbschaft an das Aerar zu verhüten, nach einander gerufen wurden (edictum successorium). l. 1 § 10 D. 38, 9. Dabei legte der Prätor die Ordnung des Civilrechts zu Grunde, gelangte aber allmälig dahin, sie zu erweitern und zu verbessern. § 2 J. 3, 9. In Ermangelung von Civilerben berief er die nächsten Blutsverwandten bzw. den Ehegatten des Verstorbenen und stellte die emancipirten Kinder den unmittelbar gewaltunterworfenen in der Gruppe ‚liberi‘ gleich. Aus letztwilligen Verfügungen erfolgte die Einweisung unter Erleichterung der unbeholfenen Formen des Civilrechts. Wer eine bonorum possessio begehrte, mußte selbst oder durch einen Vertreter ein entsprechendes Gesuch an den Magistrat richten (petere, agnoscere). l. 3 § 3 D. 37, 1. Dasselbe war im Gegensatz zum civilen Antritt formlos, jedoch im Interesse einer schleunigen Erbschaftsregulirung an eine Zeitfrist gebunden, die für Descendenten und Ascendenten ein Jahr, für Fremde hundert Tage ‚ex quo petere possunt‘ betrug. l. 1 pr., § 9 D. 38, 9. Der Bewerber brauchte blos sein Erbrecht wahrscheinlich zu machen, während ihm nach Civilrecht ein schwerfälliger Beweis oblag. Der bonorum possessor wurde Universalsuccessor und erhielt neben dem interdictum quorum bonorum später auch eine hereditatis petitio, welche den Zusatz ‚possessoria‘ trug. l. 3 § 1 D. 37, 1. Allein er galt nicht als Erbe, sondern ‚heredis loco‘. l. 2 D. 37, 1. Von großer praktischer Bedeutung war dies nicht, da alle zum Nachlaß gehörigen Klagen für und wider ihn als ficticiae gegeben wurden, d. h. unter der Annahme ‚si heres esset'. Gaj. IV § 34. Die Vortheile der bonorum possessio, nämlich: sich schnell in den Besitz der Erbschaft zu setzen und die drohende Gefahr der usucapio pro herede Bd. I S. 347 auszuschließen, bewogen den Civilerben, sich ebenfalls des prätorischen Schutzes zu bedienen. Gaj. III § 34. Dadurch trat das civile Erbsystem zurück und verlor sogar bei manchen Collisionen mit dem prätorischen Erben, welchem das verfeinerte Rechtsbewußtsein zu einer exceptio doli generalis verhalf, seine Kraft. Der hier geschilderte Gang der bonorum possessio, welche von einer Stütze des Civilrechts zu einer theilweisen Verdrängung desselben fortschritt, wird von der heutigen Doctrin bisweilen verkannt. Aus den Worten Justinians pr. J. 3, 9 ‚introductum est emendandi veteris juris gratia' folgert man, daß der Prätor, um mit einem Schlage die Unzulänglichkeiten des Civilrechts abzuschaffen, ein fertiges System an seine Stelle gesetzt habe. Aber eine solche radicale Reform lag außerhalb des prätorischen Machtbereiches und widerstreitet auch dem conservativen Sinn der Römer, die civilen Einrichtungen möglichst zu schonen und nur stufenweise umzugestalten.

Die bonorum possessio wird nach Grund und Art der Ertheilung, sowie nach ihrer Wirkung unterschieden. Sie heißt nach der Berufung des Erben ab intestato, secundum und contra tabulas. l. 6 § 1 D. 37, 1. Je nachdem sie der prätorische oder civile Erbe begehrte, führt sie den Zusatz necessaria oder utilis. Ursprünglich war jede bonorum possessio eine decretalis, da sie der Prätor nach eingehender Prüfung des Gesuchs durch besonderes Decret (pro tribunali) ertheilte. l. 3 § 8 D. 37, 1. Nach Festigung der erbrechtlichen Regeln in der Amtsordnung der Magistrate wurde sie zur edictalis, d. h. es genügte, daß der im Edict Berufene unter Bescheinigung seines Anspruchs bei der Obrigkeit darauf antrug. l. 9 C. 6, 9. Nach der Wirkung wird die bonorum possessio ‚cum re' genannt, wenn der prätorische Erbe gegenüber dem civilen obsiegt, und ‚sine re', wenn er unterliegt. Gaj. III § 36.

In der christlichen Kaiserzeit nahm das Uebergewicht der bonorum possessio ab, weil viele der prätorischen Errungenschaften durch den Einfluß des jus gentium Aufnahme im ordentlichen Recht fanden. Trotzdem bestanden beide Systeme weiter. Erst Justinian hebt zu Gunsten einer im Sinne der Billigkeit veränderten hereditas das prätorische Erbsystem auf und behält daraus nur das interdictum quorum bonorum bei, um präsumtiven Erben die vorläufige Besitzerlangung zu erleichtern.

§ 27.

Grundsätze.

A. Nemo pro parte testatus, pro parte intestatus decedere potest.
B. Semel heres, semper heres.
C. Heres in locum defuncti succedit.

Das römische Erbrecht wird von drei Maximen beherrscht, die heutzutage keine volle Geltung mehr haben.

A. Nemo pro parte testatus, pro parte intestatus decedere potest.

Keiner kann über einen Theil seines Vermögens derart testiren, daß für den Rest Intestatfolge eintritt. § 5 J. 2, 14; l. 7 D. 50, 17. Daraus folgt für

Testamente: 1. im Fall unzureichender Portionen die verhältnißmäßige Erhöhung derselben unter völligem Ausschluß der Intestaterben, und 2. bei Wegfall eines berufenen Miterben vor Erwerb die Anwachsung seines Theils an die übrigen Miterben. Die Begründung der Maxime wird hergeleitet: entweder aus der einheitlichen Natur des Berufungswillens, der sich auf das Vermögen als ein Ganzes erstreckt; oder aus der Interpretation, die theils auf den Wortlaut der gesetzlichen Erbordnung in den zwölf Tafeln ‚si intestato moritur', theils auf den ‚favor testamenti' zurückgeht; oder aus der Nützlichkeit, den Concurs über eine Erbschaftsquote im Interesse der Nachlaßgläubiger zu vermeiden. Doch scheint die Ursache mehr eine historische zu sein, mag sie in der Oeffentlichkeit der altrömischen Testamente ‚calatis comitiis' liegen, mag sie auf dem Bestreben beruhen, in Erbschaftsstreitigkeiten die Uebersicht des Volksgerichts zu erleichtern und nicht durch die Verwicklungen zu trüben, die aus der Häufung mehrerer Delationsgründe entstehen können. Daraus erklärt sich, daß der Grundsatz auf die später entwickelten Testamente von Soldaten keine Anwendung findet. l. 6 D. 29, 1. Dagegen gehören solche Fälle, in denen das Gesetz letztwillige Verfügungen auf einen Theil des Nachlasses einschränkt oder zu Gunsten verletzter Pflichttheilsberechtigter in gewissem Umfang für anfechtbar erklärt, nicht zu den Ausnahmen, da sie dem Willen des Testators zuwiderlaufen. So bezieht sich das Testament des Haussohns nur auf das peculium castrense, während sein übriges Vermögen den Intestaterben zufällt. S. 69. Ein inofficioses Testament kann zum Theil der Intestatfolge weichen, z. B. wenn der verletzte Pflichttheilsberechtigte blos gegenüber einem der eingesetzten Erben durchdringt. l. 15 § 2 D. 5, 2.

Im gemeinen Recht hat die Regel mit Aufnahme der römischen Testamente Geltung erlangt. Doch bemüht sich die Praxis, den Willen des Testators in Ehren zu halten, indem sie die Erbeseinsetzung auf einen Theil des Nachlasses als ein den Intestaterben auferlegtes Vermächtniß erklärt. Noch weiter gehen Andere, welche die Intestatfolger als stillschweigend auf den Rest berufene Miterben ansehen. Keinesfalls erstreckt sich der Grundsatz auf erbrechtliche Gebiete, in denen der deutsche Rechtsgedanke maßgebend geblieben ist. Die Nachfolge in Lehen, Fideicommisse wird durch das Testament nicht berührt, in welchem der verstorbene Inhaber über sein Allod verfügte. Ein Erbvertrag über einen Theil des Vermögens schließt bezüglich des Restes weder die Errichtung eines Testaments, noch Mangels eines solchen den Eintritt der Intestatfolge aus.

Das A.L.R. § 45 I, 12; § 390 II, 2 verwirft die römische Maxime ausdrücklich, hält aber das Anwachsungsrecht unter testamentarischen oder vertragsmäßigen Miterben als einen Ausfluß der an sich unbeschränkten Erbbefugniß aufrecht, sofern der Erblasser nicht den Zuwachs verboten hat. § 281, 285, 645 I, 12.

B. Semel heres, semper heres.

Wer einmal Erbe wurde, gilt als solcher vom Todestage des Erblassers und kann diese Eigenschaft nicht wieder verlieren. l. 88 D. 28, 5. Daher erhält der unter einer aufschiebenden Bedingung ernannte Erbe nach Eintritt derselben die Früchte der Zwischenzeit; Befristungen und auflösende Bedingungen, unter denen die Erbeseinsetzung geschah, werden als nicht beigefügt erachtet l. 34 D. 28, 5; der Verkauf einer erworbenen Erbschaft enthält keinen Uebergang des Erbrechts

Bd. II S. 198. Ausnahmen bestehen: 1. für den Soldaten, dessen auf Zeit oder unter Bedingung eingesetzter Erbe die Substanz des Nachlasses bei Eintritt des künftigen Ereignisses ausliefern muß l. 15 § 4 D. 29, 1; 2. für den heres suus et necessarius, der sich von der angefallenen Erbschaft vermöge des beneficium abstinendi losmachen kann l. 57 pr. D. 29, 2; 3. für den Fiscus, welcher Erbschaften dem Recht nach überträgt l. 54 pr. D. 5, 3. Ueberdies steht Minderjährigen gegen die verderblichen Folgen eines leichtsinnigen Erbschaftsantritts die außerordentliche Hülfe der Restitution zu l. 11 § 5 D. 4, 4.

Im gemeinen Recht gilt die Regel, doch wird die Zufügung eines Endtermins oder einer Resolutivbedingung gemäß dem Willen des Testators als Anordnung eines Universalfideicommisses aufgefaßt.

Das A.L.R. § 259–260 I, 12 behandelt befristete und bedingte Erbeseinsetzungen als fideicommissarische Substitutionen. Im Fall eines Anfangstermins oder einer aufschiebenden Bedingung bleibt bis zum Eintritt des Ereignisses der Intestaterbe, Mangels einer anderweiten Vorschrift des Erblassers, im Besitz und Genuß des Nachlasses. § 478, 486–487 I, 12. Im Fall eines Endtermins oder einer auflösenden Bedingung nutzt der eingesetzte Erbe den Nachlaß in der Zwischenzeit und liefert nach Eintritt des Ereignisses die unversehrte Substanz an den Intestaterben aus, sofern der Testator keinen anderen Substituten ernannte. § 489 I, 12. Der Verkauf einer Erbschaft bewirkt stets den Uebergang des Erbrechts. § 462 ff. I, 11.

C. Heres in locum defuncti succedit.

Der Erbe bildet mit dem Erblasser ‚una quodammodo persona‘ nov. 48 pr., l. 22 D. 41, 3, er nimmt dessen Persönlichkeit in sich auf und setzt sie fort. Folglich hat er als Repräsentant des Verstorbenen seine Anordnungen zu verwirklichen, seine Handlungen vermögensrechtlich zu vertreten (facta praedefuncti praestat.) Er tritt in den Nachlaß als eine Vermögenseinheit ein, ohne daß es der sonst erforderlichen Erwerbsacte wie Uebergabe, Umschreibung, Cession bedarf. l. 37 D. 29, 2. Sogar Vermögensstücke, von deren Dasein er nichts weiß, oder von deren Erwerb er wegen persönlicher Mängel ausgeschlossen ist, gehen auf ihn als Theile der Gesammtheit über. l. 62 D. 41, 1. Für die Schulden des Erblassers steht er ein, selbst ‚ultra vires hereditatis‘, d. h. mit der Pflicht, den Fehlbetrag eines unzulänglichen Nachlasses aus eignen Mitteln zu decken. l. 119 D. 50, 16. Diese Universalsuccession gilt nicht blos für den Universalerben, sondern auch für Miterben nach Höhe ihrer Erbquoten.

Die Wirkungen der Universalsuccession hängen vom Erbschaftserwerb ab. Derselbe vollzieht sich für Hauskinder des Erblassers von selbst mit dessen Tode (necessarii heredes), für andere berufene Personen (extranei, voluntarii heredes) mit ihrem freiwilligen Antritt (aditio). Gaj. II § 152. Hauskindern gab der Prätor, um sie gegen den Anfall überschuldeter Nachlässe zu schützen, ein beneficium abstinendi, d. h. das Recht, sich durch formlose Erklärung von der Erbschaft loszumachen. l. 57 pr. D. 29, 2. Andere Personen kann die Verantwortlichkeit für Schulden des Erblassers nicht ohne ihren Willen treffen, da es in ihrer Hand liegt, die angetragene Erbschaft auszuschlagen oder anzunehmen. Die Delation bildet ein hochpersönliches Recht des berufenen Erben, sie tritt bei bedingter Einsetzung erst mit Existenz der Bedingung ein und ist für die Regel weder veräußerlich noch vererblich. Während der Zeit zwischen Delation und Adition ist die Nachlaßmasse (hereditas jacens l. 13 § 5 D. 43, 24) allen wirthschaftlichen Veränderungen ausgesetzt, denen ein Vermögen im Rechtsverkehr unterliegt. l. 178 § 1 D. 50, 16. Früchte wachsen zu, die vom Erblasser begonnene Ersitzung vollendet sich, die in der Erbschaft befindlichen Sclaven erwerben, aus der Beschädigung von Nachlaßsachen entstehen Ersatzansprüche ꝛc. l. 61 pr. D. 41, 1. Allein es frägt sich, wem gehört die ruhende Erbschaft und auf wessen Rechnung geschieht ihr ökonomischer Wechsel? Im alten Rom sah man Nachlaßsachen als herrenlos an und duldete an ihnen vor der Besitzergreifung durch den wahren Erben eine usucapio pro herede, von der schon Bd. I S. 347 ausführlich die Rede war. Spuren dieser plumpen Auffassung finden sich noch in den Worten des Gajus l. 1 pr. D. 1, 8 ‚res hereditariae, antequam aliquis heres existat, nullius in bonis sunt‘; vgl. auch l. 64 D. 28, 5. Die klassische Doctrin sucht die Lücke auszufüllen, indem sie sich den Erben vom Todesmoment des Erblassers an als Nachfolger denkt. So sagt Celsus l. 193 D. 50, 17 ‚omnia fere jura heredum perinde habentur, ac si continuo sub tempus mortis heredes exstitissent‘; vgl. ferner l. 28 § 4 D. 45, 3; l. 54 D. 29, 2. Einen noch zielbewußteren Weg schlagen Julian und seine Anhänger durch die Annahme ein, daß die Persönlichkeit des Erblassers im Interesse seiner Erben über dem Nachlaß schwebe und ihn zusammenhalte. ‚ex persona defuncti vires assumit‘ l. 33 § 2 D. 41, 1; ‚hereditatem in quibusdam vice personae fungi receptum est‘ l. 15 pr. D. 41, 3; l. 15 pr. D. 11, 1; § 2 J. 2, 14. Ohne eine solche Fiction, mag sie den Schatten des Erblassers als Repräsentanten seines Nachlasses heraufbeschwören oder mag sie den Antritt des Erben auf die Todeszeit seines Erblassers retrotrahiren, läßt sich die Schwierigkeit nicht heben, wie den Nachlaßsachen, bevor der Erbe eingreifen darf, eine wirksame Sicherung gegen den Zugriff Dritter zu geben sei. Ganz verfehlt erscheint die moderne Construction der ruhenden Erbschaft als einer juristischen Person, weil ihr die dazu erforderlichen Organe und der äußere dauernde Zweck fehlen. Die Idee, daß sich die Nachlaßsachen in einem Zustand rechtlicher Gebundenheit zum künftigen Erben befinden, scheitert an dem unlösbaren Räthsel „der subjectlosen Rechte“ vgl. Bd. I S. 189.

Der Delat wird den Entschluß, die Erbschaft anzutreten, nur nach reiflicher Ueberlegung erklären. Viele Mittel stehen ihm zu Gebote, um sich dennoch vor Vermögensverlusten zu hüten. Tritt er im Auftrage der Nachlaßgläubiger an, so gewinnt er ein Recht auf Erstattung etwaiger Auslagen. Er kann eine Ueberlegungsfrist erbitten, um den Stand der Erbschaft zu prüfen und danach seine Entscheidung zu treffen. Bei Ueberschuldung des Nachlasses thut er gut, einen procentualen Erlaß zu verlangen, welchen die Mehrheit der Erbschaftsgläubiger gegenüber der widerstrebenden Minorität durchzusetzen befugt ist. Bd. II S. 111. Stellt sich nach dem Erbschaftserwerb eine bedeutende vorher verborgene Schuldenlast heraus, so wird wegen entschuldbaren Irrthums Restitution ertheilt. § 6 J. 2, 19. Soldaten erhalten diese Hülfe durch Gordian schon dann, wenn sie eine überschuldete Erbschaft antraten, und der Fiscus genießt als Erbe das Privileg, nicht über den Betrag des Nachlasses hinaus zu haften. Justinian gewährt das gleiche Vorrecht allen Erben in Gestalt eines ‚beneficium inventarii‘

d. h. falls sie ein gehöriges Verzeichniß des Nachlasses errichten und rechtzeitig dem Gericht einreichen.

Im germanischen Recht, das keine Testamente kennt, fällt der Nachlaß unmittelbar an die nächsten Blutsverwandten. An den Verstorbenen reiht sich, ohne daß die Erbschaft während eines Zeitraumes ruht, in geschlossener Kette sein Nachfolger. Ssp. III, 83 § 1. „Der Todte erbet den Lebendigen", d. i. er macht den Lebenden zu seinem Erben, oder wie es drastisch in den Volksrechten heißt, er ergreift ihn ‚mortuus saisit vivum' (le mort saisit le vif). Nach deutscher Auffassung gilt der Nachlaß nicht als eine rechtliche Einheit, sondern als eine Menge von Gütern, die mit dem Tode ihres Beherrschers nach Abzug etwaiger Schulden aus einander fallen. Daher lasten die Schulden blos auf der Fahrniß, über welche der Verstorbene frei verfügen konnte. Ssp. I, 6 § 2. Spätere Stadtrechte erweitern die Verantwortlichkeit des Erben bis auf den vollen Bestand des Nachlasses.

Das gemeine Recht hat die römischen Grundsätze vom Erbschaftserwerb und der Universalsuccession übernommen. Doch genügt es, daß der Erbe, um seine Haftung auf die Nachlaßstücke einzuschränken, unter Berufung auf die Rechtswohlthat des Inventars antritt, worauf das Gericht selber für die Aufnahme des Verzeichnisses Sorge trägt. Die Nachfolge in Lehen, Fideicommisse, Bauerngüter folgt noch heute deutschen Regeln.

Das A.L.R. § 350, 367–370 I, 9 vereinigt den Begriff des Erbanfalles, wodurch der Erbe, auch der bedingte, ohne Weiteres einen vererblichen Anspruch erhält, mit den Wirkungen der Universalsuccession, eröffnet aber aus solchem unleidlichen Zustand verschiedene Auswege. Jeder Erbe hat vom Tage der Kenntniß des Anfalls an eine Ueberlegungszeit, in welcher er der Erbschaft entsagen kann. Macht er davon keinen Gebrauch, so gilt er als Erbe mit Vorbehalt, d. h. mit einer auf die Nachlaßsachen beschränkten Haftung, und verliert diese Wohlthat erst, wenn er nicht binnen einer weiteren Frist inventarisirt und das Verzeichniß dem Gericht überreicht.

Zweiter Titel.

Intestaterbfolge.

§ 28.

Begriff.

Die gesetzliche Erbfolge der nächsten Angehörigen des Erblassers bildet den natürlichen Zustand. Sie tritt ein, falls es an einer rechtsgültigen Verfügung von Todeswegen fehlt, oder eine solche zwar vorhanden ist, aber durch Wegfall sämmtlicher Erben vor dem Erbschaftserwerb vereitelt wird. pr. J. 3, 1. A.L.R. § 277–278 I, 12. Das Gesetz ordnet die Verwandten des Verstorbenen mit Rücksicht auf ihren sittlichen wie socialen Zusammenhang nach Klassen (ordines) und schreibt für gleichberechtigte Anwärter derselben Klasse Theilungsarten vor. Die Berufung der einzelnen Klassen richtet sich nach dem Zeitpunkt des Intestatfalls. Dies ist in der Regel der Todestag des Erblassers, unter Umständen auch ein späterer Termin, z. B. wenn das Testament aus Mangel an Erben destitut wird, oder wenn die schwangere Wittwe des kinderlosen Erblassers eine Todtgeburt zur Welt bringt. § 6 J. 3, 2; l. 9 § 2 D. 28, 2; l. 30 § 1 D. 29, 2. Bei Wegfall eines von mehreren zusammen berufenen Intestaterben wächst seine Portion nach dem Princip der Universalsuccession den übrigen zu. Das neuere Recht führt auch ein Nachrücken entfernterer Grade und folgender Klassen ein.

§ 29.

Nach altrömischem Civilrecht.

A. Sui.
B. Proximus agnatus.
C. Gentiles.

Das Intestatsystem der zwölf Tafeln wurzelt mit aristokratischer Schroffheit im Agnatenverbande. ‚Si intestato moritur, cui suus heres nec escit, agnatus proximus familiam habeto. Si agnatus nec escit, gentiles familiam habento.' Die hypothetische Erwähnung der Sui weist darauf hin, daß sie in ältester Zeit die einzigen Intestaterben waren, und erst die zwölf Tafeln weitere Kreise beriefen.

A. Sui.

Dazu gehören, wie schon S. 91 ausführlich erwähnt, diejenigen Personen, welche in der unmittelbaren Gewalt des Erblassers standen und mit dessen Tode gewaltfrei werden. Auch die postumi sind berufen, sofern sie beim Tode des Hausherrn bereits concipirt waren und, falls derselbe länger gelebt hätte, in dessen directe Gewalt gefallen wären. l. 6–7 D. 38, 16. Auf den Unterschied des Ge=

schlechts kommt es in der Klasse der Sui nicht an. Den Söhnen stehen die unverheiratheten Töchter gleich, den Enkeln vom Sohne her die Enkelinnen, falls sie sich in der unmittelbaren Gewalt des Großvaters befanden. Die Manusfrau des Erblassers gilt als seine Tochter, die Manusfrau seines inzwischen emancipirten oder verstorbenen Sohnes als Enkelin. Ob die Suität auf ehelicher Zeugung oder auf Annahme an Kindesstatt beruht, ist gleichgültig. Gaj. III § 1–4.

Alle sui erben ohne Rücksicht auf die Nähe des Grades. Sind nur sui ersten Grades nämlich Söhne und Töchter vorhanden, so geschieht die Theilung nach Köpfen (in capita). Nehmen entferntere sui wie Enkel und Urenkel an der Erbfolge Theil, so wird nach Stämmen (in stirpes) getheilt. Demnach erhalten, wenn ein Erblasser einen Sohn und drei Enkel von einem vorverstorbenen Sohn hinterläßt, der erstere Erbe $^1/_2$, die letzteren je $^1/_6$. Gaj. III § 7–8.

B. Proximus agnatus.

In Ermangelung von sui ist derjenige Agnat des Erblassers berufen, welcher zu ihm im nächsten Grade steht. Gleich nahe Agnaten theilen nach Köpfen. Gaj. III § 9–11, 13. Hier treten die Weiber gemäß der l. Voconia 167 v. Chr. zurück. Von ihnen werden nur die unverheiratheten Schwestern des Erblassers (consanguineae) berücksichtigt, aber nicht neben seinen Neffen auch die Nichten. Eine Manusgattin gilt als Schwester ihrer Kinder. Dagegen wird eine Frau, die begrifflich keine Sui hat, von ihren männlichen Agnaten bis in den entferntesten Grad beerbt. Gaj. III § 14.

C. Gentiles.

Fehlt es an Sui und Agnaten des Erblassers, so sind seine Sippgenossen berufen. Wahrscheinlich kam die Erbschaft, um eine unnütze Zersplitterung zu vermeiden, als Ganzes an die Gentilkasse.

Den Sui fällt die Erbschaft von selbst an. Der nächste Agnat hat sich über Annahme oder Ausschlagung zu entscheiden. Scheidet er durch Verzicht oder Tod vor dem Erbschaftserwerb aus, so rückt, wie man strict aus dem Wortlaut ‚proximus agnatus‘ folgerte, weder der nun nächste Agnat, noch gar Mangels eines solchen die Klasse der Gentilen nach, sondern der Nachlaß gelangt als erbenloses Gut (bonum vacans) an das Aerar. Dies bedeutet der Satz ‚in legitimis hereditatibus successio non est.‘ Gaj. III § 12.

Für bloße Cognaten findet sich im Intestatsystem der zwölf Tafeln kein Platz. Daher sind emancipirte und in Adoption gegebene Kinder, sowie in Manusehe getretene Töchter und Nachkommen der Töchter ganz ausgeschlossen. Ebensowenig besteht ein civiles Erbrecht zwischen der Mutter in freier Ehe und ihren Kindern. Gaj. III § 18–24.

§ 30.

Nach prätorischem Recht.

A. Liberi. C. Proximi cognati.
B. Legitimi. D. Vir et uxor.

Aus der prätorischen Praxis entwickelte sich durch Ausbildung und Erweiterung des Civilrechtes S. 111 ein edictum successorium, wonach verschiedene Klassen von Intestaterben der Reihe nach berufen wurden (unde vocantur). Meldete sich aus der zunächst berufenen Klasse binnen bestimmter Frist Keiner, welcher die bonorum possessio begehrte, so erging ein neuer Ruf an die nach der Ordnung des Edicts folgende Klasse. l. 1 § 10 D. 38, 9. Dabei war es statthaft, daß ein Delat, welcher die seiner Klasse gesetzte Frist versäumt hatte, sich in einer folgenden Klasse, zu der er ebenfalls gehörte, nachmeldete. l. 1 § 11 D. eod. Auch eine Vormeldung ‚inter alienas vices‘ hatte Wirkung, sofern nur die spätere Klasse, an welcher jener Anwärter theilnahm, zur Erbfolge gelangte.

Die Ordnung der einzelnen Klassen ist folgende:

A. Liberi.

Dazu gehören außer den Sui die Emancipirten, auch die in Adoption gegebenen Kinder nach ihrer Entlassung Seitens des Adoptivvaters. Gaj. III § 26, II § 137; l. 6 § 1 D. 37, 1. Die Theilung geschieht nach Köpfen, bei Concurrenz von Enkeln ꝛc. nach Stämmen. Durch die Berufung des emancipirten Sohnes ergiebt sich der Uebelstand, daß seine in der Gewalt des Großvaters zurückgebliebenen Kinder von der Beerbung des Letzteren ganz ausgeschlossen werden. Um dies zu verhüten, verordnet die ‚nova clausula (Juliani) de conjungendis cum emancipato liberis ejus‘, daß der emancipirte Sohn seine väterliche Erbportion mit seinen vor der Emancipation gezeugten Kindern zur Hälfte theile. l. 1 pr. D. 37, 8. Den Vorsprung, welchen verheirathete Töchter durch ihre Ausstattung und emancipirte Kinder durch ihren selbständigen Erwerb vor den übrigen liberi haben, gleicht der Prätor damit aus, daß er solchen Personen die bonorum possessio nur gegen Einwurf der betreffenden Güter in die Erbmasse (collatio) ertheilt. l. 1 § 13 D. 37, 8.

B. Legitimi.

Dies sind die gesetzlichen Erben l. 1 D. 38, 7, nämlich vom Standpunkt der zwölf Tafeln die Sui, der nächste Agnat und die Gentilen. Somit ist den Sui, welche sich nicht in der ersten Klasse gemeldet hatten, eine neue Frist zur Erbittung der bonorum possessio gegeben. Ob unter den Agnaten ein Nachrücken nach Graden stattfand, erschien schon in Rom zweifelhaft. Gaj. III § 27–28. Das Erbrecht der Gentilen verschwand mit der Auflösung des Sippverbandes.

Zu den legitimi eines emancipirten Kindes zählt sein extraneus manumissor als Patron. Damit aber der Nachlaß des Emancipirten nicht in blutsfremde Hände falle, beruft der Prätor in der bonorum possessio ‚unde decem personae‘ die zehn nächsten Blutsverwandten desselben: Vater und Mutter, Sohn und Tochter, Großvater und Großmutter, Enkel und Enkelin, Bruder und Schwester.

C. Proximi cognati.

In dieser Klasse stehen die Blutsverwandten des Erblassers bis zum sechsten Grad, aus dem siebenten noch die Geschwisterurenkel (sobrino aut sobrina nati nataeve). l. 1 § 3 D. 38, 8. Der nächste Grad geht vor, doch rückt bei Wegfall der dazu gehörigen Personen der unmittelbar folgende Grad nach. Hier können nicht blos Anwärter der beiden ersten Klassen, soweit sie mit dem Erblasser blutsverwandt sind, sich nachmelden, sondern auch reine Cognaten wie in Adoption gegebene Kinder, Töchterenkel auftreten. Gaj. III § 29–31; l. 1 pr. D. 38, 8. Auch das Erbrecht zwischen der Mutter in freier Ehe und ihren Kindern gilt als cognatisches und wird durch den entferntesten Agnaten ausgeschlossen.

D. Vir et uxor.

Der überlebende Gatte in rechtsgültiger aber freier Ehe beerbt den vorverstorbenen an letzter Stelle. l. un. pr. D. 38, 11. Eine dauernde, wenn auch nur thatsächliche Trennung der Gatten von einander hebt dies Erbrecht auf. l. un. § 1 D. eod.

§ 31.

In der Kaiserzeit.

A. SC. Tertullianum.
B. SC. Orfitianum.
C. Verordnungen christlicher Kaiser.

Die kaiserliche Gesetzgebung bis auf Justinian behält zwar das überlieferte Erbsystem bei, zeigt sich aber in vielen Neuerungen von dem humanen Zuge beseelt, einzelnen Cognaten eine bevorzugte Stellung zu verschaffen.

A. SC. Tertullianum.

Dies Senatusconsult aus der Zeit Hadrians giebt der Mutter, sofern sie durch Geburt dreier Kinder das jus liberorum hat, ein Erbrecht gegen ihre Kinder in der Klasse ‚legitimi‘. Sie wird nur ausgeschlossen von den Nachkommen ihrer Kinder, von dem Vater und den agnatischen Brüdern derselben. Mit agnatischen Schwestern ihrer Kinder theilt sie den Nachlaß. § 1–3 J. 3, 3.

B. SC. Orfitianum.

Dies Senatusconsult, das unter der Regierung Marc Aurels 178 erging, beruft die Kinder in erster Linie zu Erben ihrer Mutter. J. 3, 4.

C. Verordnungen christlicher Kaiser.

Sie beziehen sich zumeist auf den Umfang der genannten Senatusconsulte und bringen das cognatische Erbprincip zur nachdrücklicheren Geltung.

Nach einer Bestimmung von Valentinian, Theodos und Arkadius aus dem Jahre 389 erhalten die Enkel den Stammtheil ihres vorverstorbenen Erzeugers aus dem Nachlaß ihrer Großmutter väterlicher und ihrer Großeltern mütterlicher Seits, jedoch mit Abzug von $^1/_3$ für anderweite schon nach früherem Recht berufene Kinder oder in deren Ermangelung mit Abzug von $^1/_4$ für die Agnaten der Großeltern. l. 9 C. 6, 55; § 15 J. 3, 1.

Constantin und Theodos gewähren der Mutter auch ohne jus liberorum einen Antheil an der Beerbung ihrer Kinder, berufen aber andererseits den väterlichen Oheim und den emancipirten Bruder des verstorbenen Kindes zu Miterben. § 5 J. 3, 3.

Gratian räumt den Kindern einer emancipirten Tochter den Vorzug vor ihrem parens manumissor ein l. 4 C. 6, 57 und Anastas gestattet eine Emancipation durch Rescript unter Vorbehalt der Familienrechte. l. 11 C. 6, 58.

In der Seitenlinie blieb die vorzugsweise Erbfolge der Agnaten fast ganz unberührt. Anastas verordnet, daß die emancipirten Geschwister des Erblassers mit den agnatischen concurriren, aber blos halb so viel als letztere bekommen sollen. l. 4 C. 5, 30; l. 5 C. 5, 70.

§ 32.

Unter Justinian.

A. Klassen der Verwandten.
  I. Descendenten.
  II. Ascendenten, vollbürtige Geschwister und Kinder letzterer.
  III. Halbbürtige Geschwister und deren Kinder.
  IV. Seitenverwandte.
  V. Ehegatte.
B. Theilungsarten.
  Je nach den in einer Klasse berufenen Anwärtern.
C. Anwachsungsrecht und Nachrücken.
  Vorzug der Accrescenz vor der successiven Berufung?
D. Außerordentliche Erbrechte.
  I. Unbemittelte Wittwe.
  II. Concubinenkinder.
  III. Unentgeldlicher Pfleger eines Wahnsinnigen.
  IV. Einzelne Corporationen.
  V. Fiscus.

Justinian begnügt sich Anfangs damit, dem buntscheckigen Intestatsystem, das er vorfindet, neues Flickwerk zu Gunsten der Cognaten anzuheften. So stellt er cognatische Enkel den agnatischen gleich und schafft jedes Voraus der letzteren ab. l. 12 C. 6, 55; § 16 J. 3, 1; vgl. nov. 18 c. 4. Die Mutter befreit er bei Beerbung ihrer Kinder von der Schranke des jus liberorum l. 2 C. 8, 59 (58) und läßt sie unter Ausschluß entfernterer Agnaten mit den Geschwistern des verstorbenen Kindes zugleich erben. l. 7 C. 6, 56. Durch Aufhebung der alten Emancipationsformen in l. 6 C. 8, 49 (48) fällt das bisherige Erbrecht des extraneus manumissor und die damit zusammenhängende bonorum possessio unde decem personae fort. In der Seitenlinie wird das Vorrecht agnatischer Geschwister gegenüber cognatischen beseitigt l. 15 C. 6, 58, die Gleichberechtigung weiblicher Agnaten mit männlichen ausgesprochen l. 14 C. eod., und ein Nachrücken der Erbberechtigten allgemein eingeführt. § 3 J. 3, 2.

Da durch diese Zusätze der Stand des Intestaterbrechts immer verworrener wurde, entschließt sich Justinian 543 in Novelle 118, der im Jahre 547 Novelle 127 als Nachtrag folgt, zu einer radicalen Reform ‚cessantibus prioribus legibus, quae hac de causa latae sunt'. Darnach soll gemäß dem Geist der modernen Zeit, welcher die orientalische Zurücksetzung der Frauen verwirft vgl. nov. 21 pr., die Blutsverwandtschaft als alleinige Grundlage der ordentlichen Intestatfolge gelten. Nur Cognaten ohne Beschränkung des Grades werden nach der Nähe ihrer Verwandtschaft mit dem Erblasser berufen, doch unter Bevorzugung gewisser dem Verstorbenen besonders nahe stehender Gruppen. Ob die Blutsbande durch den Mannsstamm oder durch Weiber vermittelt ist, macht künftighin keinen Unterschied, ebenso wenig ob es sich um den Nachlaß Gewaltfreier oder Gewaltunterworfener handelt. Das Anwachsungsrecht zusammen berufener Intestaterben und das Nachrücken folgender in eine freigewordene Portion sind beibehalten. Daneben besteht noch ein außerordentliches Intestaterbrecht, das auf anderen Ursachen als der ehelichen Verwandtschaft beruht.

A. Klassen der Verwandten.

Zu den Verwandten werden die durch eheliche Blutsbande mit dem Erblasser verknüpften Personen gezählt, welche sich zur Zeit seines Todes am Leben oder wenigstens im Mutterleibe befinden. Später Concipirte sind nicht berufen, obwohl man aus Billigkeit eine Ausnahme zu Gunsten solcher Enkel behauptet, welche ein enterbter Sohn nach dem Tode seines Vaters zeugte, und die bei Wegfall des Testaments entfernteren Verwandten des Erblassers vorgehen sollen. Die uneheliche Verwandtschaft beschränkt sich auf die mütterliche Seite, sofern nicht eine Legitimation den Mangel heilt. Durch Annahme an Kindesstatt kann ein der ehelichen Zeugung ähnliches Verhältniß begründet werden.

I. Descendenten.

Dazu gehören die ehelichen Nachkommen des Erblassers: seine Söhne und Töchter, seine Enkel, Urenkel 2c. beiderlei Geschlechts. Für die Berufung kommt es nicht auf Gradesnähe an, sondern auf den unmittelbaren Zusammenhang mit dem Verstorbenen. Daher erben Enkel 2c. kraft eigenen Rechts, nicht blos als Repräsentanten ihres vorverstorbenen Erzeugers neben Söhnen, aber jeder nähere Descendent schließt die weiteren Sprößlinge seines Stammes aus.

Gehörig legitimirte Kinder gelten ehelichen gleich. Uneheliche Sprößlinge stehen nur in der Familie ihrer Mutter. Dies gilt seit nov. 12 pr., welche die Vorschrift der l. 6 C. 5, 5 aufhebt, auch für die aus ehebrecherischem oder blutschänderischem Umgang Erzeugten. An Kindesstatt angenommene Personen erhalten während der Dauer dieses Zustandes gegen den Annehmenden ein Erbrecht, ohne jenes, das ihnen in ihrer natürlichen Familie als Descendenten gebührt, zu verlieren. Durch Arrogation und vollkommene Adoption vgl. S. 62 ff. entsteht ein volles Kindesverhältniß, das sich auch auf die Nachkommen des Angenommenen erstreckt.

II. Ascendenten, vollbürtige Geschwister und Kinder letzterer.

Zu den Ascendenten gehören Vater und Mutter des Erblassers, seine Groß- und Urgroßeltern 2c. Der nähere Ascendent schließt stets den entfernteren aus.

Legitimirende Erzeuger gewinnen ein volles Erbrecht gegenüber ihren anerkannten Sprößlingen. Uneheliche Kinder werden allein von ihrer Mutter und deren Ascendenten beerbt. Wer sein Kind an Kindesstatt hingab, behält sein Erbrecht als Ascendent, doch wird das arrogirte oder vollkommen adoptirte Kind zugleich von dem Annehmenden beerbt. Viele leugnen im letzteren Falle das Erbrecht „zweier Väter" und verweisen fälschlich den natürlichen Vater in die vierte Klasse der Seitenverwandten.

Vollbürtige Geschwister sind Brüder und Schwestern des Erblassers, die mit ihm beide Eltern gemein haben.

Ihre Kinder, d. h. Söhne und Töchter vollbürtiger Geschwister werden nur in Ermangelung letzterer berufen, haben aber seit nov. 127 ein den übrigen Personen dieser Klasse gleichwerthiges Erbrecht.

III. Halbbürtige Geschwister und deren Kinder.

Zu den halbbürtigen Geschwistern gehören Brüder und Schwestern des Erblassers, die mit ihm von demselben Vater oder von derselben Mutter abstammen.

Ihre Kinder ersten Grades erben nur, wenn der ihre Verwandtschaft mit dem Erblasser vermittelnde Erzeuger vorverstorben oder sonst weggefallen ist.

IV. **Seitenverwandte.**

Die übrigen Seitenverwandten, z. B. Oheim und Tante, Geschwisterenkel 2c. folgen nach der Nähe des Grades, ohne Rücksicht auf Voll- oder Halbgeburt.

V. **Ehegatte.**

Das vom Prätor dem überlebenden Gatten bewilligte Erbrecht wird in nov. 118 nicht erwähnt und gilt deshalb für beibehalten.

B. Theilungsarten.

Die Theilung richtet sich nach der Klasse, welcher die zusammen berufenen Anwärter angehören. Der Zeitpunkt der Berufung ist maßgebend.

In der ersten Klasse wird unter Söhnen und Töchtern nach Köpfen, und bei Concurrenz von Enkeln 2c. nach Stämmen getheilt. Insofern spricht man von einem Repräsentationsrecht der Enkel, da sie ‚in locum praedefuncti parentis‘ treten, d. h. dessen Stammtheil erhalten.

In der zweiten Klasse theilen Ascendenten, wenn sie allein stehen, nach Linien, d. h. die eine Hälfte fällt an die väterliche, die andere an die mütterliche Seite. Die weitere Theilung der Hälften, z. B. wenn auf beiden Seiten nur Urgroßeltern vorhanden sind, geschieht wohl nach Stämmen. Ascendenten und Geschwister, die zusammen erben, theilen nach Köpfen. Dasselbe gilt auch für allein berufene Geschwister. Geschwisterkinder, mögen sie allein stehen oder mit Ascendenten, mit Geschwistern, bzw. mit Beiden concurriren, zählen nach dem Erzeuger, von dem sie herrühren, und erhalten dessen Stammtheil. Die Frage, wie allein berufene Geschwisterkinder verschiedener Stämme theilen, wird von Justinian nicht entschieden. Accursius erklärt sich gemäß dem römischen Geiste für Theilung nach Stämmen, wogegen Azo die nach Köpfen vorzieht.

In der dritten Klasse kommt für halbbürtige Geschwister und deren Kinder die Theilungsart vollbürtiger zur entsprechenden Anwendung.

In der vierten Klasse theilen Verwandte gleichen Grades nach Köpfen.

Wer mehrfach mit dem Erblasser verwandt ist, kann, falls er verschiedenen für die Theilung maßgebenden Stämmen angehört, mehrere Erbtheile für sich beanspruchen.

C. Anwachsungsrecht und Nachrücken.

Bei Wegfall eines berufenen Intestaterben vor dem Erwerb, z. B. durch Tod oder Verzicht, kann sich das Schicksal seines Erbtheils verschieden gestalten.

Sind noch andere mit ihm zusammen berufene Erben vorhanden, so wächst diesen nach Verhältniß ihrer Portionen der frei gewordene Erbtheil an (jus accrescendi). Dabei bilden diejenigen Verwandten, welche mit einander einen Stammtheil erben, eine engere Gruppe. So accrescirt, wenn ein Erblasser einen Sohn und mehrere Enkel von einem anderen vorverstorbenen Sohn hinterläßt und einer der Enkel wegfällt, den übrigen Enkeln desselben Stammes, oder wenn bei einer Theilung der Ascendenten nach Linien einer von ihnen verzichtet, bzw.

vor dem Erwerb verstirbt, den übrigen Ascendenten derselben Linie. l. 12 pr. D. 37, 4; l. 5 § 2 D. 38, 6.

Fehlt es an einem mitberufenen Erben, so rückt der nächste Grad derselben Klasse und, falls dieselbe erschöpft ist, die folgende Klasse nach (successio graduum et ordinum). Diese Reihenfolge der Grade gilt nicht blos in der vierten Klasse der Seitenverwandten, für welche sie schon der Prätor einführte, sondern nach dem Willen Justinians auch in den ersten drei Klassen. Daher wird, wenn der einzige Sohn des Erblassers vor dem Erwerb wegfällt, dessen Nachkomme und nicht die nächste Klasse berufen.

Der Vorzug der Accrescenz vor der successiven Berufung ergiebt sich aus Quellenzeugnissen § 5 J. 3, 9 und aus Gründen der Rechtslogik. Freilich sind dadurch Härten unvermeidlich. Fällt beispielsweise von zwei Söhnen des Erblassers der eine vor dem Erwerb fort, so wächst der Erbtheil seinem Bruder zu und gelangt nicht an seine Kinder, die beim Tode des Großvaters bereits geboren oder gezeugt waren. Aehnlich verhält es sich, wenn eine Schwester des Erblassers und zwei Neffen von seinem vorverstorbenen Bruder berufen sind, und die Schwester mit Hinterlassung von Kindern vor dem Erwerb verstirbt. Eine, wenn auch nicht überall ausreichende Hülfe liegt in der von Justinian angeordneten Transmission, wonach unter Umständen die Delation auf die Erben des vor dem Erwerb verstorbenen Berufenen übergeht. Heute ist man aus Billigkeit geneigt, diese successive Berufung der Anwachsung voranzustellen.

D. Außerordentliche Erbrechte.

I. **Die unbemittelte Wittwe** (indotata mulier), die nicht durch den Rückfall einer zulänglichen Mitgift vor Noth geschützt, noch in den Ehepacten standesgemäß versorgt ist, erbt aus dem Nachlaß ihres wohlhabenden Mannes ein Viertel, jedoch nicht über hundert Pfund Goldes. Neben vier oder mehr Kindern erhält sie nur einen Kopftheil. Dabei zählen Enkel desselben Stammes für „einen" Kopf. Rühren die Kinder aus ihrer Ehe mit dem Erblasser her, so kann sie blos den Nießbrauch an der ihr gebührenden Portion beanspruchen. Auf den Antheil, der ihr zu eigen zufällt, gilt sie als Miterbin und wird in so weit für die Erbschaftsschulden verhaftet. Ihr Recht ist wie ein Pflichttheil unentziehbar, geht aber dadurch verloren, daß sie sich dauernd von ihrem Gatten trennte. nov. 117 c. 5; nov. 53 c. 6.

II. **Concubinenkinder** erben aus dem Nachlaß ihres Erzeugers, welcher ohne Ehefrau und ohne rechtmäßige Kinder verstarb, ein Sechstel. Der Concubine fällt davon ein Kopftheil zu. nov. 18 c. 5; nov. 89 c. 12. Auch dem Erzeuger ist ein gleiches Erbrecht gegen seine Concubinenkinder bewilligt. nov. 89 c. 13.

III. **Der unentgeldliche Pfleger eines Wahnsinnigen,** den seine Verwandten in hülflosem Zustande trotz Aufforderung verließen, erlangt gegen denselben ein Erbrecht. nov. 115 c. 3 § 12 c. 4 § 6.

IV. **Einzelne Corporationen** haben kraft besonderen Privilegs ein Erbrecht gegen ihre Genossen, die ohne Verwandte zu hinterlassen verstorben sind. So beerbt die Kirche ihre Geistlichen, das Regiment seine Kameraden, gewisse Amtscollegien (cohortales, curiales) und Zünfte (navicularii, fabricenses) ihre Mitglieder. l. 20 C. 1, 3; l. 1–5 C. 6, 62. Bd. I S. 194.

V. **Der Fiscus** kann an letzter Stelle erbenlose Güter (bona vacantia) an sich ziehen. l. 50 pr. D. 40, 4. Er gilt als Erbe und nicht blos als privilegirter Occupant der einzelnen Nachlaßsachen. Daher erwirbt er die vacante Erbschaft als Ganzes, ohne Rücksicht, ob die dazu gehörigen Gegenstände in seinem oder in einem fremden Staatsgebiet liegen. Er hat eine hereditatis petitio utilis l. 20 § 6–7 D. 5, 3; trägt die vom Erblasser z. B. in einem destituirten Testament auferlegten Vermächtnisse l. 96 § 1 D. de leg. I, l. 14 D. 49, 14; haftet aber für Schulden nicht über den Bestand des Nachlasses hinaus l. 1 § 1, l. 11 D. 49, 14. Macht er von seinem Recht auf erbenlose Güter binnen vier Jahren, nachdem ihre Vacanz feststeht, keinen Gebrauch, so verbleiben sie Dem, welcher sich ihrer als Occupant bemächtigte. l. 10 D. 44, 3; l. 1 C. 7, 37; l. 18 D. 41, 3.

§ 33.

Im germanischen Recht.

Nach deutschen Rechtsquellen zerfällt der Nachlaß in eine Summe einzelner Sachen, die in verschiedene Hände gelangen. Namentlich wird die Fahrniß von der Liegenschaft, die „Erbe" heißt, unterschieden. Die Nachfolge in den Grund und Boden ist auf Männer beschränkt, nach ältestem fränkischen Recht sogar blos auf Söhne des Verstorbenen, in deren Ermangelung das Land (terra) der Gesammtheit der Dorfgenossen anheimfiel.

Der Ssp. I, 22, 24 hebt aus dem Mobiliarnachlaß das Heergewete, die Gerade und den Mußtheil hervor. Bd. I S. 203. Das Heergewete, d. h. was zur feldmäßigen Ausstattung eines Kriegers gehört, wie Streitroß, Schwert, Rüstung und Gezelt, nimmt der nächste durch Männer verwandte Blutsfreund (Schwertmagen). Die Gerade, d. h. Hausrath und Toilettengegenstände der Frau, wie sie ihr zur Aussteuer gegeben zu werden pflegen, fällt an die Wittwe oder an die nächste weibliche Verwandte (Niftel). Vom Mußtheil, d. h. den verzehrbaren Vorräthen gebührt der überlebenden Ehefrau, die bis zum dreißigsten Tage auf dem Hofe bzw. im Trauerhause verbleiben darf, die eine Hälfte. Das übrige Gut, wozu auch die Forderungen des Erblassers zählen, gehört seinen nächsten Blutsverwandten, jedoch unter Vorzug der männlichen vor den weiblichen in Betreff der Liegenschaften. Ssp. I, 6, 17 § 1. Die Nachfolge in letztere setzt noch ebenbürtige Abkunft sowie körperliche Gesundheit und Wohlgestalt des Erben voraus. Ssp. I, 4.

Eine gleichmäßige Erbfolgeordnung ist aus den Quellen nicht nachweisbar. Vielfach findet sich die allgemeine Regel „der Anfall des Gutes richtet sich nach der Nähe des Blutes." Manche wie Eichhorn, Homeyer behaupten als Grundlage der germanischen Erbfolge das Parentelensystem, das solche Verwandte, die den nächsten Stammvater mit dem Erblasser gemeinschaftlich haben, zu Gruppen vereinigt. Darnach stehen in der ersten Parentel die Nachkommen des Erblassers; in der zweiten Parentel die Eltern des Erblassers sammt ihrer Nachkommenschaft, d. h. vom Standpunkt des Verstorbenen seine Geschwister, Neffen und Nichten ꝛc.; in der dritten Parentel die Großeltern des Erblassers sammt ihrer Nachkommenschaft, d. h. vom Standpunkt des Verstorbenen Oheim, Tante, Vetter, Base u. s. f. In jeder Parentel oder Linie soll die Nähe des Grades entscheiden, und die Theilung unter gleich Nahen nach Köpfen erfolgen. Der Ssp. I, 17 § 1; I, 3 § 3 beruft zunächst die Kinder (Busen) bzw. deren Stämme unter Vorzug des männlichen Geschlechts; sodann Vater und Mutter (Schoß) bzw. die weiteren Verwandten aufsteigender Linie; darauf die Geschwister und zwar die vollbürtigen vor den halbbürtigen; zuletzt die übrigen Seitenverwandten (Magen, Ganerben) nach der Nähe ihrer Sippe, d. h. ihres mit dem Erblasser gemeinsamen Stammvaters und mit Kopftheilung unter Gleichberechtigten. Die Sippe endet mit der siebenten Generation (Nagelmagen). Besondere Ansprüche hat der überlebende Gatte in Folge der innigen Gestaltung des ehelichen Güterrechts vgl. S. 43 ff..

§ 34.

Nach gemeinem Recht.

Die Rechtslage, die unter Justinian bestand, ist mit geringen Abweichungen aufgenommen. Kinder aus einer Putativehe werden nach kanonischem Recht c. 2, 8, 14 X 4, 17 als eheliche behandelt, wenn nur einer der Eltern bei Eingehung der Ehe in gutem Glauben war. Der gutgläubige Erzeuger nebst seinen Verwandten ist auch dem Putativkind gegenüber erbberechtigt. Die frühere Praxis setzte Brautkinder, falls das Verlöbniß durch Tod oder grundlose Weigerung des Bräutigams aufgehoben wurde, den ehelichen Descendenten gleich. Unehelichen von ihrem Erzeuger anerkannten Sprößlingen wird die Stellung römischer Concubinenkinder gewährt, jedoch ohne das Miterbrecht ihrer Mutter und ohne den Anspruch ihres Erzeugers gegen sie. Vollkommen Adoptirte beerben mit ihren Nachkommen den Annehmenden ohne Rücksicht auf dessen Gewalt, also auch Kinder von Adoptivtöchtern. Die Theilung unter Geschwisterkindern erfolgt nach dem Reichsabschied von Speier 1529 nach Köpfen. Der überlebende Ehegatte erlangt durch das Gütersystem ein bevorzugtes Erbrecht, meist eine statutarische Portion oder einen Antheil am Sammtgut. Das außerordentliche Erbrecht des Pflegers ist auf Armen- und Siechenanstalten ausgedehnt, welche den Verstorbenen ohne Entgeld aufnehmen. Manchen Gemeinden steht das Privileg zu, den erbenlosen Nachlaß ihrer Bürger vor dem Fiscus an sich zu ziehen.

In Particularrechten finden sich noch folgende Gebräuche: 1. das Fallrecht (jus recadentiae), d. h. der Nachlaß eines kinderlosen Erblassers fällt je nach der Herkunft der einzelnen Vermögensstücke zum Theil an die väterlichen, zum Theil an die mütterlichen Verwandten, ‚paterna patris, materna matris'; 2. der Schoßfall, d. h. der Vorzug der Eltern vor den Geschwistern; 3. das Vorrecht der in gemeinsamer Were befindlichen Geschwister vor den abgeschichteten, nach dem Sprüchwort „Was in der Were stirbt, fällt an die Were"; 4. der Vorzug der Vollgeburt vor der Halbgeburt auch in der vierten Klasse der Seitenverwandten; 5. in Bezug auf die Theilung die Einschränkung des Repräsentationsrechtes und das Kürrecht unter Miterben, von denen der ältere theilt, der jüngere wählt vgl. Ssp. III, 29 § 2.

Von der Bevorzugung des Mannsstamms bei der Nachfolge in Stammgüter des Adels, von der besonderen Erbfolge des Anerben in den geschlossenen Bauernhof, des Lehns- und Fideicommißfolgers in das vom Stifter gewidmete Gut war schon die Rede Bd. I S. 426 und 474, 441, Bd. III S. 100.

§ 35.

Nach Preußischem Recht.

A. Erbfolge ehelicher Blutsverwandten.

Die Ordnung schließt sich in fünf Klassen der Justinianeischen an, mit einigen auf deutschrechtlichem Einfluß beruhenden Abweichungen.

In der ersten Klasse stehen die Abkömmlinge. A.L.R. § 300 II, 2. Söhne und Töchter theilen nach Köpfen; Enkel, Urenkel rc. beiderlei Geschlechts, mögen sie allein oder mit Kindern ersten Grades zusammen erben, nach Stämmen. § 348–351 eod.

Die zweite Klasse bilden ausschließlich Vater und Mutter. Die Eltern erben zu gleichen Theilen; ist nur einer von ihnen am Leben, so erhält dieser den ganzen Nachlaß. § 489–491 II, 2.

Die dritte Klasse besteht aus den vollbürtigen Geschwistern und deren Abkömmlingen. § 492 II, 2. Brüder und Schwestern theilen nach Köpfen; ihre Kinder, Enkel rc., mögen sie allein oder mit ihren Oheimen und Tanten zusammen erben, nach Stämmen. § 36–40 II, 3.

Zur vierten Klasse gehören die halbbürtigen Geschwister sammt ihren Abkömmlingen und die weiteren Verwandten aufsteigender Linie nach Gradesnähe. Die eine Hälfte des Nachlasses fällt an die Halbgeschwister nebst Nachkommen, die nach den für die dritte Klasse gegebenen Vorschriften theilen; die andere Hälfte kommt an die Groß- bzw. Urgroßeltern rc. und wird unter gleich Nahen nach Köpfen getheilt. § 493–499 II, 2; § 41–44 II, 3.

In der fünften Klasse folgen alle übrigen Seitenverwandten nach Gradesnähe, ohne Schranke und ohne Rücksicht auf Voll- oder Halbgeburt. Gleich Nahe theilen nach Köpfen. § 46–52 II, 3.

Bei Ausfall eines berufenen Erben rückt an seiner Statt der nächste Grad derselben Klasse nach § 352–355 II, 2; § 39 II, 3 und falls es daran fehlt, tritt eine Anwachsung zu Gunsten der übrigen Zusammenberufenen ein oder in Ermangelung solcher eine Nachfolge der nächsten Klasse.

B. Erbfolge auf Grund nachgebildeter Verwandtschaft.

I. Aus Legitimation.

Uneheliche Kinder erhalten dadurch, daß ihr Erzeuger die Mutter nachträglich heirathet, das volle, ehelichen Blutsverwandten gebührende Erbrecht. § 596 II, 2.

Dagegen schafft die Legitimation durch Hofrescript nur ein Erbrecht zwischen dem Kinde und seinen Eltern. Der auf solche Weise Legitimirte gilt gegenüber ehelichen Abkömmlingen seines Vaters als halbbürtig und tritt zu den übrigen Verwandten seiner Eltern in gar kein erbrechtliches Verhältniß, falls nicht durch besonderen Vertrag eine Aufnahme in die Familie stattfand. § 603–608 eod.

II. Aus Annahme an Kindesstatt.

Das angenommene Kind bleibt in seiner natürlichen Familie voll erbberechtigt. In der Adoptivfamilie erwirbt es sammt seiner bei der Adoption schon vorhandenen oder später erzeugten Nachkommenschaft ein blos einseitiges Erbrecht gegenüber dem Annehmenden. Weder wird Letzterer erbberechtigt gegen das Adoptivkind, noch dieses gegen die Verwandten des Adoptirenden, es sei denn, daß ein darauf zielender Familienvertrag geschlossen wurde. § 692, 694, 701–702, 707–712 II, 2.

III. Aus Einkindschaft.

Zwischen den Vorkindern und dem angeheiratheten Gatten entsteht durch den Einkindschaftsvertrag S. 29 ein wechselseitiges Erbrecht. Verstirbt einer der Gatten, so wird er von seinen leiblichen und den Stiefkindern zugleich beerbt, doch unter Abzug des für Letztere etwa ausgesetzten Voraus. Verstirbt eins der Stiefkinder, so nehmen an seiner Beerbung sowohl der leibliche als der Stiefparens Theil, doch Letzterer nur in Bezug auf das in die Einkindschaft gelangte und nicht später vom Stiefkind, z. B. durch Zuwendungen Dritter, erworbene Vermögen. § 733–746, 752 II, 2.

C. Erbfolge illegitimer Blutsverwandten.

I. Kinder aus einer Ehe zur linken Hand.

In der mütterlichen Familie kommt ihnen die erbrechtliche Stellung ehelicher Kinder zu. Dagegen erwächst väterlicher Seits blos ein einseitiges beschränktes Erbrecht der Kinder zur linken Hand gegen ihren Erzeuger. Sie werden durch rechtmäßige Abkömmlinge ihres Vaters gänzlich ausgeschlossen; neben anderen ehelichen Verwandten desselben bis zum sechsten Grad erhalten sie zusammen bis zu drei $^1/_8$ und über drei $^1/_2$ des väterlichen Nachlasses, jedoch stets unter Abzug der der Ehefrau des Erblassers gebührenden Portion; und wenn ihr Vater nur entferntere Angehörige hinterließ, nehmen sie den gesammten Nachlaß. § 579–584 II, 2.

II. Kinder aus einer nichtigen oder für ungültig erklärten Ehe.

Sie gelten unter einander und gegenüber ihren Erzeugern wie eheliche Kinder für erbberechtigt. Doch treten sie weder in die väterliche noch mütterliche Familie und ermangeln deshalb jeder erbrechtlichen Beziehung zu den Verwandten ihrer Eltern in aufsteigender oder Seitenlinie, sowie zu den Abkömmlingen, die aus anderweiter Verbindung ihrer Eltern entsprossen sind. Wer von den Eltern sich bei Abschluß der Ehe in bösem Glauben befand, erlangt gegen die daraus erzeugten Kinder keinen ordentlichen Erbanspruch, sondern höchstens die Rechte eines Pflegers. § 50–57 II, 2.

III. Uneheliche Kinder.

Sie stehen sammt ehelicher Nachkommenschaft zu ihrer Mutter im Verhältniß ehelicher Abkömmlinge und gelten gegenüber sonstigen unehelichen Sprößlingen ihrer Mutter, gleichviel von welchem Erzeuger dieselben herrühren, als Halbgeschwister. Dagegen treten sie in keine erbrechtliche Verbindung mit den übrigen Verwandten ihrer Mutter, namentlich nicht mit deren Eltern und ehelichen Kindern. Nehmen eheliche und uneheliche Nachkommen an der Beerbung ihrer Mutter Theil, so erhalten Erstere das im Voraus, was ihr Vater seiner Gattin zugewiesen hat. Was die väterliche Familie anbetrifft, so wird blos ein einseitiges beschränktes Erbrecht der unehelichen Kinder gegen ihren Erzeuger begründet. Dasselbe hängt davon ab, daß ihr Erzeuger ohne Kinder aus rechter oder linker Ehe verstarb, und seine Vaterschaft entweder in öffentlicher Urkunde anerkannt oder durch gerichtliches Erkenntniß festgestellt ist. Die unehelichen Kinder erhalten zusammen $^1/_6$ des väterlichen Nachlasses, jedoch unter Vorabzug des der Ehefrau des Erblassers gebührenden Erbtheils und nie mehr als ein Sechstel, selbst wenn sie mit Verwandten über den sechsten Grad oder gar bei erblosen Gütern mit dem Fiscus concurriren. Durch die Wahl der Erbfolge verzichten sie auf die ihnen etwa noch zukommenden Alimente. § 639, 651–660 II, 2; G. vom 24. April 1854 § 13, 19.

D. Erbfolge unter Ehegatten.

Sie richtet sich zumeist nach dem unter den Gatten begründeten ehelichen Güterrecht, das auch für die Ausmittlung des Nachlasses entscheidend ist, vgl. S. 50 ff. Durch Scheidung geht der Erbanspruch verloren. Dem steht gleich, wenn der überlebende Theil den Tod des anderen verursacht oder ihn gewaltsam an der Erhebung der Scheidungsklage verhindert hat. § 495–496, 828–829, II, 1.

I. Im Fall der Gütertrennung.

Der überlebende Gatte concurrirt mit allen Verwandten des verstorbenen und schließt die über den sechsten Grad völlig aus. Er erhält: neben Kindern bzw. deren Stämmen Kopftheil, aber nicht mehr als $^1/_4$; neben Verwandten aufsteigender Linie, Geschwistern und Geschwisterkindern ersten Grades $^1/_3$; neben entfernteren Verwandten $^1/_2$ des Nachlasses. Demnach kann er, wenn er mit Geschwistern und Geschwisterenkeln zusammen erbt, von Ersteren $^1/_3$, von Letzteren $^1/_2$ ihrer Erbportion beanspruchen. Ueberdies steht ihm in Ermangelung von Abkömmlingen des Erblassers noch ein Voraus zu. Dasselbe betrifft Bett- und Tischzeug, welches im gewöhnlichen Gebrauch der Eheleute stand, sowie Möbel und Hausrath, sofern dieselben nicht Zubehör eines Grundstücks oder einer Gerechtigkeit sind. Mit diesem Voraus braucht er zur Bezahlung der Schulden des Verstorbenen nur insoweit beizutragen, als der übrige Nachlaß dazu nicht hinreicht. § 621–630 II, 1.

II. Im Fall der Gütergemeinschaft.

Der überlebende Ehegatte hat neben nicht abgefundenen Kindern gar keinen Erbanspruch, sondern muß sich mit der Hälfte des Sammtguts, welche bei der güterrechtlichen Auseinandersetzung auf ihn entfällt, begnügen. Doch bekommt er als Voraus die zu seinem persönlichen Gebrauch bestimmten Kleidungsstücke, Betten und Leibwäsche, während solche Gegenstände, welche dem Bedarf des Verstorbenen dienten, den Kindern gebühren. Soweit die Kinder abgefunden sind, tritt der überlebende Gatte an ihre Stelle, weil die Abfindung das Erbrecht aufwiegt. Also nimmt er, falls nur abgefundene Kinder vorhanden sind, den ganzen Nachlaß. § 373–374 II, 2 im Widerspruch mit § 644 II, 1. Mit anderen Verwandten des verstorbenen Gatten erbt er nach den für den Fall der Gütertrennung aufgestellten Regeln. Doch wird er an den Erbtheilen der Verwandten lebenslänglicher Nießbraucher und erhält als Voraus den sämmtlichen Vorrath an Kleidern, Betten und Leibwäsche. § 639–647 II, 1.

E. Außerordentliche Erbrechte der Pfleger und des Fiscus.

Verwandte, welche ihren unvermögenden Angehörigen trotz Aufforderung in hülfloser Lage verließen, verlieren ihr gesetzliches Erbrecht an Den, welcher ihn in Pflege nahm. § 23–27 II, 3. Dies gilt insbesondere zu Gunsten der Pflegeeltern verlassener Kinder. § 762 II, 2. Auch ohne Verlust des Erbrechts gehen die Ernährungskosten als Schulden vom Nachlaß ab. § 29–30 II, 3.

Oeffentliche Armenanstalten, welche einen Hülfsbedürftigen unentgeldlich bis zu dessen Tode verpflegten, beerben ihn. Jedoch verbleibt den ehelichen Nachkommen und der Ehefrau des Erblassers ihr Pflichttheil und Letzterer auch das, was sie nach den Ehepacten zu fordern hat, es sei denn, daß diese Personen trotz hinlänglichen Vermögens die nachgesuchte Unterstützung verweigert haben. Jedenfalls bilden die Verpflegungskosten eine Nachlaßschuld. § 50–75 II, 19.

Erblose Verlassenschaften fallen, sofern nicht anderen Berechtigten, z. B. der Stadtgemeinde Berlin ein vorzugsweises Privileg verliehen ist, dem Fiscus anheim, welcher alle Rechte und Pflichten eines gemeinen Erben hat. § 16–22, 24–29 II, 16. Urheberrechte, die zum erbenlosen Nachlaß gehören, erreichen damit ihr Ende, vgl. Bd. II S. 525.

F. Fälle von Sonder=Erbrechten.

Rechte, welche der Landesherr Mehreren gemeinschaftlich verliehen hat (socii liberalitatis imperialis l. un. C. 10, 14), wachsen, wenn die Begünstigten in Gemeinschaft verblieben sind, bei erbenlosem Tod Eines von ihnen den Uebrigen zu. § 23 II, 16.

In Gegenstände, welche nach deutschem Gebrauch zum Heergeräthe, zur Frauen= oder Niftel=Gerade gehören, findet auf Grund von Provinzialgesetzen oder Statuten (z. B. noch in Stettin) eine Sonder=Nachfolge Statt. § 502–539 II, 1.

Kirchenstühle, welche gewissen Personen oder Familien erblich eingeräumt sind, gehen nur auf die Nachkommen des Eigenthümers über. § 681–682 II, 11. Aehnlich verhält es sich mit Familienbegräbnissen. § 185 II, 11; Cab.O. vom 17. Octbr. 1822.

Die succeſſive Erbfolge in Lehen und Familienfideicommisse richtet sich nach den Bestimmungen des Stifters.

Von den provinziellen Landgüter=Ordnungen, welche den ungetheilten Uebergang eines Bauernhofes auf den Anerben befördern, war schon Bd. I S. 427

die Rede. Danach steht es jedem Verfügungsberechtigten frei, seine land- und forstwirthschaftliche Besitzung von gewissem Werthe in eine vom Amtsgericht geführte Höferolle aufnehmen zu lassen. Durch die Eintragung, welche nur fur einen Erbfall gilt und jederzeit wieder löschbar ist, wird das Landgut zu einem „geschlossenen“. Dasselbe kann vom Anerben zu einem bestimmten Preis unter mäßiger Abfindung etwaiger Pflichttheilsberechtigter übernommen werden. Als Anerbe ist in der Regel der älteste Sohn des Erblassers berufen. In einigen Gegenden Westfalens kommen Minorate vor. Handelt es sich um mehrere Landgüter eines Besitzers, so ist die Bildung von Secundogenituren zulässig.

Dritter Titel.

Notherbfolge.

---

§ 36.

Begriff.

Es steht im Belieben des Erblassers, die gesetzliche Erbfolge durch Verfügungen von Todeswegen auszuschließen. Aber eine zügellose Testirfreiheit entspricht nicht dem Staatswohl. Daher schützt das Gesetz die nächsten Angehörigen, welche der Erblasser im Testament überging, sei es, weil er sich von Erbschleichern umgarnen ließ, sei es weil er in unversöhnlichem Hader mit seiner Familie aus dem Leben schied.

In den zwölf Tafeln wurde die unbeschränkte Testirfreiheit für ein Grundrecht römischer Bürger erklärt. ‚Uti legassit super pecunia tutelave suae rei, ita jus esto.‘ l. 120 D. 50, 16. Nur auf plumpen Umwegen gelang es der Auslegung, diesen Satz zu mildern. Die civile Doctrin sah darin, daß die unmittelbar gewaltunterworfenen Hauskinder nicht als Erben genannt oder nicht gehörig enterbt waren, einen Irrthum des Testators über das Dasein dieser Personen. Die Folge davon war, daß das Testament im Fall der Präterition von Söhnen von selbst in seinem ganzen Inhalt hinfiel, und im Fall der Präterition von Töchtern und Enkeln durch Aufnahme derselben als Miterben abgeändert wurde. Der Prätor erweiterte den Kreis der Notherben durch die Gleichstellung der emancipirten Kinder, gewährte aber den Verletzten nur die Befugniß, durch eine rechtzeitig erbetene bonorum possessio das Testament unter Aufrechterhaltung etwaiger Enterbungen, gewisser Vermächtnisse ꝛc. umzustoßen. Neben dem formellen Notherbenrecht, das auf die Ehre, als „Erbe“ erwähnt zu werden, hinauslief, entwickelte sich in der Kaiserzeit das materielle Notherben- oder Pflichttheilsrecht. Die nächsten Verwandten empfanden es wie eine Schmach, vom Erblasser nicht mit einem genügenden Bruchtheil seines Vermögens bedacht zu sein. Um die schuldlos erlittene Beleidigung gründlich zu sühnen, sagten sie dem Testator nach, daß er nicht recht bei Sinnen gewesen sei, und setzten es auf Grund dieser Beschwerde durch, in Höhe ihrer Intestatportion als Erben berufen zu werden. Justinian hat beide Systeme in Novelle 115 vereinigt. Jeder Testator soll seine Descendenten und Ascendenten entweder auf ihren Pflichttheil zu Erben ernennen oder aus einem gesetzlichen Grunde enterben, widrigenfalls die Erbeseinsetzungen, insoweit der Intestattheil des Verletzten reicht, ihre Kraft verlieren. Nur für den Fall, daß der Testator seinen Anverwandten als Erben ehrte, ihm aber den

Pflichttheil unter Beschränkungen oder nicht in voller Höhe hinterließ, wird von einem Eintritt der Intestatfolge abgesehen, und eine Abnahme der Last oder eine Ergänzung des Fehlbetrages verordnet.

Das gemeine Recht ruht auf den Vorschriften Justinians. Doch hat die Praxis die Ehrenform der Erbeseinsetzung aufgegeben und jede letztwillige Zuwendung für ausreichend erklärt.

Im preußischen Recht gilt der Pflichttheil als ein reiner Vermögensanspruch. Der Verletzte wird nicht Intestatfolger, sondern fordert von den eingesetzten Erben, daß sie ihm nach Verhältniß ihrer Erbportionen den Pflichttheil abgeben.

§ 37.

Altciviles Notherbrecht.

D. 28, 2. de liberis et postumis heredibus instituendis vel exheredandis.

A. Berechtigte.
B. Inhalt.
Erbeseinsetzung oder gehörige Enterbung.
C. Folgen der Verletzung.
Bei Präterition eines Sohnes oder von Töchtern, Enkeln.

A. Berechtigte.

Als Notherben gelten die sui des Erblassers, d. h. die Hauskinder, welche entweder zur Zeit des errichteten Testaments unter seiner unmittelbaren Gewalt stehen oder später in dieselbe gelangen. Zu Letzteren (postumi) gehören: 1. die Personen, über welche der Erblasser nach Errichtung des Testaments die directe Gewalt erwirbt, sei es in Folge ihrer Nachgeburt, sei es weil der dazwischen stehende Haussohn durch Tod oder Emancipation wegfällt, sei es künstlich durch Rechtsgeschäfte wie Manusehe, Adoption, und 2. die Kinder, Enkel ꝛc., welche nach dem Tode des Testators geboren werden, aber bei seinen Lebzeiten schon concipirt waren und, falls er länger gelebt hätte, in seine unmittelbare Gewalt gekommen wären (legitimi, Aquiliani S. 91). Um die Ruption des Testaments durch den Eintritt solcher postumi zu verhüten, ließ man Formeln zu, welche ihre vorsorgliche Erwähnung ermöglichten. Dies geschah zuerst für postumi legitimi und Aquiliani. Hülfe gegen die quasi postumi, welche dem Testator noch bei Lebzeiten erstanden, brachte die l. Junia Velleja um 11 n. Chr. Sie bezog sich im ersten Capitel auf sui, deren Geburt nach Errichtung des Testaments erfolgt (Vellejani primi), und im zweiten Capitel auf Descendenten, die zwar vor errichtetem Testament geboren sind, aber später durch Wegfall der Mittelsperson zu sui des Erblassers werden (Vellejani secundi). In diesem Geiste schritt die Doctrin weiter. Salvius Julianus vereinigte beide Capitel der l. Velleja, indem er Descendenten berücksichtigte, welche nach errichtetem Testament geboren werden und hinterher durch Wegfall eines Zwischensohnes in die unmittelbare Gewalt des Testators einrücken (postumi Salviani oder Juliani). Von derartigen Fällen handelt die verrufene l. 29 D. ht., welche man nach ihrem Urheber ,lex Gallus' nennt. In der Zeit nach Gaj. II § 140 wurde der Nachgeburt die Annahme an Kindesstatt gleichgestellt l. 23 § 1 D. ht. und schließlich für alle postumi in bestimmten Formeln die Einsetzung, meist auch die Enterbung gestattet.

B. Inhalt.

Die Notherbberechtigten müssen im Testament entweder zu Erben eingesetzt oder gehörig enterbt werden. ,vel instituendi, vel exheredandi.'

Bei der Erbeseinsetzung kommt es auf die Höhe des hinterlassenen Bruchtheils nicht an. Die Zufügung einer Potestativbedingung ist statthaft, weil dadurch der suus das Vorrecht der Ausschlagung erhielt. l. 4, 86 D. 28, 5. Die Einsetzung eines Haussohns unter casueller Bedingung genügt nur, wenn unter entgegengesetzter Bedingung die Enterbung ausgesprochen ist. l. 28 pr. D. ht.; l. 6 § 1 D. 28, 5.

Eine gehörige Enterbung setzt voraus, daß sie für Söhne ‚nominatim, ab omni gradu‘, für Töchter sowie Enkel wenigstens ‚inter ceteros‘ und stets ‚a tota hereditate‘ geschieht. Auf die Angabe oder das Dasein eines Exheredationsgrundes kommt es nicht an. Söhne, sei es nati sei es postumi, sind „namentlich" zu enterben, z. B. mit den Worten ‚Titius filius meus exheres esto‘ oder ‚quicunque mihi filius genitus fuerit, exheres esto‘. Ihre Exheredation muß sich „gegen alle Grade" der Erbeinsetzung richten, also bei Substitutionen sowohl gegen den instituirten als gegen den substituirten Erben. Anstatt die Enterbungsformel hinter jedem Grad zu wiederholen, kann der Testator ausdrücklich erklären, daß sie sich auf alle Grade beziehe. Dies gilt für eine an den Anfang des Testamentes gesetzte Exheredation selbstverständlich; dagegen wirkt eine zwischen zwei Grade gestellte nur gegen diese beiden und eine hinter allen Graden genannte insoweit, als der Testator nachweislich wollte. l. 3 § 3–5 D. ht; l. 1 C. 6, 28. Für Töchter und Enkel reicht eine Enterbung unter einem Gesammtausdruck hin, z. B. mit den Worten ‚ceteri exheredes sunto‘. In allen Fällen gehört zu einer gültigen Exheredation, daß sie sich auf die ganze Erbschaft und nicht blos auf einzelne Theile oder Sachen erstreckt. l. 19 D. ht.

C. Folgen der Verletzung.

Sie beziehen sich nicht auf Soldatentestamente § 6 J. 2, 13 und treten bei bürgerlichen Testamenten ein, wenn darin ein Notherbberechtigter präterirt, d. h. weder als Erbe erwähnt noch in gehöriger Form enterbt ist. Daß ihm beträchtliche Vermächtnisse zugewandt sind, bleibt hier unerheblich.

Die Präterition eines Sohnes, mag er zur Zeit des errichteten Testaments bereits leben oder dem Erblasser späterhin erstehen, macht das Testament nichtig (ruptum). Dies erklärt sich aus der auf die Oeffentlichkeit der alten Testamente gegründeten Annahme, daß der Testator sich im Irrthum über das Dasein seiner Söhne befunden habe. Freilich spielt Paulus in l. 11 D. ht. auf ein Miteigenthum der Haussöhne am Familienvermögen an, das mit dem Tode des Vaters Mangels eines förmlichen Ausschlusses frei werde. Das in Folge der Präterition eines Sohnes nichtige Testament kann dadurch nicht gültig werden, daß der Verletzte vor dem Erblasser verstirbt. ‚semel ruptum, semper ruptum.‘ Eine entgegengesetzte mildere Ansicht der Proculianer vermochte sich in Rom nicht zu behaupten. Gaj. II § 123. Die Folge der Nichtigkeit des Testaments ist, daß die in einer früheren letztwilligen Verfügung berufenen Testamentserben oder, falls es daran fehlt, die Intestaterben eintreten. Zu Letzteren gehören auch die Notherbberechtigten, ohne daß es eines Anstoßes ihrerseits bedarf, und selbst wenn sie aus Pietät gegen ihren Vater die Aufrechterhaltung seines Testaments wünschen.

Bezieht sich die Präterition eines bei Errichtung des Testamentes lebenden Sohnes blos auf einen einzelnen Grad der Erbeinsetzung, so fällt dieser Grad hin, während die übrigen Grade, denen eine ordnungsmäßige Institution oder Exheredation beigefügt ist, bestehen bleiben. l. 14 § 1 D. ht. Also erbt, wenn der Sohn gegenüber dem Instituten präterirt und gegenüber dem Substituten enterbt ist, allein Letzterer. l. 3 § 6 D. ht. Die Entscheidung dieses Falles lautet für postumi anders, weil deren spätere Agnascirung ein an sich gültiges Testament rumpirt. Sie schließen, sofern zur Zeit ihres Eintritts der Institut noch nicht fortgefallen ist, nicht nur diesen, sondern auch den Substituten aus und werden selbst Erben. l. 5 D. 28, 3. Umgekehrt, wenn ein Sohn gegenüber dem Instituten enterbt und gegenüber dem Substituten präterirt ist, behält es bei der Einsetzung des Ersteren sein Bewenden; verliert derselbe aber durch Tod oder Verzicht seine Delation, so tritt an seine Stelle nicht der Substitut, sondern der Sohn als Intestaterbe. Hierbei macht es keinen Unterschied, ob der präterirte Sohn bei Errichtung des Testaments bereits lebte, oder erst nachher erstand. l. 8 D. ht.

Die Präterition von Töchtern und Enkeln bewirkt nur eine Reduction des Testaments. Sie werden als Miterben behandelt ‚accrescunt' und erhalten neben eingesetzten Sui einen Kopftheil und von instituirten Fremden die Hälfte. Gaj. II § 124.

§ 38. D. 37, 4 de bonorum possessione contra tabulas.

Prätorisches Notherbrecht.

A. Berechtigte.
B. Inhalt.
C. Folgen der Verletzung.
Bei Ertheilung der b. p. contra tabulas.
In Ermangelung eines derartigen Gesuchs.

A. Berechtigte.

Notherben sind die liberi, welche das Edict in erster Klasse zur Intestatfolge beruft, d. h. außer den sui des Erblassers seine emancipirten Kinder S. 119.

B. Inhalt.

Die civilen Formen sind vielfach abgeschwächt. Die Erbeseinsetzung unter einer casuellen Bedingung, die später eintritt, genügt, auch ohne daß die Enterbung auf den entgegengesetzten Fall ausgesprochen ist. l. 3 § 12–13 D. ht. Die Exheredation von Personen männlichen Geschlechts soll unter besonderer Angabe ihrer Namen erfolgen, wogegen für Frauen eine sie allgemein umfassende Bezeichnung ausreicht. § 3 J. 2, 13.

C. Folgen der Verletzung.

Der Prätor wird von dem Gedanken geleitet, daß das Notherbrecht allein zu Gunsten der Kinder bestimmt sei und Dritten keine Vortheile bringen dürfe. In diesem Sinne giebt er den im Testament präterirten liberi auf ihr rechtzeitiges Gesuch eine bonorum possessio contra tabulas, hält aber, falls es an einem gehörigen Antrag fehlt, das Testament aufrecht. Freilich steht es nicht in der Macht des Prätors, das Civilrecht zu durchbrechen. Daher gilt die civile Regel, daß ein den Haussohn präterirendes Testament nichtig ist, grundsätzlich weiter.

Die Ertheilung der bonorum possessio contra tabulas setzt

ein rechtzeitiges Gesuch Seitens eines notherbberechtigten, im Testament präterirten Kindes voraus. Das Testament muß nach prätorischem Recht gültig sein, wobei es auf den Zeitpunkt des Todes des Erblassers ankommt. Die Nichtigkeit des Testaments wegen Verletzung eines Haussohns, oder die Destitution des Testaments, weil nach dem Hinscheiden des Testators alle eingesetzten Erben vor Erwerb der Erbschaft wegfallen, hindern den Antrag nicht. l. 16 D. 37, 5; l. 19 D. ht. Ist ein notherbberechtigtes Kind gegenüber dem im ersten Grad ernannten Erben präterirt und gegenüber dem Substituten exheredirt, so kann es gegen Letzteren auftreten, sofern derselbe den Erblasser überlebte. l. 8 § 5 D. ht. Der Antragsteller erringt durch die bonorum possessio contra tabulas seine Intestatportion. Doch wird das Testament nur theilweise vernichtet. Von seinem Inhalt bleiben in Kraft: die Exheredationen l. 8 pr., l. 10 § 5 D. ht., die Pupillarsubstitutionen l. 34 § 2 D. 28, 6, ferner nach dem edictum de legatis praestandis D. 37, 5. die Vermächtnisse an Descendenten und Ascendenten des Erblassers, soweit sie nicht einen Kindestheil der Contratabulanten übersteigen, sowie das Vermächtniß an die Ehefrau des Erblassers, das ihr die Rückgabe der Dos oder eines entsprechenden Gegenwerthes dafür zusichert. Durch die Aufrechterhaltung der Exheredationen vergrößern sich die Intestattheile der nicht enterbten Kinder verhältnißmäßig. Sind von den Kindern Einzelne eingesetzt, Andere präterirt, so gewährt der Prätor auch Ersteren die bonorum possessio contra tabulas. Demnach kann es einem instituirten Suus zum Nutzen gereichen, wenn neben ihm ein Emancipirter verletzt ist. Denn während er sich sonst mit dem winzigen ihm zugedachten Erbtheil beruhigen müßte, kann er ‚commisso per alium edicto' seine Intestatportion fordern. l. 3 § 11, l. 8 § 14 D. ht. Dieser Vortheil kommt auch den in Adoption gegebenen Söhnen des Erblassers als eingesetzten Erben zu gute, obwohl sie gar nicht zu den liberi ihres natürlichen Vaters zählen. l. 8 § 11–13 D. ht.

Das prätorische Notherbrecht schließt das civile nicht aus. Ein präterirter Haussohn, mag er die bonorum possessio contra tabulas erbitten oder sich auf die civile Ruption des Testaments berufen, erhält seine volle Intestatportion und braucht die Legate, insoweit sie ihm zur Last fallen, nicht zu tragen. l. 15 pr., l. 16 D. ht. Mit einem wegen Verletzung eines civilen Notherben nichtigen Testamente verlieren auch die darin verfügten Exheredationen ihre Kraft. l. 12 § 5 D. 38, 2. Doch schützt der Prätor, falls ein Suus präterirt und ein Emancipatus exheredirt ist, Letzteren durch eine bonorum possessio ab intestato bis auf die Hälfte des Nachlasses. l. 20 pr. D. ht.; l. 32 D. 28, 2.

In Ermangelung eines Gesuchs um bonorum possessio contra tabulas — sei es, daß die präterirten liberi bereits vor dem Erblasser weggefallen sind, sei es, daß sie die Frist verabsäumt oder die letztwillige Verfügung anerkannt haben, l. 10 § 3, l. 14 pr., l. 15 D. ht. — wird die im Testament angeordnete Erbfolge möglichst durchgeführt. Die eingesetzten Erben sind nun befugt, eine bonorum possessio secundum tabulas zu beantragen. l. 2 pr. D. 37, 11. Dieselbe bringt jedenfalls durch (cum re), wenn es sich um die Verletzung eines blos prätorischen Notherben handelt. Wie aber stellt sich ihre Wirkung bei Präterition eines Suus? Nach einem Rescript Hadrians soll ein Testament dadurch nicht mehr beeinträchtigt werden, daß ein später erstandener und nicht erwähnter Postumus noch vor dem Ableben des Erblassers fortfällt. l. 12 pr. D. 28, 3. Eine analoge Ausdehnung dieser Vorschrift auf einen bei Errichtung des Testaments bereits lebenden, trotzdem übergangenen, aber vor dem Erblasser verstorbenen Haussohn geht nicht an. Vielmehr ist in einem solchen Fall die bonorum possessio der Testamentserben wirkungslos (sine re), es sei denn, daß sie zugleich die nächsten Intestaterben sind. l. 7 D. 28, 2. Falls der präterirte Suus den Testator überlebte, kann nur seine Erklärung, abstiniren zu wollen, aber nicht sein späterer Tod den instituirten Erben Hülfe bringen.

§ 39. D. 5, 2 de inofficioso testamento.

Pflichttheilsrecht der Kaiserzeit.

A. Berechtigte.
B. Inhalt.
I. Höhe des Pflichttheils.
II. Berechnung.
III. Einrechnung in den Pflichttheil.
C. Folgen der Verletzung.
I. Durch Testament.
Querela inofficiosi testamenti.
Besonderheiten und Natur derselben.
a) Kläger.
b) Beklagte.
c) Ausgang.
Bei Abweisung, im Fall des Sieges.
II. Durch Rechtsgeschäfte unter Lebenden.
Querela inofficiosae donationis und dotis.

Der Ursprung des Pflichttheilsrechtes liegt gegen Ende der Republik in der Praxis des Centumviralgerichts, das in Erbschaftssachen Recht sprach. Seine weitere Ausbildung sowie Befestigung erfolgte durch die Doctrin und Gesetzgebung der Kaiserzeit. Es besteht neben dem formellen Notherbrecht, das erst durch die Reformen Justinians eingeschränkt wurde.

A. Berechtigte.

Pflichttheilsberechtigt sind die Descendenten, Ascendenten und Geschwister des Erblassers, soweit sie in Ermangelung eines Testaments zur gesetzlichen Erbfolge berufen sind.

Auf die agnatische Verbindung mit dem Erblasser kommt es nicht an. Daher steht das Pflichttheilsrecht nicht blos emancipirten Kindern zu, sondern auch Töchterenkeln gegen ihren mütterlichen Großvater, unehelichen Sprößlingen gegen ihre Mutter und deren Ascendenten, sowie umgekehrt. l. 4–5, l. 29 § 1 D. ht. Auch Descendenten, welche dem Erblasser nach Errichtung des Testaments oder nach seinem Tode geboren werden, haben ein Pflichttheilsrecht, vorausgesetzt, daß Letztere sich bereits zu der Zeit, wo Testator verstarb, im Mutterleibe befanden. l. 6 pr. D. ht. Die Arrogation und vollkommene Adoption begründen einen gegenseitigen Pflichttheilsanspruch zwischen dem Annehmenden und dem Angenommenen, heben aber derartige Beziehungen des Letzteren zum leiblichen Vater auf. Das unvollkommen adoptirte Kind gewinnt weder ein neues Pflichttheilsrecht gegen den Adoptivvater, noch verliert es das ihm in der natürlichen Familie gebührende. l. 10 C. 8, 48 (47). Bei Geschwistern zeigt sich im neueren Recht der Einfluß des Agnatenverbandes noch insofern, als nur die vollbürtigen und von den halbbürtigen diejenigen, welche denselben Vater gemein haben (consanguinei), pflichttheilsberechtigt sind. Constantin macht den Anspruch der Geschwister von der Bedingung abhängig, daß ihnen im Testament eine ‚persona turpis‘,

d. h. eine wegen unsittlichen Lebenswandels übel beleumundete Person (levis notae macula) vorgezogen ist. l. 27 C. 3, 28.

Unter den Pflichttheilsberechtigten gilt im einzelnen Falle Derjenige für befugt, welcher der nächste Intestaterbe des Verstorbenen ist. l. 6 § 1 D. ht. Folglich treten unter Justinian in erster Reihe die Descendenten auf, sodann die Ascendenten und vollbürtigen Geschwister, zuletzt die halbbürtigen Geschwister vom Vater her. Dagegen steht, wenn der Testator mit Hinterlassung vollbürtiger Nichten und eines halbbürtigen Bruders verstarb, Letzterem kein Anspruch zu, weil er zwar der nächste Pflichttheilsberechtigte, aber nach nov. 118 nicht der nächste Intestaterbe ist.

B. Inhalt.

Den Pflichttheilsberechtigten soll aus dem Vermögen des Erblassers eine gewisse Quote (portio legitima) zufließen.

I. Höhe des Pflichttheils.

Der Pflichttheil betrug Anfangs nach dem Vorbild der Falcidischen Quart $^1/_4$ der Intestatportion. l. 8 § 6 D. ht.; l. 31, 36 § 1 C. 3, 28. Justinian erhöht ihn in nov. 18 auf $^1/_3$ und, falls mehr als vier Anwärter vorhanden sind, auf $^1/_2$ der Intestatportion. Dabei zählen Enkel, mögen sie von demselben Stamm oder aus verschiedenen Linien herrühren, nach Köpfen. Exheredirte rechnen mit, was freilich zu einer Verkürzung der Intestatportion führt, aber schließlich eine Vergrößerung des Pflichttheils bewirken kann. l. 8 § 8 D. ht. ‚exheredatus partem facit ad minuendam, numerum ad augendam legitimam.‘ Will z. B. der Testator eins von seinen fünf Kindern enterben und die anderen vier auf ihren Pflichttheil setzen, so beträgt für jedes der letzteren die Intestatportion $^1/_5$ und der Pflichttheil $^1/_2$ davon, also $^1/_{10}$ des väterlichen Nachlasses. Ohne Einrechnung des Exheredirten würde sich die Intestatportion für jedes zu bedenkende Kind auf $^1/_4$ stellen und der Pflichttheil auf $^1/_3$ derselben, d. h. im Ganzen nur auf $^1/_{12}$. Dem Exheredirten ist die unbemittelte Wittwe, welche Kindestheil erhält S. 124, gleich zu achten.

II. Berechnung.

Der Pflichttheil wird aus dem Vermögen ermittelt, welches der Erblasser hinterließ. Für den Ansatz der einzelnen Posten ist der Todestag maßgebend. l. 6 C. 3, 28. Zu den Activen gehören baares Geld, andere Sachen und Rechte nach ihrem gemeinen Schätzungswerthe, einziehbare Forderungen zu ihrem discontirten Betrage. Als Passiven gelten außer den zu erfüllenden Erbschaftsschulden auch die Beerdigungskosten, aber nicht der zur Liquidation des Nachlasses erforderliche Aufwand. l. 8 § 9 D. ht. In dem Ueberschuß der Activen über die Passiven besteht der reine Nachlaß. Davon wird für jeden Berechtigten gesondert die Intestatportion und von dieser der Pflichttheil berechnet, welcher sich schließlich auf eine bestimmte Summe stellt. Im Streitfalle kann der Pflichttheilsberechtigte begehren, daß ihm der Testamentserbe ein vollständiges Nachlaßverzeichniß vorlege und die Richtigkeit desselben durch einen Offenbarungseid versichere.

III. Einrechnung in den Pflichttheil.

Auf die Art, in welcher der Pflichttheil gewährt wird, kommt es nicht an, wenn ihn nur der Erblasser aus seinem eignen Vermögen voll und unbelastet zuwandte. Daher muß sich der Berechtigte nicht blos alles das auf seinen Pflichttheil anrechnen lassen, was er letztwillig vom Testator erhielt, wie Erbtheile und Vermächtnisse, denen Schenkungen auf den Todesfall gleichstehen, l. 8 § 6 D. ht.; l. 3 § 19 D. 38, 2 — sondern auch den Gewinn aus gewissen Zuwendungen des Erblassers unter Lebenden. § 6 J. 2, 18. Unter letztere Gattung fallen die Dos, die donatio ob militiam und propter nuptias l. 29, l. 30 § 2 C. 3, 28, sowie jede Schenkung, die unter dem ausdrücklichen Vorbehalt der Einrechnung erfolgte l. 25 pr. D. ht.; l. 35 § 2 C. 3, 28. Viele folgern aus l. 36 pr. C. 3, 28, daß der Erwerb durch Erbgang dem Pflichttheilsberechtigten unmittelbar ‚ex ipsa substantia' zufließen müsse, also Substitutions- und Accrescenztheile, welche durch Wegfall eines Miterben an ihn gelangen, nicht zur Einrechnung taugen. Doch will Justinian mit den Worten ‚si quid filius lucratus est vel ex substitutione vel ex jure accrescendi, ut puta ususfructus' nur solche Werthe von der Einrechnung ausschließen, die gar nicht zum eignen Vermögen des Erblassers gehören, z. B. successive Legate, die in seiner Familie erblich sind, und die er vermöge des ihm gebührenden Bestimmungsrechtes des Substituten seinem Sohn auf den Pflichttheil zuwies.

C. Folgen der Verletzung.

I. Durch Testament.

Der Pflichttheilsberechtigte, welcher gar Nichts oder zu Wenig oder zwar die gesetzliche Portion aber unter Einschränkungen erhielt, kann das Testament in Höhe seines Intestattheils vermittelst der **querela inofficiosi testamenti** umstoßen (rescindere). Nur Soldatentestamente sind davon befreit. l. 8 § 3–4, l. 27 § 2 D. ht.

Als Handhabe der Anfechtung dient die fictio coloris insaniae, welche der Verletzte dem lieblosen Testator andichtet, um die durch grundlose Uebergehung oder ungenügende Bedenkung widerfahrene Unbill (injuria l. 4, l. 8 pr. D. ht.; indignatio l. 22 pr. D. ht.) abzuwaschen. l. 5 D. ht. Aus dieser Grundidee eines Ehrenhandels erklären sich die Besonderheiten der Querel. Sie ist subsidiär, und kommt dann nicht zur Anwendung, wenn dem Verletzten ein anderer Weg, z. B. unter Berufung auf sein formelles Notherbrecht offen steht. § 2 J. 2, 18; l. 28 D. ht. Sie ist als actio vindictam spirans hochpersönlich und erlischt durch den Tod des Verletzten. Auf seine Erben geht sie erst nach Erhebung oder wenigstens nach einer ihren Gebrauch vorbereitenden Erklärung über. l. 6 § 2, l. 7 D. ht. Nur auf Descendenten vererbt sie sich ohne Weiteres. l. 34 C. 3, 28. Sie verjährt nach dem Vorbild der Statusklagen in fünf Jahren seit dem Erbschaftsantritt der Testamentserben. l. 16 C. 3, 28. Doch sollen sich Letztere im Interesse einer schleunigen Regulirung in sechs Monaten und bei Wohnsitz in einer anderen Provinz, als in welcher der Pflichttheilsberechtigte lebt, binnen einem Jahr nach dem Tode des Testators erklären. l. 36 § 2 C. 3, 28. Endlich geht die Querel durch Anerkennung des Testaments verloren, die auch mittelbar in der Repudiation der Klage, in der Annahme von Vermächtnissen, in Vergleichen mit den eingesetzten Erben rc. liegt. l. 17 pr., l. 8 § 10, l. 23 § 1, l. 31 § 3–4, l. 32 pr. D. ht.; l. 35 § 1 C. 3, 28.

Die Querel hat die Natur einer modificirten hereditatis petitio. l. 20 D. ht. Der Verletzte beruft sich auf die Geisteszerrüttung des pflichtvergessenen Erblassers und bittet in Folge dessen, sein Intestaterbrecht wieder herzustellen und das Testament insoweit zu rescindiren. Allein der ungeheuerliche Ausweg, den Testator noch im Grabe für verrückt zu erklären, führt zu keinen weiteren Schlüssen, wie etwa zur Vernichtung des ganzen Testaments, weil es von einem Zurechnungsunfähigen herrühre. l. 2 D. ht.; pr. J. 2, 18.

a) **Kläger** ist der nach der Intestatordnung zunächst stehende verletzte Pflichttheilsberechtigte. Kann oder will er die Querel nicht anstellen, so geht dieselbe auf den nächstberechtigten Intestatfolger und Pflichttheilsverwandten über (successio in querelam). l. 14, l. 31 pr. D. ht. Der Besitz des Nachlasses hindert die Erhebung der Querel nicht, die dann die Gestalt einer contradictio annimmt. l. 8 § 13 D. ht.

b) **Beklagte** sind die eingesetzten Erben nach Antritt der Erbschaft, sowie die an Erbesstatt stehenden Personen wie Universalfideicommissar, Fiscus und deren Rechtsnachfolger. l. 8 § 10 D. ht.; l. 1, 10 C. 3, 28. Sie brauchen sich nicht grade im Besitz von Nachlaßsachen zu befinden. Vermächtnißnehmer des pflichtwidrigen Testaments können nicht selbständig, sondern nur zugleich mit den eingesetzten Erben belangt werden. Doch steht den Legataren, um eine Collusion der instituirten Erben mit den Pflichttheilsberechtigten zu verhüten, das Recht der Intervention und Berufung in schwebender Querel zu. l. 29 pr. D. ht.; l. 14 pr. D. 49, 1. Die Klage kann gegen alle Erben oder gegen einzelne von ihnen gerichtet werden. l. 25 § 1 D. ht. Beim Centumviralgericht war im Fall einer Querel gegen mehrere Erben folgender Geschäftsgang üblich. Das Gericht hörte in Plenarsitzung die Parteivorträge an, schied sich aber dann in Senate (consilia), von denen jeder die Sache des Klägers gegen einen der Beklagten selbständig berieth und entschied. Dadurch wurde ein verschiedenes Urtheil gegen dasselbe Testament möglich. l. 10 pr., l. 24 D. ht.

c) Der **Ausgang** hängt von der Rücksichtnahme auf die Persönlichkeit der Betheiligten ab. Bisweilen erscheint eine Enterbung des Pflichttheilsberechtigten völlig begründet. Dies ist der Fall ‚notae causa‘, wenn er sich unwürdig gegen den Erblasser benahm, und ‚bona mente‘, d. h. in wohlwollender Absicht gegen den Enterbten selbst, der überschuldet oder verschwendungssüchtig ist und deshalb blos die zu seinem Unterhalt nöthigen Einkünfte des Pflichttheils erhielt. l. 18 D. 28, 2; l. 16 § 2 D. 27, 10; l. 12 § 2 D. 38, 2; l. 25 C. 3, 28. Auf den Ruf der eingesetzten Erben kommt es an, wenn sie Geschwistern des Erblassers vorgezogen sind.

Bei Abweisung der Querel verbleibt es bei der angefochtenen Erbeseinsetzung, und Kläger verwirkt überdies, weil er das Andenken des Erblassers leichtfertig schmähte, jede Zuwendung aus dem Testament an den Fiscus. l. 8 § 14 D. ht.

Der Sieg mit der Querel hat zur Folge, daß die Einsetzung des beklagten Testamentserben rescindirt und an deren Statt dem Kläger die Intestatfolge eröffnet wird. l. 8 § 16 D. ht. Doch beschränkt sich die Wirkung auf die Parteien. Weder wird das ganze Testament vernichtet, noch tritt Intestatfolge zu Gunsten aller Mangels einer letztwilligen Verfügung berufenen Personen ein. Daher findet sich, wenn das Urtheil nicht gegen alle eingesetzten Erben erging, eine theilweise Rescission des Testaments, so daß hier der Satz ‚nemo pro parte testatus, pro parte intestatus decedere potest' eine Ausnahme erleidet. l. 15 § 2 D. ht. Andererseits kommt, falls Testator unter grundloser Uebergehung seines Vaters und seiner vollbürtigen Brüder eine sittlich makelfreie Person zu seinem Erben ernannte, die auf Querel des verletzten Ascendenten eröffnete Intestatfolge nur diesem, aber nicht den mit ihm in gleicher Klasse der Novelle 118 berufenen Geschwistern des Erblassers zu gute. l. 16 pr. D. ht. Mit dem Umsturz der Testamentsportion fallen auch die Vermächtnisse, so weit sie auf ihr lasten. l. 13 C. 3, 28; l. 17 § 1, l. 28 D. ht. Mag oder kann einer von mehreren gleich nahen Pflichttheilsberechtigten die Querel nicht erheben, so wächst sein Intestattheil seinen siegreichen Genossen zu. l. 17 pr., l. 23 § 2 D. ht.

II. Durch Rechtsgeschäfte unter Lebenden.

Um zu verhindern, daß der künftige Erblasser schon bei Lebzeiten seine Pflichttheilsberechtigten durch übermäßige Freigebigkeiten verkürze, ist die **querela inofficiosae donationis und dotis** eingeführt. Sie setzt eine Schenkung oder Ausstattung von solcher Höhe voraus, daß der übriggebliebene Vermögensbestand nicht ausreicht, um den Gesammtbetrag der Pflichttheile, wie er sich vor der Zuwendung stellen würde, zu decken. l. 7 C. 3, 29; l. un. C. 3, 30. Dabei kommt es nicht auf die bösliche Absicht der Verkürzung, sondern nur auf das thatsächliche Uebermaß der Zuwendung an. Späterer Erwerb Seitens des künftigen Erblassers, wodurch sich freilich auch der Pflichttheil verhältnißmäßig erhöht, kann die Verletzung wieder ausgleichen. nov. 92 c. 1; l. 8 § 1 C. 3, 29. Die Klage steht den grundlos verletzten Pflichttheilsberechtigten (auch Geschwistern?) zu und richtet sich gegen die Empfänger der Zuwendung bzw. deren Erben, aber nicht gegen dritte Erwerber. Sie ist nach dem Vorbild der querela inofficiosi testamenti subsidiär, verjährt in fünf Jahren und geht durch jedes Anerkenntniß der Zuwendung verloren. l. 4, 9, 6 C. 3, 29. Dagegen wird ihr hochpersönlicher Charakter bestritten. Ihr Ziel besteht nicht, wie aus l. 87 § 3 D. de leg. II hervorzugehen scheint, in der Verschaffung der vollen Intestatportion für den Kläger, sondern darin, seinen Pflichttheil auf die Höhe, welche ihm vor der Freigebigkeit zukam, zu bringen. l. 8 pr. C. 3, 29. Daher wird die Zuwendung blos insoweit rescindirt, als zur Ergänzung des Fehlbetrages nöthig ist. Bei mehrfachen Geschenken bzw. Aussteuern, die zusammengerechnet ein Uebermaß ergeben, ist zu unterscheiden, ob sie gleichzeitig oder hinter einander erfolgten. Im ersteren Fall wird eine jede der Zuwendungen verhältnißmäßig gemindert, im anderen Fall die letzte zunächst und so rückwärts fort, bis der dem Kläger gebührende Pflichttheil erreicht ist.

§ 40.

Justinians Reformen.

A. Vor Erlaß der Novelle 115.

Im Anfang seiner Regierung versucht Justinian, den von ihm übernommenen und dem Geist seiner Zeit wenig entsprechenden Zustand des formellen und materiellen Notherbrechts durch Palliativmittel umzugestalten. Er verlangt für alle formellen Notherben entweder Erbeseinsetzung mit einer für postumi erleichterten Ausdrucksform l. 4 C. 6, 29 oder ohne Unterschied des Geschlechts „namentliche" Enterbung, widrigenfalls das Testament, gleichviel ob es sich um Söhne, Töchter oder Enkel handelt, nichtig sein soll l. 4 C. 6, 28; § 5 J. 2, 13, und erhöht in der schon S. 138 erwähnten nov. 18 die Pflichttheilsquote.

Ein neuer Rechtsgedanke greift in den Vorschriften über theilweise Verletzung des Pflichttheils Platz. Daraus soll dem Berechtigten nicht mehr wie früher eine querela inofficiosi testamenti behufs Erlangung der Intestatportion erwachsen, sondern blos die Befugniß, sich den unbeschränkten Genuß seines vollen Pflichttheils zu verschaffen.

Wer nur im Betrage des ihm gebührenden Pflichttheils verkürzt ist, kann von den eingesetzten Erben verhältnißmäßige Ergänzung des Fehlenden beanspruchen. Doch brauchen Letztere, falls sie selbst pflichttheilsberechtigt sind, blos insoweit beizutragen, als ihnen Etwas über ihre Intestatportion zugewandt ist. Die Klage (actio ad supplendam legitimam) hat die Natur eines rein vermögensrechtlichen Anspruchs. Sie ist — im Gegensatz zu den Besonderheiten der querela inofficiosi testamenti — vererblich, verjährt erst in dreißig Jahren, geht nicht dadurch unter, daß Kläger das Testament anerkannte, und macht ihn im Fall der Abweisung nicht unwürdig, die ihm vom Testator hinterlassenen Vortheile zu erwerben bzw. zu behalten. l. 30, 31, 36 pr. C. 3, 28; § 3 J. 2, 18.

Wer den Pflichttheil voll, aber unter Lasten wie Bedingungen, Auflagen, Nachvermächtnissen erhielt, ist kraft des Gesetzes von diesen Schranken befreit. l. 32 C. 3, 28. Will Testator den Pflichttheilsberechtigten beschränken, so empfiehlt es sich, ihm mehr als die gesetzliche Portion zu hinterlassen und die Last auf den Ueberschuß zu legen. Dann hat der Bedachte die Wahl, entweder die ganze Zuwendung gegen Erfüllung der Last zu begehren oder sich allein mit dem unbeschwerten Pflichttheil zu begnügen. Diese Vorsichtsmaßregel heißt nach ihrem Vertheidiger Marianus Socinus aus Siena (gest. 1556) cautela Socini.

B. Novelle 115 c. 3–5.

In diesem Erlaß aus dem Jahre 542 führt Justinian eine Verschmelzung des formellen und materiellen Notherbrechts durch.

I. Inhalt.

Der Testator soll seine pflichttheilsberechtigten Descendenten und Ascendenten entweder zu Erben einsetzen oder unter Angabe eines gesetzlichen Grundes enterben.

Die Erbeinsetzung kann auf eine bestimmte Sache oder Summe erfolgen, auch unter einer Bedingung, deren Erfüllung vom reinen Willen des Bedachten abhängt. Auf die Höhe der Einsetzung kommt es nicht an, wenn nur dem Bedachten der volle Pflichttheil aus dem Vermögen des Erblassers zufließt. Für die Enterbung ist keine Form vorgeschrieben, sondern blos die ausdrückliche Anführung einer im Gesetz bestimmten Ursache, deren Richtigkeit im Streitfalle der Testamentserbe zu beweisen hat. Solcher Enterbungsgründe, die stets ein Verschulden des Thäters voraussetzen, giebt es: 1. für Ascendenten gegenüber ihren Descendenten vierzehn, nämlich wenn die Kinder ihren Eltern nach dem Leben trachteten, ihnen Thätlichkeiten oder grobe Beleidigungen zufügten, gegen sie eine peinliche Anklage (außer wegen schwerer politischer Verbrechen) erhoben, sie durch falsche Anschuldigungen in beträchtliche Verluste brachten, sie trotz eignen Vermögens nicht aus Gefängnißhaft oder Kriegsgefangenschaft loslösten, sie während einer Geisteskrankheit verließen, sie am Testiren hinderten, wenn der Sohn mit der Ehefrau oder Concubine seines Vaters Blutschande trieb, wenn die Tochter sich einem sittenlosen Lebenswandel ergab (es sei denn, daß sie über 25 Jahr alt und durch Säumniß ihrer Eltern noch nicht passend verheirathet ist), wenn die Kinder sich einer Giftmischerbande anschlossen, wenn sie gegen den Willen ihrer Eltern, die nicht selbst das gleiche Gewerbe treiben, Schauspieler oder Gaukler wurden, endlich wenn die Kinder trotz Rechtgläubigkeit ihrer Eltern in Ketzerei verfielen, — 2. für Descendenten gegenüber ihren Ascendenten acht, nämlich wenn die Eltern ihren Kindern nach dem Leben stellten, sie wegen eines todeswürdigen Verbrechens (mit Ausnahme des crimen laesae majestatis) anzeigten, sie während einer Gefangenschaft oder Geisteskrankheit preisgaben, sie am Testiren verhinderten, wenn der Vater mit der Ehefrau oder Concubine seines Sohnes sich in geschlechtlichen Umgang einließ, wenn ein Ascendent seinem Ehegatten nach dem Leben getrachtet oder sich dem Irrglauben ergeben hat.

Ist ein Descendent oder Ascendent als Erbe genannt, aber nicht derart bedacht, daß ihm mit Hinzunahme der sonst einzurechnenden Zuwendungen Seitens des Erblassers der volle Pflichttheil zukommt, so darf er den Fehlbetrag von den eingesetzten Erben verhältnißmäßig nachfordern. Ist dagegen ein solcher Notherbe präterirt, d. h. ganz übergangen oder blos als Vermächtnißnehmer aufgeführt, oder ohne jeden Grund bzw. mit Angabe einer ungesetzlichen, nicht erweislichen Ursache enterbt, so soll das Testament in Bezug auf die darin enthaltenen Erbeseinsetzungen seine Kraft verlieren, jedoch in den übrigen Anordnungen bestehen bleiben.

II. Verhältniß zum früheren Recht.

Justinian erklärt in der Novelle nicht, daß dadurch das alte formelle Notherbrecht beseitigt sei. Daher vertheidigen manche Juristen nach dem Vorgang des Cujacius das Additionalsystem (Correctionsprincip), das die Bestimmungen der Novelle als einen bloßen Zusatz ansieht. Danach müßte für sui und liberi die alte Exheredationsform, soweit sie Justinian nicht selbst geändert hat, weiter gelten, und erst nach Wahrung dieser Form könnte die Vorschrift der Novelle über Angabe eines Enterbungsgrundes eintreten. Im Gegensatz hierzu steht das schon von der Glosse vertheidigte Reformsystem (Derogationsprincip), das in der Novelle eine radicale Codification erblickt. Danach ist das frühere formelle Notherbrecht gänzlich durch den Inhalt der Novelle ersetzt. Für diese stillschweigende Absicht Justinians spricht, daß er wie auf anderen Gebieten, so auch auf dem des Notherbrechts die Lage vereinfachen und nicht noch mehr verkünsteln wollte, daß zu seiner Zeit die Unterscheidung zwischen agnatischen und cognatischen Descendenten schon überwunden war, und schließlich, daß Novelle 115 als eine Verschmelzung der früheren Notherbsysteme sogar auf den ‚honos institutionis‘ Rücksicht nimmt. Freilich sind andere bewährte Einrichtungen wie die Enterbung in wohlwollender Absicht, das Pflichttheilsrecht der Geschwister dadurch nicht aufgehoben, daß die Novelle ihrer keine Erwähnung thut.

III. Wirkung der Präterition.

Die Novelle bestimmt, daß ein Testament, in welchem Descendenten bzw. Ascendenten des Erblassers nicht zu Erben ernannt oder grundlos enterbt sind, in Betreff der Erbeseinsetzungen ‚evacuatum‘, ‚rescissum‘ sei, ‚nullam vim habere‘, dagegen in seinem sonstigen Inhalt ‚firmitatem obtinere‘. Diese ungenaue Ausdrucksweise hat vier Hauptansichten hervorgerufen.

Das absolute Nullitätssystem (nach Martinus) lehnt sich an das Vorbild des alten Civilrechtes an. Die Erbeseinsetzungen sind nichtig, ohne daß es eines Anstoßes bedarf, und deswegen tritt Intestatfolge ein, die für alle Berechtigten, auch die rechtmäßig enterbten, eröffnet wird, und sogar, falls der Notherbe vor dem Testator verstirbt oder aus Pietät verzichtet, entfernteren Verwandten zu gute kommt. Allein diese rohen Folgen, über welche sich schon der Prätor hinwegsetzte, kann der Geist Justinians nicht wieder belebt haben.

Das Inofficiositätssystem (nach Donellus und Cujacius) greift zu der querela inofficiosi testamenti. Der verletzte Notherbe kann die Erbeseinsetzungen anfechten und sich durch die Querel unter Berufung auf den color insaniae des Testators seine Intestatportion verschaffen. Allein die Besonderheiten dieser Klage widersprechen dem modernen Rechtssinn. Man kann Justinian, welcher bereits vor Erlaß der Novelle in seinen Vorschriften über theilweise Verletzung des Pflichttheils den Wirkungskreis der Querel einschränkte, nicht den späteren Rückschritt zu ihr zumuthen. Höchstens für das Pflichttheilsrecht der Geschwister, das von der Novelle nicht berührt wird, ist die Querel stehen geblieben.

Das gemischte System (nach Accursius) legt den Nachdruck darauf, daß es sich in der Novelle um Formvorschriften handle. Daher tritt Nullität der Erbeinsetzungen ein, wenn gar kein gesetzlicher Enterbungsgrund angeführt ist, und Inofficiosität, wenn der angegebene Grund vom Verletzten bestritten wird. Allein von dieser Unterscheidung findet sich in der Novelle keine Spur.

Das relative Nullitätssystem folgt der prätorischen bonorum possessio contra tabulas. Der verletzte Notherbe bewirkt durch die Erklärung, von seinem Rechte Gebrauch machen zu wollen, den Hinfall der Erbeseinsetzungen und den Eintritt der Intestatfolge für sich. Seine Klage ist die hereditatis petitio. Dieselbe richtet sich gegen jeden Besitzer von Nachlaßsachen, welcher das Erbrecht des Klägers bestreitet, geht ohne Vorbereitung auf die Erben über und verjährt in dreißig Jahren. Dadurch macht man den Gedanken zur Wahrheit, daß alles Notherbrecht nur zu Gunsten der Berechtigten wirke, und vermeidet die gehässige Fiction über den Geisteszustand des Testators. Freilich bleibt auch hier der Vorwurf für Justinian, daß er nicht mit der alten Ueberlieferung gebrochen und dem Notherben, einerlei ob dieser zu wenig oder gar nichts erhielt, blos den Anspruch auf den Pflichttheil eingeräumt hat.

Allen Ansichten ist gemeinsam, daß trotz der Kraftlosigkeit der Erbeinsetzungen die im Testament angeordneten Vormundschaften, Pupillarsubstitutionen 2c. ihre Gültigkeit behalten, und ebenso die zu Gunsten Dritter ausgesetzten Vermächtnisse, sofern sie nicht den Pflichttheil verkürzen.

§ 41.

Im gemeinen Recht.

Die römische Notherbfolge ist in der durch Justinian entwickelten Gestalt aufgenommen. Ihr unterliegen auch Militärtestamente, deren bevorzugte Stellung sich nach dem R.G. vom 2. Mai 1874 § 44 auf die Form ihrer Errichtung beschränkt. Durch Erbverträge kann das Recht der Notherben nicht verletzt werden.

Was das Verhältniß der Novelle 115 zum früheren Recht und die Folgen ihrer Verletzung anbetrifft, so kommen in der Praxis das Reform- und das relative Nullitätssystem zur Anwendung. Es genügt, daß der Erblasser seine Descendenten bzw. Ascendenten im Testament bis zum Pflichttheil bedenkt, oder unter Angabe eines gesetzlichen Grundes enterbt. Auf die Ehre, als Erbe genannt zu werden, kommt es nicht mehr an; vielmehr wird jedes Vermächtniß an den Notherben, um den Wortlaut der Novelle zu erfüllen, als Erbeinsetzung auf eine bestimmte Sache behandelt. Bei der Berechnung des Pflichttheils zählen Personen, welche bei Lebzeiten des Testators gültig ihrem Erbanspruch gegen denselben entsagten, nicht als Anwärter mit. Der römischen donatio ob militiam steht jede Ausstattung des Sohnes zu einem Lebensberuf gleich. Nach einer Vorschrift des kanonischen Rechtes c. 16, 18 X 3, 26 soll der Pflichttheil als ein ‚debitum jure naturae' gelten, das sich der Berechtigte, welchem als Universalfiduciar die Restitution der Erbschaft auferlegt ist, außer seiner Quart vorweg abziehen darf. Für die Enterbung ist statt jeder Form blos die Angabe einer gesetzlichen Ursache vonnöthen. Unter den von Justinian angeführten Enterbungsgründen kommen die der Ketzerei und des Beischlafs mit der Concubine des Vaters nicht mehr in Betracht, für die übrigen findet eine extensive Auslegung, aber keine analoge Anwendung auf andere Fälle Statt. Streitig ist, ob die Verzeihung des Erblassers dem Enterbungsgrunde seine Kraft nimmt. Keinesfalls wird eine bereits verfügte Enterbung dadurch aufgehoben, daß der Erblasser nach erfolgter Verzeihung, aber ohne das Testament zurückzunehmen, verstarb. An der Enterbung aus wohlwollender Absicht hält man namentlich Descendenten gegenüber fest, obwohl darin eine Schädigung der legitimen Ansprüche von Gläubigern liegen kann.

Das Pflichttheilsrecht der Geschwister, das von Justinians Novelle nicht berührt wird, besteht nach altem Recht. Es gebührt vollbürtigen Geschwistern und halbbürtigen von väterlicher Seite, jedoch nur wenn ihnen eine notorisch sittenlose Person im Testament vorgezogen ist. Die Enterbung braucht nicht ausdrücklich motivirt zu sein. Ueber den Grund, welchen der beklagte Testamentserbe darzuthun hat, entscheidet das freie richterliche Ermessen. Die Klage des Verletzten ist die querela inofficiosi testamenti mit ihren Besonderheiten. Mit Unrecht hält man das Pflichttheilsrecht der Geschwister für weggefallen, weil das St.G.B. § 34 unter dem Verlust bürgerlicher Ehrenrechte nicht anführt, daß die Erbeinsetzung einer solchen Person von grundlos übergangenen Geschwistern des Erblassers angefochten werden kann. Vgl. Bd. I S. 186 ff.

§ 42. A.L.R. § 391—480, § 501—518 II, 2; § 631—633 II, 1.

Nach Preußischem Recht.

A. Berechtigte.
B. Inhalt.
 I. Hinterlassung des Pflichttheils.
  Betrag, Berechnung, Einrechnung.
 II. Enterbung.
  Ursachen. Aus wohlwollender Absicht.
C. Folgen der Verletzung.
 I. Durch Verfügung von Todeswegen.
  Der Pflichttheilsberechtigte ist belastet, erhält zu wenig oder gar nichts.
  Irrthümliche Uebergehung.
 II. Durch Rechtsgeschäfte unter Lebenden.

Das A.L.R. verwirft jedwedes formelle Notherbrecht, und betrachtet den Pflichttheil als einen blos vermögensrechtlichen Anspruch naher Angehöriger auf eine Werthquote aus dem reinen Nachlaß. Daher wird der grundlos verletzte Pflichttheilsberechtigte nicht zum Erben berufen, sondern gilt lediglich als Gläubiger der eingesetzten Erben. Seine Forderung richtet sich, falls er gar nichts erhielt, auf Gewährung des vollen Pflichttheils, und falls er zu wenig erhielt, auf Nachschuß des Fehlbetrages.

A. Berechtigte.

Pflichttheilsberechtigt sind die Descendenten, Ascendenten und der hinterbliebene Ehegatte des Erblassers nach Maßgabe der gesetzlichen Erbfolgeordnung.

Kinder aus einer Ehe zur linken Hand und uneheliche Sprößlinge haben kein Pflichttheilsrecht gegen ihren Erzeuger und dessen Vorfahren. § 585—586, 655—686 II, 2. Eltern sind nur pflichttheilsberechtigt, wenn der Erblasser kinderlos verstarb oder seine Nachkommen rechtmäßig enterbte. Doch erwächst den Eltern dadurch, daß zu ihren Gunsten die Abkömmlinge des Verstorbenen dem Erbrecht entsagten, ein selbständiger Pflichttheilsanspruch. § 504—505 II 2. Dies gilt auch für weitere Ascendenten des Erblassers, sofern es ihm an vollbürtigen Geschwistern oder Descendenten derselben fehlt, denn sonst würde diesen Personen ein näheres gesetzliches Erbrecht zustehen. § 517—518 II, 2.

B. Inhalt.

I. Hinterlassung des Pflichttheils.

Der Pflichttheil beträgt für ein oder zwei Kinder $1/3$, für drei oder vier Kinder $1/2$, und für mehr als vier Kinder $2/3$ ihrer Intestatportion. Dabei rechnen Enkel nach Stämmen. Enterbte Kinder und der concurrirende Ehegatte werden mitgezählt, auch solche Kinder, welche vertragsmäßig auf ihr Erbrecht verzichtet haben § 392, 417, 488 II, 2. Für Ascendenten und den Ehegatten stellt sich der Pflichttheil auf $1/2$ ihrer Intestatportion, doch tritt im Falle statutarischen Erbrechts unter Eheleuten die statutarische Portion an Stelle des Pflichttheils. § 502 II, 2; § 631, 497 II, 1.

Die Berechnung des Pflichttheils erfolgt nach römischen Grundsätzen. Lehne, Fideicommisse, Gerade, Niftel, Heergeräthe kommen weder als Theile des Nachlasses, noch als Zuwendungen auf den Pflichttheil in Betracht. § 397 II, 2. Das von einem Anerben ungetheilt übernommene Landgut vgl. S. 131 wird, um die Wirthschaft nicht durch drückende Zinsverbindlichkeiten zu erschweren, nach mäßiger Schätzung, meist zum sechzehnfachen Werth des Reinertrages angesetzt.

In den Pflichttheil wird Alles eingerechnet, was der Berechtigte vom Erblasser letztwillig oder durch Schenkungen auf den Todesfall erhielt. Freigebigkeiten unter Lebenden mindern insoweit den Pflichttheil, als sie Ausstattungen oder Geschenke in Grundstücken, Gerechtigkeiten und ausstehenden Capitalien betreffen. Auch steht es im Belieben des Erblassers, falls er Schulden eines seiner Abkömmlinge berichtigte, zu deren Erfüllung er gesetzlich nicht verpflichtet war, das Gezahlte auf den bezüglichen Pflichttheil anzurechnen. § 393–396 II, 2.

II. Enterbung.

Die Enterbung, mag sie auf gänzliche Entziehung, auf Schmälerung oder Einschränkung des Pflichttheils gehen, muß im ordentlichen Testament mit ausdrücklicher Angabe einer gesetzmäßigen Ursache erfolgen. § 418, 431, 441 II, 2. Descendenten dürfen aus neun Gründen voll enterbt werden, nämlich wenn sie einen Hochverrath oder eine Majestätsbeleidigung begingen, wenn sie einem ihrer leiblichen bzw. Stiefeltern nach dem Leben trachteten, oder mit dem andern Theile derselben blutschänderischen, ehebrecherischen Umgang pflogen, wenn sie sich an einem der leiblichen Eltern mit Thätlichkeiten vergriffen, oder ihn fälschlich eines Verbrechens bei Gericht bezichtigten, wenn sie dem Erblasser grobe Schmähungen oder durch schwere Verbrechen beträchtliche Vermögensverluste zufügten, ihn in der Noth nicht unterstützten und endlich wenn sie sich trotz ehrbarer Erziehung einem schändlichen Lebenswandel ergaben. Eine Enterbung der Kinder bis auf die Hälfte ihres Pflichttheils ist zulässig, wenn dieselben sich ohne elterlichen bzw. richterlichen Consens verheiratheten oder die Einwilligung der Eltern durch außerehelichen Beischlaf erzwingen wollten. § 399–413 II, 2. Ascendenten können aus sieben Gründen enterbt werden, nämlich weil sie einen Hochverrath oder eine Majestätsbeleidigung verübten, weil sie dem Erblasser, dessen Ehegatten oder Abkömmlingen nach dem Leben stellten, weil sie der Gesundheit des Erblassers böslich einen erheblichen und dauernden Schaden zufügten oder ihn fälschlich eines groben Verbrechens anschuldigten, weil sie mit dem Ehegatten des enterbenden Kindes während dessen Ehe ehebrecherischen Umgang trieben, und endlich weil sie die Erziehung des Enterbenden pflichtwidrig vernachlässigten oder ihn trotz eignen Vermögens in unverschuldeter Noth verließen. § 506–514 II, 2. Unter Ehegatten gelten solche Vergehen, welche eine Scheidung rechtfertigen würden, auch als Enterbungsgründe. § 499, 632–633 II, 1. Eine rechtsgültige Enterbung wird nicht durch formlosen Widerruf oder bloße Versöhnung aufgehoben. Dazu bedarf es einer Umstoßung des Testaments, oder bei Enterbung von Kindern wenigstens einer neuen letztwilligen Verordnung in der für solche Personen privilegirten Form. § 414–416 II, 2.

Eine Enterbung aus wohlwollender Absicht ist namentlich Kindern gegenüber wegen Geisteskrankheit, verschwenderischer Wirthschaft und Ueberschuldung statthaft. Der Erblasser darf in derartigen Fällen dem Berechtigten die Verfügung unter Lebenden ganz untersagen und den Angriff der Gläubiger auf die Substanz des Erbtheils ausschließen. Auch die Verfügung auf den Todesfall kann in gewissem Umfang eingeschränkt werden, wenn nur dem Berechtigten der Nießbrauch seines Pflichttheils verbleibt. § 419–429, 515 II, 2.

C. Folgen der Verletzung.

I. Durch Verfügung von Todeswegen.

Testamente bzw. Erbverträge, in welchen ein Pflichttheilsberechtigter zu Unrecht enterbt oder nicht ausreichend bedacht ist, werden auf sein Verlangen berichtigt, aber nicht entkräftet. § 432, 436, 441–442, 516, II, 2. Sein Anspruch fällt durch ausdrückliche Anerkennung des Testamentes fort und verjährt in zwei Jahren, seitdem er von der verletzenden Verfügung Kunde erhielt. Die Annahme von im Testament ausgesetzten Vermächtnissen bildet noch keine Anerkennung desselben. § 438–440 II, 2.

Legte der Erblasser eine Last auf den Pflichttheil, so kann der Berechtigte ihre Aufhebung vermöge richterlichen Urtheils durchsetzen. § 433 II, 2. Doch gilt es nach Art der römischen cautela Socini für erlaubt, die Einschränkung an den Ueberschuß des Pflichttheils zu knüpfen und dadurch dem Berechtigten anheim zu stellen, ob er die ganze Zuwendung mit der Last oder blos den unbeschwerten Pflichttheil nehmen will. In der Anordnung des Erblassers, welcher seinem Kinde zwar die volle Intestatportion zuwandte, aber bestimmte, daß dieselbe für die Enkel erhalten werden solle, liegt keine Verletzung des Pflichttheils. § 430 II, 2.

Erhielt der Pflichttheilsberechtigte zu wenig oder gar nichts, so kann er begehren, daß ihm die eingesetzten Erben und Legatarien die gebührende Portion ergänzen, bzw. entrichten. Hat aber der Erblasser den durch unrechtmäßige Enterbung entzogenen Pflichttheil einer bestimmten Person zugewandt, so muß diese allein den Verletzten abfinden. § 434–435 II, 2.

Für den Fall der irrthümlichen Uebergehung eines Pflichttheilsberechtigten, sei es, daß ihn der Erblasser für verstorben hielt oder um das Dasein des Descendenten nicht wußte oder ihm derselbe erst nach errichteter Verfügung geboren wurde, bestehen besondere Grundsätze. § 443–456 II, 2. Verstirbt der Erblasser binnen einem Jahr seit erlangter Kenntniß vom Dasein des Pflichttheilsberechtigten oder seit der Nachgeburt des Postumus, ohne die in Ansehung seiner erforderliche Verfügung zu treffen, so verliert das Testament seine Kraft, und es tritt gesetzliche Erbfolge ein. Gleiches gilt ohne Rücksicht auf den Zeitpunkt des Todes, wenn der Erblasser nach errichtetem Testament eine Person an Kindesstatt annahm oder ein uneheliches Kind legitimirte. Bei längerem Leben des Erblassers gilt die letztwillige Verordnung weiter, wird aber dahin berichtigt, daß der Uebergangene so viel als der mindest bedachte Erbe, wenigstens jedoch seinen Pflichttheil erhält.

II. Durch Rechtsgeschäfte unter Lebenden.

Schenkungen, welche der künftige Erblasser in den drei letzten Jahren vor seinem Tode vornahm, kann der verkürzte Pflichttheilsberechtigte insoweit anfechten, als der reine Nachlaß nicht einmal die Hälfte des verschenkten Werthes ausmacht. § 1113–1116 I, 11. In ähnlicher Weise ist pflichttheilsberechtigten Descendenten die Befugniß eingeräumt, gegen den Verkäufer einer Leibrente vorzugehen. § 637 –639 I, 11.

Nach singulärer Vorschrift dürfen Kinder aus geschiedenen Ehen von dem für schuldig erklärten Gatten, falls er der Verschwendung verdächtig wird, schon zu Lebzeiten desselben ihren Pflichttheil beanspruchen. § 457–480 II, 2.

Vierter Titel.

Testamente.

---

§ 43.

Begriff.

Testamente sind einseitige, letztwillige Verfügungen, in welchen sich der Erblasser einen Erben setzt. Die römische Legaldefinition l. 1 D. 28, 1 lautet: ,testamentum est voluntatis nostrae justa sententia de eo, quod quis post mortem suam fieri velit'. Dieser Erklärung fehlt das Haupterforderniß, nämlich die Erbeseinsetzung, welche von Gajus II § 229 ,caput et fundamentum totius testamenti' genannt wird. Außerdem kann ein Testament noch enthalten: Vorschriften in Betreff der Erbtheilung, Vermächtnisse, Pupillarsubstitutionen, Bestimmungen über die Beerdigung des Erblassers, Bestellung von Vormündern 2c.

Der Name „Testament" rührt von den bei der Errichtung zugezogenen Zeugen (testes) her. Ein etymologisches Wortspiel findet sich pr. J. 2, 10 ,testamentum ex eo appellatur, quod testatio mentis sit.' Bisweilen wird unter Testament auch das über die Verfügung abgefaßte Schriftstück (tabulae testamenti l. 4 D. 28, 4) verstanden.

Aus der Natur der einseitigen letztwilligen Erklärung folgt, daß sie der Testator bis zum letzten Athemzuge abändern und widerrufen kann. l. 4 D. 34, 4. A.L.R. § 564 I, 12. Clauseln, durch welche sich der Erblasser dieser Befugnisse begiebt oder sie von der Beobachtung gewisser Formen abhängig macht, binden ihn nicht. l. 22 pr. de leg. III.

In Rom betonten schon die zwölf Tafeln das Grundrecht der Bürger, frei über ihr Vermögen zu testiren. Den Germanen waren nach dem Bericht des Tacitus Germ. c. 20 ,heredes tamen successoresque cuique liberi et nullum testamentum' Testamente unbekannt. Unter den Volksrechten thut ihrer allein die l. Burgundionum Erwähnung. Später begünstigte die Kirche die Aufnahme letztwilliger Verfügungen. Auf den Einfluß des Beichtvaters bestellte der sterbende Erblasser sein „Seelgeräthe", d. h. er verordnete zu frommem Zweck Vermächtnisse, für deren Ausführung der Bischof sorgte. Die Sitte solcher Vergabungen wurde allgemeiner, da dieselben weder gerichtliche Auflassung noch rüstigen Leib des Verfügenden voraussetzten und die Möglichkeit beliebigen Widerrufs in sich schlossen. Namentlich überließen Geistliche im Seelgeräth die Verfügung über ihren Nachlaß dem Ermessen des Bischofs, um im Vertrauen auf dessen Macht (manu fideles) das jus spolii der Gebietsherren vgl. Bd. I S. 348 auszuschließen. c. 13 X 3,26. Die Anerkennung der römischen Testamente mit dem Inhalt einer bestimmten Erbeseinsetzung erfolgte erst gegen Schluß des Mittelalters und ist durch die Not.Ordn. zu Cöln 1512 vollendet.

§ 44.

Testirfähigkeit.

A. Active Testirfähigkeit.
I. Bürgerliche Rechtsfähigkeit.
II. Selbständige Vermögensfähigkeit.
III. Handlungsfähigkeit gemäß den Testirformen.
a) Unmündige.
b) Geisteskranke.
c) Verschwender.
d) Taube und Stumme?
e) Frauen?
B. Passive Testirfähigkeit.
I. Erbfähigkeit.
II. Erwerbsfähigkeit.

Der quellenmäßige Ausdruck testamenti factio umfaßt die Fähigkeit, an einem Testament betheiligt zu sein, sei es als Erblasser, sei es als Erbe oder Zeuge. l. 16 D. ht.; § 6 J. 2,10. Die Neueren unterscheiden testamenti factio activa, d. h. das Recht sowie die Fähigkeit, ein Testament zu errichten, und passiva, d. h. die Fähigkeit, in einem Testament eingesetzt zu werden.

A. Active Testirfähigkeit. D. 28, 1 qui testamenta facere possunt etc. A.L.R. § 9—43 I, 12.

Sie setzt voraus: bürgerliche Rechtsfähigkeit, selbständige Vermögensfähigkeit und die zum gehörigen Gebrauch der Testamentsformen erforderliche Handlungsfähigkeit.

I. Bürgerliche Rechtsfähigkeit.

Sie kam in Rom nur Bürgern oder den ihnen gleichgestellten Personen zu und war nöthig sowohl zur Zeit der Errichtung des Testaments als auch beim Tode des Erblassers. l. 3 D. ht.; Gaj. II § 114. Ihr Verlust bis zum Todestage machte ein gültig errichtetes Testament nichtig (irritum), außer wenn der Testator in Kriegsgefangenschaft gerieth und in derselben verstarb. (fictio legis Corneliae Bd. I S. 360) § 5 J. 2,12. Heute fällt sie mit der Persönlichkeit zusammen.

Zur Strafe trat früher Intestabilität ein für Hochverräther, Pasquillanten, Zinswucherer, Ketzer Bd. I S. 186 und für Personen in blutschänderischem oder ehebrecherischem Umgang, denen nur gestattet war, ihre nächsten legitimen Verwandten zu bedenken l. 6 C. 5,5; nov. 12 c. 1. Heute sind derartige Strafen veraltet. Selbst die Verurtheilung zu Zuchthaus, zum Tod entzieht das Testirrecht nicht.

Nach A.L.R. § 35 ht. dürfen Personen, die in Blutschande oder Ehebruch lebten, einander letztwillig Nichts zuwenden, sofern entweder eine Ehe um dieses verbotenen Umganges willen getrennt oder das Delict des Erblassers gerichtlich festgestellt wurde. Doch macht die V. vom 28. Februar 1811 eine Ausnahme zu Gunsten des Ehebrechers und seines Mitschuldigen, die unter Dispens sich mit einander verheirathet haben. Von der heutzutage beseitigten Rechtsunfähigkeit der Mönche und Nonnen war schon Bd. I S. 171 die Rede.

II. Selbständige Vermögensfähigkeit.

Sie fehlt den Hauskindern, die nicht über ihre Adventicien, nicht einmal über die irregulären testiren können, mag ihnen auch ihr Vater die Erlaubniß dazu ertheilt haben. l. 6 pr. D. ht; l. 11 C. 6, 22. Daher verliert ein Testament, das ein Gewaltfreier errichtete, dadurch seine Kraft, daß er später durch Arrogation oder Legitimation in eine väterliche Gewalt kommt. § 4 J. 2, 17. Streitig ist, ob nach zurückerlangter Selbständigkeit des Testators sein einmal hingefallenes Testament von selbst wieder auflebt. Gajus II § 148–149 erklärte die aus einem solchen Testament erbetene bonorum possessio für erfolglos gegenüber dem Intestaterben, und Papinian l. 11 § 2 D. 37, 11 machte die Gültigkeit von einer ausdrücklichen Bestätigung Seitens des wieder aus dem Arrogationsverhältniß ausgeschiedenen Testators abhängig. Dagegen wird in l. 1 § 8 D. 37, 11; l. 8 § 3 D. 29, 7 die freiere Anschauung aufgestellt, der auch Justinian § 6 J. 2, 17 folgt, daß der Erblasser nur in den beiden Zeitpunkten, wo er testirt und wo er verstirbt, gewaltfrei zu sein braucht. Ueber die castrensischen und quasicastrensischen Güter steht dem Hauskind das volle Testirrecht zu. l. 12 C. 6, 22.

Im A.L.R. § 18 ht. sind Hauskinder auch in Ansehung ihres unfreien Vermögens testirfähig, ohne daß es einer väterlichen Einwilligung bedarf.

III. Handlungsfähigkeit gemäß den Testirformen.

Sie ist erforderlich zur Zeit der Errichtung des Testaments. Weder vermag ein späterer Verlust dieser Fähigkeit einem rechtmäßigem Testamente zu schaden, noch ein späterer Erwerb einer ungültig errichteten Verfügung Hülfe zu bringen. l. 19 D. ht. A.L.R. § 9, 11–12 ht. Von diesem Gesichtspunkt aus sind testirunfähig:

a) **Unmündige**, d. h. Mädchen bis zum vollendeten 12., Knaben bis zum zurückgelegten 14. Lebensjahr. Bd. I S. 177. Mündige Minderjährige, die selbständig sind, dürfen ohne Einwilligung ihres Vormundes testiren. l. 5 D. ht. Dies gilt auch im gemeinen Recht, obwohl dasselbe die Vormundschaft über Unmündige bis zu ihrer Volljährigkeit erstreckt hat.

Nach A.L.R. § 16–17 ht. beginnt die Testirfähigkeit für Personen beiderlei Geschlechts mit Vollendung des 14. Lebensjahres, doch ist ihnen bis zum zurückgelegten 18. Lebensjahre nur die Verfügung zu richterlichem Protokoll gestattet.

b) **Geisteskranke**, d. h. Wahnsinnige, Blödsinnige, und Personen, deren Geisteskraft durch Krankheit, Schlaf, Hypnose 2c. getrübt ist, können in solchem Zustand nicht testiren. l. 16 § 1, l. 17 D. ht. Das von einem sonst Wahnsinnigen in einem lichten Augenblick errichtete Testament bleibt aufrecht, mag er auch entmündigt sein. l. 9 C. 6, 22.

Das A.L.R. § 20–22 ht. versagt bevormundeten Geisteskranken die Testirfähigkeit schlechthin, ohne Rücksicht auf lichte Zwischenräume. Sonst kommt es auf den Geisteszustand des Testators zur Zeit der Anordnung an. Die Entscheidung dieser Frage unterliegt dem freien Ermessen des Richters, welcher das Testament beurtheilt. Doch wird bei Verfügungen, die aus dem letzten Jahr vor angeordneter Vormundschaft herrühren, vermuthet, daß der Erblasser schon damals seines Verstandes beraubt war.

c) **Verschwender**, d. h. dazu erklärte Personen sind testirunfähig. l. 18 pr. D. ht. Bd. I S. 183.

Nach A.L.R. § 27–34 ht. dürfen bevormundete Verschwender blos über die Hälfte des Nachlasses zum Nachtheil ihres Ehegatten und ihrer gesetzlichen Erben bis zum sechsten Grade testiren und auch keinem derselben mehr als die Hälfte seiner Intestatportion entziehen. Die Beschränkung beginnt schon mit dem Antrag auf Entmündigung oder mit der vor dem Antrage notariell erklärten Verwarnung, falls es wirklich zur Entmündigung kommt. Doch wird das ungültig errichtete Testament mit der Aufhebung der Vormundschaft vollwirksam. § 13 ht. Auch ist ein Verschwender nicht verhindert, die sowohl vor als während der Vormundschaft gemachten letztwilligen Verfügungen zu widerrufen.

d) **Taube und Stumme** waren nach älterem Recht zum Vollzug eines Testaments ‚per aes et libram' ungeeignet. l. 7, 16 pr. D. ht. Mit Erleichterung der Testamentsformen fällt das Hinderniß fort. Seitdem sind nur solche Personen ausgeschlossen, denen in Folge körperlicher Gebrechen die Fähigkeit abgeht, sich mündlich oder schriftlich auszudrücken. Bloße Verständigung durch Zeichen genügt nicht. l. 29 C. 6, 23. In l. 10 C. 6, 22 erklärt Justinian, dem sich auch die Not.Ordn. von 1512 anschließt, Taubstummgeborene für gänzlich testirunfähig. Heute muß eine Ausnahme zu Gunsten von Taubstummen gelten, die durch Unterricht im Stande sind, ihren Willen mittelst articulirter Worte oder lesbarer Schriftzüge zu erklären.

Das A.L.R. § 26, 123 ht, erlaubt Tauben oder Stummen, falls sie des mündlichen oder schriftlichen Ausdrucks mächtig sind, die Errichtung von Testamenten und gestattet ihnen auch vor dem aufnehmenden Richter den Gebrauch der Zeichensprache. Demnach sind nur solche eines oder mehrerer Sinne beraubte Personen testirunfähig, mit denen sich gar keine Verständigung, weder durch Schrift noch durch Zeichensprache, erreichen läßt.

e) **Frauen** bedurften im alten Rom der Auctorität ihres Geschlechtsvormundes zur Abfassung von Testamenten. Später sank diese Genehmigung, da sie theils durch Scheinehen umgangen, theils erzwungen werden konnte, zu einer leeren Form herab und verschwand mit der Weibertutel völlig. Gaj. II § 118–122. S. 74.

Das A.L.R. § 982, 999 II, 1 verbietet minderjährigen Ehefrauen, ihrem Gatten Etwas letztwillig zuzuwenden, wenn sie ihren Vormund bzw. dessen Sohn ohne Erlaubniß des Vormundschaftsgerichts geheirathet, oder wenn sie nach dem Tode ihres Vaters ohne Einwilligung der Mutter oder des Vormunds eine Ehe geschlossen haben.

B. Passive Testirfähigkeit.

D. 28, 5 de heredis instituendis. A.L.R. § 36—43 I, 12.

Hier ist zu unterscheiden die Erbfähigkeit (testamenti factio passiva im engeren Sinn) von der Erwerbsfähigkeit (capacitas). Die Einsetzung eines Erbunfähigen ist nichtig, wogegen der Erwerbsunfähige zwar berufen, aber am Erwerb der Zuwendung gehindert wird.

I. Erbfähigkeit.

Sie war in Rom ein Vorrecht der Bürger und mußte vorhanden sein im Moment der Errichtung des Testaments und in dem Zeitraum zwischen der Berufung des Erben und seinem Erbschaftserwerb. Auf die mittlere Zeit kam es nicht an; daher wurde ein Erbe berufen, der nach dem Tage des errichteten Testaments seine Fähigkeit verlor, aber bis zu dem Tage wiedererlangte, an welchem Testator verstarb oder an welchem die von ihm der Einsetzung beigefügte Bedingung eintrat. l. 6 § 1, 49 § 1, 59 § 4 D. ht. Günstiger stand der in einem Soldatentestament ernannte Erbe, der blos zur Zeit seiner Berufung fähig zu sein brauchte. l. 13 § 2 D. 29, 1; l. 5 C. 6, 21.

Die Erbfähigkeit kommt Personen zu, die nicht in der Lage sind, ein Testament zu errichten. § 4 J. 2, 19. Doch war sie in einigen Fällen zur Strafe entzogen. Nach der lex Voconia 167 v. Chr. durften Frauen mit Ausnahme der virgines Vestales nicht von Bürgern der ersten Censusklasse (centenarii) zu Erbinnen eingesetzt werden, Gaj. II § 274, welche Beschränkung sich später verlor. Unter Justinian galten noch als erbunfähig: die zu einer Capitalstrafe Verurtheilten l. 1 C. 6, 24, l. 3 pr. § 1 D. 34, 8; Söhne und Töchter von Hochverräthern l. 5 C. 9, 8; Apostaten sowie gewisse Häretiker l. 3 C. 1, 7; l. 4–5 C. 1, 5; und die Wittwe, welche das Trauerjahr gebrochen hat vgl. S. 27. Von der Möglichkeit, personae incertae einzusetzen, wird weiter unten die Rede sein.

Heutzutage fällt die Erbfähigkeit mit den allgemeinen Rechten der Persönlichkeit zusammen. S. 110.

II. Erwerbsfähigkeit.

Aus socialen oder politischen Gründen ist das Recht einzelner Personen beschränkt, letztwillige Zuwendungen aus einem bestimmten Nachlaß zu erwerben. Diese Capacität ist erforderlich zur Zeit der Berufung und des Erbschaftserwerbes. l. 62 pr. D. ht.

Die l. Julia et Papia Poppaea aus den Jahren 5 und 10 n. Chr. hindert Hagestolze und kinderlose Ehegatten, aus den Testamenten Fremder zu erwerben. Gaj. II § 286. Unverheirathete Personen (caelibes) sind ganz unfähig, sofern sie nicht binnen hundert Tagen nach Kenntniß ihrer Berufung eine Ehe eingehen. Männern über 60 und Frauen über 50 Jahren nützt nach dem S.C. Persicianum der verspätete Eheschluß nichts mehr. Doch soll nach dem S.C. Claudianum eine Ehe genügen, bei deren Abschluß der Mann zwar das 60. Lebensjahr überschritten, die Frau aber das 50. noch nicht erreicht hat. Gatten, deren Ehe kinderlos blieb (orbi,) obwohl der Mann älter als 25, die Frau älter als 20 Jahre ist, dürfen nur die Hälfte der ihnen hinterlassenen Zuwendung erwerben. Aehnliche Beschränkungen treffen verwittwete oder geschiedene Gatten, trotzdem sie Kinder aus der Ehe haben (patres solitarii), wenn sie sich nicht binnen bestimmter Frist wieder verheirathen. Auch kinderlose Gatten sind aus gegenseitigen Zuwendungen auf höchstens ein Zehntel erwerbsfähig, wobei ihnen jedoch Kinder aus früheren Ehen ꝛc. zu gute kommen. Was nach diesen Vorschriften zu viel ausgesetzt ist, fiel als ‚caducum‘ an andere im Testament Bedachte, welche Kinder hatten, mit Vorzug der verbis conjuncti, und in Ermangelung solcher Personen an den Fiscus. Der Versuch der l. Papia Poppaea, die eheliche Liebe durch Vermögensstrafen zu befördern, wurde in der christlichen Kaiserzeit als unsittlich empfunden und aufgegeben. l. un. C. 6, 51.

Ein in l. 41 § 1 D. 29, 1 erwähntes Rescript Hadrians nimmt bescholtenen Weibern (feminae probrosae) die Capacität. Dies Verbot wurde für den Fall, daß sich die bedachte Frau zu einem ehrenhaften Lebenswandel bekehrte, nachgelassen und später ganz beseitigt. l. 23 C. 5, 4.

Unter Justinian sind blos Erwerbsbeschränkungen aus familienrechtlichen Rücksichten stehen geblieben. Von der Maßregel, daß ein Gatte, welcher zur zweiten Ehe schritt, dem angeheiratheten Theil nicht mehr als dem mindest bedachten Kinde erster Ehe zuwenden darf, war schon S. 28 die Rede. Was auf diese Weise zu viel vergeben ist, wird gleichmäßig unter den Kindern bzw. Kindesstämmen der früheren Ehe vertheilt. Ferner soll, wer rechtmäßige Descendenten hinterläßt, seine Concubine und die mit ihr gezeugten Kinder zusammen auf höchstens $^1/_{12}$ und die Concubine allein auf nur $^1/_{24}$ seines Nachlasses bedenken. Ein etwaiger Ueberschuß fällt an die legitimen Kinder des Erblassers. nov. 89 c. 12. Die heutige Praxis wendet dieses Verbot aus Gründen des Anstands auf uneheliche Kinder und deren Mutter an.

Im A.L.R. § 904–908 II, 1 darf ein Mann, der Kinder aus einer früheren vollgültigen Ehe hat und sich dann zur linken Hand vermählt, seiner links angeheiratheten Frau neben der vertragsmäßigen Abfindung nicht mehr als $^1/_{10}$ seines Nachlasses letztwillig zuwenden, mögen auch seine rechtmäßigen Kinder inzwischen verstorben sein.

§ 45.

Form.

A. In Rom.
- I. Geschichtliche Entwicklung.
  - a) Nach altem Civilrecht.
    testamentum calatis comitiis, in procinctu, per aes et libram.
  - b) Nach prätorischem Edict.
    testamentum septem signis testium signatum.
- II. Rechtszustand unter Justinian.
  - a) Ordentliches Privattestament.
    1. Zuziehung von sieben Solemnitätszeugen.
    2. Mündlicher oder schriftlicher Testiract.
    3. Einheit der Handlung nach Ort und Zeit.
  - b) Oeffentliches Testament.
  - c) Außerordentliche Testamente.
    1. Mit erschwerten Formen.
       Testament eines Blinden.
    2. Mit erleichterten Formen.
       Testament der Soldaten.
       Pest- und Dorftestament.
       Ascendententestament. Theilung.

B. Nach gemeinem Recht.
- Aufnahme der Justinianeischen Testirformen.
- Kanonisches Testament zu Gunsten der Kirche und frommer Zwecke.
- Militärtestament nach R.G. vom 2. Mai 1874.
- Oeffentliche Testamente unter Mitwirkung des Gerichts.

C. Nach Preußischem Recht.
- I. Ordentliche Form.
  Gerichtliche Aufnahme letztwilliger Verfügungen.
- II. Erschwerte Formen.
  Für Blinde und Analphabeten.
  Für Taube und Stumme.
  Für die der deutschen Sprache nicht mächtigen Personen.
- III. Erleichterte Formen.
  Durch persönliche Uebergabe an den Landesherrn.
  Für Preußische Gesandschaftsbeamte im Auslande.
  Militärtestamente, unter Umständen auch für Civilpersonen.
  Dorftestament.
  Theilung unter den Abkömmlingen.

Das Gesetz fordert zur Errichtung des Testaments Formen, die entweder als öffentliche auf die Mitwirkung der Obrigkeit oder als private auf die Zuziehung von Zeugen und die Beurkundung durch Niederschrift hinauslaufen. Dadurch wird es möglich, nach dem Ableben des Testators seinen festen Entschluß von bloßen Entwürfen zu unterscheiden und jeden Zweifel an der Echtheit seines letzten Willens auszuschließen. Freilich hat dies seine Kehrseite, da der vom Tode überraschte Erblasser oft nicht in der Lage ist, die Form zu wahren. Dann wird der letzte Wille zu einem Schemen, denn der Sterbende ist ohnmächtig, sein Vermögen Denen zu hinterlassen, welchen er es am liebsten gönnt, oder ein früher vollzogenes Testament, das ihm nicht mehr angemessen erscheint, zu widerrufen.

A. In Rom.

I. Geschichtliche Entwicklung.

a) Das alte Civilrecht kannte Testamente ‚calatis comitiis‘, ‚in procinctu‘ und ‚per aes et libram‘.

Das Testament calatis comitiis geschah vor den Curiat-Comitien, die zu diesem Behuf zweimal im Jahre unter priesterlicher Leitung berufen wurden. Der Testator verkündete in feierlicher Weise, was nach seinem Tode als Hausgesetz gelten sollte, und rief die Volksversammlung zum Zeugen dafür an. Gaj. II § 101. Ihering hält sogar die Zustimmung der Comitien für nöthig, als ob es sich um ein Specialgesetz für den Erblasser gehandelt hätte.

Das Testament in procinctu war für Soldaten geschaffen, die, ehe die Schlacht begann, vor versammeltem Kriegsvolk (coram exercitu expedito et armato Gaj. II § 101) ihren Willen erklärten.

Das Testament per aes et libram bestand in einer Anwendung der Mancipationsform. Bd. I S. 346. Der Erblasser (familiae venditor) veräußerte sein Vermögen an den Erben (familiae emtor) unter entsprechenden Nuncupationen, welche dem Verkäufer freie Verfügung und Nutzung auf Lebzeiten sicherten, sowie dem Käufer die Befolgung sonstiger Anordnungen, z. B. von Legaten, auferlegten. Zu dem Mancipationsact gehörte die Anwesenheit eines Waghalters (libripens) und fünf fähiger Zeugen, die weder mit dem Erblasser noch mit dem Erben durch ein Gewaltsverhältniß verbunden sein durften. Gaj. II § 102, 105.

Da das Mancipationstestament ohne große Zurüstungen zu jeder Stunde offen stand, trat es allmählich an Stelle der alten schwerfälligen Staatsacte. Allein sein Nachtheil lag in der Mitwirkung des Erben, so daß mancipationsunfähige Personen nicht eingesetzt werden konnten, und in der mündlichen Aufnahme, welche die Anordnungen des Testators schon vor dessen Tode enthüllte und den Beweis von dem Gedächtniß sowie dem Leben der Zeugen abhängig machte. Diesen Mängeln half man im Laufe der Zeit durch zwei Reformen ab. Sie bestanden in der Herabdrückung des familiae emtor zu einem Statisten, der ‚dicis nomine‘ für den eigentlichen Erben auftrat, und in der schriftlichen Abfassung des letzten Willens. Gaj. II § 103. Nunmehr beschränkte sich die Mancipation auf eine Komödie, an welcher familiae emtor und libripens als bloße Solemnitätspersonen, gleich den übrigen fünf Zeugen, theilnahmen. Das Hauptgewicht fiel, nachdem die Ceremonie des Scheinkaufs in hergebrachten Worten und Handlungen erledigt war, auf die Vorlage einer Urkunde, die der Erblasser feierlich als sein Testament bekräftigte. Die dafür übliche generelle Nuncupationsformel lautete nach Gaj. II § 104 ‚haec ita, ut in his tabulis cerisque scripta sunt, ita do, ita lego, ita testor, itaque vos quirites testimonium mihi perhibetote‘.

b) Das prätorische Edict versprach aus einer von sieben Zeugen durch ihre Namensunterschriften besiegelten Urkunde (testamentum septem signis testium signatum) eine bonorum possessio secundum tabulas. Gaj. II § 119. Dadurch wurde keine neue Testamentsform eingeführt, — wozu der Prätor gar keine Macht besaß — sondern nur der Vermuthung Folge gegeben, daß ein Bittsteller, der auf Grund seiner Einsetzung in solcher Urkunde den Besitz des Nachlasses begehrte, auch der wahre Testamentserbe sei. Daher blieb dem gesetzlichen Erben noch immer die hereditatis petitio ab intestato, welche die ertheilte bonorum possessio dann entkräftete, falls der eingesetzte Erbe nicht die Wahrung aller civilen Förmlichkeiten darthun oder ihm ein Fehler bei ihrem Vollzuge nachgewiesen werden konnte. Erst Antonius Pius schützte einen solchen Urkundserben durch eine exceptio doli gegen den Vorwurf, daß es an einer richtigen Vornahme der civilen Formen fehle und erhob damit das prätorische Testament zu einem eignen Rechtsinstitut. Gaj. II § 120.

II. Rechtszustand unter Justinian.

a) **Ordentliches Privattestament.** Dasselbe ist von Theodos II. 439 aus einer Verschmelzung der civilen und prätorischen Formen geschaffen und hat folgende Erfordernisse:

1. Zuziehung von sieben Solemnitätszeugen. Sie müssen fähig (habiles) und vom Testator besonders aufgefordert sein (rogati), dem Testiract beizuwohnen. l. 21 § 2 D. 28, 1. Als unfähig gelten: Sklaven, Peregrinen und Personen, denen die Testirfähigkeit zur Strafe entzogen ist. l. 18 § 1, 20 § 7, 26 D. 28, 1; ferner Frauen l. 20 § 6 D. eod.; Unmündige, Geisteskranke außer in lichten Zwischenräumen, Taube, Stumme, wohl auch Blinde l. 20 § 4 D. eod., § 6 J. 2, 10; entmündigte Verschwender l. 18 pr. D. 28, 1; die wegen entehrender Verbrechen Verurtheilten nov. 90 c. 1; schließlich die Gewaltunterworfenen des Testators, der eingesetzte Erbe und die mit ihm durch väterliche Gewalt verbundenen Personen l. 20 pr. D. 18, 1; § 10 J. 2, 10 ‚reprobatum est domesticum testimonium'. Da das letztere Hinderniß nur auf der Gewalt beruht, dürfen emancipirte Söhne Zeugen beim Testament des Vaters sein und umgekehrt der Vater bei dem ihrigen. Deshalb erscheint auch bei einem Testament des Kindes über seine castrensischen Güter das Zeugniß seines Vaters und seiner Brüder nicht verwerflich. l. 20 § 2 D. 28, 1; vgl. aber Gaj. II § 106; § 9 J. 2, 10. Der Schreiber des Testamentes wird dadurch nicht ungeeignet, als Zeuge mitzuwirken. In diesem Sinne entscheidet Juventius Celsus einen von Domitius Labeo vorgetragenen Fall ‚valide stulta est consultatio tua'. l. 27 D. 28, 1. Davon schreibt sich der Brauch, eine alberne Frage ‚quaestio Domitiana' und die entsprechende grobe Antwort ‚responsum Celsinum' zu nennen. Trotz der Unfähigkeit eines Zeugen wird das Testament möglichst aufrecht erhalten, wenn diese Eigenschaft allen übrigen Mitwirkenden aus verzeihlichem Irrthum unbekannt geblieben war. l. 1 C. 6, 23; § 7 J. 2, 10.

2. Mündlicher oder schriftlicher Testiract. Das mündliche Testament (nuncupativum) erfordert, daß der Erblasser seinen letzten Willen hörbar und verständlich vor den Zeugen erkläre. l. 21 pr. D. 28, 1; l. 21 § 4, l. 26 C. 6, 23; § 14 J. 2, 10. Oft kommt noch des Beweises halber eine schriftliche Aufzeichnung des Inhalts (nuncupativum in scripturam redactum) unmittelbar nach dem Testiract hinzu. l. 21 § 2 C. 6, 23.

Das schriftliche Testament setzt voraus, daß der Erblasser den Zeugen eine Urkunde als Ausdruck seines letzten Willens vorlege und unter Mitwirkung der Zeugen solemnisire. Auf Stoff und Sprache der Urkunde kommt es nicht an

l. 4 D. 37, 11; l. 20 § 9 D. 28, 1; doch ist bloße Zeichenschrift ausgeschlossen l. 6 § 2 D. 37, 1. Die Urkunde kann entweder vorher abgefaßt sein, sei es vom Testator selbst (testamentum holographum), sei es von einem Dritten (allographum), oder sie kann erst in Gegenwart der Zeugen, die von ihrem Inhalt keine nähere Kenntniß zu nehmen brauchen, niedergeschrieben werden. Der Erblasser muß die Urkunde den Zeugen vorlegen, sie als die Niederschrift seines letzten Willens anerkennen und eigenhändig unterschreiben. Kann der Testator nicht schreiben, mag er dieser Kunst nicht mächtig oder irgendwie an ihrer Ausübung verhindert sein, so ist noch ein Unterschriftszeuge hinzuzuziehen, der für ihn die Unterschrift abgiebt. Dabei ist es gleichgültig, ob dieser octavus subscriptor seinen eignen Namen oder den des Testators einzeichnet, falls er nur einen auf sein Vertretungsverhältniß bezüglichen Zusatz beifügt, und ob er den Namen vor oder hinter die Unterschriften der Zeugen setzt. l. 21 pr. C. 6, 23. Nur bei einem vom Erblasser eigenhändig geschriebenen Testament, das sich ausdrücklich als solches bekennt, wird von einer besonderen Unterzeichnung seines Namens abgesehen. l. 28 § 1 C. 6, 23. Jeder der sieben Zeugen hat die vorgelegte Urkunde zu unterschreiben (subscribere). l. 30 D. 28, 1. Sodann werden nach römischer Sitte die Testamentstafeln aufeinander gelegt, so daß die unbeschriebene Seite nach Außen kommt, und verschnürt. Auf die Außenflächen drückt jeder der Zeugen zur Befestigung der Schnüre sein Siegel (signare), gleichviel ob sein eignes oder ein fremdes, und versieht dasselbe, um es zu charakterisiren, mit der Unterschrift seines Namens (superscribere). l. 22 § 2, § 5 D. 28, 1.

3. Einheit der Handlung nach Ort und Zeit. Der Testiract muß sich in Gegenwart der Zeugen ohne wesentliche Unterbrechung vollziehen (unitas actus).

Die sinnliche Wahrnehmung der Zeugen darf durch kein Hinderniß beeinträchtigt sein. ‚in conspectu testatoris.‘ l. 9 C. 6, 23. Daher kann man wohl zur Nachtzeit testiren l. 22 § 6 D. 28, 1; aber nicht im Dunkeln oder hinter einem Bettvorhang verborgen. Es ist erlaubt, an Stelle eines plötzlich verhinderten Zeugen einen anderen zu berufen und im Testiract fortzufahren. l. 28 pr. C. 6, 23.

Jede erhebliche Unterbrechung des Acts durch nicht dazu gehörige Handlungen macht das Testament nichtig. l. 21 § 3 D. 28, 1. Es schadet nicht, wenn dem Testator inzwischen ein Medicament gereicht wird, oder einer der Zeugen sich auf kürzere Zeit entfernt, um einem leiblichen Bedürfniß zu genügen. l. 28 pr. C. 6, 23. Doch darf man nicht ein einmal begonnenes Testament liegen lassen und es an einem anderen Tage behufs Beendigung wieder aufnehmen. ‚uno eodemque die‘ l. 21 § 2 C. 6, 23. Freilich ist es falsch, aus den angeführten Worten zu folgern, daß ein vor Mitternacht angefangenes Testament bis zu dieser Stunde vollendet sein muß und nicht in den folgenden Tag hinein ragen darf.

b) Oeffentliches Testament. Dasselbe kommt in zwei Gestalten vor: entweder durch Erklärung zu Protokoll des Stadtschreibers bzw. eines Beamten der kaiserlichen Präfectur (apud acta conditum) oder durch Uebergabe an den Regenten, der es dem Testator freiwillig abnimmt (principi oblatum). Durch diese Solennität (publicatio) wird jede weitere Form ersetzt. l. 18, 19 C. 6, 23.

c) **Außerordentliche Testamente.** Die Formen können mit Rücksicht auf die Person des Testators erschwert, oder aus demselben Grunde, sowie in Anbetracht seiner Lage bei der Errichtung oder wegen des Inhalts seiner Verfügung erleichtert sein.

1. Mit erschwerten Formen. Sie finden sich allein für das Testament eines Blinden. Hier ist außer den gewöhnlichen Solemnitäten noch die Zuziehung eines Notars oder, falls ein solcher sich nicht schnell erreichen läßt, eines achten Zeugen vonnöthen. Diese Urkundsperson soll in Gegenwart der Zeugen den vom Testator erklärten Willen niederschreiben oder, wenn schon eine Urkunde darüber vorliegt, dieselbe verlesen. Dabei sind die vom Erblasser bedachten Personen so genau zu bezeichnen, daß kein Zweifel über ihre Identität obwalten kann. Nach einer bekräftigenden Erklärung Seitens des Testators erfolgt die Unterzeichnung sowie Signirung des Testaments durch die Urkundsperson und sämmtliche Zeugen. l. 8 C. 6, 22.

2. Mit erleichterten Formen. In jeder Weise bevorzugt ist das Testament der Soldaten. D. 29, 1 de testamento militis. Nicht nur, daß sie von vielen Beschränkungen befreit sind, denen sonst das materielle Recht der Testamente unterliegt, sondern sie testiren ganz formlos, ‚quo modo velint ac poterint‘ l. 1 pr. D. ht.; z. B. auch indem sie mit dem Schwerte ihren letzten Willen in den Sand des Schlachtfeldes ritzen. l. 15 C. 6, 21. Doch muß die Ernstlichkeit ihrer letztwilligen Verfügung feststehen. l. 24, 40 pr. D. ht. Justinian beschränkte das Privileg, das ursprünglich in Folge der kaiserlichen Mandate dem Militärstande als solchem zustand, auf die im Feldzuge ‚in expeditionibus‘ befindlichen Soldaten. pr. J. 2, 11; l. 17 C. 6, 21. Das Testament erlischt ein Jahr nach der ehrenvollen Verabschiedung des Testators aus dem Militärstande, jedoch im Fall seiner schimpflichen Entlassung (missio ignominiosa) sofort. l. 26 D. ht.; § 3 J. 2, 11. Das Recht des Militärtestamentes steht auch Nichtcombattanten zu, die sich in berufsmäßiger Eigenschaft, z. B. als Aerzte, Marketender beim Heere befinden und ‚in hostico‘ umkommen. l. 44 D. ht.; l. un. D. 37, 13.

In Ansehung der Nothlage des Testators sind die Formen des Pest- und Dorftestamentes erleichtert. Während der Herrschaft einer lebensgefährlichen ansteckenden Epidemie ‚tempore pestis‘ ist es den Zeugen gestattet, abgesondert vom Testator und ohne sich ihm unmittelbar zu nähern, die Solemnisirung des Testamentes zu vollziehen. l. 8 C. 6, 23. Wer auf dem Lande ‚ruri‘ testirt, braucht, sofern er nicht mehr fähige Personen auftreiben kann, nur fünf Zeugen hinzuzuziehen. Auch genügt, daß die schreibenskundigen Zeugen für die übrigen, die nicht schreiben können, mitunterzeichnen. Doch muß Letzteren der Inhalt des Testamentes kund gethan werden, damit ihre eidliche Vernehmung nach dem Tode des Erblassers Statt finden kann. l. 31 C. 6, 23.

Für das Ascendententestament wird um seines Inhalts willen ‚parentum inter liberos‘ eine mildere Form zugelassen. Zu einer solchen letztwilligen Verfügung, welche nur die Descendenten des Testators betrifft, genügt, daß sie schriftlich abgefaßt ist, das Datum (προγράφειν, subscribere) enthält, sowie in eigenhändiger Niederschrift des Erblassers die Namen der enterbten oder eingesetzten Kinder und die Höhe der ihnen zugedachten Erbtheile in Buchstaben. Einer Unterschrift des Testators bedarf es nicht. nov. 107 c. 1. Streitig ist, ob durch eine derartige Verfügung ein älteres gültiges Testament aufgehoben werden kann. nov. 107 c. 2. Erbesernennungen fremder Personen im Ascendententestament gelten als nicht beigefügt. l. 21 § 3 C. 6, 23; doch erhalten die ihnen ausgesetzten Vermächtnisse dadurch Kraft, daß die Erklärung vor fünf Zeugen erfolgte. nov. 107 c. 1 i. f. Noch mehr erleichtert ist eine Theilung ‚divisio inter liberos', welche der Ascendent für seine Kinder unter Voraussetzung der Intestatfolge vorschreibt. Sie erfordert blos einen vom Ascendenten oder allen Kindern unterzeichneten Aufsatz. nov. 107 c. 3; nov. 18 c. 7.

B. Nach gemeinem Recht.

Die unter Justinian geltenden Testamentsformen sind durch die Not.Ordn. von 1512 Tit. II aufgenommen. S. 151. Außerdem leitete eine früher verbreitete Praxis aus dem kanonischen Recht das privilegirte Testament zu Gunsten der Kirche und frommer Zwecke ‚ad pias causas' her. In den Worten ‚in ore duorum vel trium testium stat omne verbum' c. 11 X 3, 26 fand man, daß zur Erbeseinsetzung der Kirche die bloße Zuziehung von zwei Zeugen hinreiche. Heutzutage giebt man zu, daß der Papst Alexander III. nur die Aussage zweier Zeugen zum Beweis eines bestrittenen Testamentes im Erbschaftsprocesse meine, streitet aber, ob das Testament ad pias causas, weil es ‚divinae, non humanae leges' folge, ganz formlos errichtet werden könne oder den gewöhnlichen Regeln unterfalle. Die öffentliche Testamentsform des kanonischen Rechtes, nämlich Errichtung vor dem Pfarrer und zwei Zeugen c. 10 eod., hat keine gemeinrechtliche Geltung erlangt.

Im Einzelnen kommen theils durch die Not.Ordn., theils durch neuere Gesetze mancherlei Abänderungen der römischen Testamentsformen vor.

Das Verbot, Sklaven, Peregrinen und zur Strafe intestable Personen als Zeugen aufzurufen, ist unpraktisch geworden. Nach St.G.B. § 34 Z. 5 zieht die Aberkennung der bürgerlichen Ehrenrechte die Unfähigkeit nach sich, Zeuge bei Aufnahmen von Urkunden zu sein. Nach der Praxis genügt einmalige Namensunterschrift der Zeugen, sei es in der Testamentsurkunde, sei es auf ihrem Umschlage. Das Siegel gilt mehr als eine Beglaubigung der Unterschrift. Daher muß jeder Zeuge sein eignes Siegel beidrücken, obwohl noch die Not.Ordn. II § 10 erlaubt, daß „Zeugen, so nicht eignes Signet hätten, eins oder mehr der anderen Signetten sich hierin gebrauchen". Das Ascendententestament fordert heute wie jede andere Urkunde zur Vollendung die Unterschrift des Testators. Dasselbe kann nach der Not.Ordn. II § 2 auch mündlich vor zwei Zeugen errichtet werden.

Den Vorzug der Militärtestamente beschränkt die Not.Ordn. II § 2 auf die Form ihrer Abfassung. Danach testirt „ein Reutter im Feld und in Uebung des Streits", d. h. während der Schlacht, ganz formlos; ein Soldat im Feld und nicht in Uebung des Streits, also auf Märschen, in Biwaks 2c., vor zwei Zeugen. Dies ist durch das R.G. vom 2. Mai 1874 § 44 folgendermaßen abgeändert. Das Vorrecht bezieht sich auch nur auf die Form letztwilliger Verordnungen und gebührt allen Angehörigen des deutschen Heeres und den nach dem

Militär-St.G.B. vom 20. Juni 1872 § 155–158 den Militärgesetzen unterworfenen Personen während eines Kriegs- oder Belagerungszustandes. Die Befugniß beginnt für diese Personen von der Zeit, wo sie entweder ihre Standquartiere, oder, falls ihnen solche nicht angewiesen sind, ihre bisherigen Wohnorte im Dienst verlassen haben oder in denselben angegriffen oder belagert werden. Kriegsgefangene und Geißeln haben die Befugniß, so lange sie sich in der Gewalt des Feindes befinden. Für die an Bord eines deutschen Kriegsschiffs befindlichen Personen genügt nach dem Pr.G. vom 8. Juni 1860 § 12, das sich heute auf die Kaiserliche Marine erstreckt, daß das Fahrzeug in Dienst gestellt ist und den Hafen verlassen hat. Die Errichtung eines Militärtestaments kann auf dreifache Art erfolgen: 1. durch eigenhändige Nieder- und Unterschrift des Testators, oder 2. durch eigenhändige Unterschrift des Testators, sofern zwei Zeugen oder ein Auditeur oder Officier mitunterzeichnen, oder 3. durch mündliche Erklärung des Testators zu Protokoll vor einem Auditeur oder Officier unter Zuziehung zweier Zeugen oder noch eines anderen Auditeurs bzw. Officiers, sofern der über die Verhandlung aufgenommene Schriftsatz dem Erblasser vorgelesen und von den Urkundspersonen unterschrieben ist. Die Zeugen sind bloße Beweiszeugen. Bei verwundeten oder kranken Militärpersonen können die Auditeure und Officiere durch Militärärzte, höhere Lazarethbeamte, Militärgeistliche vertreten werden. Das privilegirte Militärtestament verliert seine Kraft mit dem Ablauf eines Jahres von dem Tage ab, an welchem der Truppentheil, zu dem der Testator gehört, demobilisirt wird, oder der Testator aus demselben ausscheidet oder als Kriegsgefangener bzw. Geißel aus der Gewalt des Feindes entlassen ist. Bei Kriegsschiffen gilt die Außerdienststellung des Fahrzeugs gleich. Doch läuft die Frist nicht während der Zeit, in welcher der Testator zur Errichtung einer anderen letztwilligen Verfügung unfähig ist. Auch behält das Testament seine Gültigkeit, wenn der Testator innerhalb des Jahres verschollen ist.

Eine besondere Ausbildung haben in Deutschland die öffentlichen Testamente unter Mitwirkung des Gerichts erfahren. Sie bestehen in einer persönlichen Erklärung des Testators, der sich hierbei nicht vertreten lassen darf, zu gerichtlichem Protokoll, sei es an der Gerichtsstelle, sei es im Hause des Erblassers. Zur Abnahme der Erklärung ist jeder in amtlicher Thätigkeit stehende Richter fähig, nicht blos derjenige, in dessen Bezirk der Testator seinen Wohnsitz hat. Meist wird eine „besetzte Bank“, d. h. gleichzeitige Anwesenheit des Gerichtsschreibers erfordert. Der Act vollzieht sich dadurch, daß der Testator entweder mündlich seinen letzten Willen behufs Beurkundung ausdrückt (testamentum apud acta conditum), oder eine Testamentsurkunde, die offen oder verschlossen sein kann, überreicht (judici oblatum). Der Richter nimmt ein Protokoll auf, worin er die Person des Erblassers, seine Willensfreiheit feststellt und namentlich die Urkunde als dessen letzten Willen bekräftigt. In dem gehörig errichteten Protokoll liegt der Ersatz für jede anderweite Testirform. Darauf, daß das Protokoll ohne wesentliche Unterbrechung angefertigt, mit Zeitangabe versehen, dem Erblasser vorgelesen, von ihm genehmigt und unterschrieben sei, kommt es nur der Ordnung halber an. In der Regel nimmt das Gericht die Testamentsurkunde in Verwahrung und händigt dem Testator darüber eine Bescheinigung aus.

C. Nach Preußischem Recht.

A.L.R § 66—241 I, 12.

I. Ordentliche Form.

Das A.L.R. kennt kein Privattestament, sondern fordert für die Regel gerichtliche Aufnahme letztwilliger Verfügungen, sei es, daß Testator seinen letzten Willen zu Protokoll erklärt, sei es, daß er in Person eine darauf bezügliche Urkunde übergiebt. § 66 ht.

Zuständig ist jedes Amtsgericht, in dessen Bezirk das A.L.R. gilt, in der Besetzung mit einem Richter und einem Gerichtsschreiber. § 82 ht. Die Vorschrift des § 83 ht. über die Vertretung des Protokollführers durch zwei vereidete Schöppen ist heute unpraktisch. Die Errichtung kann sowohl an der Gerichtsstelle, wie außerhalb derselben stattfinden. Die Gültigkeit eines Testaments erleidet dadurch keine Einbuße, daß die amtirenden Gerichtspersonen nicht besonders mit der Aufnahme beauftragt oder nach der Geschäftsvertheilung dazu berufen waren. § 87 ht. Auch ist für ein in der Wohnung des Erblassers errichtetes Testament nicht wesentlich, daß derselbe einen förmlichen Antrag gemäß § 67–71 ht. stellte. Ausf.G. § 2 Abs. 3, § 23 Abs. 2, § 26, 68, 71 zum Ger.Verf.G. Das Gericht soll letztwillige Verfügungen nur in seinem Sprengel entgegennehmen, es müßten denn Gründe, wie nahe Verwandtschaft oder feindseliges Verhältniß des Richters zum Testator rc., eine Ueberschreitung rechtfertigen. Doch verliert das in einem fremden Gerichtsbezirk aufgenommene Testament dadurch keinesfalls seine Kraft. § 72–77 ht. Für Truppentheile, welche sich im Ausland befinden oder nach der Mobilmachung ihr Standquartier verlassen haben, sind an Stelle des ordentlichen Richters der Auditeur oder das commandirte Kriegsgericht befugt, letztwillige Verordnungen aufzunehmen und zu beglaubigen. G. vom 8. Juni 1860 § 1–3.

Das Verfahren wird durch genaue Bestimmungen § 100 ff. ht., vgl. auch A.G.O. § 1–8 II, 4 geordnet. Die in § 141 ff. ht. ertheilten Anweisungen, um künftige Processe zu vermeiden, haben blos instructionelle Bedeutung, z. B. daß der Richter sich von der Identität und dem Geisteszustand des Erblassers überzeuge, sowie dessen Willens-Freiheit und Ernstlichkeit durch schickliche Fragen prüfe.

Im Fall mündlicher Errichtung nimmt der Gerichtsschreiber den erklärten letzten Willen des Testators zu Protokoll. Dasselbe ist am Schluß — bei etwaigen Randvermerken auch an diesen Stellen — vom Testator zu unterzeichnen und durch die Unterschriften der betheiligten Gerichtspersonen zu vollziehen. Eine vorherige Verlesung ist üblich, aber nicht nöthig. Für die Aufnahme des Protokolls findet sich eine Reihe von Ordnungsvorschriften, nämlich Verbot aller Abkürzungen und Rasuren, Ausdruck der Summen in Buchstaben, Vermerk etwaiger Zusätze und Verbesserungen am Rande oder Schlusse, Datirung und im Fall einer Unterbrechung Angabe ihres Anlasses sowie ihrer Dauer. Nach Fertigstellung des Protokolls wird dasselbe verschlossen, in der Regel durch Beidruck des Gerichtssiegels, und ordnungsgemäß mit der Aufschrift „Testament des N. N." versehen. Ist in dem Testament die gerichtliche Siegelung und Inventarisirung des Nachlasses verboten, so kann ein entsprechender Vermerk auf den Umschlag gesetzt werden. Wesentlich für die Gültigkeit des Testaments ist, daß es vom Amtsgericht in Verwahrung genommen wird und darin ununterbrochen verbleibt. Ein Richter, welcher in schleunigen Fällen ein Testament außerhalb seines Sprengels aufnahm, soll innerhalb acht Tagen dem ordentlichen Richter davon Nachricht geben und diesem das Testament nebst den bezüglichen Verhandlungen zur Aufbewahrung zusenden. § 79 ht. Doch schaden Fehler bei der Aufbewahrung nicht, ebensowenig der Mangel einer Zeitangabe über die Auslieferung an das Gericht. Anh. § 33 zu § 139 ht. Ueber das gerichtlich niedergelegte Testament erhält der Erblasser eine Bescheinigung, die Recognitionsschein heißt.

Im Fall der Uebergabe einer Urkunde, welche der Testator als seinen letzten Willen bezeichnet, erfolgt über diese Handlung die Aufnahme eines Protokolls, das vom Erblasser und den betheiligten Gerichtspersonen zu unterschreiben ist. Der übergebene Aufsatz muß vom Erblasser eigenhändig ge- oder mindestens unterschrieben sein. Wird die Urkunde versiegelt übergeben, so hat der Richter den Testator über das Vorhandensein seiner Unterschrift zu vernehmen. Wird die Urkunde offen und unversiegelt übergeben, so hat der Richter nach der Unterschrift des Testators zu sehen, nöthigenfalls ihre Nachholung zu veranlassen und unter dem Aufsatz die Erklärung des Erblassers zu verzeichnen, daß darin seine letzte Willensmeinung enthalten sei. Ueber Verschluß, Inhaltsangabe und Verwahrung des Testaments gelten die oben erwähnten Vorschriften.

II. Erschwerte Formen.

Für Blinde und Analphabeten, mögen Letztere des Schreibens unkundig oder daran verhindert sein, treten besondere Vorsichtsmaßregeln ein. § 113–122 ht. Solche Personen dürfen nur mündlich zu Protokoll testiren oder einen unversiegelten Aufsatz übergeben. Der Richter hat den Aufsatz dem Testator vorzulesen, über dessen Erklärungen ein Protokoll aufzunehmen und dasselbe mit dem Testament zu versiegeln. An Stelle der vom Testator nicht zu erlangenden Unterschrift tritt sein bloßes Handzeichen, das von zwei zugezogenen glaubwürdigen Männern zu bezeugen ist. Vermag der Erblasser nicht einmal sein Handzeichen beizufügen, so genügt die Unterschrift der beiden Zeugen zur Bestätigung dafür, daß dem Erblasser das Protokoll vorgelesen sei und er dasselbe genehmigt habe. Die Unterschriftszeugen müssen die Eigenschaften gültiger Instruments- und Beweiszeugen besitzen. Sie dürfen nicht in naher Verwandtschaft zum aufnehmenden Richter stehen und werden dadurch ausgeschlossen, daß sie in dem betreffenden Testament zu Erben eingesetzt oder mit einem Vermächtniß bedacht sind.

Für Taube und Stumme, die an sich testirfähig sind S. 153., gilt die Vorschrift, daß ihnen die zur Testamentserrichtung erforderlichen Fragen schriftlich vorgelegt und von Stummen auch schriftlich beantwortet werden. § 123 ht. Spätere Vo. vom 24. Juni 1802 und 10. Mai 1805 erlauben Tauben, die nicht schreiben bzw. lesen können, und Stummen, die mündlich zu Protokoll testiren wollen, den Gebrauch der Zeichensprache, wobei die Verständigung mit dem Richter durch zwei zugezogene Dolmetscher erfolgen muß.

Mit Testatoren, die der deutschen Sprache nicht mächtig sind, wird die Verhandlung mittelst Dolmetscher geführt, welche die Eigenschaft gültiger Testamentszeugen haben müssen. Der vom Erblasser übergebene Aufsatz kann in jeder ihm bekannten Sprache abgefaßt sein. § 124–132 ht. Ger.Verf.G. § 186 ff. G. vom 28. Aug. 1876 § 4 ff.

III. Erleichterte Formen.

Jedes Testament wird durch persönliche Uebergabe an den Landesherrn gültig, sofern derselbe es erwiesenermaßen aus den Händen des Erblassers annahm. Für Mitglieder der landesherrlichen Familie genügt schriftliche Einreichung ihres letzten Willens beim Familienhaupt und Zufertigung des Aufsatzes an das Cabinetsarchiv oder an ein Gericht zur ferneren Aufbewahrung. § 175–176 ht.

Nach G. vom 3. April 1823 ist Preußischen Gesandtschaftsbeamten während ihres Aufenthaltes im Auslande eine bevorzugte Testirform verstattet. Sie übersenden ihre letztwillige Verfügung, die eigenhändig ge- und unterschrieben, auch datirt sein muß, an das auswärtige Amt, welches für die Uebergabe an das Berliner Amtsgericht I. sorgt.

Von der reichsgesetzlichen Regelung der Militärtestamente, welcher das Pr.G. vom 8. Juni 1860 zu Grunde liegt, war schon S. 160 f. die Rede.

Das Privileg des Militärtestamentes, dessen Form sich heute nach dem R.G. vom 2. Mai 1874 § 44 richtet, steht unter Umständen auch Civilpersonen zu. Während einer Ortssperre wegen ansteckender Krankheiten oder während eines Rechtsstillstandes in Folge von Kriegsgefahr können die dadurch Betroffenen vor jeder Gerichtsperson, einem Notar, Ortsgeistlichen, Ortsarzt, auch vor einem Polizeibeamten der bestellten Schutzdeputation vgl. Cab.O. vom 12. Juli 1831 testiren. Ein solches Testament gilt auf ein Jahr nach Aufhebung der Sperre oder nach Wiederherstellung des ordentlichen Gangs der gerichtlichen Geschäfte. § 198–204 ht. Personen auf einem in See befindlichen Schiff, das nicht zur Kriegsmarine gehört, können vor dem Schiffer testiren. Ein solches Testament gilt aber nur dann, wenn der Testator verstirbt, ehe er Gelegenheit hat, seine Verfügung vor einem ordentlichen Gericht zu wiederholen oder zu bestätigen. § 205–207 ht.

Ein Dorftestament kann in Nothfällen auf dem Lande vor dem Dorfgericht und in Städten, in welchen die einzige zur Verwaltung des Richteramtes bestellte Person abwesend ist, vor einer Magistratsdeputation errichtet werden. § 93–94, 98–99 ht. Cab.O. vom 21. Januar 1833 und 6. Novbr. 1834. Solche Verfügungen sind unverzüglich dem ordentlichen Gerichte vorzulegen, welches die betreffenden Urkundspersonen über den Hergang der Sache vernehmen, das darüber angefertigte Protokoll dem Testator, falls er noch lebt, zur Genehmigung vorlegen und dasselbe zugleich mit dem Testament in Verwahrung behalten soll. Doch sind die letzteren Vorschriften, insbesondere auch die Aushändigung der Urkunde an den ordentlichen Richter, nur um der Ordnung willen gegeben und nicht zur Gültigkeit des Testaments wesentlich. § 95–97 ht. Decl. vom 10. Juli 1846.

Anstatt des römischen Ascendententestamentes kennt das A.L.R. § 378–390 II, 2 eine privilegirte Form für die Theilung des Nachlasses, welche ein Erblasser unter seinen Abkömmlingen anordnet. Dazu genügt entweder ein eigenhändig ge- und unterschriebener Aufsatz oder eine mündliche Erklärung zu Protokoll vor einem Notar und zwei Zeugen, oder ein Schriftstück, das der Erblasser auf jedem Blatt und am Schluß mit notarieller bzw. dorfgerichtlicher Recognition unterzeichnet. Die Verordnung darf sich nur auf Abkömmlinge erstrecken; insoweit sie dritte Personen betrifft, ist sie ungültig. Auf diese Weise kann der Nachlaß unter den Kindern ungleich vertheilt und insbesondere die Art, ob und in welcher Höhe Schenkungen sowie Ausstattungen zur Anrechnung gelangen, näher festgesetzt werden. Eine ähnliche Form findet sich in den Landgüterordnungen S. 130 f., um den Anerben zu bezeichnen, Abweichungen von der gesetzlichen Anerbenfolge zu bestimmen, dem Anerben Vorzüge zu gewähren oder Belastungen aufzuerlegen.

§ 46.

Wille des Erblassers.

Die Bd. I. S. 210 ff. aufgestellten Grundsätze über Bildung und Ausdruck des Willens sind auch auf die Lehre der Testamente anwendbar. Vor allem muß Erblasser testirfähig S. 151 ff. und sich dessen bewußt sein. Hat er Zweifel über sein Testirrecht, z. B. wenn er sich für gewaltunterworfen hält, ohne zu wissen daß sein Gewalthaber bereits verstorben ist, so kann er nicht gültig testiren l. 14–15 D. 28, 1; l. 1 pr. de leg. III. Zustände wie Trunkenheit, körperlicher Zwang, welche die Willensfreiheit ausschließen, stehen ebenfalls während der Dauer solcher Lage der Testirfähigkeit entgegen. l. 20 § 10 D. 28, 1. Bei gerichtlichen Testamenten, deren Aufnahme in Preußen die Regel bildet, wird dies kaum vorkommen, außer wenn den Richter eine Mitschuld trifft, für welche er den durch die nichtige Verfügung Benachtheiligten einsteht. A.L.R. § 23–24 I, 12.

A. Eigner, gewisser Entschluß.

Der Testator muß die Person des Erben und die Höhe seines Erbtheils selbständig bestimmen. ‚certum consilium debet esse testantis.‘ Verfügungen, durch welche er einen Anderen zur Wahl der Erben ‚quos Titius voluerit‘ oder zur beliebigen Vertheilung des Nachlasses ermächtigt, sind nichtig. l. 32 pr. D. 28, 5; A.L.R. § 49 I, 12. An ihre Stelle treten die Regeln der gesetzlichen Erbfolge. A.L.R. § 521 eod. Ueber den früheren Gebrauch der Seelgeräthe, namentlich bei Geistlichen vgl. S. 150.

In gleicher Weise ist es unzulässig, den Bestand einer Erbeseinsetzung an die Einwilligung dritter Personen zu binden, z. B. ‚si Titius voluerit, Sempronius heres esto.‘ l. 68 D. 28, 5. Doch darf eine Potestativbedingung beigefügt werden, welche den Bestand von einer rein willkürlichen Handlung Dritter ‚si Titius in Capitolium ascenderit‘ abhängig macht. Freilich wird dadurch mittelbar die Gültigkeit der Erbesernennung dem Willen eines Dritten anheimgegeben, aber immerhin hat er eine Handlung vorzunehmen, die als zufälliger Ausfluß seiner unbeschränkten Willensfreiheit gilt. ‚expressa nocent, non expressa non nocent‘. Mit Unrecht verwirft Ulpian in l. 1 pr. D. de leg. II, vgl. auch l. 43 § 2 D. de leg. I, l. 46 § 2 D. 40, 5, diesen Unterschied als einen zu spitzfindigen.

B. Einfluß von Irrthum, Betrug und Drohung.

Eine Erbeseinsetzung, die auf irrthümlichem Beweggrunde ruht, wird — entgegen den sonstigen Regeln über Rechtsgeschäfte — für ungültig erachtet, sofern offenbar anzunehmen ist, daß der Testator ohne jene falsche Vorstellung anders verfügt hätte. Dahin gehört, daß der Erblasser nur testirte, weil er irrig den Tod eines nahen Verwandten voraussetzte l. 28 D. 5, 2; oder daß er von Neuem verfügte, weil er den in einem früheren Testament ernannten Erben für verstorben hielt l. 92 D. 28, 5. In solchen Fällen wird die Erbschaft denjenigen Personen eingehändigt, welche der besser unterrichtete Testator bevorzugt haben würde, jedoch ohne die anderweiten Bestimmungen im Testament zu beeinträchtigen. Hat der Erblasser ein untergeschobenes Kind, das er für das seine hielt, eingesetzt, so soll diesem die Erbschaft wegen Indignität entrissen und dem Fiscus ausgeantwortet werden. l. 46 pr. D. 49, 14; l. 5 C. 6, 23; l. 4 C. 6, 24. Heute treten an Stelle des Fiscus die durch die Ernennung des Unwürdigen zu Unrecht beseitigten Erbanwärter. Dagegen bleibt ein Irrthum über nebensächliche Umstände, welche auf den Willen des Testators keinen Einfluß übten, außer Betracht, z. B. die Bezeichnung des Erben mit einem falschen Vor- oder Beinamen. l. 4 C. 6, 23; l. 48 § 3 D. 28, 5. Auch darauf kommt es nicht an, daß der Erblasser absichtlich falsche Motive beifügte, vielleicht um die Einsetzung eines Fremden zum Schein zu rechtfertigen und den übergangenen Verwandten die Pille zu versüßen, vgl. l. 2 C. 6, 44. Bisweilen kann das Motiv die letztwillige Zuwendung zu einer unsittlichen und deshalb nichtigen machen. Aus diesem Grunde fallen hin: die Einsetzung des Regenten zum Erben litis causa, d. h. um dem Proceßgegner zu schaden l. 91 D. 28, 5; und die captatorische, d. h. erbschleicherische Verfügung, von der bei den Nebenbestimmungen der Erklärung noch die Rede sein wird.

Betrug oder Drohung können auf den Erblasser in doppelter Weise einwirken. Entweder wird er dadurch von der beabsichtigten Errichtung eines Testaments abgehalten, z. B. indem man ihm den Tod des erwünschten Erben vorredet, ihn durch Vorhaltung eines Uebels oder andere Anstalten hindert, ihn einsperrt, seiner Sinne beraubt ꝛc. — oder er wird zur Aufnahme eines Testaments veranlaßt, z. B. indem man ihm wider besseres Wissen schimpfliches Benehmen seiner nächsten Verwandten einbläst, ihn durch Vorspiegelung wichtiger Dienste oder Einschüchterung zur Einsetzung eines bestimmten Erben bewegt. Selbst wenn der Erblasser unter solchen Eindrücken verstarb, verbleibt es bei der ihm abgerungenen Erbfolge, da es an jedem Mittel fehlt, seinen ernstlichen letzten Willen festzustellen. Eine Nichtigkeit der erzwungenen Verfügung oder gar des ganzen Testamentes anzunehmen, würde den oben erörterten Grundsätzen über die Wirkung von Betrug und Drohung geradezu widersprechen. Für diese Ansicht läßt sich auch nicht l. 1 C. 6, 34 in Verbindung mit l. 2 § 7 D. 37, 11 anführen. Freilich wird dem Unwürdigen, welcher letztwillige Zuwendungen zu seinen Gunsten erschlich oder erzwang, jeder Vortheil entrissen l. 1 § 2, l. 2 pr. D. 29, 6; l. 19 D. 34, 9, und überdies haftet er den Beschädigten mit einer actio doli, falls diesen der Nachweis gelingt, daß sie ohne den rechtswidrigen Einfluß zur Erbfolge gelangt wären. Dabei ist aber zu berücksichtigen, daß nicht jede Ueberredung und Zudringlichkeit, mit welcher die dem Erblasser nahe stehenden Personen sein Herz bestürmen, unter den Begriff von Betrug oder Zwang fallen. l. 3 D. 29, 6; l. 3 C. 6, 34.

Das A.L.R. § 25, 605–610 I, 12 wendet auf den mangelhaften Inhalt letztwilliger Verfügungen die Regeln an, welche für Willenserklärungen unter Lebenden gelten und bedroht Den, welcher gegen den Erblasser Trug oder Zwang ausübte, mit dem Verlust aller erbrechtlichen Vortheile, die er sich dadurch verschaffte, sowie mit der Pflicht, den auf diese Weise Benachtheiligten vollen Ersatz zu leisten.

C. Art der Erklärung.

I. Wortlaut und Stelle der Erbesernennung.

In der klassischen Zeit war es Vorschrift, den Erben in directen, befehlenden Worten zu ernennen, z. B. ‚Titius heres esto‘ auch ‚Titium heredem esse jubeo‘. Dagegen waren Einsetzungen ungültig in dem Wortlaut ‚Titium heredem esse volo‘ oder ‚Titium heredem instituo, facio‘ Gaj. II § 117. Constantins Söhne hoben diesen überlebten Formelkram auf. Nach l. 15 C. 6, 23 genügen verba quaecunque sed expressa, d. h. jede Ausdrucksweise, aus welcher deutlich erhellt, daß sich der Erblasser eine Person zum „Erben" setze. Damit ist aber die alte Regel nicht aufgehoben, daß der nur bedingungsweise Genannte noch nicht Erbe sei; ‚in conditione positus non est in dispositione‘, z. B. ‚si mihi Sejus heres non erit, Sempronius heres esto‘ l. 19 D. 28, 5; l. 16 § 1 D. 28, 6. Nach gemeiner Praxis kommt es auf die Bezeichnung „Erbe" nicht an; jede sprachliche Wendung ist statthaft, die, wenn auch blos mittelbar erkennen läßt, daß der Erblasser eine Person zum Nachfolger in sein Vermögen wünsche. Gleiches gilt im A.L.R. § 4 I, 12.

Die Stelle im Testament, an welcher die Erbeseinsetzung verfügt wird, ist unerheblich, doch wurde letztere meist an die Spitze (caput testamenti) gestellt. Später ließ man sogar „mystische" Ernennungen zu, d. h. der Erblasser verweist in seinem Testament auf eine andere Urkunde, in welcher er sich vorbehalte, formlos den Namen des Erben bzw. die Höhe der Erbtheile zu bestimmen, z. B. ‚cujus nomen codicillis scripsero, ille mihi heres esto‘ l. 10 pr. D. 28, 7; l. 77 D. 28, 5; l. 12 D. 37, 11. Es frägt sich, ob ein derartiger Vorbehalt auch bei mündlichen Testamenten stattfinden kann. l. 21 pr. D. 28, 1; l. 26 C. 6, 23. Nach A.L.R. § 47–48 I, 12 muß der Aufsatz, welcher den Namen des Erben enthält, dem Testamente selbst, das darauf Bezug nimmt, (allenfalls besonders versiegelt) beigelegt werden.

II. Nebenbestimmungen. D. 28, 7 de conditionibus institutionum. A.L.R. § 478—518 I, 12.

a) Bedingung und Befristung.

Zeitliche Beschränkungen und auflösende Bedingungen, unter denen eine Erbeseinsetzung geschah, galten in Rom für nicht beigefügt, weil sie der Regel ‚semel heres, semper heres‘ zuwider laufen. Das gemeine Recht erblickt darin die Anordnung eines Universalfideicommisses. Im A.L.R. wird die römische Regel grundsätzlich verworfen. Vgl. darüber S. 113 ff.

Eine aufschiebend bedingte Erbeseinsetzung hat Kraft. § 9 J. 2, 14. Während schwebender Bedingung bleibt in Rom die Erbfolge im Ungewissen. Inzwischen sind die Substituten und die Intestaterben ausgeschlossen. l. 3, 39 D. 29, 2; vgl. auch l. 59 § 6 D. 28, 5. Der Prätor gab dem bedingten Erben gegen Sicherheitsleistung vorläufigen Erbschaftsbesitz l. 12 D. 2, 8; setzte auf Ansuchen der Gläubiger eine Erfüllungsfrist für potestative Bedingungen l. 4 pr. D. 42, 5 und stellte einen Curator, welcher dringliche Nachlaßschulden zu berichtigen und unter Umständen den concursmäßigen Verkauf der Masse zu bewirken hatte. l. 12 D. 2, 8; l. 8 D. 42, 4; l. 23 D. 28, 5. Heutzutage bleibt die ruhende Erbschaft unter der Verwaltung eines Pflegers und findet Concurseröffnung nur im Fall der Ueberschuldung Statt. R.K.O. § 203. Nach Eintritt der Bedingung wird der suspensiv ernannte Erbe, sofern er dies erlebt, berufen und erwirbt, da er schon vom Todestage des Erblassers an als dessen Vertreter gilt, die Erbschaft mit allen Früchten und Zuwüchsen der Zwischenzeit. Im A.L.R. wird die befristete oder bedingte Erbeseinsetzung als fideicommissarische Substitution behandelt. S. 114.

Von dem Zusatz ‚si voluerit', von dem Einfluß unmöglicher, unerlaubter, unnützer Bedingungen auf letztwillige Verfügungen war bereits Bd. I S. 219 ff. die Rede. Einer besonderen Erörterung bedürfen noch die captatorische Bedingung und die conditio jurisjurandi.

Captatorisch heißt eine Zuwendung, die unter der Bedingung geschieht, daß der Bedachte seinerseits den Testator oder eine von ihm bezeichnete Person wieder bedenken werde. Eine solche unlautere Speculation auf den Nachlaß des Bedachten macht die Zuwendung nichtig, hat aber auf die Gültigkeit der dennoch erfolgten captirten Verfügung keinen Einfluß. l. 70–71 D. 28, 5; l. 20 § 2 D. 28, 7; l. 64 de leg. I. Dem A.L.R. ist ein Verbot captatorischer Zuwendungen unbekannt.

Die Bedingung des Eides bestand darin, daß der Erblasser dem Bedachten irgend eine Handlung oder Unterlassung auferlegte und den Bestand der Zuwendung an den Schwur des Gehorsams knüpfte. l. 97 D. 35, 1. Um nicht unsittliche Vorhaben zu unterstützen, entband der Prätor im einzelnen Falle von der Schwurpflicht. Später erließ das Edict die Bedingung des Eides überhaupt, erzwang aber die Erfüllung erlaubter Befehle des Erblassers dadurch, daß dem Bedachten bis dahin die Erbschaftsklagen vorenthalten wurden. l. 8 pr., § 6, § 8. D. 28, 7. Im A.L.R. § 516–517 I, 12 haben die in Gestalt einer Bedingung abgefaßten Ermahnungen zur Tugend, Ordnung, Sparsamkeit 2c. nur dann rechtliche Bedeutung, wenn das Betragen des Bedachten der Aufsicht gewisser Personen unterworfen wurde, und eine auf Betreiben derselben erlassene gerichtliche Warnung erfolglos blieb.

Die Frage nach der Entscheidung der Bedingung unterliegt den allgemeinen Lehren. Was die Zeit zur Erfüllung einer potestativen Bedingung betrifft, so ist der Plan des Testators maßgebend. Nach A.L.R. § 495–496 I, 12 soll Mangels einer Vorschrift des Erblassers die Frist höchstens 30 Jahre nach dessen Tode betragen, sofern der Richter nicht auf Antrag der Interessenten einen kürzeren Zeitraum setzt. Richtet sich die Bedingung auf eine Handlung, so muß sie der Bedachte ohne Rücksicht darauf, daß sie bereits zufällig bei Eröffnung des Testaments erfüllt war, noch einmal vornehmen, falls nicht die Wiederholung völlig nutzlos erscheint. l. 2, l. 11 § 1 D. 35, 1. A.L.R. § 501–503 I, 12.

Vielfach wird die Erfüllung milder beurtheilt, um nicht durch den Ausfall der Bedingung die ganze Anordnung des Erblassers wider dessen Willen preis zu geben.

Handelt es sich um die Mitwirkung eines Dritten, der trotz Bereitschaft des bedingt Bedachten seine Beihülfe verweigert, — z. B. der Dritte lehnt das ihm zugedachte Geschenk ab, oder die Frau, welche der Erbe heirathen soll, giebt ihm einen Korb, — so wird die Bedingung dennoch als erfüllt angesehen. l. 3, 11 D. 28, 7; l. 5 § 5 D. 36, 2. Fraglich ist diese Annahme, wenn das Hinderniß nicht in der Weigerung, sondern am Tode des Dritten liegt. l. 31 D. 35, 1; l. 23 § 2 D. 9, 2; l. 54 § 2 D. de leg. I. Nach A.L.R. § 507 I, 12 kommt es dem bedingungsweise Berechtigten nicht zu Statten, daß der Dritte den ihm zugedachten Vortheil ausschlägt oder sich selbst an dessen Erlangung hindert.

Besteht die potestative Bedingung in einer wiederkehrenden Handlung oder in einer Unterlassung — z. B. wenn du an jedem Jahrestage meines Todes mein Grab besuchst, oder wenn du nicht heirathest — so würde Mangels einer bestimmten Zeitgrenze die Erfüllung erst nach dem Ableben des bedingt Bedachten feststehen. Damit wäre jeder vernünftige Zweck der letztwilligen Zuwendung vereitelt. Um dies zu vermeiden, erklärte man nach dem Vorgang des Quintus Mucius Scävola die Bedingung für erfüllt, wenn der bedingt Bedachte eine Caution stellte, wodurch er sich für den Fall des Zuwiderhandelns zur Herausgabe der Zuwendung verpflichtete (cautio Muciana). l. 7 pr. 18, 73 D. 35, 1. Des gleichen Hülfsmittels bediente sich die Doctrin für Bedingungen, deren Verwirklichung zwar bei Lebzeiten des Bedachten möglich war, jedoch mit einer Hinzögerung, die sicher nicht dem Willen des Erblassers entsprach, — z. B. wenn du die Titia nicht heirathest l. 106 D. 35, 1, — oder unter Gefährdung der guten Sitten, der öffentlichen Sicherheit, z. B. wenn du dich nicht von deiner Familie lossagst, deinen Sklaven Stichus nicht freiläßt. l. 72 pr. § 1, l. 67 D. 35, 1. Die Caution wird denjenigen Interessenten geleistet, welche bei Ausfall der Bedingung die Zuwendung für sich lucriren, also den Miterben, Substituten und nöthigenfalls nach nov. 22 c. 44, die sich gegen l. 4 § 1 D. 28, 7 wendet, auch den Intestaterben. Im A.L.R. erscheint der Ausweg einer besonderen Sicherheitsstellung unnöthig, weil derartige Bedingungen als auflösende gelten.

b) Auflage.

Eine Last, welche dem Bedachten zu Gunsten eines Dritten auferlegt ist, stellt sich als Vermächtniß für Letzteren dar. l. 2 C. 6, 45. Rathschläge zum ausschließlichen Vortheil des Bedachten (nuda praecepta), z. B. daß er zur Herstellung seiner Gesundheit eine Badereise antrete, sind unverbindlich. l. 5 § 8 D. 26, 7; l. 114 § 14 in. D. de leg. I.

Unter dem Begriff der erzwingbaren Auflage fallen nur Anordnungen, deren Ausführung dem Erblasser entweder unmittelbar zu Herzen ging, oder welche sein Andenken oder das öffentliche Wohl betreffen. Dahin gehören Befehle, daß der Sohn, weil er in Geschäften unerfahren ist, mit dem zugewandten Capital Grundstücke kaufe l. 71 pr. D. 35, 1, l. 7 i. f. D. 33, 1; daß der Bedachte die Vormundschaft über die Kinder des Erblassers übernehme A.L.R. § 218–219 II, 18; oder daß er dem Testator ein Mausoleum errichte l. 17 § 4 D. 35, 1, dessen Sammlungen dem Publikum zur Besichtigung öffne ꝛc. Der Zwang geschieht, sofern die Auflage einen Erben trifft, durch die Miterben l. 18 § 2 D. 10, 2 und wo das gemeine Beste im Spiele ist, durch die Obrigkeit l. 50 § 1 D. 5, 3; A.L.R. § 514–515 I, 12. Heutzutage kann der Erblasser, um die Befolgung seines Willens in allen erlaubten Punkten zu sichern, einen Testamentsexecutor ernennen. Eine unsittliche Auflage, z. B. der Erblasser befiehlt die Vernichtung seiner Gemäldesammlung, weil er sie Anderen nicht gönne, braucht nicht erfüllt zu werden. l. 37 D. 35, 1. Die römische Regel, daß eine ohne Schuld des Bedachten unmöglich gewordene Auflage als nicht beigefügt gilt, wird im A.L.R. § 511–513 I, 12 auf letztwillige Verfügungen angewandt, sofern nicht die wahrscheinliche Absicht des Erblassers auf eine ähnliche Verwendung geht oder ganz entgegensteht. Bd. I S. 225.

D. Zusammenhang zwischen gefaßtem und erklärtem Willen.

Der Wille muß, um verbindlich zu sein, zum bewußten und vollen Ausdruck gelangen. Eine untergeschobene Urkunde, welche der Erblasser in dem Glauben, daß sie die von ihm dictirte sei, unterschreibt, hat nicht die Kraft seines letzten Willens. l. 9 pr. D. 28, 5. Ebenso wenig kann ein unvollendet gebliebenes Testament wirken, z. B. wenn Testator nach Ernennung eines Erben verstirbt, obwohl es feststeht, daß er noch Miterben einsetzen, eine Substitution anordnen oder dem Erben eine Bedingung auferlegen wollte; l. 25 D. 28, 1; l. 9 § 5, 29 pr. D. 28, 5. Doch wird die Aufrechterhaltung von Testamenten (causae favorabiles Bd. I S. 214) möglichst begünstigt. l. 5 D. 29, 3. A.L.R. § 519 I, 12. Ließ der Erblasser in seinem schriftlichen Testament hinter dem bedingt ernannten Erben einen leeren Platz, um darauf bei Gelegenheit den Inhalt der Bedingung zu vermerken, so bleibt, falls ihn der Tod früher überrascht, die Erbeseinsetzung als „reine" bestehen. l. 8 C. 6, 25. Zur Auslegung ungenauer Ausdrücke führen sowohl die Digesten 34, 5 de rebus dubiis als auch das A.L.R. § 519–556 I, 12 eine Reihe von Regeln auf, die an passender Stelle ihre Erörterung finden werden. Dadurch sucht man meist gewissen Worten und Sprachwendungen eine feste Bedeutung aufzuprägen. Doch kommt der Mehrzahl dieser Regeln keine allgemeine Verbindungskraft zu, da mehr Werth im einzelnen Falle auf die Sprachweise des Testators und die von ihm verfolgten Zwecke zu legen ist. l. 24 D. 34, 5; l. 50 § 3 D. de leg. I.

§ 47. D. 28, 5 de heredibus instituendis, A.L.R. § 254–276 I, 12.

Erbeseinsetzung.

A. Bestimmter Erbe.

I. Bezeichnung.

Eine Angabe des Erben mit seinem Vor- und Hauptnamen ist nicht erforderlich. Es genügt, wenn er durch seine Eigenschaften erkennbar umschrieben wird, z. B.

mein ältester Neffe. Doch wird eine bloße Hindeutung durch Anzüglichkeiten und Schimpfwörter verworfen. l. 9 § 8, l. 48 § 1 D. 28, 5. Ist der Name des Bedachten richtig angeführt, so schadet der Zusatz einer falschen Eigenschaft nicht. l. 33 pr. D. 35, 1; § 30 J. 2, 20. ‚falsa demonstratio non nocet.‘ In zweifelhaften Fällen greift die Auslegung ein, welche den Bestand von Erbeseinsetzungen begünstigt. l. 19 D. 28, 2. Freilich bleibt eine Verfügung wirkungslos, aus welcher die Identität des Bedachten nicht klar erhellt. Setzt der Erblasser z. B. seinen Freund Titius ein, so kann unter den mehreren ihm befreundeten Personen, die den gleichen Namen führen, nicht der wirklich gemeinte Erbe ermittelt werden. l. 21 § 1 D. 28, 1; l. 10 pr., l. 28 D. 34, 5. Im A.L.R. § 540–543 I, 12 soll dann die nähere Verbindung und Bekanntschaft mit dem Erblasser, insbesondere das verwandtschaftliche Verhältniß den Ausschlag geben. Bei ungenauer Berufung der Verwandten hält sich die gemeine und preußische Praxis an die Grundzüge der gesetzlichen Erbfolge. A.L.R. § 521–525 I, 12. Daher wird ein Testament, in welchem die Verwandten schlechtweg zu Erben ernannt sind, heute im Gegensatz zu l. 19 pr. D. 34, 5 so behandelt, als ob Intestatfolge angeordnet sei. Im A.L.R. I, 12 finden sich noch folgende Vermuthungen: Der Ausdruck „Kinder“ umfaßt auch die an ihre Stelle tretenden ferneren Descendenten § 526; an künftig fällig werdenden Leistungen, welche den Kindern einer Person zugewandt sind, nehmen nicht blos die beim Tode des Erblassers bereits vorhandenen, sondern auch die nachgeborenen Sprößlinge Theil § 530; bei Verfügungen zu Gunsten der Hausgenossen oder des Gesindes des Testators werden zunächst diejenigen berufen, welche sich bei seinem Ableben in seinem Hause oder Dienste befanden § 548–549; bedachte der Erblasser seinen Ehegatten oder Verlobten, so entscheidet, falls er bei Errichtung des Testaments schon verheirathet bzw. verlobt war, das Verhältniß zu dieser Zeit, sonst die Verbindung zur Zeit seines Todes § 550–553.

II. Gewißheit der Person des Bedachten.

Im alten Rom war es verboten, eine ‚incerta persona‘ von deren Individualität sich der Erblasser keine bestimmte Vorstellung machen konnte, zu bedenken. Gaj. II § 238. Daher galt keine Einsetzung mit den Worten ‚qui primus ad funus meum venerit‘ oder ‚qui filiam meam uxorem duxerit,‘ wenn nicht eine Beschränkung auf einen bestimmten Kreis, z. B. ‚ex cognatis meis, qui nunc sunt,‘ beigefügt wurde. § 25 J. 2, 20. Auch ein Postumus konnte nicht bedacht werden. Doch erlaubte schon das ältere Civilrecht Zuwendungen an postumi sui, die bei längerem Leben des Testators in seine unmittelbare Gewalt gefallen wären, Gaj. II § 241–242, und die lex Velleja S. 133 stellte Formulare auf, um die Einsetzung von quasi postumi, welche dem Erblasser noch bei Lebzeiten, aber nach errichtetem Testamente agnascirten, zu ermöglichen. Justinian gestattet die Einsetzung aller incertae personae, auch der postumi alieni. l. un. C. 6, 48; § 27–28 J. 2, 20. Doch darf in der Verfügung keine Unsittlichkeit liegen, z. B. wenn Testator ein unehelich zu erzeugendes Kind bedenkt oder den Postumus von einer Frau, die er nicht ehelichen darf oder die schon mit einem Anderen verheirathet ist. l. 9 § 1, § 3 D. 28, 2.

Juristischen Personen ging ursprünglich die Erbfähigkeit ab ‚quoniam incertum corpus est'. Nur zu Gunsten des römischen Staates machte man eine Ausnahme. Dies änderte sich im Laufe der Zeit. Vermächtnisse an Municipien werden zugelassen und seit Leo auch die Erbeseinsetzung von Städten. l. 12 C. 6, 24. Constantin verleiht der christlichen Kirche Erbfähigkeit l. 1 C. 1, 2 und Justinian regelt in l. 49 (48) C. 1, 3 die Verwaltung eines Nachlasses, der frommen Zwecken, z. B. der Pflege von Armen, Kranken, der Auslösung von Gefangenen gewidmet ist. Heutzutage steht allen juristischen Personen die Fähigkeit zu, aus letztwilligen Verfügungen zu erwerben, ohne daß es nach l. 8 C. 6, 24 der Verleihung eines besonderen Privilegs bedarf. Freilich ist die Einsetzung von Vereinen, die keine juristische Persönlichkeit haben, unwirksam, es sei denn, daß es in der Absicht des Erblassers lag, die einzelnen zeitigen Mitglieder zu bedenken.

III. Ausschluß des Testamentsschreibers.

Das S.C. Libonianum bedrohte den Testamentsschreiber mit den Strafen der l. Cornelia de falsis, wenn er bei Abfassung der Urkunde sich selbst oder solchen Personen, die mit ihm durch dieselbe Gewalt verbunden waren, eine Zuwendung zuschreibt. Dadurch will man den Testamentsschreiber vor der Versuchung bewahren, zu eignem Vortheil im Trüben zu fischen. Dieser Verdacht fällt weg, wenn der Schreiber der einzige Intestaterbe des Testators ist, oder Letzterer eigenhändig und besonders die Zuwendung bestätigt. l. 6, 10, 14–15 D. 48, 10. In allen übrigen Fällen wird das, was rechtswidrig zugeschrieben ist, für nichtig erachtet. l. 1 pr. D. 34, 8. Nach gemeinem Recht tritt zwar keine Strafe, aber die Folge der Nichtigkeit ein, auch zum Nachtheil des Richters und Gerichtsschreibers, welche ein mündliches Testament zu Protokoll nahmen.

Im A.L.R. § 133–138 I, 12 wird ein zu Protokoll erklärtes Testament völlig nichtig, wenn darin eine der bei der Aufnahme mitwirkenden Personen, sei es der Richter, Gerichtsschreiber, ein Zeuge oder Dolmetscher, zum Erben eingesetzt ist. Die Aussetzung von Vermächtnissen an die Betheiligten ist zulässig, sofern der Testator diese seine Absicht durch einen eigenhändigen Vermerk am Rand oder Schluß der Urkunde versicherte. Kann der Erblasser nicht selbst schreiben, so muß der Vermerk durch zwei glaubwürdige Zeugen beigeschrieben werden. Mangels einer solchen Bestätigung soll nicht das ganze Testament, sondern lediglich das unrechtmäßig zugeschriebene Vermächtniß wirkungslos sein.

B. Miterben.

Der Testator kann einen oder mehrere Erben ernennen. § 4 J. 2, 14. A.L.R. § 44 I, 12. Wer allein in den gesammten Nachlaß folgt, heißt Universalerbe (heres ex asse). Miterben (coheredes) treten in den Nachlaß zu Bruchtheilen, deren Höhe sich entweder nach der ausdrücklichen Anordnung des Erblassers oder Mangels einer solchen nach seinem muthmaßlichen Willen bemißt.

1. Erbtheile nach ausdrücklicher Anordnung des Erblassers.

Die Römer legten als Einheit das Aß zu Grunde, das in zwölf Uncien zerfiel. Danach hießen die Bruchtheile, auf welche in der Regel die Einsetzung von Miterben erfolgte, uncia, sextans, quadrans, triens, quincunx, semis, septunx, bes, dodrans, dextans, deunx. § 5 J. 2, 14. Heute ist auch das

Decimalsystem gebräuchlich, das eine Aussetzung von $^1/_{10}$, $^1/_5$ 2c. ermöglicht. A.L.R. § 265 I, 12.

Beträgt die Summe der Erbtheile nicht Eins, so wächst der Rest den ernannten Erben nach Verhältniß ihrer Portionen zu. S. 113. l. 13 § 2–3 D. 28, 5. Die gemeine Praxis, welche der römischen Grundregel ‚nemo pro parte testatus decedere potest‘ widerstrebt, betrachtet eine Vertheilung, welche nicht das Ganze des Nachlasses erschöpft, als ein den Intestaterben auferlegtes Vermächtniß. Nach A.L.R. § 254–255 I, 12 erhalten die Intestaterben den unbegebenen Rest, sofern nicht die Absicht des Erblassers erhellt, sie gänzlich auszuschließen. Uebersteigt die Summe der Erbtheile Eins, so findet nach allen Rechten eine verhältnißmäßige Minderung Statt, l. 13 § 4–7 D. 28, 5; § 7 J. 2, 14, es sei denn, daß der Testator ersichtlich durch die den letztgenannten Erben zugewiesenen Beträge den Antheil der ersteingesetzten insoweit verkürzen wollte, l. 23 pr. C. 6, 37.

Ist neben bestimmten Partialerben noch ein Erbe ohne Angabe eines Bruchtheils (sine parte) oder ausdrücklich auf den Rest (ex reliqua parte) ernannt, so erhält Letzterer, was nach Abzug der bezeichneten Portionen vom Nachlaß übrig bleibt. Mehrere Erben letzterer Art theilen den Rest nach Köpfen. Erschöpfen aber die angeordneten Portionen bereits den Nachlaß, so fällt der heres ex reliqua parte ganz aus, weil seine Einsetzung widersinnig erscheint. Dagegen wird in solchem Falle dem heres sine parte dadurch geholfen, daß man für ihn durch Halbirung bzw. Drittheilung der ausgesetzten Erbtheile einen künstlichen Rest schafft. ‚ex asse fit dupondium, tripondium.‘ § 6 J. 2, 14; l. 17 § 3–5, l. 18, l. 78 § 3, l. 79 D. 28, 5. Im A.L.R. § 268–274 I, 12 erhält der ausdrücklich auf den Ueberrest oder ohne Bezeichnung eines Bruchtheils eingesetzte Erbe, falls sich nach Zusammenrechnung der den Miterben zugewiesenen Quoten kein Rest mehr ergiebt, soviel als der mit dem mindesten Antheil bedachte Erbe, zu welchem Behuf eine gleichmäßige Verkürzung sämmtlicher Erbtheile eintritt. Der Unterschied zwischen der römischen und preußischen Rechnungsweise zeigt sich in folgendem Beispiel. A. ist auf $^1/_2$, B. auf $^1/_8$, C. auf $^3/_8$ und D. ohne Angabe eines Bruchtheils eingesetzt. In Rom erhält D., nachdem die Brüche halbirt ($^1/_4$, $^1/_{16}$, $^3/_{16}$) und gleichnamig ($^4/_{16}$, $^1/_{16}$, $^3/_{16}$) gemacht sind, den dadurch geschaffenen Rest von $^8/_{16}$. Im A.L.R. wird dem D. von seinen Miterben $^1/_8$ abgegeben, so daß nach verhältnißmäßiger Reduction auf A. $^4/_9$, auf B. $^1/_9$, auf C. $^3/_9$ und auf D. $^1/_9$ entfallen.

Bei ungenauer Anordnung von Erbtheilen kann die Interpretation aushelfen. Ernannte z. B. der Testator seine beiden Brüder unter der Maßgabe zu Erben, daß wer von ihnen die Titia heirathe, doppelt so viel als der andere erhalte, so theilen, falls beide Bewerber eine Ablehnung davontrugen, sie den Nachlaß zur Hälfte. l. 23 D. 28, 7. In einem anderen Falle verfügte der Erblasser, welcher eine schwangere Wittwe hinterließ, daß diese bei Geburt einer Tochter doppelt so viel als die Tochter und bei Geburt eines Sohnes halb so viel als der Sohn erhalten solle. Werden nun Zwillinge und zwar Sohn und Tochter geboren, so beträgt der Antheil für die Tochter $^1/_7$, für die Mutter $^2/_7$ und für den Sohn $^4/_7$. l. 47 § 1 D. 28, 5.

II. Erbtheile nach dem muthmaßlichen Willen des Erblassers.

Miterben, welche der Testator anführt, ohne irgend einem von ihnen bestimmte Bruchtheile auszusetzen, sind im Zweifel zu gleichen Theilen berechtigt. l. 9 § 12 D. 28, 5; § 6 J. 2, 14.* A.L.R. § 261 I, 12. Eine nähere Verbindung kann unter solchen Erben beabsichtigt sein, denen dieselbe Portion, sei es in dem gleichen Satz (re et verbis conjuncti), sei es in verschiedenen Sätzen (re tantum conjuncti), zugewiesen ist. l. 142 D. 50, 16. Ein Beispiel sachlicher und zugleich sprachlicher Verbindung enthält die Verfügung: „A. und B. meine beiden Brudersöhne sollen Erben auf die eine Hälfte sein, die andere Hälfte soll dem C. zufallen." l. 11 C. 6, 26. Eine nur sachliche Verbindung liegt in der Bestimmung: „A. soll Erbe auf die Hälfte sein; auf dieselbe Hälfte setze ich B. ein; die andere Hälfte soll C. haben." l. 15 pr. D. 28, 5. Die mehreren Erben gemeinsam zugewiesene Portion wird unter ihnen gleichmäßig vertheilt, doch gebührt ihnen auch auf dieselbe ein ausschließliches Anwachsungsrecht. Dadurch, daß Testator mehrere Erben in demselben Satze neben einander (verbis conjuncti) stellt, beabsichtigt er noch nicht, sie zu einer Gruppe zu vereinigen. ‚non tam conjunxisse, quam celerius dixisse videtur' l. 66 D. 28, 5. Freilich gelten die Feinheiten der römischen Geschäftssprache nicht mehr. Nach l. 59 § 2 D. 28, 5 liegt in den Worten „A. soll Erbe sein; B. und C. sollen Erben sein" eine sachliche Verbindung von B. und C., so daß auf A. die eine Hälfte, auf B. und C. zusammen die andere Hälfte entfällt, wenn sich nicht der Erblasser durch den Zusatz ‚aeque heredes sunto' l. 13 pr. D. 28, 5 dagegen verwahrt. Die heutige Praxis erblickt in solcher Verfügung eine blos flüchtige Redeweise, welche die Viriltheilung unter den genannten Erben nicht ausschließt. Dagegen wird aus einer letztwilligen Anordnung, welche die nächsten Verwandten zu Erben beruft, im Gegensatz zur römischen Auffassung gefolgert, daß der Testator die Theilungsart der gesetzlichen Erbfolge wünsche.

C. Erbe auf einzelne Sachen oder Summen.

Die Einsetzung eines Erben auf ein bestimmtes Object (ex certa re) enthält einen inneren Widerspruch. Denn wer die vermögensrechtliche Persönlichkeit des Erblassers fortsetzen soll, kann nicht auf einen einzelnen Gegenstand des Nachlasses beschränkt sein.

I. **Auf Grund der römischen Quellen** muß man unterscheiden, ob die Einsetzung eines bzw. mehrerer Erben auf einzelne Objecte allein oder in Verbindung mit richtig ernannten Erben erfolgte.

Ist ein einziger Erbe eingesetzt, aber dieser auf eine bestimmte Sache, so gilt er unter Streichung des überflüssigen Zusatzes ‚detracta rei mentione' l. 1 § 4 D. 28, 5 als ein rechter Universalerbe. Dies erleidet eine Ausnahme, wenn der Erblasser bereits in einem früheren Testament richtige Erben ernannte und diese gegenüber dem später eingesetzten heres ex certa re als Universalfideicommissare aufrecht erhalten will. Dann wird der in der späteren Verfügung auf ein Einzelobject beschränkte Erbe deshalb wie ein bloßer Universalfiduciar behandelt, welcher den ganzen Nachlaß an die früher ernannten Personen auszuliefern hat und nur die zugewiesene certa res, vorausgesetzt, daß sie zur Deckung der ihm gebührenden Quart hinreicht, behalten darf. l. 29 D. 36, 1.

Sind mehrere Erben eingesetzt, aber jeder von ihnen auf eine bestimmte Sache, so gelten sie unter Anrechnung des jedem zugewiesenen Objects als Miterben und zwar im Zweifel zu gleichen Theilen. l. 9 § 13, l. 10–11 D. 28, 5. Uebersteigt die einem der Erben bestimmte Sache seine Erbportion, so wird der Ueberschuß als ein ihm ausgesetztes Prälegat behandelt. Die Auseinandersetzung erfolgt gemäß der Absicht des Erblassers im Wege der Erbtheilungsklage. l. 35, 78 pr. D. 28, 5.

Ist neben einer richtigen Erbesernennung ein Erbe oder eine Anzahl von Erben ex certis rebus eingesetzt, so gelten Letztere als Legatare. Die Rechte und Pflichten eines Erben gebühren nur dem correct berufenen Nachfolger oder, wenn es mehrere sind, ihnen zusammen nach den für Miterben geltenden Grundsätzen. l. 13 C. 6, 24. Fallen aber die richtig ernannten Erben insgesammt durch Tod oder Verzicht fort, so werden die heredes ex certa re so behandelt, als ob sie von Anfang an allein eingesetzt wären.

II. **Im preußischen Recht** wird der auf eine bestimmte Sache oder Summe eingesetzte Erbe in allen Fällen lediglich als Vermächtnißnehmer betrachtet. Fehlt es an einer wirklichen Erbesernennung, so tritt unter Aufrechterhaltung der Vermächtnisse gesetzliche Erbfolge ein. A.L.R. § 256–258, 263 I, 12.

§ 48. D. 28, 6 de vulgari et pupillari substitutione. A.L.R. § 50—60, 458—477 I, 12; § 521—554 II, 2.

Substitutionen.

A. Vulgar-Substitution.
  I. Inhalt.
  II. Wirkung.
    Schwebe, Ausfall, Eintritt der Bedingung.
    Folgen des Eintritts.
B. Pupillar-Substitution.
  I. Geschichtliche Entwicklung.
  II. Errichtung.
    Testament des Vaters.
    Unmittelbare Gewalt über das Kind.
  III. Inhalt.
    Ernennung eines Pupillarsubstituten.
  IV. Wirkung.
    Stadien der Bedingung.
C. Quasipupillar-Substitution.
D. Fideicommissarische Substitution.

Der Testator kann durch Ernennung von Substituten für den Fall Vorsorge treffen, daß der eingesetzte Erbe entweder vor Erwerb der Erbschaft wegfällt (Vulgar-Substitution), oder zwar die Erbschaft erwirbt, aber ohne die Testirfähigkeit zu erlangen, verstirbt (Pupillar-, Quasipupillar-Substitution). Im preußischen Recht ist es noch zulässig, dem Erben aufzulegen, daß er die erworbene Erbschaft bei Eintritt eines Ereignisses, in der Regel bei seinem Tode einem Nacherben ausliefere (fideicommissarische Substitution).

A. Vulgar-Substitution.

Sie besteht in der Ernennung eines Ersatzerben (Substituten) für den Fall, daß der zuerst Berufene (Institut) nicht Erbe wird. Gegenüber einem eingesetzten Suus bezieht sie sich auch darauf, daß derselbe nach Anfall der Erbschaft von der Wohlthat der Abstinenz Gebrauch macht. l. 44 D. 42, 1. Im A.L.R. § 464 I, 12 bildet dies die Regel, da jeder Berufene die Erbschaft von selbst erwirbt und sich von derselben nur durch Entsagung losmachen kann.

Durch die Substitution will der Erblasser verhindern, daß sein Testament durch Fortfall des Universalerben destitut wird, oder daß unter den Miterben eine Anwachsung eintritt. In Rom kam ursprünglich noch der Grund hinzu, der lex Papia zu entgehen, welche für Erbtheile, die der Bedachte nicht erwarb, Caducität an den Fiscus vorschrieb. l. 1 pr. C. 6, 51.

I. Inhalt.

Die Anordnung muß ausdrücklich geschehen. Auf die formellen Worte ‚Titius heres esto; si mihi Titius heres non erit, tunc Sejus mihi heres esto' l. 1 § 1 D. ht. kommt es nicht mehr an. Der ungenaue Ausdruck „wenn der Haupterbe nicht will" umfaßt nach dem muthmaßlichen Willen des Testators auch die andere Ursache „wenn der Institut nicht Erbe werden kann" und ebenso umgekehrt. l. 3 C. 6, 24. A.L.R. § 52 I, 12. Dies drückte man im Mittelalter durch die barbarische Regel aus ‚casus noluntatis involvit casum impotentiae et vice versa'. Nach A.L.R. § 538 I, 12 wird eine Substitution, welche der Erblasser hinter seinen Kindern zu einer Zeit anordnet, wo es ihnen noch an Nachkommenschaft fehlt, blos für den Fall verstanden, daß die eingesetzten Kinder keine erbfähigen Nachkommen erhalten und hinterlassen.

Der Testator kann dem Haupterben einen oder mehrere Substituten setzen und dazu Miterben oder Fremde berufen. l. 36 § 1 D. ht. Eine Anordnung, welche die Miterben einander gegenseitig substituirt, heißt substitutio reciproca und, wenn sie kurzweg mit den Worten ‚eosque invicem substituo' oder ‚A., B., C. invicem substituti heredes mihi sunto' geschieht, breviloqua. l. 37 § 1 D. 28, 5. Dem Substituten kann für den Fall, daß er selbst nicht Erbe wird, ein neuer Ersatzmann gestellt sein, diesem wieder ein folgender und so fort. l. 36 pr. D. ht.

II. Wirkung.

Der Substitut gilt als bedingter Erbe ‚secundo gradu institutus' l. 1 pr. D. ht. Daher finden auf ihn alle Erfordernisse, denen eine Erbeseinsetzung unterliegt, Anwendung. Doch hängt sein Recht nur vom Fortfall des Haupterben ab, sodaß eine Bedingung, unter welcher jener ernannt ist, sich nicht zugleich auf den Substituten bezieht, sie müßte denn ausdrücklich bei letzterem wiederholt sein. l. 73 D. 28, 5.

Die Bedingung *schwebt*, so lange nicht entschieden ist, ob der Haupterbe die Erbschaft antritt bzw. die angefallene behält. In dieser Zwischenzeit ergeht noch keine Delation an den Substituten. Anders im A.L.R., das schon mit dem Tode des Erblassers einen bedingten Anfall annimmt.

Die Bedingung *fällt aus*, wenn der Haupterbe die Erbschaft endgültig erwarb. Selbst dadurch, daß er unmittelbar darauf verstirbt, ohne eigne Erben zu hinterlassen, kann die Substitution nicht wieder zu Kräften kommen. l. 5 C. 6, 26. Ebensowenig nützt es dem Substituten, wenn der Haupterbe sich gegen den erfolgten Erwerb restituiren läßt oder denselben wegen Unwürdigkeit verwirkt. l. 7 § 10 D. 4, 4; l. 15 pr. D. 29, 5. Dagegen überantwortet die gemeine Praxis die einem unwürdigen Haupterben entrissenen Erbgüter dem Substituten. Dies ist auch im A.L.R. § 463–464 I, 12 der Fall.

Die Bedingung **tritt ein**, wenn der Haupterbe die Erbschaft gar nicht erwirbt bzw. die angefallene durch Abstinenz wieder aufgiebt. Geschah die Substitution gegenüber mehreren Miterben zusammen, so ist ihrer aller Fortfall zum Eintritt der Bedingung vonnöthen. l. 42 D. ht. Diesen Zeitpunkt muß der Substitut erleben, weil ihm nun erst deferirt wird. l. 9 D. 38, 16. Nach A.L.R. § 462 I, 12 geht, falls der Substitut den Testator überlebte, aber während der Ueberlegungsfrist, in welcher der Haupterbe entsagt, verstarb, sein Recht aus dem bedingten Anfall auf seine Erben über. Freilich wird nach beiden Rechten, wenn der berufene Haupterbe, ohne sich über den endgültigen Erwerb der Erbschaft entschieden zu haben, mit Hinterlassung eines Erben verstirbt, dieser Transmissar dem Substituten vorgezogen, es sei denn, daß der Testator Anderes verfügte. A.L.R. § 465 I, 12.

Nach Eintritt der Bedingung hat der Substitut die Wahl, den Erbtheil zu erwerben oder auszuschlagen. Mit dem Erbtheil gehen die darauf gelegten Vermächtnisse und Lasten auf den Substituten über ‚quasi tacite ab hoc repetita' l. 4 C. 6, 49, sofern nicht aus dem Wortlaut des Testaments oder aus der Art der Last ein entgegengesetzter Wille des Erblassers erhellt. l. 74 D. de leg. I; l. 77 § 15, l. 82 § 1 de leg. II. A.L.R. § 458 I, 12. Auf Lasten, mit denen eine ungültige Erbeseinsetzung beschwert ist, erstreckt sich dieser Uebergang in der Regel nicht. l. un. § 3, § 9 i. f. C. 6, 51. Mehrere gleich berechtigte Substituten theilen das ihnen anfallende Erbe. Unter substituirten Miterben richtet sich die Theilung nach Erbportionen. l. 5, 24, 41 § 1 D. ht., § 2 J. 2, 15, jedoch unter Vorzug sachlich Verbundener l. 41 § 4 D. ht., unter substituirten Fremden geschieht sie nach Köpfen. Sind neben Miterben auch Fremde substituirt, so erhalten Letztere Kopftheile und den Rest theilen die Miterben nach Verhältniß ihrer Erbportionen. l. 32 D. ht. Für die Berechnung diene folgendes Beispiel. A. ist auf $^1/_2$, B. auf $^2/_6$, C. auf $^1/_6$ eingesetzt; dem A. sind B. und C., sowie X., Y. und Z. substituirt. Dann erhalten X., Y., Z. von der Hälfte des ausfallenden A. je $^1/_5$, also zusammen $^3/_5$, und den Rest von $^2/_5$ theilen B. und C. derart, daß auf B. zwei Theile, d. h. $^4/_{15}$ und auf C. ein Theil, d. h. $^2/_{15}$ entfallen. Das A.L.R. schweigt über die Theilungsart der Substituten und verordnet nur im § 536–537 I, 12, daß für substituirte Intestaterben die Regeln der gesetzlichen Erbfolge maßgebend sein sollen. Streit herrscht in der preußischen Praxis über den Fall, in welchem Miterben und Fremde als Substituten concurriren. Während die Einen auf Grund von § 261 I, 12 gleichmäßige Theilung unter allen Substituten behaupten, geben die Anderen den Miterben zunächst Erbportionen und vom Rest den Fremden Kopftheile. Nach letzterer Ansicht würde sich die Berechnung im obigen Beispiel folgendermaßen stellen. Von der Hälfte des A. darf B. $^2/_6$, C. $^1/_6$ beanspruchen, und der Ueberrest von $^3/_6$ kommt zu je $^1/_6$ an X., Y. und Z.

Wer einem Substituten substituirt ist, gilt als wenn er dem zunächst gewollten Haupterben direct substituirt wäre. ‚**substitutus substituto censetur esse substitutus instituto**.' § 3 J. 2, 15. A.L.R. § 56 I, 12. Daraus ergiebt sich, daß der zweite Substitut berufen wird, auch wenn der erste früher als der Haupterbe wegfällt. l. 41 pr. D. ht. Ferner erhält, falls eine gegenseitige Substitution der Miterben verfügt und einem derselben ein Fremder substituirt ist, Letzterer nicht blos den Erbtheil des Miterben, sondern auch was diesem aus der wechselseitigen Substitution gebührt. l. 27 D. ht.

B. Pupillar-Substitution.

I. Geschichtliche Entwicklung.

Bisweilen wird der Vater, welcher sein unmündiges Kind zum Erben einsetzt, von der Besorgniß gequält, daß der Pupill zwar Erbe wird, aber vor erreichter Mündigkeit und Testirfähigkeit verstirbt, und demnach das Vermögen in die Hände entfernter Verwandter gelangt, denen er es nicht gönnt. Um dem zu wehren, erlaubte man gegen Ende der Republik dem Testator einen Zusatz, welcher die von ihm angeordnete Substitution auch für einen solchen Fall (in secundum casum) aufrecht erhielt. Gaj. II § 179. In der dafür üblichen Formel ‚Titius filius meus mihi heres esto; si filius meus mihi heres non erit, sive erit et intra pubertatem decesserit, tunc Sejus mihi heres esto‘ wurde eine doppelte Substitution gefunden, eine simplex „wenn der Pupill mein Erbe nicht wird“ und eine duplex „wenn er es zwar wird, aber vor dem zurückgelegten 12. bzw. 14. Lebensjahre verstirbt.“ l. 1 pr., 2 pr. D. ht. Allein die Construction, den Substituten nur als väterlichen Erben aufzufassen, widersprach dem Grundsatz ‚semel heres, semper heres‘ und reichte später, als dem Hauskind in dem Erwerb von Adventitien eignes Vermögen erwuchs, gar nicht mehr aus. Daher gestand man in der Kaiserzeit dem Gewalthaber das Recht zu, in Verbindung mit dem eignen Testament über das Vermögen seiner gewaltunterworfenen Kinder für den Fall zu verfügen, daß sie während ihrer Unmündigkeit versterben sollten. In dieser Anomalie ‚de alieno testatur‘; ‚unum testamentum, licet duae sint hereditates‘ l. 4 § 2 D. ht.; l. 2 § 2 D. 18, 4; Gaj. II § 180 liegt die Pupillar-Substitution. Dadurch wird es erklärlich, daß der Pupill sich durch Abstinenz von der väterlichen Erbschaft losmachen kann, ohne den Pupillar-Substituten auszuschließen l. 42 pr. D. 29, 2, vgl. aber l. 28 D. 42, 5; daß der Vater sein Kind enterben und ihm doch einen Pupillar-Substituten setzen darf, Gaj. II § 182; daß Vulgar- und Pupillar-Substitut verschiedene Personen sein können 2c.

Den Römern schien eine derartige Fürsorge des Vaters für seine unmündigen Kinder so selbstverständlich, daß sie im Zweifel eine in seinem Testamente angeordnete Pupillar-Substitution zugleich als vulgare auslegten (causa Curiana nach Cicero de oratore I, 39 ff., 180), und auch umgekehrt seit Marc Aurel einen dem Kinde bestellten Vulgar-Substituten als ‚in utrumque casum‘ berufen ansahen. l. 4 D. ht.; l. 4 C. 6, 26. Dagegegen findet die Regel ‚substitutus substituto est substitutus instituto‘ auf Pupillar-Substitutionen keine Anwendung. l. 47 D. ht.

Heutzutage kommen Pupillar-Substitutionen äußerst selten vor, und es würde dem Willen des Vaters wenig entsprechen, wollte man vermuthen, daß eine von ihm verfügte Substitution ohne Weiteres auf beide Fälle zu erstrecken sei. Das A.L.R. § 60 I, 12 versteht unter einer Pupillar-Substitution zugleich die gemeine, verwirft aber die umgekehrte Folgerung.

II. Errichtung.

Sie setzt voraus, daß der Vater über sein eignes Vermögen testirt und über das Kind, dem er einen Pupillar-Substituten bestellt, die unmittelbare Gewalt übt. Zu Gunsten der Soldaten bestanden auch hier in Rom Ausnahmen. l. 41 § 5 D. 29, 1.

Das Testament des Vaters kann das Kind oder unter gehöriger Enterbung desselben einen Anderen zum Erben berufen. Damit wird in der Regel die Pupillar-Substitution verbunden. In Rom war es Sitte, sie nicht in das Haupttestament aufzunehmen, sondern zugleich mit diesem eine besonders verschlossene Urkunde (secundae tabulae) zu errichten. Als Grund führt Gajus II § 181 an, daß es auf diese Weise möglich wird, trotz Eröffnung des Haupttestaments den Namen des Pupillar-Substituten geheim zu halten und somit das zarte Alter des Pupillen vor etwaigen Lebensnachstellungen zu behüten. l. 8 D. 29, 3. Soll nach Vollendung des väterlichen Testaments eine Pupillar-Substitution angeordnet werden, so bedarf es für sie eigner Solemnitäten. l. 16 § 1 D. ht. Die Pupillar-Substitution gilt als Bestandtheil ‚pars et sequela' § 5 J. 2, 16 des väterlichen Testaments, mit dem sie steht und fällt. Doch schadet es ihr nicht, wenn der vom Vater eingesetzte Suus abstinirt l. 30 § 10 D. 40, 5, oder wenn das Haupttestament durch die verletzten Notherben auf Grund des Edicts oder der Novelle 115 vgl. S. 136, 145 umgestürzt wird.

Das A.L.R. § 524–528 II, 2 giebt dem Vater nur dann die Befugniß zur Pupillar-Substitution, wenn er sein Kind entweder gar nicht oder höchstens aus guter Absicht enterbte, betrachtet aber die Pupillar-Substitution als eine für sich bestehende Verfügung, mag sie im Haupttestament oder ohne ein solches vorkommen.

Der Testator muß unmittelbare Gewalt über das Kind haben. Daher ist nicht blos der Vater hinsichtlich seiner Hauskinder berechtigt, sondern auch der Großvater bezüglich der ihm direct unterstehenden Enkel. l. 2 pr. D. ht. Heute kann letztere Folge nicht mehr gezogen werden. S. 60. Für das Gewaltverhältniß kommt es auf den Zeitpunkt an, wo Erblasser verstirbt. Deshalb wird eine Pupillar-Substitution wirksam, wenn das dadurch betroffene Kind späterhin in die unmittelbare Gewalt des Testators gelangt, oder bei längerem Leben desselben in seine Gewalt gefallen wäre, Gaj. II § 183; wogegen eine derartige Anordnung außer Kraft tritt, wenn der Gewalthaber das Kind, welchem er einen Pupillar-Substituten bestellte, emancipirt oder an Kindesstatt hingiebt. l. 41 § 2 D. ht. Dem Arrogator eines Unmündigen steht das Recht der Pupillar-Substitution nur insoweit zu, als er demselben Etwas aus eigenem Vermögen zuwandte. l. 10 § 6 D. ht.; l. 22 § 1 D. 1, 7.

Im A.L.R. § 544 II, 2 ist außer dem Vater auch die Mutter berechtigt, jedoch letztere unter Beschränkung auf den von ihr dem Kinde verlassenen Pflichttheil. Die Pupillar-Substitution erlischt, wenn das Kind von einem Dritten mit Bewilligung des Vaters förmlich an Kindesstatt angenommen wird. § 542 eod.

III. Inhalt.

Es liegt im Belieben des Testators, zum Pupillar-Substituten zu ernennen, wen er will. Da es sich um ein Testament über fremdes Vermögen handelt, braucht er weder seine eigenen Pflichttheilsberechtigten, noch die des Kindes, z. B. dessen Mutter zu bedenken. l. 8 § 5 D. 5, 2; c. 1 i. f. in. VI^{to} 3, 11. Doch darf er Vermächtnisse dem Pupillar-Substituten höchstens bis zu dem Betrage auferlegen, welchen er selbst dem Kinde hinterließ, ‚de suo legat', widrigenfalls eine verhältnißmäßige Kürzung der Legate stattfindet. l. 41 § 3 D. ht.; l. 11 § 8, 87 § 7 D. 35, 2. Dies gilt sogar in Rom für Soldatentestamente. l. 41 § 3 D. 29, 1.

Das A.L.R. § 530–539 II, 2 zieht erhebliche Schranken. Zum Pupillar-Substituten ist ein Verwandter des Kindes zu ernennen. Pflichttheilsberechtigten des Kindes darf ihr gesetzlicher Erbtheil nicht entzogen oder geschmälert werden, es sei denn, daß ein Enterbungsgrund vorliegt. Hat das Kind voll- bzw. halbbürtige Geschwister oder Geschwisterkinder, so muß einem Jeden von ihnen wenigstens die Hälfte dessen hinterlassen werden, was ihm nach den Regeln der gesetzlichen Erbfolge zukommen würde. Soweit die Pupillar-Substitution diese gesetzmäßigen Schranken überschreitet, wird sie für nicht geschrieben erachtet, und wenn sie blos Fremde zur Erbfolge beruft, ist sie ganz unwirksam.

IV. **Wirkung.**

Sie richtet sich nach den Stadien der Bedingung.

So lange nach dem Tode des Vaters das Kind als Pupill lebt, befindet sich die Pupillar-Substitution in der Schwebe. Daran ändert auch eine Arrogation des Kindes Nichts, weil der Arrogator eines Unmündigen Sicherheit stellen muß, daß er das Vermögen des Arrogirten, falls derselbe vor erreichter Mündigkeit verstirbt, an dessen Erbberechtigte ausliefern werde. S. 63. l. 40 D. ht.; vgl. l. 17 § 1 D. 1, 7, die von den Bedenken spricht, welche eine Arrogation ohne jene Kaution erregen würde.

Die Pupillar-Substitution fällt aus, wenn der Pupill seine Mündigkeit erlebt. l. 14 D. ht. Einen kürzeren Zeitpunkt kann der Testator festsetzen l. 21 D. ht., einen längeren nicht, außer in Rom bei Soldatentestamenten l. 7, 15 D. ht. Wird der Pupill geisteskrank, so entspricht es wohl dem Willen des Erblassers, seine Anordnung auch über den Mündigkeitstermin des Wahnsinnigen hinaus als Quasipupillar-Substitution aufrecht zu erhalten.

Der Fall der Pupillar-Substitution tritt ein, wenn der Pupill vor erreichter Mündigkeit verstirbt. Nun wird der Pupillar-Substitut, welcher in der Regel diesen Zeitpunkt erleben muß, zur Erbfolge in den Nachlaß des Pupillen berufen. l. 10 § 2, § 5 D. ht. Es hängt von seiner Wahl ab, die angetragene Erbschaft anzunehmen oder abzulehnen. Hat ihn aber der Vater zugleich zu seinem Erben eingesetzt, so wird er durch Anfall bzw. Antritt der väterlichen Erbschaft nothwendiger Weise Erbe des Pupillen, selbst wenn er vor demselben verstirbt. l. 59 D. 29, 2. Dagegen verliert er durch Ablehnung der väterlichen Erbschaft jeden Anspruch aus der Pupillar-Substitution. l. 10 § 3 D. ht.

Das A.L.R. § 543 II, 2 verlangt unter allen Umständen, daß der Pupillar-Substitut das Kind überlebe, stellt ihm aber nach § 529 eod. anheim, nur eine von beiden Erbschaften anzunehmen und der anderen zu entsagen.

C. **Quasipupillar-Substitution.**

Durch kaiserliches Privileg wurde dem Vater eines wegen Stummheit oder Wahnsinns testirunfähigen Kindes verstattet, für dasselbe ein Testament zu errichten, jedoch mit der Maßgabe, daß die Verfügung erlöschen solle, wenn das Kind später genese oder Notherben erlange. l. 43 pr. D. ht. Justinian schafft daraus eine allgemeine Rechtseinrichtung. l. 9 C. 6, 26; § 1 J. 2, 16; l. 7 § 1, § 8 C. 5, 70. Jeder Ascendent kann seinen geisteskranken (taubstummen?) Descendenten, sofern er ihnen den gebührenden Pflichttheil hinterläßt, ohne Rücksicht auf ihr Alter einen Substituten setzen. Auf das Dasein eines väterlichen Haupttestaments kommt es hier nicht an. Doch unterliegt die Ernennung des Quasipupillar-Substituten gewissen Schranken. Derselbe ist zunächst aus den vernünftigen Abkömmlingen des geisteskranken Descendenten, und falls es an solchen fehlt, aus dessen geistig gesunden Geschwistern zu entnehmen. Die Quasipupillar-Substitution fällt hin, wenn der dadurch betroffene Descendent testirfähig wird oder eheliche Nachkommenschaft erhält. Ohnedies tritt sie mit seinem Tode in Kraft. Allein es frägt sich, ob nunmehr der Quasipupillar-Substitut blos auf den dem Descendenten hinterlassenen Pflichttheil oder als dessen voller Erbe berufen wird. Die Praxis bevorzugt letztere Meinung, die sich an den Inhalt des früher ertheilten Privilegs und an Justinians Worte ‚ad exemplum pupillaris substitutionis' anschließt. Haben mehrere Ascendenten von dem Recht der Quasipupillar-Substitution Gebrauch gemacht, so geht wohl die Verfügung Dessen vor, welcher das nächste elterliche Recht hat, also zuerst die des Vaters, dann die der Mutter. Unter mehreren Substituten, welche die Großeltern ihrem Enkel setzten, wird der Nachlaß getheilt, nachdem für jeden Substituten derjenige Theil abgezogen ist, welchen sein Erblasser dem testirunfähigen Descendenten zuwandte.

Das A.L.R. § 545–554 II, 2 erlaubt dem Vater und nach ihm der Mutter, für solche Kinder, die durch Wahn- oder Blödsinn, durch Taubheit und Stummheit an der Errichtung eines eigenen Testamentes verhindert sind, letztwillig zu verfügen. In Betreff der Wahl des Erben gelten gleiche Rücksichten auf die Pflichttheilsberechtigten des Kindes, wie bei der Substitution auf den Fall der Unmündigkeit. Die Anordnung erlischt, wenn das Kind eheliche Nachkommenschaft gewinnt, sich verheirathet, oder von der Geisteskrankheit geheilt wird, mag dieselbe auch später wieder ausbrechen und von Neuem zur Entmündigung führen.

D. Fideicommissarische Substitution.

Sie besteht in der Ernennung mehrerer Erben nach einander. Dies ließ sich in Rom, wo die Grundregel ‚semel heres, semper heres' herrschte, nur dem Erfolge nach auf dem Umwege der Universalfideicommisse erreichen. Die gemeine Praxis sucht jede Erbeseinsetzung unter auflösender Bedingung oder auf Endtermin als Auflage eines Universalfideicommisses aufrecht zu erhalten. S. 113 ff. Nach A.L.R. § 53 I, 12 sind fideicommissarische Substitutionen direct statthaft. Um aber zu verhüten, daß der Testator seinen Nachlaß bis in unabsehbare Zeiten festlege, darf er von solchen Substitutionen nicht mehr als zwei aufeinander folgende bestimmen, widrigenfalls die Beschränkung in der Hand des zweiten Nacherben aufhört. Dabei zählt ein Substitut nicht mit, welcher vor dem Erwerb der Erbschaft wegfällt. Der Errichtung von Familienfideicommissen steht diese Vorschrift auf keine Weise entgegen. § 54–55, 57 I, 12. Im Zweifel wird eine angeordnete Substitution als gemeine verstanden. In jeder fideicommissarischen Substitution liegt zugleich eine gemeine, jedoch nicht umgekehrt. § 58–59 I, 12.

Der Haupterbe soll die Erbschaft zunächst haben und späterhin ganz oder zum Theil an den Nacherben ausliefern. Zeitpunkt und Umfang der Restitution hängen von der Bestimmung des Erblassers ab. Meist wird die Auslieferung auf den Eintritt eines zukünftigen Ereignisses, insbesondere auf den Tod des Haupterben gelegt.

Der Haupterbe erwirbt die Erbschaft zu vollem Recht und haftet für alle Nachlaßschulden sowie Vermächtnisse. Insoweit er aber zur Herausgabe verpflichtet ist, hat er gegenüber dem Substituten die Stellung eines bloßen Nießbrauchers. Daher muß er für Erhaltung der restitutionspflichtigen Gegenstände Sorge tragen, schuldhafte Beschädigungen ersetzen, dem Substituten Inventar legen und ihm nöthigenfalls Sicherheit bestellen. Verfügungen über den zur Restitution bestimmten Nachlaß sind dem Erben verboten, es sei denn, daß der Erblasser die Offenlegung eines Verzeichnisses ausdrücklich erlassen oder die Auslieferung auf den Ueberrest beschränkt hat, welcher bei Eintritt des Ereignisses noch vorhanden sein würde. In solchem Falle kann der ganze Nachlaß aufgebraucht, aber nicht durch Schenkungen oder letztwillige Verordnungen vergabt werden. A.L.R. § 466, 468–477 I, 12.

Dem Nacherben wird schon beim Tode des Testators ein Recht auf den künftigen Anfall erworben. Die Restitution an ihn geschieht nach den Grundsätzen, welche beim Nießbrauch über die Auseinandersetzung gelten. § 467, 472 I, 12. Widerrechtlich veräußerte Sachen darf der Nacherbe vom dritten Erwerber zurückfordern, falls diesem die Eigenthumsbeschränkung bekannt war, oder in Folge eines Vermerkes im Grundbuch bekannt sein mußte. Bd. I S. 383.

§ 49.

A.L.R. § 557–562 I, 12.

Testamentsexecutoren.

A. Geschichtliche Entwicklung.
B. Juristische Construction.
C. Bestellung.
D. Thätigkeit.
E. Endigung.

A. Geschichtliche Entwicklung.

In Rom liegt es dem Erben ob, den Nachlaß zu reguliren, die Vermächtnisse auszuzahlen und für die Vollstreckung der vom Testator getroffenen Anordnungen Sorge zu tragen. Dies schließt nicht aus, daß im Testament andere Personen mit der Ausführung einzelner Angelegenheiten, z. B. der Bestattung des Erblassers betraut werden. l. 88 § 1 D. de leg. II. Doch war es unzuläßig, besondere Vertrauenspersonen zur Verwaltung des ganzen Nachlasses zu ernennen, wenn es sich nicht um eine Vertheilung zu milden Zwecken handelte. l. 78 § 1 D. 36, 1; l. 28, 49 C. 1, 3.

Den deutschen Testamenten fehlte ursprünglich die Erbeseinsetzung S. 150. Sie liefen auf eine Reihe von Vermächtnissen hinaus, in deren Auflage der gesetzliche Erbe eine Verkümmerung seines althergebrachten Rechtes erblickte. Daher bestellte der Erblasser, um die Vollstreckung seines Seelgeräthes zu sichern, im Anschluß an ältere Gebräuche Salmannen oder Treuhänder. Behufs Erfüllung von Vermächtnissen zu frommen Zwecken schritt sogar der Bischof von Amtswegen ein. Nach Aufnahme der römischen Testamente wurde diese Sitte überflüssig. Allein sie erhielt sich, weil es für vorsichtig gilt, die Ordnung des Nachlasses in andere als des Erben Hände zu legen und somit eine Controle für den Vollzug der dem Erben selbst gemachten Auflagen zu gewinnen.

B. Juristische Construction.

Die ältere Theorie erklärte die Testamentsexecutoren für eine Art Vormünder. Dies ist unrichtig, weil kein öffentliches Interesse der Berufung mit Uebernahmepflicht vorliegt. Eine andere Ansicht behandelt den Testamentsexecutor als Bevollmächtigten, sei es der Erben, sei es, wie im A.L.R. § 557 ht., des Erblassers. Mit einer Vertretung der Erben läßt sich nicht vereinen, daß der Executor von ihnen unabhängig sein und selbst gegen ihren Widerspruch den Willen des Testators durchführen soll. Gegen das Mandat des Erblassers macht man geltend, daß ein solches mit dem Tode erlischt und nicht ohne Zustimmung des Beauftragten bestehen kann. Allein die vom Testator ertheilte Ermächtigung soll eben erst nach seinem Ableben in Kraft treten, vgl. Bd. II. S. 180. In dieser Richtung bewegt sich Beseler weiter, indem er die fortwirkende Persönlichkeit des Erblassers in zwei Seiten zerlegt, von denen die materielle der Erbe, die formelle der Executor repräsentire.

C. Bestellung.

Sie erfolgt in den Formen letztwilliger Verfügung und kann eine oder mehrere Personen umfassen. Der Ernannte braucht nur handlungsfähig zu sein; auf seine Fähigkeit, im Testament bedacht zu werden oder ein vormundschaftliches Amt zu bekleiden, kommt es nicht an.

Weder findet ein obrigkeitlicher Zwang zur Uebernahme Statt, noch ein Einspruch der Erben gegen die Zulassung. Vielmehr steht es im freien Willen des Berufenen, die angetragene Vollstreckung anzunehmen oder abzulehnen. Doch geht er im Fall der Weigerung des Vermächtnisses verlustig, das ihm der Testator als Belohnung für die Uebernahme zuwandte.

D. Thätigkeit.

Ihr Umfang ruht auf der Ermächtigung des Testators, die sich auf die Vornahme einzelner Handlungen oder allgemein auf den Vollzug des letzten Willens erstrecken kann. Mehrere Executoren handeln im Zweifel gemeinschaftlich. Die Durchführung muß gemäß den im Testament ertheilten Vorschriften geschehen, mögen dieselben auch einen blos idealen Zweck verfolgen, z. B. wenn der Erblasser Vernichtung seiner intimen Briefschaften, seiner skizzirten Entwürfe zu wissenschaftlichen oder künstlerischen Arbeiten anbefahl. Fehlt es an solchen Anordnungen, so sind das Interesse und der übereinstimmende Wunsch der Erben maßgebend. In gleicher Weise äußert sich das A.L.R. § 559–561 ht. Nach ihm soll auch bei Streit über den Sinn einer letztwilligen Bestimmung die Auslegung des Executors der Meinung der Erben vorgehen.

Die regelmäßige Aufgabe eines universalen Executors besteht darin, für die gerichtliche oder notarielle Publikation des Testaments zu sorgen, die Erben zu ermitteln und zu benachrichtigen, sowie die gehörige Ausführung auferlegter Bedingungen und Lasten zu beaufsichtigen. Bei Angriffen der gesetzlichen Erben gegen den Bestand des Testaments liegt ihm die processualische Vertheidigung desselben ob. Bisweilen wird ihm die Liquidation der Erbschaft übertragen. Dann darf er Aushändigung des Nachlasses beanspruchen und steht, was die Anlage eines Verzeichnisses, die Haftung ꝛc. anbetrifft, wie ein Verwalter fremder Güter.

A.L.R. § 558 ht. Behufs Regulirung der Masse ist er in Streitigkeiten, welche sich auf Nachlaßwerthe beziehen, activ und passiv legitimirt. Er treibt die zum Nachlaß gehörigen Forderungen, Sachen ein, befriedigt andererseits die Erbschaftsgläubiger und Vermächtnißnehmer. Durch die Geschäfte, welche er zur ordnungsmäßigen Abwicklung der Erbschaft mit Dritten schließt, werden die Erben als solche berechtigt und verpflichtet. Nach vollzogener Liquidation ist den Erben Rechnung zu legen und ihnen die reine Masse in der vom Testator gewollten Art auszuliefern. A.L.R. § 562 ht. Einen Entgelt kann der Testamentsexecutor für seine Thätigkeit nicht verlangen, doch nach den Grundsätzen des Mandats Ersatz für Auslagen und Vergütung für besondere Dienste, die seinem Beruf oder Gewerbe angehören.

E. Endigung.

Die Stellung des Testamentsexecutors erlischt vor Erledigung seines Auftrags, wenn er dauernd handlungsunfähig wird oder verstirbt. Auch wird ihm die Befugniß zur vorzeitigen Kündigung wie beim Mandat nicht zu versagen sein. Streit herrscht, ob die Erben seine Enthebung vom Amte durchsetzen können, falls er sich pflichtvergessen benimmt, oder Umstände eintreten, welche den Testator voraussichtlich zum Widerruf bewogen hätten.

§ 50. D. 28, 3 de injusto, rupto, irrito facto testamento. A.L.R. § 563—598, § 601—604, 611—613 I, 12.

Ungültigkeit der Testamente.

A. Von Anfang an nichtig bzw. anfechtbar.
B. Durch spätere Ereignisse entkräftet. Insbesondere Widerruf.
C. Anerkennung ungültiger Testamente.

Testamente können entweder von Anfang an nichtig bzw. anfechtbar sein, oder durch spätere Ereignisse entkräftet werden. Die Ungültigkeit kann sich auf den ganzen Inhalt des Testaments oder auf einzelne Anordnungen desselben beziehen.

A. Von Anfang an nichtig bzw. anfechtbar.

Ein Testament, das von einer dazu unfähigen Person errichtet ist, gegen wesentliche Formvorschriften verstößt oder eine ungültige Erbeseinsetzung enthält, besteht nicht (nullum, non jure factum, injustum). l. 1 D. ht.; l. 4 D. 28, 1. Auf gleiche Weise brach nach altem Civilrecht ein Testament zusammen (ruptum), in welchem die Notherben übergangen oder ungehörig enterbt waren. Dagegen bedarf es im neueren Recht eines Gesuchs der verletzten Pflichttheilsberechtigten, um das lieblose Testament (rescissibile) umzustürzen, vgl. S. 132 ff.

B. Durch spätere Ereignisse entkräftet.

Ein Testament wird nachträglich dadurch vernichtet, daß der Erblasser seine Testirfähigkeit, heute nur seine selbständige Vermögensfähigkeit vgl. S. 152 verliert (irritum), oder daß sämmtliche von ihm ernannte Erben wegfallen (destitutum). Gaj. II § 145–146; l. 9 D. 26, 2. Von dem Einfluß, welchen der spätere Hinzutritt nicht erwähnter Notherben auf ein Testament hat, war schon die Rede.

Den wichtigsten Grund für die Vernichtung eines gültig errichteten Testaments bildet der vom Erblasser selbst ausgehende Widerruf. S. 150. Dazu genügt nicht ein formlos ausgedrückter Entschluß, der höchstens ausgesetzte Vermächtnisse beseitigt l. 22 D. 34, 4; l. 4 § 10 D. 44, 4, sondern der Widerruf muß sich äußern in der Errichtung eines neuen rechtsbeständigen Testaments, in der absichtlichen Zerstörung der Testamentsurkunde oder in einer förmlichen Erklärung. § 7 J. 2, 17.

Ein späteres gültiges Testament beseitigt von selbst das frühere (ruptum), es sei denn, daß der Erblasser die Absicht aussprach, die in dem älteren Testament getroffenen Verfügungen als fideicommissarische aufrecht zu erhalten. § 3 J. 2, 17. Nur mehrere Testamente, welche ein Soldat hintereinander errichtete, wurden in Rom, falls dies dem Willen des Testators entsprach, zu einem Ganzen vereinigt. l. 19 D. 29, 1. Den gleichen Ausweg schlägt der Prätor ein, wenn es sich um zwei „gleichzeitig" aufgenommene Testamente desselben Erblassers handelt. l. 1 § 6 D. 37, 11. Zur Aufhebung des alten Testamentes gehört, daß das neue rechtsbeständig ist. l. 11 D. ht. Dies erleidet eine Ausnahme, wenn der Erblasser im ersten Testament seine gesetzlichen Erben ausschloß und in einem zweiten einsetzte, letzteres aber, vielleicht weil er vom Tode überrascht wurde, blos von fünf Zeugen unterschreiben ließ (posterius imperfectum). Dann soll gemäß dem Willen des Erblassers Intestatfolge eintreten, beschwert durch die in seiner ersten Verfügung angeordneten Vermächtnisse. l. 2 D. ht.; l. 21 § 5 C. 6, 23. Ein rumpirtes Testament lebt nicht wieder auf, welches Schicksal auch immer das spätere haben mag. Fällt also das spätere Testament hin, z. B. weil sich kein Erbe zum Antritt findet, so wird die gesetzliche Erbfolge eröffnet. l. 16 D. ht.; § 2 J. 2, 17. Doch giebt der Prätor, wenn der Erblasser das zweite Testament in der Absicht zerstört, dadurch das erste wieder zu Kräften zu bringen, aus diesem eine bonorum possessio secundum tabulas. l. 11 § 2 D. 37, 11.

Im A.L.R. § 572–586 ht. wird ein früheres Testament durch ein späteres nur insoweit entkräftet, als sich darin ein Widerruf oder ein mit den früheren Bestimmungen unverträglicher Inhalt findet. Hat der Testator die Aenderung in der ausdrücklich erklärten, aber irrthümlichen Meinung vorgenommen, daß der erst ernannte Erbe verstorben sei, so behält es bei dem früheren Testament, das in der gerichtlichen Verwahrung zurückblieb, sein Bewenden. Ebenso verhält es sich, wenn der Erblasser das spätere Testament vom Gericht zurücknimmt, das frühere aber noch in dessen Obhut beläßt.

Wer in der Absicht des Widerrufs die Urkunde seines Testaments zerstört, hebt auch dessen Inhalt auf. l. 1 § 8 D. 38, 6. Bei Testamenten, die in mehreren Originalen errichtet sind, genügt die Vernichtung eines Exemplars. l. 4 D. 28, 4. Die Zerstörung kann durch Verbrennen, Zerreißen der Urkunde erfolgen oder dadurch, daß die Namen der Erben ausgelöscht bzw. durch Querstriche unleserlich gemacht werden (inducere, cancellari). l. 2 § 7, l. 8 § 3 D. 37, 11. Letztere Vornahme beseitigt die stehengebliebenen Vermächtnisse nicht, die nunmehr den Intestaterben obliegen, und läßt, falls sie nur den Namen eines Erben betrifft, die übrigen Erbeinsetzungen unberührt. l. 2 D. 28, 4. Ohne Einfluß bleibt es, wenn der Testator eine bloße Abschrift oder ein zum Beweise seines mündlichen Testaments aufgenommenes Schriftstück vertilgt. Auch ein Untergang der Haupturkunde aus anderen Ursachen — z. B. wenn sie durch den

Testator in einem Anfall von Irrsinn zerstört l. 20 D. ht., durch zufällige Umstände oder rechtswidrige Handlungen Dritter vernichtet wird l. 1 pr. D. 28, 4 — beeinträchtigt den Bestand des Testaments nicht, sofern sich nur der Inhalt auf andere Weise ermitteln läßt.

Das A.L.R. § 563, 596, 602–604 ht. folgt gleichen Grundsätzen und stellt noch die Zurücknahme der Verfügung aus dem gerichtlichen Verwahrsam § 565–571 ht. einer Zerstörung der Urkunde gleich. Die Beweisvorschriften sind durch das Einf.G. § 14 zur C.Pr.O. aufgehoben.

Durch wörtlichen Widerruf wird ein Testament aufgehoben, wenn die Erklärung zu gerichtlichem Protokoll oder in Gegenwart von drei Zeugen erfolgt, und überdies zehn Jahre seit Errichtung des Testaments verflossen sind. l. 27 C. 6, 23. Nach gemeiner Praxis kann ein gerichtliches Testament durch einen in gleicher Form aufgenommenen Widerruf beseitigt werden, da in einer solchen Erklärung ein Testament mit Berufung der gesetzlichen Erben liegt.

Das A.L.R. § 587–592 ht. fordert zum ausdrücklichen Widerruf in der Regel die Beobachtung der Testamentsform. Nach § 833 II, 1 gilt eine letztwillige Verfügung, durch welche ein in der Ehescheidung liegender und während des Processes verstorbener Gatte den dem anderen Theil gesetzlich oder vertragsmäßig zukommenden Erbtheil geschmälert hat, dadurch als widerrufen, daß der Testator im Urtheil für schuldig erklärt wird.

C. Anerkennung ungültiger Testamente.

Bisweilen erhebt sich über die Gültigkeit des Testaments ein Streit zwischen dem eingesetzten Erben und dem Intestatfolger. Von der Wirkung, welche ein in dieser Sache ergangenes Urtheil oder ein darüber geschlossener Vergleich für die Erbschaftsgläubiger und -schuldner sowie für die Vermächtnißnehmer haben, war schon Bd. I S. 271 und Bd. II S. 253 die Rede. Durch Anerkennung des Testaments verzichtet der Betheiligte auf sein Anfechtungsrecht. Soweit der bestimmte Wille des Anerkennenden reicht, wird das Testament zu einem rechtsbeständigen erhoben, ohne die Ansprüche Dritter zu kränken. Bd. I S. 232. Die Anerkennung unterliegt, was Form und Anfechtung wegen Irrthums, Betruges oder Zwanges anlangt, allgemeinen Regeln. Im A.L.R. § 611–612 ht., vgl. § 438 II, 2, wird ausdrückliche Anerkennung verlangt, ihr aber die vorbehaltlose Zahlung oder Annahme eines im Testament ausgesetzten Vermächtnisses gleichgestellt.

§ 51. A.L.R. § 614–616 I, 12; § 482–494 II, 1.

Gemeinsame Testamente.

Insbesondere wechselseitige Testamente. In ihnen bedingen sich die gegenseitigen Verfügungen. Freie Widerruflichkeit?

Gemeinsam heißt ein Testament, in welchem mehrere Testatoren zugleich über ihre Erbschaften verfügen. Entweder ernennt jeder Mittestator eine andere Person zu seinem Erben (testamentum simultaneum), oder sie setzen sich gegenseitig ein (reciprocum). Obwohl die römischen Quellen nur des letzteren Testamentes für Soldaten Erwähnung thun l. 19 C. 2,3, kann es doch heutzutage nicht als verboten gelten, daß zwei Personen in einem gemeinsamen Act ihre letzte Willen errichten. Freilich besteht jede Anordnung trotz der gegenseitigen Erbeseinsetzung für sich, ohne daß der Widerruf der einen Einfluß auf die andere übt.

Die gemeine Praxis hat noch, namentlich für Eheleute, das **wechselseitige Testament** (correspectivum) ausgebildet, in welchem die Gatten einander nicht blos bedenken, sondern auch jede dieser Zuwendungen von dem Bestande der anderen abhängig machen. Es wird sogar vermuthet, daß in einem reciproken Testament zugleich ein correspectives liege.

Das A.L.R. § 482–484 II, 1 erlaubt nur Eheleuten, ein wechselseitiges Testament über ihren Nachlaß zu errichten. Zu diesem Behuf müssen sie in ein und derselben Urkunde testiren. Doch kommt es, wenn dergleichen Testamente von beiden Theilen unterzeichnet und dem Gericht übergeben sind, nicht darauf an, wer den Aufsatz geschrieben hat. Die Eröffnung eines wechselseitigen Testaments findet schon nach dem Tode des zuerst verstorbenen Gatten Statt. Auf Antrag des überlebenden Theils kann es von Neuem versiegelt werden. A.G.O. § 10 II, 4.

Im correspectiven Testament bedingen sich die gegenseitigen Verfügungen. Ist also eine Anordnung ungültig, z. B. wegen mangelnder Testirfähigkeit des Erblassers, so zieht sie die andere von selbst nach sich. Dies wird auch durch spätere Ereignisse bewirkt. Dazu rechnet das A.L.R. § 489 II, 1 die Ehescheidung der Gatten, welche wechselseitig testirten. Freilich wird ein wechselseitiges Testament dadurch noch nicht zu Falle gebracht, daß einer der Mittestatoren seinerseits Aenderungen bestimmt, welche das Interesse des anderen nicht berühren, z. B. in den für Dritte ausgesetzten Vermächtnissen. Erwächst aber aus Zusätzen, wie neuen Auflagen, dem andern Mittestator ein Nachtheil, so sind diese nur mit dessen Einwilligung statthaft. A.L.R. § 487–488 II, 1.

Von Erbverträgen unterscheiden sich wechselseitige Testamente durch ihre freie Widerruflichkeit. Haben sich die Mittestatoren ihres Widerrufsrechtes ausdrücklich begeben, so zeigen sie, daß sie den Abschluß eines Erbvertrags beabsichtigten. Das A.L.R. § 447 II, 1 vermuthet im Zweifel für wechselseitige Testamente unter Eheleuten. In Betreff des Widerrufs ist zu unterscheiden. So lange die Mittestatoren leben, steht es im Belieben eines jeden von ihnen, seine Verfügung zurückzunehmen. Aus dem Abhängigkeitsverhältniß folgt, daß damit auch die correspective Anordnung des anderen Mittestators zusammenstürzt. Das A.L.R. § 485–486 II, 1 hält solche Vermächtnisse aufrecht, welche der nicht widerrufende Ehegatte anderen Personen als den Verwandten oder besonderen Freunden des widerrufenden Theils ausgesetzt hat. Nach dem Tode eines Mittestators bleibt dem überlebenden, sofern er die Erbschaft ausschlug, noch die Wahl, seine eigne correspective Zuwendung zu widerrufen. Wie aber, wenn er Erbe wurde? Aus der Natur des Testaments ergiebt sich selbst dann noch die Zulässigkeit des Widerrufs. Allein es hieße das Vertrauen des Verstorbenen täuschen, wenn es in der Macht des Ueberlebenden läge, einerseits die Erbschaft zu erwerben und andererseits die mit Rücksicht darauf getroffene Bestimmung, daß die Masse nach seinem Tode an einen Dritten fallen solle, mittelst willkürlichen Widerrufes zu durchkreuzen. Daher muß man insoweit einen bindenden Erbvertrag annehmen. Dies thut auch das A.L.R. § 492–493 II, 1 hauptsächlich in Betreff solcher Verordnungen des überlebenden Ehegatten, welche zum Besten der gemeinschaftlichen Kinder, der Verwandten oder besonderen Freunde des erstverstorbenen abzielen.

Fünfter Titel.

Erbverträge.

---

§ 52.

Begriff.

Eintheilung. Unterschied von den Erbschaftsverträgen. Geschichtliche Entwicklung aus dem Mißverständniß der germanischen Vergabungen von Todeswegen.

Erbverträge (pacta successoria) sind Abreden über die Beerbung eines oder beider Contrahenten. Sie stellen sich als zweiseitige Rechtsgeschäfte von Todeswegen dar, aber nicht als obligatorische Verträge. Bd. I S. 215. Da sie auf Willensübereinstimmung beruhen, ist kein einseitiger Widerruf derselben möglich. Sie werden eingetheilt in affirmative oder „Erbeinsetzungsverträge" (acquisitiva), welche ein Recht auf die Beerbung begründen, und in negative oder „Erbverzichte" (renunciativa), durch welche ein künftiges Erbrecht aufgegeben wird. Auch singulare Erbverträge, welche ein bloßes Recht auf Zuwendung eines Vermächtnisses geben, lassen sich denken. Doch kommen solche „Vermächtnißverträge" in der Regel nicht selbständig, sondern nur in Verbindung mit einem Haupterbeinsetzungsvertrag vor.

Vom Erbvertrage unterscheidet sich der Erbschaftsvertrag (pactum de hereditate tertii viventis), durch welchen der eventuelle Erbe die Herausgabe einer ihm künftig von dritter Seite her anfallenden Erbschaft verspricht. Solche Abreden gelten in Rom nur dann, wenn sie sich nicht auf eine bestimmte Erbschaft beziehen l. 3 § 2 D. 17, 2, oder mit Zustimmung des Dritten, der dadurch keineswegs seine Testirfreiheit verliert, geschlossen sind. l. 30 C. 2, 3; l. 61 D. 45, 1; l. 4 C. 8, 39. Sonst werden sie als eine Impietät gegen den noch lebenden Erblasser verworfen und machen den Veräußerer, welcher dennoch zur Erbschaft berufen wurde, derselben unwürdig. l. 29 § 2, l. 30 D. 39, 5; l. 2 § 3 D. 34, 9. Das A.L.R. § 446 I, 11 erklärt den Verkauf einer künftigen Erbschaft in jedem Falle für nichtig. Der Veräußerer haftet auf negatives Vertragsinteresse, und wer von den Contrahenten darum wußte, daß der angebliche Erblasser noch am Leben sei, auf vollen Schadensersatz § 505–506 eod. Doch kann heute in dem Beitritt des künftigen Erblassers, der mitcontrahirt, ein bindender Erbvertrag liegen, vgl. A.L.R. § 650–654 I, 12.

Was die geschichtliche Entwicklung der Erbverträge anbetrifft, so waren sie in Rom verboten, sowohl Erbeinsetzungsverträge l. 5 C. 5, 14; l. 15 C. 2, 3, wie Erbverzichte l. 16 D. 38, 16; l. 3 C. 6, 20. Man hielt es für unsittlich, die Beerbung eines noch Lebenden festzulegen, und erblickte namentlich in den Erbeinsetzungsverträgen eine Quelle steten Haders, da der Erbe allzu geneigt erscheint, jede Veräußerung, welche der Erblasser vornimmt, als eine Verkürzung seiner Rechte aufzufassen.

Den Germanen waren, wie aus den Worten des Tacitus ‚nullum testamentum' hervorgeht, Erbverträge unbekannt. Doch erwähnen die Volksrechte schon die Vergabungen von Todeswegen, d. h. gerichtliche Veräußerungen unter Vorbehalt des lebenslänglichen Besitzes und Genusses. Sie bezogen sich ursprünglich auf einzelne Grundstücke, soweit kein Beispruch der Familie entgegenstand, und später auf ganze Vermögen, bisweilen mit Einschluß des künftigen Erwerbes. Die Uebertragung geschah auf zwiefache Weise. Bei den Longobarden nahm der Freigebige den Bedachten mit sich in eine Rechtsgemeinschaft auf ‚in usum ac potestatem' und gewährte ihm dadurch eine Art von Gesammteigenthum. Nach der Sitte der salischen Franken verlieh der Freigebige das Vermögensstück an einen Vertrauensmann (Salmannen), der eine Gewere zur treuen Hand erwarb und verpflichtet war, nach dem Tode des Freigebigen an eine von diesem ernannte Person weiter aufzulassen. Letztere Form war praktischer, da der Freigebige zwar rüstigen Leibes in der Volksversammlung den Treuhänder bestimmte, aber die Ernennung des wirklich Bedachten sich bis zur Todesstunde aufsparte oder wenigstens die Möglichkeit des Widerrufs bis dahin behielt. Spätere sächsische Stadtrechte erlaubten, mittelst eines Versprechens Fahrniß auf den Todesfall zuzuwenden, insbesondere derart, daß der Freigebige sich vor Gericht als Schuldner bekannte und, falls er bis zu seinem Tode nicht widerrief, dem Bedachten die Verfolgung des zugestandenen Anspruchs überließ. Im vierzehnten Jahrhundert sind unter Gatten Ehestiftungen üblich und im Kreise des hohen Adels Erbverbrüderungen, sowie Erbverzichte ausgestatteter Töchter.

An diesen Zuständen änderte die Aufnahme fremder Rechte vorläufig Nichts. Man ließ die erbrechtlichen Festsetzungen in den Verträgen der Eheleute und des hohen Adels als eine blos statutarische und gewohnheitsrechtliche Singularität gelten. Erst die Doctrin des siebzehnten Jahrhunderts knüpfte an die alten Vergabungen von Todeswegen an und erklärte sie aus Mißverständniß für Erbverträge. Seitdem ist der vermeintliche deutsche Rechtsgedanke, daß auch der Vertrag die Erbfolge begründen könne, in die particularen Gesetzgebungen übergegangen und heutzutage zu einer allgemeinen Rechtsüberzeugung geworden. Die Construction der Erbverträge folgt theils den Grundsätzen der Verträge, theils denen der Testamente, je nachdem ihr Abschluß oder ihr Inhalt in Betracht kommen.

§ 53.

A.L.R. § 617—647 I, 12.

Erbeinsetzungsverträge.

A. Wesen und Eintheilung.
B. Errichtung.
C. Inhalt.
D. Wirkung.
  I. Bei Lebzeiten des Erblassers.
  II. Nach dem Tode des Erblassers.
E. Aufhebung.
F. Besondere Arten.
  I. Ehestiftung.
  II. Erbverbrüderung.

A. Wesen und Eintheilung.

Durch den Erbeinsetzungsvertrag ernennt ein Contrahent den anderen zu seinem Erben. Der Bedachte erhält einen vertragsmäßigen Anspruch auf die

Erbfolge, aber kein unmittelbares Vermögensrecht auf den Nachlaß. Das Testament kann durch die Abrede, dasselbe nicht widerrufen zu wollen, in einen Erbeinsetzungsvertrag umgestaltet werden, sofern die Absicht der Parteien auf einen solchen Abschluß gerichtet ist. Allein der Erbeinsetzungsvertrag läßt sich nicht in eine testamentarische Erbeinsetzung und einen obligatorischen Verzicht auf den Widerruf auflösen, sondern bildet ein einheitliches Geschäft.

Der Erbeinsetzungsvertrag heißt „conservativ", wenn er ein bereits bestehendes Erbrecht sichert, „constitutiv", wenn er ein ganz neues begründet. Durch den „restitutiven" Erbeinsetzungsvertrag wird dem Bedachten die Auslieferung der Erbschaft als Universalfideicommiß oder die Auszahlung von Vermächtnissen an Dritte auferlegt. Der Erbeinsetzungsvertrag kann „wechselseitig" sein, wenn beide Contrahenten einander zu Erben ernennen, so daß die Erbschaft des erstverstorbenen Theils dem überlebenden zufällt. Auch das A.L.R. § 617 ht. kennt wechselseitige Erbverträge, ohne sie aber, wie bei Testamenten der Art, auf Eheleute zu beschränken.

B. Errichtung.

Wer einen gültigen Erbeinsetzungsvertrag errichten will, muß sowohl fähig sein, sich durch Verträge zu verpflichten, als auch durch Testament zu verfügen. Daher sind Minderjährige, selbst über dem vierzehnten Lebensjahre, ausgeschlossen; ein von ihnen geschlossener Erbvertrag kann nicht einmal als Testament aufrecht erhalten werden. A.L.R. § 618–620 ht. Auch großjährige Hauskinder, denen das gemeine Recht die Testirfähigkeit in Betreff ihrer Adventicien abspricht, können darüber keinen Erbeinsetzungsvertrag errichten. Auf Seiten des Vertragserben ist die Fähigkeit erforderlich, Erbschaften zu erwerben.

Die Natur der Verfügung von Todeswegen setzt persönlichen Abschluß voraus. Weder findet eine Ergänzung der Handlungsfähigkeit durch den Vater oder Vormund des Erblassers Statt, noch eine Vertretung durch besondere Bevollmächtigte.

Die Errichtung vollzieht sich wie jeder Vertragsschluß durch formlose Willensübereinstimmung. Das A.L.R. § 621–623 ht. verlangt in mehr zweckmäßiger Weise die Testamentsform, mit Ausschluß der privilegirten Arten, und verweist hinsichtlich der Aufbewahrung, Eröffnung und Zurückgabe der Erbverträge auf die für Testamente erlassenen Vorschriften.

C. Inhalt.

Der Erbeinsetzungsvertrag braucht blos einen Theil des Vermögens zu umfassen. S. 113. Auf den Rest tritt, sofern darüber nicht testamentarisch bestimmt ist, Intestatfolge ein. A.L.R. § 629 ht. Hat sich der Erblasser bei Abschluß des Vertrages die Verfügung über gewisse Gegenstände vorbehalten, so fallen dieselben, falls der Vorbehalt nicht zur Ausführung gelangte, auch dem Vertragserben zu. Das A.L.R. § 630 ht. bevorzugt nahe Angehörige des Erblassers, nämlich seine Verwandten auf- und absteigender Linie, seine Geschwister und Geschwisterkinder nach Maßgabe der gesetzlichen Erbfolge.

Der Erblasser kann mehrere Vertragserben ernennen; bei Wegfall eines von ihnen wächst der freigewordene Antheil nicht den übrigen zu, sondern kommt den

Intestaterben zu gute. Das A.L.R. § 645 ht. wendet auch hier das Recht des Zuwachses an.

Nebenbestimmungen in Erbeinsetzungsverträgen werden nach dem Vorbild der Testamente behandelt. Dies gilt insbesondere von der Beifügung auflösender, unmöglicher oder unerlaubter Bedingungen S. 167.

Substitutionen in Bezug auf den Vertragserben sind zulässig.

Das Recht der Notherben kann durch einen Erbeinsetzungsvertrag weder geschmälert noch vereitelt werden. S. 145 A.L.R. § 482 II, 2. Im Falle der Verletzung steht ihnen die Anfechtung wie gegen Testamente frei. A.L.R. § 647 ht. Doch zweifelt die gemeine Praxis, ob in einem Erbeinsetzungsvertrage eine Exheredation gemäß Novelle 115 stattfinden darf, da der Erblasser bei der Unwiderruflichkeit des Geschäfts nicht in der Lage ist, seine Verzeihung durch Rücknahme der Enterbung zu bekunden.

D. Wirkung.

I. Bei Lebzeiten des Erblassers.

So lange der Erblasser lebt, hat der Vertragserbe ein Recht, in dessen Nachlaß berufen zu werden. Allein dies Recht ist, da es aus einem bindenden Vertrage stammt, nicht nach Belieben des Erblassers widerruflich.

Letztwillige Verfügungen, welche dem Inhalt des Erbeinsetzungsvertrages zuwider laufen würden, darf der Erblasser nicht mehr treffen. Das A.L.R. § 628 ht. gewährt ihm noch die Freiheit, bis auf den zwanzigsten Theil seines Nachlasses Vermächtnisse anzuordnen, sofern er sich nicht auch dieser Befugniß ausdrücklich begeben hat. Enthält der Erbeinsetzungsvertrag Restitutionen zu Gunsten Dritter, so bleiben dieselben, falls der Dritte nicht als Mitcontrahent beitrat, frei widerruflich. A.L.R. § 646 ht.

In der Verfügung unter Lebenden ist der Erblasser unbeschränkt. Doch kann sich der Vertragserbe gegen einen Mißbrauch dadurch schützen, daß er die Entmündigung des Erblassers wegen Verschwendungssucht beantragt C.Pr.O. § 621, 595, A.L.R. § 626 ht.; oder nach dessen Tode arglistig vorgenommene Veräußerungen anficht. Im A.L.R. § 625 ht. ist er befugt, übermäßige Schenkungen innerhalb der gesetzmäßigen Frist vgl. Bd. II S. 249 zu widerrufen, selbst wenn der Erblasser auf den Widerruf verzichtet hatte.

Streit herrscht, ob dem Erblasser Schenkungen auf den Todesfall erlaubt sind. Sie werden, trotzdem sie den Charakter eines Geschäfts unter Lebenden haben, den Vermächtnissen gleichgeachtet.

II. Nach dem Tode des Erblassers.

Nachdem der Erblasser verstorben ist, wird der Vertragserbe, welcher also diesen Zeitpunkt erleben muß, zur Nachfolge berufen. Es hängt von seinem Willen ab, die Erbschaft zu erwerben oder abzulehnen. Tritt er an oder macht er im Gebiet des A.L.R. von seinem Entsagungsrecht keinen Gebrauch, so gilt er als wirklicher Erbe. Er hat die zur Geltendmachung des Erbrechts bestimmten Rechtsmittel, haftet für die Nachlaßschulden und ist aus restitutiven Erbverträgen zur vollen Erfüllung der übernommenen Fideicommisse sowie Vermächtnisse ohne Abzug der Quart verpflichtet. A.L.R. § 641–644 ht.

E. Aufhebung.

Der Erbeinsetzungsvertrag ist wie ein Testament ungültig wegen Mängel in der Fassung oder Erklärung des Willens, wegen Verletzung der Notherben, wegen Wegfalls der Vertragserben vor dem Erblasser, sofern ihnen kein Substitut gesetzt ist. Dagegen ist ein einseitiger Widerruf unzulässig, es sei denn, daß sich Erblasser denselben ausdrücklich vorbehalten hat. Dann liegt trotz des gebrauchten Namens mehr ein Testament vor. A.L.R. § 635–640 ht.

Die Gründe, aus welchen Verträge endigen, gelten auch für den Erbeinsetzungsvertrag, insbesondere die wechselseitige Einwilligung, Bd. II. S. 237. Doch finden auf ihn die Ursachen, aus welchen Schenkungen widerrufen werden, z. B. wegen nachgeborener Kinder des Erblassers, wegen groben Undanks des Bedachten, keine Anwendung.

F. Besondere Arten.

I. Ehestiftung.

A.L.R. § 439—451 II, 1.

Oft schließen die Ehegatten mit einander Verträge, in denen sie sich wechselseitig zu Erben einsetzen. Diese Ehestiftung folgt den Regeln der Erbverträge, darf also nicht einseitig widerrufen werden und wird dadurch anfechtbar, daß die Gatten Notherben gewinnen. Nach dem Vorbild des Frankfurter Stadtrechtes erklärt man die in Testamentsform aufgenommenen Ehestiftungen (pacta dotalia mixta im Gegensatz zu den simplicia in Gestalt von Erbverträgen) für einseitig widerruflich. Davon ist nur soviel richtig, daß bei gegenseitigen Erbeinsetzungen unter Eheleuten die Vermuthung eher für ein wechselseitiges Testament, als für einen Erbvertrag spricht. S. 187. Das A.L.R. § 441–442, § 200 II, 1 verlangt, um die Ehefrau, welche in die Errichtung oder Aufhebung solcher Verträge willigt, vor Nachtheilen zu bewahren, gerichtliche Erklärung unter Zuziehung eines Beistandes. Einen eigenthümlichen Endigungsgrund der Ehestiftung bilden die Scheidung der Gatten und, falls der Vertrag unter der ausdrücklichen Bedingung der Kinderlosigkeit eingegangen ist, die Nachgeburt ehelicher Kinder, mögen sie auch vor den Eltern wieder versterben. Dies bedeutet der Satz „Kinderzeugen bricht Ehestiftung“.

II. Erbverbrüderung.

Im Mittelalter schlossen Familien des hohen Adels mit einander nach Maßgabe ihrer Hausgesetze Verträge, durch welche für den Fall, daß der regierende Mannsstamm der einen Familie ausstarb, der anderen die Nachfolge zugesichert wurde. Auch zwischen einzelnen Linien derselben Familie kam eine Erbverbrüderung vor, die meist wechselseitig war. Das Abkommen wurde symbolisch durch vorläufige Huldigung der Völker, Aufnahme der Wappen, Titel 2c. bekräftigt und in der Regel mittelst politischer Bündnisse (Erbeinigungen) unterstützt. Die Erbverbrüderung (pactum confraternitatis) unterfällt den Regeln der Erbverträge. Bei Eintritt des Falles wird Mangels anderweiter Bestimmung dasjenige Mitglied der successionsberechtigten Familie berufen, das nach eigener Hausordnung zur Erbfolge befugt ist. Es frägt sich, ob die Erbverbrüderung wegen veränderter Umstände hinfällt, wenn eine der vertragschließenden Familien in ihrem Lande die Regierung verliert.

§ 54.

A.L.R. § 649–656 I, 12.

Erbverzichte.

Insbesondere zwischen Eltern und Kindern, sowie beim hohen Adel Seitens ausgestatteter Töchter.

Durch den Erbverzicht entsagt der eventuelle Erbe seinem Erbrecht gegen den künftigen Erblasser. Der Vertrag enthält nicht die rein obligatorische Pflicht, die Berufung auszuschlagen oder die angetretene Erbschaft herauszugeben, sondern zerstört den Anspruch des Verzichtleisters auf Beerbung, so daß er eintretenden Falls gar nicht berufen wird. Was die Fähigkeit der Contrahenten, die Form und einseitige Unwiderruflichkeit der Abrede anlangt, so gelten die für Erbeinsetzungsverträge aufgestellten Regeln. Nach kanonischem Rechte c. 2 in VI^{to} 1, 18 war eidliche Bestärkung erforderlich. Bd. II S. 83. Im A.L.R. ist in der Regel schriftliche Form vonnöthen. Der Erbverzicht kann zu Gunsten eines Dritten erfolgen. Letzterer erwirbt nur dadurch ein eigenes Recht, daß er selbst mitcontrahirt und somit für sich einen Erbeinsetzungsvertrag abschließt. Doch fällt das ganze Abkommen zusammen, wenn der Dritte, zu dessen Gunsten verzichtet ist, den Eintritt des Erbfalles nicht erlebt. Das A.L.R. § 649 ff. ht. erlaubt noch Verträge, durch welche Personen, die zu einer künftigen bestimmten Erbschaft als gesetzliche Miterben berufen sind, im Voraus die Theilung anordnen oder unter einander ihrem Erbtheil entsagen. Soll aber in einem derartigen Vertrage ein Erbverzicht zu Gunsten eines Fremden geschehen, so bedarf es der Zuziehung des künftigen Erblassers oder, wenn derselbe zu Willenserklärungen unfähig ist, einer gerichtlichen Aufnahme.

Häufig finden sich Erbverzichte zwischen Eltern und Kindern. Durch die Entsagung des Intestaterben wird zugleich sein Pflichttheilsrecht ausgeschlossen. S. 145. Streitig ist, inwieweit der Verzicht des Kindes auf die elterliche Beerbung seine Nachkommenschaft bindet. Aus der Pflicht des Erben, die Handlungen seines Erblassers zu vertreten, geht hervor, daß Descendenten, welche den Renuncianten beerbten, auch dessen ausdrückliche Erklärung, daß er für sich und seine Nachkommenschaft entsage, anerkennen müssen. Sonst kommt es darauf an, ob der Verzichtleister den Erblasser überlebte oder vor demselben verstarb. Nur im letzteren Falle erwächst den Enkeln ein selbständiges Recht auf die großväterliche Erbschaft.

Das A.L.R. unterscheidet, ob ein Kind blos auf die Beerbung des erstverstorbenen Parens oder auf die beider Eltern verzichtet. Wird ein Kind der in Gütergemeinschaft lebenden Eheleute dafür entschädigt, daß es seinem Erbanspruch gegen den erstverstorbenen Erzeuger zu Gunsten des überlebenden entsagte, so tritt Letzterer an Stelle des abgefundenen Kindes. S. 130. An der späteren Beerbung des letztverstorbenen Erzeugers nimmt das abgefundene Kind zusammen mit seinen nicht abgefundenen Geschwistern Theil, ein jedes mit Einwurf der vorausbezogenen Vortheile. § 368–376 II, 2. Ließ sich dagegen ein Kind von seinen Eltern dafür entschädigen, daß es ganz vom Nachlaß derselben ausgeschlossen oder in seinem Pflichttheil verkürzt wird, so kann es weitergehende Erbansprüche gegen die Eltern nicht mehr erheben, es sei denn, daß derjenige, zu dessen Gunsten der Verzicht geschah, vor Eintritt des Erbfalles verstarb, und eine anderweite Verfügung des Erblassers nicht vorliegt. Um dieser folgenschweren Wirkungen willen unterliegt ein Erbverzicht der letzteren Art besonderen Erschwernissen. Das Kind muß den Vertrag vor seinem persönlichen Richter schließen und dazu nicht blos großjährig, sondern auch aus der väterlichen Gewalt entlassen sein. § 481–488 II, 2.

Beim hohen Adel wurden seit dem dreizehnten Jahrhundert Erbverzichte Seitens ausgestatteter Töchter üblich, um das Vermögen dem Mannsstamm zu erhalten. Ein solcher Verzicht wirkt absolut, auch für die Descendenten der Renunciantin und selbst für den Fall, daß der Mannsstamm künftighin ausstirbt. Dann geht die Erbtochter, d. h. der nächste cognatische Verwandte des letzten Besitzers, den Regredienterben, d. h. den Nachkommen der Renunciantin, vor. Zum Schutz gegen diese Härte nahm man vielfach die Clausel „auf ledigen Anfall" in den Erbverzicht auf, wodurch den Regredienterben der Vorzug vor der Erbtochter gewahrt blieb. Im Interesse des Familienglanzes nahm der Erbverzicht adliger Töchter immer mehr die Natur einer Zwangspflicht an, und allmälig bildete sich in den Hausgesetzen des hohen Adels der feste Rechtssatz aus, daß die Töchter von der Nachfolge in den Grundbesitz ausgeschlossen sind. Seitdem sinkt die Ableistung des Erbverzichts zu einer leeren Form herab, die höchstens Bedeutung gewinnt, wenn die Entsagung sich auch auf das Allodialvermögen und das mütterliche Erbe erstreckt. Dem Vorbehalt „auf ledigen Anfall" kommt jetzt nur insoweit Wirkung zu, als der Verzicht und die Möglichkeit, ihn einzuschränken, auf dem freien Willen der Renunciantin beruht.

Sechster Titel.

Eintritt des Erbfalles.

§ 55.

Sicherungsmaßregeln.

A. Eröffnung des Testamentes.
Einsicht in die letztwillige Verfügung.
B. Gerichtliche Fürsorge für Nachlaß und Erben.
I. Siegelung und Inventarisirung des Nachlasses.
II. Bestellung eines Nachlaßpflegers.
III. Benachrichtigung der Bedachten.
IV. Ertheilung einer Erbbescheinigung.

A. Eröffnung des Testamentes.

D. 29, 3 testamenta, quemadmodum aperiantur, inspiciantur et describantur. A.L.R. 208—241 I, 12.

Der römische Staat, welcher nach der l. Julia vicesimaria eine Erbschaftssteuer von 5 % bezog, nahm ein fiscalisches Interesse an der sofortigen Verkündung der Testamente nach dem Ableben des Testators. Jeder Besitzer einer Testamentsurkunde war verpflichtet, dieselbe unverzüglich, nachdem er den Eintritt des Erbfalles erfahren hatte, der Behörde seines Ortes auszuliefern. Wer die Anzeige arglistig unterließ, verfiel der Strafe der l. Cornelia de falsis. l. 2 D. 48, 10. Die Behörde ermittelt aus dem Umschlage des Testaments die Zeugen und ladet sie oder wenigstens ihre Mehrzahl vor. In ihrer Gegenwart findet nach Recognition der Siegel die Eröffnung (apertura) und Verlesung (recitatio) des Testaments Statt, soweit nicht der Testator die secrete Mittheilung gewisser Stellen anbefohlen hat. Darauf wird für die Interessenten eine Abschrift angefertigt, das Original aber mit einem Gerichtssiegel verschlossen und im Archiv niedergelegt. l. 4 ff. D. ht. Mit dem Verfall der Erbschaftssteuer schwand der Zwang zur amtlichen Publication. Heutzutage erfolgt sie nur bei gerichtlich bzw. notariell niedergelegten Testamenten, falls sie der Erblasser nicht ausdrücklich ausschloß, ferner in Ausführung einer vom Testator ertheilten Vorschrift, und auf Antrag der Interessenten, denen daran gelegen ist, daß der unversehrte Zustand der Urkunde durch die Obrigkeit festgestellt werde. Der germanische Gebrauch des „Dreißigsten", d. h. 30 Tage nach Eintritt des Erbfalles mit der Regulirung der Erbschaft zu warten Ssp. I, 22 § 1, besteht noch in manchen Gegenden Sächsischen Rechtes als Eröffnungsfrist von Testamenten.

Im A.L.R. soll stets eine gerichtliche Eröffnung letztwilliger Verfügungen eintreten. Zu diesem Behuf sind Testamente, welche sich nicht bei Gericht befinden, demselben einzureichen. Von zwei deponirten Testamenten desselben Erblassers wird zunächst das jüngste eröffnet. Ist darin die ältere Anordnung gänzlich aufgehoben, so bleibt letztere solange uneröffnet, als das jüngere Testament noch als nichtig angefochten werden kann. Anh. § 39 zu § 217 ht. Die Eröffnung geschieht entweder auf Antrag, der sofort nach dem Tode des Testators Interessenten, insbesondere dem Inhaber des Recognitionsscheines freisteht, oder von Amtswegen, wenn binnen sechs Wochen nach dem notorischen Ableben des Erblassers kein Eröffnungsgesuch einging. Das Gericht setzt einen Termin an, zu welchem es die bekannten, am Orte befindlichen Intestaterben ladet und den unbekannten oder abwesenden einen Bevollmächtigten stellt. Im Publicationsprotokoll ist zu vermerken, daß den erschienenen Interessenten die Siegel des Testaments und nach Eröffnung die Unterschrift des Testators vorgezeigt wurden. Die Urschrift der eröffneten Verfügung bleibt in der Verwahrung des Testamentsgerichts, sofern der Erblasser bei demselben seinen allgemeinen Gerichtsstand hatte. Anderenfalls muß Uebersendung an das zuständige Gericht erfolgen. Befindet sich ein Testament länger als 56 Jahre in gerichtlicher Verwahrung, ohne daß der Richter Zuverlässiges über Leben oder Tod des Testators in Erfahrung brachte, so hat er die Interessenten zur Einbringung eines Publicationsantrages öffentlich aufzubieten. Mangels einer gehörigen Meldung wird ein solches Testament vom Richter in Gegenwart eines den unbekannten Interessenten bestellten Anwalts eröffnet, um etwaige Vermächtnisse zu milden Stiftungen zu ermitteln und davon dem Vorsteher der bedachten Anstalt Nachricht zu geben. Cab.O. vom 22. Mai 1842.

Einsicht in die letztwillige Verfügung oder eine Abschrift derselben darf Jeder, der darin bedacht zu sein glaubt, verlangen. l. 1 pr. § 1, l. 2 pr. D. ht. Von dem interdictum de tabulis exhibendis war schon Bd. II S. 368 die Rede. Dasselbe geht gegen den Erben oder den sonstigen Inhaber der Urkunde auf Vorweisung und wird, falls der Beklagte ungehorsam ist oder sich einer Arglist schuldig machte, zu einem Anspruch auf Ersatz des vollen Interesses.

Im A.L.R. § 227–229 ht. soll das Gericht jedem, der ein gegründetes Interesse nachweisen kann, Abschriften ertheilen und übergangenen gesetzlichen Erben das Original unter Aufsicht vorlegen.

B. Gerichtliche Fürsorge für Nachlaß und Erben. A.L.R. § 460—498 I, 9.

Sie ist namentlich in der neueren Praxis ausgebildet und liegt demjenigen Amtsgericht ob, in dessen Bezirk der Erblasser zur Zeit seines Todes seinen allgemeinen Gerichtsstand hatte. Zur Anzeige des Todesfalls an das Nachlaßgericht sind unter Umständen die Hausgenossen des Verstorbenen verpflichtet.

I. Siegelung und Inventarisirung des Nachlasses.

Sie werden meist angeordnet, wenn der Erbe minderjährig, abwesend, ungewiß oder streitig ist. Für Preußen enthält die A.G.O. § 7 ff. II, 5 genaue Vorschriften. Die Siegelung muß erfolgen, wenn alle Erben unbekannt oder abwesend sind, oder wenn einer der Erben in seiner Handlungsfähigkeit beschränkt und ein hinterbliebener, ortsanwesender Ehegatte nicht vorhanden ist. A.L.R. § 460–462 ht. Sonst findet sie nur Statt nach richterlichem Ermessen, insbesondere auf Antrag eines Interessenten, wenn sich noch Niemand im Besitz des Nachlasses befindet. Durch die Inventarisirung soll einer Verdunkelung bzw. Schmälerung des Nachlasses für den Fall vorgebeugt werden, daß Streitigkeiten zwischen den Erbschaftsanwärten oder zwischen den Erben und Nachlaßgläubigern drohen. Doch muß ein Verbot solcher Maßregeln durch den Erblasser beachtet werden.

II. Bestellung eines Nachlaßpflegers.

Sie kam schon in Rom vor, wenn der Erbe noch nicht rechtsbeständig oder unbekannt war. S. 73. Allein die Vollmacht dieses Curators beschränkte sich darauf, den Nachlaß zu behüten, leicht verderbliche Sachen zu veräußern und dringende Schulden aus der Masse zu bezahlen. l. 2 D. 2, 12; l. 1 D. 42, 7; l. 1 § 4 D. 50, 4. Durch die gemeine Praxis wurden Erweiterungen üblich. Heute wird ein Nachlaßpfleger in allen Fällen bestellt, in welchen es der Vortheil oder Wille der Betheiligten erheischen, und ihm volle Verwaltung unter obrigkeitlicher Aufsicht eingeräumt. C.Pr.O. § 693–694.

In **Preußen** leitet das Vormundschaftsgericht eine Pflege für den Nachlaß ein, wenn unbekannt ist, wer Erbe sei. Nach der V.O. vom 5. Juli 1875 § 89 hat der Pfleger, welchem auch bei nicht umfangreicher Vermögensverwaltung ein Honorar zugebilligt werden kann, die Aufgabe, den Nachlaß zu erhalten und den Erben auszumitteln. Doch bleiben die ihm in einzelnen Landestheilen zustehenden weiteren Befugnisse in Geltung. Was die Erhaltung des Nachlasses anbetrifft, so hat der Pfleger nach A.L.R. § 472 die Rechte des unbekannten Erben durch Antritt der Erbschaft und Aufnahme eines Inventars zu beobachten. Er darf wie ein Erbe mit Vorbehalt das Aufgebot der Nachlaßgläubiger, die Zwangsversteigerung von Nachlaßgrundstücken herbeiführen, G. vom 28. März 1879 § 1, und wegen Ueberschuldung des Nachlasses die Concurseröffnung beantragen R.K.O. § 205. Die Ausmittlung des unbekannten Erben erfolgt nöthigenfalls im Wege des Aufgebots. A.L.R. § 477–482 ht. Dies muß der Pfleger veranlassen, wenn er sich drei Monate seit seiner Bestellung fruchtlos um die Entdeckung bemühte, und auch kein überlebender Ehegatte des Erblassers vorhanden ist. Melden sich Anwärter, so wird ihnen, sofern sie den Nachweis ihrer Erbberechtigung zu führen vermögen, der Nachlaß ausgehändigt. Anderenfalls ergeht ein Ausschlußurtheil, und der Nachlaß fällt dem Fiscus zu oder solchen Corporationen, denen ein vorzugsweises Privileg verliehen ist, vgl. S. 130. Doch werden dadurch die Rechte des wahren Erben nicht beeinträchtigt. Derselbe kann vom eingesetzten Besitzer Herausgabe des Nachlasses bzw. des dafür erlösten Werthes begehren, und von Dritten die aus empfangenen Freigebigkeiten noch vorhandene Bereicherung zurückfordern. A.L.R. § 494–498 ht.

III. Benachrichtigung der Bedachten.

Nach A.L.R. § 230–236 I, 12 soll der Richter den in einer letztwilligen Verfügung Bedachten, wenn sie sich nicht schon bei Publication des Testamentes gemeldet haben, davon auf Kosten des Nachlasses Nachricht geben. Ist der Erbe zwar von Person bekannt, aber sein Aufenthalt nicht binnen drei Monaten seit dem Todestage des Erblassers auszumitteln, so wird ihm ein Vormund gesetzt. A.L.R. § 465–470 ht. Letzterer läßt den abwesenden Erben öffentlich zur Anmeldung sowie zur Wahrnehmung seiner Gerechtsame auffordern, vertritt ihn beim Erwerb der Erbschaft und anderen darauf bezüglichen Rechtshandlungen, und führt äußersten Falls die Todeserklärung des Verschollenen durch. Bd. I S. 174.

IV. Ertheilung einer Erbbescheinigung.

Nach A.L.R. § 482–493 ht. stellt das Nachlaßgericht Dem, welcher sein gesetzliches Erbrecht wahrscheinlich macht, auf Verlangen ein Attest aus, auf Grund dessen er die Entsiegelung der Masse, seine Umschreibung im Grundbuch ꝛc. zu erwirken vermag. Diese praktische Einrichtung ist durch das Pr.G. vom 12. März 1869 auf den ganzen Umfang der Monarchie ausgedehnt. Wer als nächster Verwandter des Verstorbenen eine Erbeslegitimation beantragt, muß sein persönliches Verhältniß zu demselben, in der Regel durch öffentliche Urkunden nachweisen und zu gerichtlichem oder notariellem Protokoll die eidesstattliche Versicherung abgeben, „daß ihm andere gleich nahe oder nähere Erben nicht bekannt seien, er auch nicht wisse, daß der Erblasser eine letztwillige Verfügung hinterlassen habe.“ Zur Ergänzung des Nachweises kann das Gericht erforderlichenfalls ein öffentliches Aufgebot der unbekannten Erben erlassen. Liegt eine letztwillige Anordnung vor, welche über den Nachlaß ohne Erbeseinsetzung verfügt, so ist ein Hinweis darauf in die Bescheinigung aufzunehmen. Im Falle seines hinterlassenen Testamentes genügt dieses zur Legitimation des Erben. Sind aber die im Testament Bedachten nicht bestimmt genug bezeichnet, so bedarf es einer ergänzenden Bescheinigung, die sich darauf beschränkt, ihre Identität zu bezeugen. Den Rechten des wahren Erben geschieht durch eine zu Unrecht ertheilte Legitimation kein Abbruch, da ihm die Anfechtung verbleibt. Doch muß er Geschäfte über den Nachlaß, welche der unrichtige Erbe mit redlichen Dritten inzwischen vornahm, insbesondere die demselben von Nachlaßschuldnern geleisteten Zahlungen, gegen sich gelten lassen, und kann nur bei freigebigen Zuwendungen gegen den Erwerber insoweit klagen, als dieser sich noch im Besitze oder daraus bereichert findet.

§ 56.

Berufung.

A. Begriff der Delation.
B. Veräußerlichkeit?
C. Vererblichkeit?
Außerordentliche Hülfe durch Restitution.

I. Transmissio Theodosiana.
II. Transmissio Justinianea.
III. Transmissio ex capite infantiae?

A. Begriff der Delation.

Erben werden berufen durch das Gesetz oder durch den Willen des Erblassers, auch aus beiden Gründen. In Rom fällt die Erbschaft nur den Hauskindern des Erblassers — abgesehen von seinen eingesetzten Sclaven Gaj. II § 153–155, vgl. S. 103 — ohne Weiteres an. l. 6 § 5 D. 29, 2. Die von ihnen erworbene Erbschaft bildet einen Theil ihres Vermögens und vererbt sich selbstverständlich weiter, s. g. transmissio ex jure suitatis. Dagegen bedarf es für andere Berufene zum Erwerbe der Erbschaft eines besonderen Willensactes. Bis dahin gilt die Delation als ein hochpersönliches Recht, das dem Begriff nach weder veräußerlich noch vererblich ist.

Im A.L.R. §§ 367–370 I, 9 erwirbt jeder berufene Erbe die Erbschaft von selbst und überträgt sein Recht, auch wenn er vor der thatsächlichen Besitzergreifung verstorben ist, weiter auf seine Erben.

B. Veräußerlichkeit?

Noch Gajus II § 34–37, III § 85–87 erwähnt die Befugniß des gesetzlichen Erben, das ihm deferirte Erbrecht, vor Antritt der Erbschaft, durch in jure cessio auf einen Anderen zu übertragen. In Gegenwart des wahren Erben, der nicht widerspricht, erklärt der Cessionar, daß er selber Erbe des Verstorbenen sei, was der Prätor bestätigt. Bd. I S. 346. Dadurch hören für den Cedenten alle erbschaftlichen Rechte und Pflichten auf, und Cessionar erhält die Möglichkeit, die Erbschaft zu erwerben, wie wenn ihm von Anfang an deferirt wäre. Den Sui des Erblassers stand das Recht nicht zu, weil ihnen die Erbschaft nothwendig anfiel. Auch Testamentserben konnten ihre Delation nicht übertragen, denn diese beruht auf dem erblasserischen Willen, welcher nicht durch beliebige Unterschiebung eines anderen Delaten abänderlich ist. Im Laufe der späteren Kaiserzeit veraltet die ganze Einrichtung. Spuren davon finden sich zwar noch in l. 4 § 28 D. 44, 4 und l. 6 D. 50, 17; aber es wäre falsch, eine Uebertragung der Delation, die sich durch die publicistische Natur der in jure cessio rechtfertigte, auch mittelst einfachen Vertrages zuzulassen.

C. Vererblichkeit?

Das Recht des Delaten geht durch seinen Tod unter: ‚hereditas delata, nondum adita, non transfertur ad heredes heredis'. l. 7 C. 6, 30; l. un. § 5 C. 6, 51. Verstarb also der Delat, ehe er von seiner Berufung Kunde erhielt, oder während er noch mit sich über den Antritt zu Rathe ging, so war die ihm angetragene Erbschaft für seine Erben verloren. Eine außerordentliche Hülfe gegen diesen Uebelstand lag in der Restitution. Sie wurde regelrecht den Erben eines solchen Delaten gewährt, welcher sich durch Verzicht oder Fristversäumniß um den Erwerb einer Erbschaft gebracht hatte und verstorben war, ohne von dem ihm gebührenden Rechte auf Wiedereinsetzung in den vorigen Stand Gebrauch zu machen. l. 24 § 2 D. 4, 4; l. 1 C. 2, 51 (50). Auch half der Prätor, falls das rechtliche Hemmniß, welches dem Antritt des Delaten entgegenstand, z. B. Ungewißheit seiner Berufung, sich erst nach seinem Tode hob. l. 3 § 30, l. 4 D. 29, 5; l. 4 § 3, l. 5 D. 37, 4; l. 1 § 1 D. 38, 17. Schließlich rechnete man die restitutionsbedürftige Lage des Verstorbenen seinen Erben zu gute, selbst wenn derselbe bei Lebzeiten gar nicht an der Verwirklichung seiner Delation behindert gewesen war. So wurde die Berufung, welche an einen in Staatsgeschäften Abwesenden erging und durch seinen vor Antritt erfolgten Tod wegfiel, für seine Erben wieder hergestellt. l. 30 pr., l. 86 pr. D. 29, 2.

Viel weiter gehen Theodos und Justinian, die unter Umständen eine Vererbung der Delation (transmissio) gestatten. Der Transmissar rückt in die Delation des berufenen Erben ein; also trägt er die auf den Erbtheil gelegten Lasten, wird aber einem etwaigen Substituten, sofern der Testator nicht Anderes bestimmte, vorgezogen.

I. Transmissio Theodosiana.

Eine Verordnung von Theodos II. aus dem Jahre 450 richtet sich gegen die l. Papia Poppaea, welche Erbtheile für caduc erklärte, wenn der darauf berufene Erbe vor Eröffnung des Testaments mit dem Tode abging. Nach l. un. C. 6, 52 soll, falls ein vom Testator auf einen Bruchtheil (portio hereditaria) eingesetzter Descendent vor Eröffnung des Testaments verstirbt und eigne Descendenten hinterläßt, diesen das Recht zustehen, den betreffenden Erbtheil für sich selber zu erwerben (posse transmittere). Dabei wird vorausgesetzt, daß der von seinem Ascendenten berufene Theilerbe zwar den Tod seines Erblassers, aber nicht die Eröffnung des Testamentes erlebt, und Nachkommen hinterläßt, die ihn beerben. Mit anderen Worten: der aus dem Testament des Großvaters dem Sohne deferirte Erbtheil gelangt nur dann an die Enkel, wenn diese zugleich die väterliche Erbschaft antraten.

II. Transmissio Justinianea.

Justinian führt in l. 19 C. 6, 30 eine Transmission weiteren Umfanges ein. Verstirbt ein Delat binnen einem Jahre seit dem Tage, wo er von seiner Berufung Kenntniß erhielt, oder innerhalb der erbetenen Ueberlegungsfrist, so sollen bis zum Ablauf jener Zeiten noch seine Erben das Recht haben, die ihm angetragene Erbschaft für sich zu erwerben. Für den Fall, daß der Delat aus dem Leben schied, ohne seine Berufung erfahren zu haben, läuft das Jahr von seinem Todestage ab. Diese Transmission erstreckt sich zum Unterschied von der Theodosianischen auf jeden Delaten, auch auf den Intestatfolger, und kommt nicht nur Descendenten, sondern allen Erben zu gute. Freilich hat sie zeitliche Schranken. Darum besteht die von Justinian in l. un. § 5 C. 6, 51 ausdrücklich bestätigte Theodosianische Transmission noch fort. Doch kommt es bei ihr, nachdem die Nachtheile der Caducität aufgehoben sind, nicht mehr darauf an, daß der berufene Descendent blos auf einen Bruchtheil eingesetzt ist, und daß er gerade vor Eröffnung des Testamentes verstirbt.

III. Transmissio ex capite infantiae?

So nennt man das in l. 18 § 1 C. 6, 30 dem Parens verliehene Recht, eine seinem Kinde angetragene Erbschaft für sich zu erwerben, falls das Kind vor Vollendung seines siebenten Lebensjahres verstirbt, ohne Erbe geworden zu sein. Allein darin liegt gar keine Transmission, sondern eine neue Delation ‚jure patrio‘.

§ 57.

D. 29, 2 de acquirenda vel omittenda hereditate.
A.L.R. § 383—412 I, 9.

Ausschlagung.

A. Vornahme.
- I. Ablehnung Seitens freiwilliger Erben.
- II. Abstinenz der Hauskinder.
- III. Entsagung der Erben im A.L.R.

B. Folgen.
- I. Bei wiederholter Berufung aus einem anderen Grunde.
- II. Bei Einsetzung auf mehrere Theile derselben Erbschaft.

Delaten, die nicht zu den Gewaltunterworfenen des Erblassers gehören, haben die Wahl, die angetragene Erbschaft zu erwerben oder abzulehnen. An Hauskinder des Erblassers fällt die Erbschaft ohne ihr Wissen und Wollen, es müßte ihnen denn im Testament durch den Zusatz ‚si volent‘ oder durch eine beigefügte Potestativbedingung die Stellung freiwilliger Erben eingeräumt sein. l. 12 D. 28, 7; l. 86 § 1 D. 28, 5. Um sui et necessarii heredes vor dem

Anfall überschuldeter Erbschaften zu behüten, gab ihnen der Prätor die Wohlthat der Abstinenz. Im A.L.R. erwirbt jeder Berufene von selbst die Erbschaft, hat aber das Recht, ihr während der Ueberlegungsfrist zu entsagen.

A. Vornahme.

I. Ablehnung Seitens freiwilliger Erben.

Sie erfolgt entweder durch ausdrückliche Erklärung (repudiare) oder durch stillschweigendes Benehmen (omittere), z. B. Versäumniß einer für den Antritt gesetzten Frist. Gaj. II § 166. Die Erklärung muß auf einem bestimmten Entschlusse beruhen und regelmäßig vom Delaten in Person ausgehen. Daher kann sie nicht eher geschehen, bis die Berufung eingetreten und zur genauen, vollständigen Kenntniß des Delaten gelangt ist. l. 21 § 2 D. ht. Hat er Zweifel über den Tod des Erblassers, die Echtheit des Testaments, den Grund der Berufung, oder schlägt er aus vor Eintritt der Bedingung, unter welcher er eingesetzt ist, so gilt seine Ablehnung nicht. l. 13–18 D. ht. Auf irrthümliche Beweggründe kommt es nicht an; Betrug oder Drohung geben ein Recht auf Anfechtung. l. 40 D. 4, 3; l. 21 § 5 D. 4, 2; vgl. Bd. I S. 210 ff. Vorbehalte und Bedingungen, welche der Erklärung beigefügt sind, machen sie unverbindlich. l. 51 § 2 D. ht. Für Delaten, die sich noch im Alter der Kindheit befinden, kann ihr Vater oder Vormund ablehnen. l. 18 pr. § 2 C. 6, 30. Heute gilt dies für alle Minderjährigen, nöthigenfalls nach eingeholter Erlaubniß der Obervormundschaft, vgl. l. 5 § 8 D. 27, 9. Eine freiwillige Stellvertretung ist auf diesem Gebiete in Rom ausgeschlossen l. 90 pr. D. ht., heutzutage aber statthaft, auch unter Umständen durch Generalbevollmächtigte. Wer einmal die Erbschaft ausschlug, kann den Entschluß nicht widerrufen. Ein vorheriger Verzicht auf die Möglichkeit der Ablehnung läßt sich nur in der heutigen Gestalt eines Erbvertrages denken.

II. Abstinenz der Hauskinder.

Hauskinder dürfen sich von der ihnen angefallenen Erbschaft des Gewalthabers durch einfache Erklärung losmachen. l. 12 D. ht. Unmündige bzw. deren Vormünder behalten die Wohlthat der Abstinenz, selbst wenn sie sich in die Verwaltung des Nachlasses eingemischt haben, l. 57 pr. D. ht.; unbeschadet der Gültigkeit der von ihnen in der Zwischenzeit redlich vollführten Rechtsacte l. 44 D. ht.; l. 6 § 1 D. 42, 5. Mündigen geht das Recht dadurch verloren, daß sie sich in die Erbschaft einmischten oder dolos benahmen, z. B. indem sie aus dem Nachlaß Gelder verborgten, Sachen bei Seite schafften. l. 11, 71 § 4 D. ht. Doch wird Minderjährigen für den Fall übereilter Immixtion Restitution gewährt. l. 57 § 1 D. ht.; l. 90 D. 46, 3.

Im gemeinen Recht bedarf es der letzteren Hülfe nicht mehr, da reichsgesetzlich die Unmündigkeit bis zum 21. Lebensjahr erstreckt ist. Verstirbt das Hauskind, ohne von der Abstinenz Gebrauch zu machen, so geht die Befugniß auf seine Erben über. Sind diese wiederum Sui, so haben sie die Möglichkeit, sich entweder von der großväterlichen, der väterlichen Erbschaft oder von beiden loszumachen. l. 7 § 1 D. ht. Durch die Abstinenz wird die Erbenstellung der berufenen Hauskinder völlig zerstört. Sie dürfen sich nunmehr keine Erbschaftssachen aneignen und sind von der Pflicht befreit, die Nachlaßschulden sowie etwa auferlegte Vermächtnisse zu erfüllen. l. 71 § 9 D. ht.; l. 89 D. de leg. I. Streit herrscht über die Beweislast. Sie ist den Nachlaßgläubigern aufzuerlegen, die sich unter der Behauptung, daß das Hauskind seine Abstinenzwohlthat verloren habe, gegen dasselbe wenden. Die Befreiung des abstinirenden Hauskindes kommt auch dessen Erben zu gute, selbst wenn sie der Vater, ohne sie auf seinen eignen Nachlaß einzusetzen, als Pupillarsubstituten berief. l. 42 D. ht. im Gegensatz zu l. 28 D. 42, 5. Ein Hauskind, das zum Erben des Vaters und zum Pupillarsubstituten eines Bruders bestellt ist, kann trotz der Abstention von der väterlichen Erbschaft den reinen Nachlaß des Bruders, falls derselbe in der Unmündigkeit verstirbt, erwerben. l. 41 D. ht.; l. 12 D. 28, 6. Uebrigens steht es jedem Abstinenten frei, sich binnen drei Jahren wieder für Annahme der Erbschaft zu entscheiden, es sei denn, daß inzwischen ihre Vermögenslage verändert, insbesondere eine Ausschüttung der Concursmasse eingetreten ist. l. 8 D. 28, 8; l. 6 C. 6, 31.

III. Entsagung der Erben im A.L.R.

Sie ist während der Ueberlegungsfrist ausdrücklich zu erklären, widrigenfalls der Berufene zum endgültigen Erben wird. Die Ueberlegungsfrist beträgt sechs Wochen oder, wenn der Aufenthalt des Erben vom letzten Wohnorte des Erblassers über 40 Meilen entfernt ist, drei Monate, und läuft von dem Tage der Kenntniß des Anfalls, also für bedingte bzw. befristete Erben nicht vor Eintritt des künftigen Ereignisses. Verstirbt der Erbe während dieser Zeit, ohne sich erklärt zu haben, so kommt seinen Erben die für ihren Anfall laufende Ueberlegungsfrist auch für diejenige Erbschaft zu Statten, welche ihrem Erblasser zufiel. § 397 ht. Die Entsagung setzt, wie im gemeinen Recht, bestimmten Entschluß, genaue Kenntniß der Berufung voraus und kann nicht widerrufen werden. § 394–396, 411 ht. Sie ist an das Nachlaßgericht zu richten, verliert aber dadurch, daß sie an ein unzuständiges Gericht erfolgt, nicht ihre Kraft, sofern sie nur der Erbe, sogleich nach erhaltener Bedeutung darüber, gehörigen Ortes wiederholt. § 393 ht. Ebensowenig sind persönliche Vornahme oder Beobachtung gewisser Formen für die Rechtsgültigkeit erforderlich. § 398–400 ht. Für bevormundete Personen entsagt ihr Vormund, der dazu nach V.O. vom 5. Juli 1875 § 42 Z. 14 gerichtlicher Genehmigung bedarf. Befindet sich der Erbe zur Zeit des Anfalls im Concurse, so steht ihm derzeit — entgegen dem § 391 ht., welcher Beitritt des Verwalters und des Concursgerichts verlangte — die Entscheidung allein zu, da die Erbschaft im Fall der Annahme nach R.K.O. § 1 nicht mehr in die Masse fällt.

B. Folgen.

Wer die ihm angetragene Erbschaft ausschlägt, verliert seine Berufung. Zu den besonderen Wirkungen der väterlichen Gewalt gehört es, daß eine dem Hauskind als castrensisches Gut deferirte und ausgeschlagene Erbschaft von seinem Gewalthaber erworben werden kann (s. g. transmissio ex jure patrio). l. 8 § 2 C. 6, 61. Sonst gestaltet sich das Schicksal des freigewordenen Erbtheils verschieden, je nachdem die Erbfolge auf dem Willen des Erblassers oder auf dem Gesetz beruht. Schlägt der Testaments- oder Vertragserbe aus, so tritt der ihm gesetzte Substitut ein; in Ermangelung eines solchen wächst der Erbtheil den testamentarischen — im A.L.R. § 645 I, 12 auch den vertragsmäßigen — Miterben an; sonst wird Intestatfolge eröffnet. Schlägt der gesetzliche Erbe aus, so treten in der S. 123 ff. geschilderten Weise Anwachsung und Nachrücken ein. Dieselben Grundsätze gelten auch bei Abstinenz eines Hauskindes, wenn es nicht inzwischen zum Concurse über den überschuldeten Nachlaß kommt. l. 44 D. 42, 1; l. 6 C. 6, 58. Im A.L.R. § 406–409 ht. läuft für denjenigen Erben, welchem in Folge der Entsagung die Erbschaft anfällt, eine neue Ueberlegungsfrist seit der richterlichen Anzeige.

Die Wirkungen verwickeln sich, wenn der Ausschlagende noch aus anderen Gründen zur Erbschaft berufen oder auf mehrere Bruchtheile derselben eingesetzt ist.

I. Bei wiederholter Berufung aus einem anderen Grunde.

Wer seinen Erbanspruch aus einem Testament oder Erbvertrage aufgab, ist deshalb noch nicht von der Intestatfolge ausgeschlossen. Davon werden unter Umständen auch Hauskinder betroffen, die sich von der testamentarischen Erbschaft ihres Gewalthabers durch Abstinenz losmachten. l. 1 pr., § 7 D. 29, 4. Wer in zwei Testamenten desselben Erblassers eingesetzt ist, und aus dem einen, das sich nachher als nichtig erweist, antrat, kann noch der Berufung aus dem anderen folgen, falls er davon erst später erfuhr. l. 97 D. ht.

Im A.L.R. § 401 ht. darf ein Testamentserbe, welcher entsagte, sich nicht mehr seines gesetzlichen Erbrechtes bedienen. Gleiches gilt vom Vertragserben, es müßte ihm denn das Recht, seine gesetzliche Erbportion zu wählen, ausdrücklich vorbehalten sein. § 642 I, 12. Bei Erbverträgen unter Ehegatten steht diese Wahl dem Ueberlebenden stets frei, wenn diejenige Person, zu deren Gunsten der Verstorbene verfügt hat, bei dessen Tode bereits weggefallen ist. § 448–450 II, 1. Dagegen bleibt einem entsagenden Testamentserben noch sein durch einen Vertrag erworbenes Erbrecht. § 405 ht.

II. Bei Einsetzung auf mehrere Theile derselben Erbschaft.

Die Ausschlagung eines Theils bezieht sich auch auf andere Portionen, welche aus der gleichen Erbschaft stammen. l. 80 pr. D. ht.; l. 20 C. 6, 30 ‚ut vel omnia admittantur, vel omnia repudientur'. A.L.R. § 395 ht. Doch ist in Rom streitig, ob ein Erbe, der seine Institutionsportion ausschlägt, damit zugleich auf seine spätere Berufung als Substitut desselben Testaments verzichtet. Dagegen erklärt sich Javolenus l. 76 § 1 D. ht. im Widerspruch zu dem Sinn in l. 10 § 2–4 D. 28, 6.

§ 58.

D. 28, 8 de jure deliberandi.

Ueberlegungsfrist.

A. Auf Antrag des berufenen Erben.
B. Im Interesse der Nachlaßgläubiger.
C. Auf Gesuch der Substituten und Vermächtnißnehmer.

Die Entscheidung des Delaten über Annahme oder Ablehnung der Erbschaft ist in Rom an keine Frist gebunden. Von der Pflicht des Testamentserben, sich gegenüber verletzten Pflichttheilsberechtigten binnen sechs Monaten bzw. einem Jahre zu erklären, war bereits S. 139 die Rede. Sonst kann das Gericht dem Delaten eine Ueberlegungsfrist (spatium deliberandi) setzen, sei es auf seinen eigenen Antrag, damit er in der Zwischenzeit Ermittlungen über den Nachlaß anstelle, sei es im Interesse der Nachlaßgläubiger oder auf Gesuch der Erbinteressenten, die eine allzu lange Hinzögerung vermeiden wollen. Diese Frist betrug im klassischen Recht 100 Tage, wurde aber vom Prätor bei Bescheinigung wichtiger Ursachen verlängert. l. 2–4 D. ht. Justinian setzt sie im Falle richterlicher Bewilligung auf neun Monate und, wenn sie vom Regenten ertheilt wird, auf höchstens ein Jahr. l. 22 § 13 C. 6, 30.

Nach A.L.R. vgl. S. 202 läuft für jeden Erben von der Kenntniß des Anfalls an eine gesetzliche Ueberlegungsfrist, innerhalb welcher er sich von der erworbenen Erbschaft durch Entsagung losmachen kann.

A. Auf Antrag des berufenen Erben.

Der Delat benutzt die erbetene Ueberlegungsfrist, um Einsicht in die Nachlaßmasse zu nehmen und je nach dem Bestand derselben seinen Entschluß zu fassen. Inzwischen sind ihm unaufschiebbare Verwaltungsacte mit gerichtlicher Erlaubniß gestattet, z. B. die Veräußerung leicht verderblicher Sachen, die Bezahlung dringlicher Nachlaßschulden. l. 5–6 D. ht. Allein gerade dies kann zu Veruntreuungen führen. Darum bedroht Justinian die Bitte um Ueberlegungsfrist mit Nachtheilen, welche dem Berufenen die ganze Wohlthat verleiden. Tritt er an, so haftet er den Nachlaßgläubigern ohne Vorbehalt und verliert, falls er kein Inventar aufnahm, gegenüber Vermächtnißnehmern den Abzug der Quart. Schlägt er aus, so ist er für allen Schaden, der durch seine Einmischung entstand, verantwortlich. l. 22 § 14 C. 6, 30.

B. Im Interesse der Nachlaßgläubiger.

In Rom hatten die Nachlaßgläubiger ein Fragerecht an den Delaten, ob er die Erbschaft antreten, bzw. behalten wolle. l. 4–6 D. 11, 1. Bejahte er, so lag ihm die Zahlung sämmtlicher Erbschaftsschulden ob; verneinte er, so wurde über den Nachlaß, sofern sich kein anderer Erbe dazu fand, Concurs eröffnet. Gaj. III § 78. Um dem Drängen auf sofortige Antwort auszuweichen, konnte der Berufene beim Prätor eine Bedenkzeit nachsuchen. l. 8 D. ht. Dies Recht stand auch dem Substituten zu, welchem die Erbschaft nach Wegfall des Haupterben angetragen wurde. l. 10 D. ht. Inzwischen erhielt der Delat, falls er ein Sohn des Erblassers war, aus dem Nachlaß Alimente l. 9 D. ht., während es den Gläubigern erlaubt war, die Bestellung eines Curators zur Pflege der ruhenden Erbschaft zu erwirken. l. 3 D. 27, 10; l. 22 § 1 D. 42, 5. Erklärte sich der Delat nach Ablauf der gesetzten Frist nicht, so galt sein Schweigen nach klassischem Recht als Ablehnung Gaj. II § 167; nach der Vorschrift Justinians in l. 22 § 14 C. 6, 30 als Annahme.

Heutzutage besteht das Fragerecht der Nachlaßgläubiger nicht mehr. Zu ihrem Schutze dienen die erweiterte Vollmacht des Nachlaßpflegers, welcher für

Befriedigung aus der Masse sorgt, und die Möglichkeit, Concurs über den überschuldeten Nachlaß zu eröffnen. S. 197; A.L.R. § 359 I, 12.

C. Auf Gesuch der Substituten und Vermächtnißnehmer.

Diesen Personen ist an einer schnellen Entscheidung des zunächst berufenen Erben gelegen. Um eine solche herbeizuführen, dürfen sie sich an das Gericht wenden, damit dasselbe dem Delaten eine Frist zur Erklärung stelle. l. 69, 70 § 1 D. 29, 2; l. 23 § 1 D. 28, 5. Schweigt der Delat trotzdem, so kann er als ablehnend erachtet werden.

§ 59.

Anwachsung.

A. Wesen und Begründung.
B. Art des Anfalls.
I. Kann der Erbe die anwachsende Portion ablehnen?
II. Wem gebührt die anwachsende Portion?

A. Wesen und Begründung.

Fällt von mehreren Erben einer vor Erwerb seiner Portion fort, so wächst dieselbe den übrigen Miterben zu. Dies kommt gesetzlichen und testamentarischen Erben zu gute, sowohl bei Lebzeiten des Erblassers, wenn einer seiner Erbanwärter ausscheidet, als auch nach Eintritt des Erbfalles, wenn einer der berufenen Miterben die ihm gebührende Portion ausschlägt oder vor ihrem Erwerb, ohne Transmissare zu hinterlassen, verstirbt. Die Accrescenz rechtfertigt sich aus dem Begriff der Universalsuccession, die jeden Erben für den Fall, daß die Beschränkung durch gleichberechtigte Miterben aufhört, auf das Ganze beruft, und insbesondere für Testamentserben aus der Grundregel ‚nemo pro parte testatus, pro parte intestatus decedere potest.‘ S. 113. Daher kann der Erblasser die Anwachsung nicht ausschließen, es sei denn im Testamente dadurch, daß er die freigewordene Portion Substituten zuwendet. Auf Erbverträge, die es ermöglichen, über einen Theil des Nachlasses derart zu verfügen, daß der Rest den gesetzlichen Erben gebührt, findet das Accrescenzrecht keine Anwendung. S. 190 f.

Das A.L.R. § 281, 645 I, 12 kennt ein Recht des Zuwachses für alle Erben, weil es darin einen Ausfluß des muthmaßlichen Willens des Erblassers erblickt. Doch steht es dem Testator frei, den Zuwachs ausdrücklich zu verbieten. Dann fällt die erledigte Portion an die Intestaterben. § 285 I, 12.

B. Art des Anfalls.

I. Kann der Erbe die anwachsende Portion ablehnen?

Wer durch Annahme eines Erbtheils Repräsentant des Erblassers wurde, ist außer Stande, sich den später anwachsenden Portionen zu entziehen, ‚cum sit absurdum, ejusdem hereditatis partem quidem agnoscere, partem vero respuere.‘ l. un. § 10 C. 6, 51. Ja er braucht nicht einmal den Fortfall des Miterben zu erleben, da die Accrescenz keine neue Berufung enthält. ‚portioni accrescit.‘ l. 31, 53 § 1 D. 29, 2; l. 2 § 8 D. 37, 11. A.L.R. § 286 I, 12. Darin liegt ein Hauptunterschied von der wechselseitigen Substitution eingesetzter

Erben. S. 176. Ihnen fällt zwar auch die freigewordene Portion an, ohne daß es einer wiederholten Willenserklärung bedarf, aber an sie ergeht mit dem Fortfall des Miterben eine selbständige Berufung, die sie erleben müssen. l. 9 D. 38, 16; l. 81 D. 29, 2. Der Accrescenzzwang erleidet nur dann eine Ausnahme, wenn ein Miterbe sich gegen die Folgen seines Antritts restituiren ließ, und dadurch die Haftung der übrigen Erben erhöht würde. l. 61 D. 29, 2.

Mit dem Erbtheil gehen zugleich alle damit verbundenen Lasten nach dem Vorbild der Substitution auf den anwachsungsberechtigten Miterben über. l. 61 § 1 D. de leg. II. Im früheren Rechte, das noch l. 29 § 1–2 D. eod. erwähnt, war dies nicht der Fall für solche Vermächtnisse, die dem ausgefallenen Erben ‚nominatim‘ auferlegt waren. Nach A.L.R. § 287 I, 12 braucht der Miterbe Vermächtnisse, mit welchen der Zuwachs beschwert ist, nur bis zum Belauf desselben zu entrichten.

II. Wem gebührt die anwachsende Portion?

In der Regel wächst die ausfallende Portion allen Miterben nach Verhältniß ihrer Erbtheile an. l. 59 § 3 D. 28, 5. A.L.R. § 282–283 I, 12. Doch bilden gesetzliche Erben, welche mit einander einen Stammtheil erhalten, oder testamentarische Erben, welche der Erblasser zusammen berief, eine engere Gruppe, unter welcher die erledigte Portion eines von ihnen zunächst vertheilt wird. l. 12 pr. D. 37, 4; l. 63 D. 28, 5. Dabei entscheidet allein die sachliche Verbindung, welche der Testator dadurch zu erkennen giebt, daß er mehrere Erben auf dieselbe Portion einsetzte, sei es in „einem“ Satze (re et verbis), sei es in verschiedenen Sätzen (re tantum conjuncti). S. 174. Eine blos sprachliche Verbindung, die mehrere auf verschiedene Portionen berufene Erben in demselben Satze zusammenfaßt (verbis conjuncti), gewährt keinen Vorzug vor den übrigen Miterben. l. 66 D. 28, 5.

Gegen diese Regeln wandte sich die l. Papia Poppaea in höchst willkürlicher Weise. Sie gab, falls ein eingesetzter Theilerbe vor Eröffnung des Testamentes wegfiel oder ein letztwillig Bedachter sich wegen Ehelosigkeit rc. S. 154 als erwerbsunfähig erwies, den Miterben, sofern sie Kinder hatten, und nach ihnen solchen Collegataren eine Vindication auf die caduce Zuwendung. Dabei stand Bedachten mit Kindern, welche mit dem Ausgeschlossenen in demselben Satze genannt waren, ein Vorzug zu. Gaj. II § 207. In Ermangelung von Anfallsberechtigten wurde das caducum cum suo onere dem Fiscus zugesprochen. Nur nahen Verwandten des Testators, nämlich den von ihm eingesetzten Descendenten und Ascendenten bis zum dritten Grade, verblieb das frühere Accrescenzrecht (jus antiquum). Justinian befiehlt den Compilatoren der Digesten vgl. const. Tanta l. 2 § 6 C. 1, 17 ‚nihil de caducis memorare‘ und hebt die darauf bezüglichen Vorschriften der l. Papia im Jahre 534 durch die l. un. C. 6, 51 auf.

Das A. L. R. beschränkt den Zuwachs nicht auf sachlich verbundene Miterben, wenn einer von ihnen ausfällt, es sei denn, daß ein derartiger Wille des Testators erhellt, z. B. daraus, daß er mehreren Erben zusammen Sachen oder Rechte auf ihre Portionen ungetheilt anwies. § 284 I, 12.

§ 60. D. 29, 2 de acquirenda vel omittenda hereditate. A.L.R. § 367—370, 382—412 I, 9.

Erwerb.

A. In Rom

unterschied man den Erwerb der hereditas und den der bonorum possessio.

I. Erwerb der hereditas.

Die hereditas wird erworben: für Hauskinder des Verstorbenen (necessarii heredes) durch unmittelbaren, mit dem Tode des Erblassers von selbst eintretenden Anfall, für fremde Erben (voluntarii, extranei heredes) durch deren freiwilligen Antritt. Gaj. II § 152, 161–162.

Im alten Civilrecht vollzog sich der Antritt Seitens freiwilliger Testamentserben durch eine feierliche Erklärung (cretio). Sie geschah mit den Worten ‚quod me Publius Maevius testamento suo heredem instituit, eam hereditatem adeo cernoque‘ und war an die Frist von hundert Tagen seit dem Tode des Erblassers gebunden, widrigenfalls der Erbanspruch des Delaten verloren ging (cretio perfecta, continua). Gaj. II § 166. Später schwächte sich die Form ab. Man hielt sie nur für nöthig, wenn der Testator eine dahin gehende Vorschrift bei Strafe der Enterbung erlassen hatte. Auch wurde es üblich, die hunderttägige Frist utiliter nach Kenntniß der Berufung und Möglichkeit des Antritts zu berechnen (cretio vulgaris). Dafür giebt Gajus II § 165 folgendes Formular an ‚Titius heres esto, cernitoque in centum diebus proximis, quibus scies poterisque; quod ni ita creveris, exheres esto.‘

In der christlichen Kaiserzeit wurde die Cretion ganz beseitigt. l. 17 C. 6, 30. An ihre Stelle trat nun allgemein ein formloser Willensact des berufenen fremden Erben, sei es durch ausdrückliche Erklärung (nuda declaratio voluntatis), sei es durch concludente Handlungen, aus welchen der Entschluß erhellt, Erbe werden zu wollen (pro herede gestio).

Für den Willensact des Erwerbes kommen die gleichen Erfordernisse, wie für den der Ablehnung S. 201, in Betracht. Wer antritt, muß nicht blos vom Dasein und Grund seiner Berufung klare Kenntniß haben, sondern auch seinen darauf gerichteten Willen frei, bestimmt und ohne Vorbehalt erklären. Der abgegebene Entschluß ist unwiderruflich. Ungewißheit über die eigene Fähigkeit, Zweifel oder Irrthum über den Umfang der angetragenen Erbschaft schaden nicht. l. 34 D. ht.; l. 21 D. 35, 1; l. 21 § 3 D. ht.; l. 5 § 1 D. 5, 4. Daher genügt es, wenn der auf das Ganze berufene Erbe in der irrigen Meinung, nur auf einen Theil eingesetzt zu sein, antrat. l. 10 D. ht. Doch darf ein Theilerbe keine falsche Höhe der ihm zugedachten Portion nennen. l. 75 D. ht. Sind einer Person mehrere Erbtheile gleichzeitig deferirt, so zieht der Erwerb des einen von selbst die anderen nach sich. l. 80 D. ht. Dies gilt auch bei successiver Delation, z. B. wenn der Erbe auf eine Hälfte rein und auf die andere bedingt eingesetzt ist, aber unter der Maßgabe, daß die Berufung auf letztere Portion, welche erst mit Eintritt der Bedingung erfolgt, vom Anwärter erlebt wird. l. 59 § 6 D. 28, 5 im Gegensatz zu l. 53 pr. D. ht.

Die ausdrückliche Erklärung, die Erbschaft erwerben zu wollen (aditio hereditatis l. 47 D. ht.), kann nicht heimlich erfolgen, sondern muß an eine Person ergehen, die daran Antheil nimmt, z. B. an einen Erbschaftsgläubiger, Vermächtnißnehmer oder an das Gericht. § 7 J. 2, 19. Concludente Handlungen, aus welchen sich der Erwerbswille ergiebt, sind die Benutzung, Gebrauchsüberlassung, Veräußerung von Nachlaßsachen, die Einmischung in die Schuldverhältnisse der Erbschaft ꝛc. l. 20 pr., l. 86 § 2, l. 88 D. ht. Freilich kann diesen Acten eine andere Absicht zu Grunde liegen, z. B. Delat beerdigt den Erblasser aus Pietät oder verwahrt die Nachlaßsachen im Interesse des Substituten. Doch thut man dann gut, sich durch Vorbehalte gegen nachtheilige Auslegungen zu schützen. Bd. I S. 284.

Eine Stellvertretung im Erbschaftsantritt ist unzulässig. l. 90 pr. D. ht. Nur für Kinder gestattet sie das kaiserliche Recht durch ihren Vater bzw. Vormund. l. 18 pr. § 2 C. 6, 30; l. 8 pr. § 6 C. 6, 61. Unmündige über dem siebenten Jahr treten die Erbschaft persönlich an, aber auf Geheiß ihres Vaters bzw. unter Autorität ihres Vormundes. l. 8 D. ht.; l. 18 § 4 C. 6, 30. Dem Antritt Minderjähriger consentirt ihr Curator. Entmündigte Verschwender dürfen selbst antreten. l. 5 § 1 D. ht. Für Geisteskranke kann ihr Curator nicht antreten, sondern blos eine vorläufige Einweisung in die Erbschaftsmasse nachsuchen. l. 63 D. ht.; l. 7 § 3 C. 5, 70.

II. Erwerb der bonorum possessio.

Die bonorum possessio wird durch ein formloses, gerichtliches Gesuch erworben. Dasselbe ist an eine Zeitfrist geknüpft und kann durch Vertreter gestellt werden vgl. S. 111.

B. Im gemeinen Recht

ist der Unterschied im Erwerb der hereditas und bonorum possessio beseitigt. Der Erwerb einer Erbschaft richtet sich ausschließlich nach den für die hereditas gebildeten Regeln. Für handlungsunfähige Berufene tritt ihr Vormund an. Auch ein Erwerb durch freiwillige Stellvertreter entspricht der deutschen Sitte. Selbst eine Generalvollmacht reicht dazu aus, wenn in ihr ein derartiger Wille des Machtgebers liegt.

C. Im preußischen Recht

erwirbt jeder zum Erben Berufene die Erbschaft ohne Weiteres mit dem Tode des Erblassers. § 367–368 ht. Doch wird er erst endgültiger Erbe, wenn er bis zum Ablauf der gesetzlichen Ueberlegungsfrist sich schweigend verhielt oder in dieser Zeit erklärte, von dem Recht der Entsagung keinen Gebrauch machen, d. h. die Erbschaft antreten zu wollen. § 383 ht. Die Erklärung ist in bestimmter, deutlicher Weise beim Nachlaßgericht abzugeben, duldet keine Bedingungen, muß sich auf die Erbschaft im Ganzen beziehen und kann nicht wieder zurückgenommen werden. Für Erben, die nur beschränkt oder gar nicht handlungsfähig sind, bedarf es der Zustimmung oder Vertretung der vom Gesetz dazu bevollmächtigten Personen. Auch freiwillige Stellvertretung ist erlaubt. Der Antrittserklärung stehen gleich Handlungen zum Besten des Nachlasses, die nicht blos in unaufschiebbaren Verwaltungsacten bestehen, sondern die feste Absicht offenbaren, wirklicher Erbe bleiben zu wollen. § 388, 420 ht.

§ 61.

Wirkungen des Erwerbes.

A. In Rom.

I. Fortsetzung der Persönlichkeit des Erblassers durch den Erben.

Mit dem Erbschaftserwerbe gilt der Erbe als Repräsentant seines Erblassers. Um eine greifbare Continuität herzustellen, pflegt man den Antritt des Delaten auf den Zeitpunkt seiner Berufung, d. h. auf den Todesmoment des Erblassers zurückzuverlegen, womit der Nothbehelf für die Zwischenzeit, daß der Wille des Verstorbenen die ruhende Erbschaft zusammenhalte, entbehrlich wird. S. 115.

Der Erbe steht für die Handlungen seines Erblassers vermögensrechtlich ein und succedirt in alle zum Nachlaß gehörigen Rechte und Pflichten, soweit sie nicht durch den Tod untergehen, so daß sich das Vermögen des Erblassers mit dem des Erben zu einem einheitlichen Ganzen verbindet. S. 114.

Folglich hat der Erbe seinen Erblasser gehörig zu bestatten S. 96 und dessen Anordnungen, selbst wenn sie unbefugter Maßen in der Veräußerung oder Verpfändung von Sachen des Erben bestanden, anzuerkennen. Bd. I S. 392, 495. Rechte und Pflichten, die zur vermögensrechtlichen Sphäre des Erblassers gehören, gehen als Ganzes auf seinen Erben über, es sei denn, daß sie wegen ihres rein persönlichen Charakters unvererblich sind. Bd. II S. 240 ff. In den Besitz findet keine Succession Statt Bd. I S. 287, wohl aber in die Ersitzungslage des Erblassers Bd. I S. 379. Dingliche Rechte, welche der Erbe an Sachen des Erblassers hatte, gehen in dem Eigenthum auf Bd. I S. 447, 529; Forderungen und Schulden zwischen ihnen erlöschen durch Confusion Bd. II S. 236.

II. Verhältniß des Erben zu den Erbschaftsgläubigern.

a) Absonderungsrecht. D. 42, 6 de separationibus.

Durch die Vermischung der Nachlaßmasse mit dem überschuldeten Vermögen des Erben kann den Erbschaftsgläubigern sowie Vermächtnißnehmern leicht Nachtheil erwachsen. Denn aus der Erbschaft würden sie voll oder wenigstens zu einem höheren Betrage befriedigt werden, als ihnen bei Concurrenz mit den Gläubigern des Erben zukommt. Daher bewilligt ihnen der Prätor nach Befund der Umstände ein beneficium separationis, d. h. die Befugniß, abgesonderte Befriedigung aus dem Nachlaß zu verlangen. l. 1 pr. § 1 D. ht; l. 2 C. 7,72.

Antragsberechtigt ist jeder einzelne Erbschaftsgläubiger bzw. Vermächtnißnehmer, welcher darthut, daß ihm durch die Lage des Erben, insbesondere durch einen über dessen Vermögen eröffneten Concurs Schaden drohe. l. 1 § 6, § 9, l. 6 pr. D. ht. Freilich verzichtet er auf den Antrag, wenn er den Erben irgendwie als seinen Schuldner anerkannte, z. B. durch Annahme von Theilzahlungen, Bürgen, Pfändern. l. 1 § 10–11, § 15 D. ht. Dazu genügt aber noch nicht der bloße Empfang fälliger Zinsraten, die Erhebung der Klage 2c. l. 7 D. ht. Außerdem geht das Recht verloren durch eine praktisch unlösliche Vereinigung beider Massen und durch Ablauf von fünf Jahren seit dem Erbschaftserwerbe. l. 1 § 12–13 D. ht.

Nach Ertheilung der Rechtswohlthat wird die Erbschaft, gerade als ob sie nicht angetreten wäre, vom Vermögen des Erben getrennt. Veräußerungen von Nachlaßsachen, welche der Erbe inzwischen vornahm, bleiben aufrecht, sie müßten denn in der dem Erwerber bekannten Absicht, die Gläubiger zu benachtheiligen, erfolgt sein. l. 2 D. ht. Doch sollen aus dem Nachlaß bestellte Pfänder nach l. 1 § 3 D. ht. in jedem Falle für anfechtbar gelten. Der Antragsteller erhält durch Vermittlung eines dazu ernannten Pflegers abgesonderte Befriedigung für sich aus der Erbschaftsmasse. l. 1 § 16 D. ht. Dabei gehen Vermächtnißnehmer den Erbschaftsgläubigern nach. l. 6 pr. D. ht. Verbleibt noch ein Ueberschuß, so kommt derselbe dem Erben und dessen Gläubigern zu Statten. Wie aber, wenn der Nachlaß nicht zureicht, kann sich dann der Separatist noch an den Erben halten (personam heredis sequi)? In der Regel hat er dadurch, daß er die Rechtswohlthat nachsuchte und erhielt, auf die persönliche Verfolgung des Erben verzichtet, und kann sich dieselbe höchstens, wenn er einen entschuldbaren Irrthum erweist, im Wege der Restitution wiederherstellen lassen. l. 1 § 17, l. 5 D. ht. Wollte er dagegen durch die Separation blos einen Vorsprung vor den Erbesgläubigern gewinnen, so bleibt ihm nach voller Befriedigung der Letzteren noch ein persönlicher Anspruch gegen den Erben. l. 3 § 2 D. ht.

Den Gläubigern des Erben steht keine Absonderung zu, wenn ihr Schuldner überschuldete Erbschaften antrat. Was sich für die Erbschaftsgläubiger schickt, die bei der Creditgewähr außer Stande waren, auf Lebensdauer und Beerbung Rücksicht zu nehmen, ziemt den Erbesgläubigern nicht, welche sich gefallen lassen müssen, daß ihr Schuldner riskante Geschäfte unternimmt. l. 1 § 2 D. ht.

b) Rechtswohlthat des Inventars.

Nach klassischem Recht war der Erbe für die Nachlaßschulden schlechthin, selbst bei Unzulänglichkeit der Erbschaft verantwortlich. l. 8 pr. D. 29, 2. Von den außerordentlichen Mitteln, welche dem Erben gegen diese Gefahr zu Gebote standen, war schon S. 115 die Rede. Justinian eröffnet in l. 22 C. 6, 30 eine allgemeine Hülfe, indem er jedem Erben, der ohne Bitte um Ueberlegungsfrist antritt, ein beneficium inventarii gewährt. Darnach wird die Haftung des Erben für den Fall, daß er rechtzeitig ein gehöriges Verzeichniß des Nachlasses aufnimmt, auf die Höhe des dadurch ermittelten Betrages beschränkt. § 6 J. 2, 19.

Die Rechtswohlthat *setzt voraus*, daß der Erbe binnen 30 Tagen seit Kenntniß seiner Berufung mit der Inventarisirung beginnt und sie in weiteren 60 Tagen vollendet. In Nothfällen, insbesondere wenn der Erbe nicht an dem Ort verweilt, wo die Erbschaft oder der größere Theil derselben sich befindet, wird die Frist auf ein Jahr seit dem Tode des Erblassers verlängert. Zur Errichtung des Inventars sind hinzuzuziehen ein Notar sowie die Erbschaftsgläubiger und Vermächtnißnehmer, sofern sie anwesend sind, bzw. die Vertreter Letzterer oder nöthigenfalls drei in derselben Gemeinde ansässige glaubhafte Zeugen. Das Schriftstück muß vom Erben unterschrieben werden. Kann er nicht schreiben, so unterzeichnet für ihn eine besondere Urkundsperson. Die Erbschaftsgläubiger und Vermächtnißnehmer dürfen von ihm einen Offenbarungseid verlangen, daß er alle vorgefundenen Nachlaßgegenstände getreulich angegeben und Nichts verheimlicht oder bei Seite geschafft habe. l. 22 § 2–3 C. ht.; nov. 1 c. 2 § 2.

Das Inventar enthält eine genaue Uebersicht der Activen des Nachlasses zu ihrem Schätzungswerth. Die Kosten aus der Bestattung des Erblassers, die Auslagen zur Aufnahme des Inventars und zur Abwicklung der Erbschaft können abgerechnet werden. Da der Erbe aus dem Erwerb der Erbschaft weder Vortheile noch Nachtheile haben soll, wird die Confusion der zwischen ihm und dem Erblasser bestehenden Schuldverhältnisse gehindert. l. 22 § 9 C. ht.

Aus dem gehörig errichteten Inventar folgt die beschränkte Haftung des Erben. Während der Zeit, in welcher er sich mit der Aufnahme des Inventars beschäftigt, darf er von Erbschaftsgläubigern und Vermächtnißnehmern in keinerlei Weise durch Klagen oder Pfandverkäufe behelligt werden. Daher ruht inzwischen die auf den Nachlaß bezügliche Verjährung. l. 22 § 11 C. ht. Nach dem Vollzuge des Inventars steht er blos auf den Betrag ein, welcher sich als Werth des Nachlasses ergab. Doch behält er seine Erbeseigenschaft und ist zur Veräußerung von Nachlaßsachen, zur Einziehung von Erbschaftsschulden, zum Abzug der Quart von Vermächtnissen befugt. Bei der Befriedigung liegt ihm keine Pflicht ob, auf die concursmäßige Rangordnung der Gläubiger Rücksicht zu nehmen. Vielmehr bezahlt er die Interessenten in der Reihenfolge, wie sie sich melden, so daß die Säumigen, nachdem der Betrag des Nachlasses erschöpft ist, leer ausgehen. Höchstens bleibt den ausgefallenen Gläubigern eine Klage auf Rückgabe der Bereicherung, falls der Erbe Vermächtnißnehmer vorweg befriedigte, oder den Erlös aus Nachlaßobjecten, welche dem Kläger verpfändet waren, zur Bezahlung anderer Erbschaftsgläubiger verwandte. l. 22 § 4–8 C. ht.

Erben, welche die Rechtswohlthat des Inventars verschmähen oder eine Ueberlegungsfrist nachsuchen, haften nach dem Erwerb der Erbschaft voll. Sogar das Recht der Quart geht ihnen verloren, wenn sie kein Inventar errichten. l. 22 § 12–14 C. ht. Nur Soldaten behalten das alte Vorrecht, daß sie sich nie über den Bestand des Nachlasses hinaus verbindlich machen. l. 22 § 15 C. ht.

B. Im gemeinen Recht.

Die römische Universalsuccession ist im Gegensatz zu den älteren germanischen Bräuchen vgl. S. 116 übernommen. Auch Firma und Urheberrecht vererben sich trotz ihrer Herkunft aus der Personensphäre. Doch findet in Lehen und Fideicommisse, die aus dem Nachlaß ausscheiden, eine Sondernachfolge Statt. Die Ansprüche aus einer Lebensversicherung gehören nicht zum Nachlaß, sondern sind als unmittelbare Rechte des Begünstigten Bd. II S. 314 dem Zugriff der Erbschaftsgläubiger entzogen, es sei denn daß der Erblasser gerade deren Interesse durch den Vertragsschluß befördern wollte.

Das Absonderungsrecht der Erbschaftsgläubiger und Vermächtnißnehmer ist von der Praxis weiter ausgebildet. Es verjährt erst in 30 Jahren und hebt die Möglichkeit nicht auf, den Erben auf etwaige Ausfälle persönlich zu verfolgen, ohne daß es dazu einer Restitution bedarf. Dagegen erscheint die römische Vorschrift, daß Pfandrechte, welche der Erbe inzwischen an Nachlaßsachen bestellte, stets der Anfechtung der Separatisten unterliegen, mit dem heutigen Pfandsystem nicht mehr vereinbar. Nach der R.K.O. § 43, 202 ff. dürfen die Erbschaftsgläubiger und Vermächtnißnehmer nicht blos aus der Concursmasse des Erben die Absonderung des Nachlasses fordern, sondern auch darüber im Fall der Ueberschuldung einen selbständigen Concurs erwirken.

Zum Erwerb der Rechtswohlthat des Inventars genügt heute schon, daß der Erbe bei Gericht erklärt, unter solchem Vorbehalt antreten zu wollen. Dann nimmt das Gericht selber ein Nachlaßverzeichniß auf, wofern nicht dem Erben die private Anfertigung unter erleichterten Formen freisteht. Nach der C.Pr.O. § 217, 223, 693–694 bildet die Inventarisationsfrist für sich allein kein Hinderniß für den Fortgang der gegen den Erblasser schwebenden Rechtsstreitigkeiten und Zwangsvollstreckungen. Das Privileg der Soldaten ist aufgehoben. Ferner haftet der Beneficialerbe nicht mehr mit seinem Vermögen, soweit sich der Werthbetrag der Erbschaft beläuft, sondern nur mit den zum Nachlaß gehörigen Vermögensstücken. Auf diese allein beschränkt sich der Zugriff der Erbschaftsgläubiger, es sei denn, daß sich der Erbe Nachlaßwerthe aneignete, in deren Höhe er persönlich einsteht. In solchem Falle ist es seine Sache, wenn er von den Erbschaftsgläubigern belangt wird, die Aufnahme des Vorbehalts in das Urtheil zu beantragen und sich darauf gegenüber der Zwangsvollstreckung zu beziehen. C.Pr.O. § 695–696. Keinesfalls aber erlaubt ihm das heutige Pfandsystem, durch Veräußerung verpfändeter Nachlaßgegenstände den Gläubigern ihre Sicherheit zu entziehen. Vielfach findet sich ein erbschaftliches Liquidationsverfahren, kraft dessen das Gericht eine möglichst gleichmäßige Befriedigung aller Nachlaßgläubiger nach dem Vorbild des Concurses herbeiführt.

C. Im preußischen Recht.

Das A.L.R. § 413–456 I, 9 unterscheidet, ob der Erbe ohne oder mit Vorbehalt der Rechtswohlthat des Inventars antrat. Für den Erwerb mit Vorbehalt wird vermuthet, wenn der Erbe die gesetzliche Ueberlegungsfrist verstreichen läßt, ohne sich zu erklären, oder innerhalb dieser Zeit Handlungen vornimmt, aus denen sein Wille hervorgeht, die Erbschaft zu behalten. § 420–421 ht. Die Erklärung, ohne Vorbehalt anzutreten, muß einen deutlichen und bestimmten Verzicht auf diese Rechtswohlthat enthalten. Sie hat bei Gericht entweder persönlich durch den Erben oder durch Ueberreichung eines beglaubigten Schriftstücks zu erfolgen und ist bis zum Ablauf der Ueberlegungsfrist widerruflich, so lange der Erbe noch keine Verfügungen über die Substanz des Nachlasses traf. § 413–417 ht.

I. Bei Antritt ohne Vorbehalt.

Der Erbe wird Universalnachfolger im Sinne des römischen Rechts. Er vertritt die Handlungen des Erblassers vermögensrechtlich § 10 I, 15; erwirbt den Nachlaß als ein Ganzes unter Ausscheidung der Lehen, Fideicommisse, sowie der vom Anerben gegen Abfindung übernommenen Landgüter; und haftet für Nachlaßschulden und Vermächtnisse, auch wenn sie den Bestand der Erbschaft übersteigen. § 418–419 ht. Schuldverhältnisse zwischen Erben und Erblasser erlöschen, ohne daß den Miterben, Nachlaßgläubigern und Vermächtnißnehmern daraus Nachtheile erwachsen sollen. § 489–490 I, 16.

Von der Pflicht des Erben, seinen Erblasser zu bestatten, die Erbschaftssteuer zu entrichten, die Forderung der Pflichttheilsberechtigten zu erfüllen und von der Auseinandersetzung zwischen dem überlebenden Ehegatten und den Erben des verstorbenen war schon gehörigen Orts die Rede.

Ein Absonderungsrecht gewährt das A.L.R. § 500–512 I, 16 nicht blos den Erbschaftsgläubigern binnen einem Jahre, sondern auch den Erbesgläubigern, falls ihre Forderungen vor dem Erbanfall entstanden und in Jahresfrist nach übernommener Erbschaft geltend gemacht sind. Doch wird der Anspruch der Erbesgläubiger, im Concurse des Erben aus dessen Vermögen abgesondert befriedigt zu werden, von der R.K.O. nicht anerkannt. Bd. II S. 122.

II. **Bei Erwerb mit Vorbehalt.**

Dazu gehört, daß der Erbe binnen sechs Monaten, nachdem die ihm gebührende Ueberlegungszeit abgelaufen ist, ein von ihm errichtetes Erbschaftsinventar, das auch versiegelt bleiben darf, beim Nachlaßgericht einreicht oder die gerichtliche Aufnahme eines solchen Verzeichnisses beantragt. Die sechsmonatliche Frist kann vom Richter je nach Beschaffenheit des Nachlasses und Bewandtniß der Umstände verlängert oder verkürzt werden. § 423–426 ht. Eine gerichtliche Inventarisirung wird auf Andringen der Gläubiger nöthig, falls sie die Siegelung des Nachlasses durchgesetzt haben oder bescheinigen, daß das hinterlassene Vermögen zu ihrer Befriedigung nicht ausreichen werde. § 387, 436–437 ht. Um Erinnerungen gegen die Richtigkeit des Verzeichnisses vorzubeugen, ist es nützlich, die Betheiligten zur Aufnahme hinzuzuziehen bzw. vorzuladen. Der Erbe muß ein von ihm angefertigtes Inventar auf Verlangen der Interessenten eidlich bestärken. Bei gerichtlichen Inventarien findet dies nur Statt, wenn entweder gar keine Siegelung vorherging, oder der Erbe dieselbe erst später als nach 24 Stunden nachsuchte, seitdem er vom Tode des Erblassers Kunde erhielt. § 440–442 ht.

Das Inventar erhält ein vollständiges Verzeichniß aller Nachlaßbestände mit Angaben, welche ihren Werth feststellen oder dessen Ausmittlung ermöglichen. § 434–435 ht. Forderungen des Erblassers gegen den Erben werden miteingestellt. § 486 I, 16. Das von der A.G.O. § 53 II, 1 vorgeschriebene Formular ist nicht bindend. § 438–439 ht. Ein versiegelt niedergelegtes Verzeichniß muß eröffnet werden, wenn sich der Erbe auf die Rechtswohlthat des Inventars beruft. § 433 ht. Jedem Erbschaftsgläubiger und Vermächtnißnehmer steht die Einsicht frei. § 297 I, 12.

Der Erbe mit Vorbehalt haftet wie im gemeinen Recht blos auf den Bestand des Nachlasses. § 422 ht. Die Vorschrift im § 443 ht., daß er nur ein „eingeschränktes Eigenthum des Nachlasses" erlange, trifft nach der Vo. vom 28. März 1840 und dem G. vom 28. März 1879 nicht mehr zu. Vielmehr ist er wahrer Erbe und in seinen Verfügungen auch über die ererbten Grundstücke an sich unbeschränkt. Doch liegt ihm die Pflicht ob, den Nachlaß sowie dessen Nutzungen gehörig zu verwalten und zur Befriedigung der Erbschaftsgläubiger zu verwenden. Seine Forderungen gegen den Erblasser behält er § 487 I, 16, ebenso wie ihm das Recht bleibt, seine Sachen, welche der Erblasser unbefugt veräußert hat, gegen vollen Ersatz nach Kräften der Erbschaftsmasse zurückzufordern § 8–9 I, 15. In Betreff seiner Verwaltung steht er für mäßiges Versehen ein und muß auf Verlangen Rechenschaft legen. § 444–445 ht. Auslagen, die ihm dabei durch zweckmäßige Verwendungen erwuchsen, kann er in Rechnung stellen.

Die Befriedigung der Nachlaßgläubiger soll nach ihrer concursmäßigen Reihenfolge geschehen. Hält der Beneficialerbe die Rangordnung nicht inne, so muß er den Ausfall, welchen bevorrechtigte Gläubiger dadurch erleiden, aus eignem Vermögen ersetzen. § 452–454 ht. Vo. vom 4. März 1834 § 2. Zum Schutze gegen diese Gefahr diente der Antrag auf Eröffnung des erbschaftlichen Liquidationsprocesses. An Stelle desselben ist nach G. vom 28. März 1879 ein Aufgebot getreten. Dadurch werden Erbschaftsgläubiger und Vermächtnißnehmer, welche ihre Ansprüche nicht rechtzeitig anmelden, auf den Rest des Nachlasses verwiesen, welcher nach Befriedigung der ausgemittelten Interessenten noch übrig bleibt. Während der Dauer dieses Verfahrens finden zu Gunsten Derer, welche persönliche Forderungen aus dem Nachlaß haben, keine Zwangsvollstreckungen und Arrestschläge gegen den Beneficialerben Statt, es sei denn, daß die Pfändung bzw. Beschlagnahme bereits bei Lebzeiten des Erblassers erfolgt ist. Nach G. vom 13. Juli 1883 § 180, 182, 184 steht es dem Erben frei, den gerichtlichen Verkauf der zur Nachlaßmasse gehörigen Grundstücke im Wege der Zwangsversteigerung herbeizuführen. Dafür finden sich folgende Besonderheiten. Anstatt der Uebernahme dinglicher Ansprüche auf den Erwerbspreis kann Baarzahlung des ganzen Kaufgeldes begehrt werden. Bei Feststellung des geringsten Gebotes werden auf Verlangen eines vom Erben anerkannten Realberechtigten nur diejenigen Realansprüche berücksichtigt, welche dem Anspruch des Antragstellers vorangehen. Kommt es in Ermangelung eines genügenden Gebots nicht zum Zuschlage, so verlieren die im geringsten Gebot enthaltenen Realberechtigten ihre persönlichen Ansprüche gegen den Nachlaß und den Beneficialerben. Vgl. Bd. I S. 326 ff.

Wer die Erbschaft mit Vorbehalt antrat, aber die Inventarisationsfrist versäumte oder ein unzulängliches Verzeichniß einreichte, verwirkt die Rechtswohlthat und wird als Erbe ohne Vorbehalt behandelt. § 427, 439 ht. Eine Fristversäumniß der Vormünder und Pfleger schadet ihren Pflegebefohlenen nicht. Dagegen trifft die Unterlassung anderer Verwalter ihre Principale. § 430–432 ht.

§ 62.

Schutz.

A. Einweisungen.
  I. **Bonorum possessio furiosi nomine.**
  II. **Missio ventris nomine.**
B. Klagen.
  I. Vorläufige Hülfe für den vermuthlichen Erben.
    a) **Missio scripti heredis.**
    b) **Bonorum possessio ex edicto Carboniano.**
  II. Endgültige Anerkennung für den wirklichen Erben.
    Begriff und Beziehung der **hereditatis petitio** zum **interdictum quorum bonorum.**
    a) Kläger.
      Beweissatz.
    b) Beklagter.
      possessor pro herede, pro possessore.
      ficti possessores.
    c) Gegenstand.
      Nachlaß im Sinne eines Vermögens.
    d) Ziel.
      Anerkennung des Erbrechts.
      Herausgabe der Nachlaßstücke sammt Zubehör oder ihrer Werthsurrogate.
      Unterschiede in der Haftung zwischen den redlichen und unredlichen Besitzer.
    e) Verhältniß zu Singularklagen.
      ‚si in ea re praejudicium hereditati non fiat.'

Der berufene Erbe darf zur eigenmächtigen Ergreifung des Nachlasses schreiten, so lange derselbe sich noch nicht im fremden Besitz befindet oder gericht=

lich mit Beschlag belegt ist. A.L.R. § 242–243 I, 12. In den meisten Fällen aber erscheint es nützlich oder nöthig, obrigkeitliche Hülfe zu erbitten. Sie besteht entweder in einer außerprocessualischen Einweisung des Erben bzw. seines Vertreters in den Nachlaß, um eine vorläufige Besitznahme und Verfügung zu ermöglichen, oder in einer gerichtlichen Entscheidung von Klagen, welche der Erbe wegen Bestreitung seines Erbrechts und Vorenthaltung des Nachlasses anhängig macht.

A. Einweisungen.

Sie kommen vor sowohl für den vorhandenen Erben, welcher dadurch legitimirt wird, die Herausgabe des Nachlasses von Verwahrern zu verlangen, seine Umschreibung in öffentlichen Registern zu beantragen rc. vgl. S. 198, als auch im Interesse künftiger Erben, um ihnen den Nachlaß zu sichern. Zu den Einweisungen letzterer Art gehören: die bonorum possessio furiosi nomine und die missio ventris nomine.

I. Bonorum possessio furiosi nomine. D. 37,3.

In Rom fällt einem Geisteskranken zwar die Erbschaft seines Gewalthabers nothwendig an, aber die ihm angetragenen Erbschaften Fremder kann er nicht einmal durch seinen Curator erwerben. S. 208. Doch ist Letzterer befugt, eine bonorum possessio nachzusuchen, durch welche der Wahnsinnige, ohne daß es einer Sicherheitsstellung bedarf, den Besitz des Nachlasses erhält und das Recht, daraus in Ermangelung eignen Vermögens Alimente zu beziehen. l. 7 § 2–3 C. 5, 70; l. 51 pr. D. 5, 3. Wird der Wahnsinnige vernünftig, so hat er die Wahl, die deferirte Erbschaft, welche mit der Ertheilung der blos provisorischen bonorum possessio noch nicht erworben wurde, anzunehmen oder auszuschlagen. l. 7 § 7 C. 5, 70. Verstirbt er dagegen, ohne einen lichten Moment erlangt zu haben, so werden zu der ihm angetragenen Erbschaft Diejenigen berufen, welche zur Zeit seines Todes die nächste Anwartschaft darauf haben, d. h. seine Substituten, wohl auch seine accrescenzberechtigten Miterben vgl. l. 35 D. 36, 1; l. 7 pr. C. 5, 70, und in letzter Linie der Fiscus. l. 7 § 8 C. 5, 70. Eine Rückerstattung der aus dem Nachlaß bezogenen Alimente findet nicht Statt.

Heutzutage kann der Vormund des Wahnsinnigen für ihn antreten oder ablehnen.

II. Missio ventris nomine. D. 37, 9.

Befindet sich der Erbe noch im Mutterleibe, so wird ihm ein Curator bestellt, welcher sich in den Nachlaß einweisen läßt, um daraus die Mittel für Unterhalt und Obdach des ‚venter‘ zu entnehmen. Bd. I S. 172. l. 1 pr., l. 7 pr. § 2, l. 10 D. ht. Diese Alimentation aus dem Nachlaß findet zu Gunsten eines Embryo, der nicht vom Erblasser gezeugt ist, nur dann Statt, wenn die Mutter sich nicht anderweit zu ernähren vermag. l. 6 D. ht. Nach Manchen wird die Einweisung nicht dem ungeborenen Erben zur Sicherung seines Erbrechts, sondern der Schwangeren behufs Erhaltung ihrer Frucht ertheilt. l. 1 § 19–20 D. ht. Da der Nachlaß bis zur Entbindung der Mutter ruht, so erhält er auf Anbringen der Betheiligten, namentlich der Erbschaftsgläubiger, noch einen besonderen Vermögenspfleger. In der Regel wird dieselbe Person mit der Fürsorge für den Embryo und der Verwaltung des Nachlasses betraut. l. 1 § 18 D. ht. Wird der erwartete Erbe geboren, so steht seinem gesetzlichen Vertreter die Entscheidung über Annahme oder Ablehnung bzw. Abstinenz der Erbschaft zu. Kommt kein lebendes Kind zur Welt, so ergeht die Berufung an den nunmehr nächsten Erbanwärter. Die bezogenen Alimente gelten als Erbschaftsschuld und brauchen nicht ersetzt zu werden, es sei denn, daß ein Betrug vorlag, z. B. die Frau sich fälschlich für schwanger ausgab. l. 1 § 1, § 28, l. 3, l. 9 D. ht.

Das A.L.R. § 371–381 I, 9 enthält ähnliche Vorschriften. Ist die Leibesfrucht zum Universalerben berufen, so gilt ihr Vater oder der ihr nach V.O. vom 5. Juli 1875 § 88 zu bestellende Vormund zugleich als Nachlaßpfleger. Doch hat er zu Verfügungen über die Substanz des Nachlasses die Einwilligung der Mangels einer gehörigen Geburt nächstberechtigten Erben einzuholen. Ist das zu erwartende Kind nur Miterbe, so gebührt die Verwaltung des Nachlasses, dessen Theilung inzwischen ausgesetzt bleibt, den übrigen Erben unter Zuziehung des Vertreters der Leibesfrucht.

B. Klagen.

Sie setzen einen Erbschaftsstreit voraus und richten sich auf Herausgabe des deshalb vorenthaltenen Nachlasses. Sie bringen entweder dem vermuthlichen Erben vorläufige Hülfe oder dem wirklichen Erben endgültige Anerkennung.

I. Vorläufige Hülfe für den vermuthlichen Erben.

a) Missio scripti heredis.

Ein Edict Hadrians gewährte dem angeblichen Erben, welcher über seine Einsetzung ein äußerlich fehlerfreies Testament vorlegt, eine Einweisung in die dem Testator zur Zeit seines Todes gehörigen Güter, in deren Besitz sich ein Occupant oder anderer Erbanwärter gesetzt hat. Bei Vorlage mehrerer Testamente geht der im jüngsten Eingesetzte vor. Illiquide Einwände des Beklagten werden hierbei nicht beachtet. Dadurch erlangt der Eingewiesene den Vortheil, im künftigen Erbschaftsstreit die Rolle des Beklagten zu übernehmen. Doch hing diese Hülfe davon ab, daß die Erbschaftssteuer erlegt und das Gesuch binnen Jahresfrist gestellt wurde. Pauli R.S. III, 5 § 14–15. Die erstere Beschränkung fiel im Laufe der Zeit von selbst fort, die letztere hob Justinian in l. 3 C. 6, 33 auf. Daher heißt das Rechtsmittel, das nunmehr der gewöhnlichen Verjährung unterliegt, remedium ex lege ultima Codicis de edicto Hadriani tollendo. Die gemeine Praxis gewährt es auch angeblichen Intestaterben, welche ihre Verwandtschaft oder Ehe mit dem Erblasser bescheinigen können.

Im A.L.R. § 244–253 I, 12 wird der Erbe, welcher in einem förmlichen gerichtlichen Testament eingesetzt ist, ohne Weiteres, und falls er sich auf ein privilegirtes Testament beruft, gegen annehmliche Sicherheitsstellung in den Nachlaß eingewiesen. Bis zur Entscheidung des Erbschaftsstreits bleibt er im Besitz und ist von Rechnungslage frei, sofern nicht ein Verdacht nachtheiliger Verwaltung entsteht. § 160, 165 I. 17.

b) **Bonorum possessio ex edicto Carboniano.** D. 37, 10.

Wird einem unmündigen Kinde des Erblassers, das als solches zum Erben desselben berufen ist, der Familienstand bestritten, so gewährt der Prätor auf Verlangen Aufschub des Streits bis zur Mündigkeit und gegen Kaution vorläufigen Erbschaftsbesitz. Doch wird dem Gesuch nur Folge gegeben, wenn es im Interesse des Unmündigen liegt, und nicht bereits entscheidende Gründe gegen denselben vorgebracht sind. l. 3 pr. § 4–5 D. ht. In der Zwischenzeit bezieht das Kind Alimente aus dem Nachlaß, die in keinem Fall, wie auch immer der Ausgang der Statusfrage sein mag, zurückgegeben zu werden brauchen. l. 5 § 3, l. 6 § 5 D. ht. Leistet der Unmündige Sicherheit, so erhält er den Besitz des Nachlasses, welchen sein Vertreter verwaltet, und im künftigen Proceß die vortheilhafte Lage eines Beklagten. l. 6 § 6, l. 15 D. ht. Sonst wird die Verwaltung dem Gegner des Kindes, sofern derselbe Sicherheit stellt, zugewiesen oder ein besonderer Nachlaßpfleger ernannt. l. 5 § 5 D. ht.

Heutzutage erscheint dies Hülfsmittel unpraktisch, da die Unmündigkeit des Erben eine unparteiische Erledigung des Erbstreits keineswegs hindert, ja im Gegentheil eine längere Hinzögerung von Schaden sein kann. A.L.R. § 7 ff. II, 2.

II. Endgültige Anerkennung für den wirklichen Erben. D. 5, 3 de hereditatis petitione.

In Rom wird der civile Erbe durch die hereditatis petitio geschützt. Dem prätorischen Erben diente das interdictum quorum bonorum, um sich den Besitz der Nachlaßsachen zu verschaffen. l. 1 pr. D. 43, 2; l. 1 C. 8, 2. Später wurde der civilrechtliche Schutz als hereditatis petitio possessoria auch auf den prätorischen Erben ausgedehnt. l. 1–2 D. 5, 5. Doch behielt das Interdict seinen summarischen Charakter, indem es unter Ausschluß illiquider Einreden die Parteirollen für den petitorischen Erbschaftsstreit vertheilte. l. 3 C. 8, 2. In dieser Gestalt einer possessorischen Vorklage zur hereditatis petitio kommt das Interdict noch im gemeinen Recht vor, in welchem es einer vorgängigen Agnition einer bonorum possessio nicht mehr bedarf. S. 112.

Hereditatis petitio ist die Klage des Erben gegen Den, welcher ihm entgegen seinem Erbrecht Nachlaßstücke vorenthält, auf Anerkennung seines Rechts und Herausgabe der Gegenstände bzw. ihres Werths. Ihre Formel lautete ‚si paret hereditatem, qua de agitur, ex jure Quiritium A^{i} A^{i} esse, quidquid N^{s} N^{s} ex ea hereditate pro herede aut pro possessore possidet, tantam pecuniam N^{m} N^{m} A^{o} A^{o} condemna, si non paret absolve‘.

Im A.L.R. erscheint die Erbschaftsklage als eine Art der Vindication, nämlich gerichtet auf den Inbegriff der Verlassenschaft. § 34 I, 2; § 351 I, 9.

a) Kläger.

Dies ist der Erbe, mag er sich auf das Gesetz oder den Willen des Erblassers berufen, mag er Universal- oder Partialerbe sein. l. 1, l. 10 § 1 D. ht.; l. 1 pr. D. 5, 4. Ferner gebührt die hereditatis petitio als fideicommissaria dem Universalfideicommissar nach Restitution der Erbschaft l. 1 D. 5, 6, und als utilis dem Fiscus sowie dem Käufer der Erbschaft von ihm l. 54 pr. D. ht.

Der Beweissatz des Klägers umfaßt seine Erbberechtigung und den Besitz des Nachlasses Seitens des Beklagten. Darzuthun, daß der Besitz des Beklagten dem Erbrecht widerstreite und sich nicht auf einen bloßen Singulartitel — wie Kauf, Schenkung vom Erblasser — stütze, ist keinesfalls Sache des Klägers; sondern dies bildet den Grund einer Einrede des Beklagten, vgl. l. 11 C. 3, 31; l. 3 C. 8, 2.

Die Erbberechtigung des Klägers setzt voraus, daß der Erbfall durch Tod bzw. Todeserklärung des Erblassers eingetreten, und die Berufung an den Kläger, sei es unmittelbar sei es mittelbar durch Transmission, Substitution erfolgt ist. Seinen Antritt der Erbschaft braucht er in der Regel nicht eigens nachzuweisen, da dazu eine formlose Erklärung genügt, die schon in der Erhebung der Klage liegt. Doch wird ein solcher Beweis vonnöthen, wenn der Erblasser für den Antritt eine Form oder Frist vorschrieb, oder Kläger ein Nachfolger des berufenen Erben ist, ohne zu dessen Transmissaren zu gehören. Stützt sich Kläger auf einen gesetzlichen Berufungsgrund, so muß er außer Zweifel stellen, daß er zur Zeit, wo Erblasser verstarb, dessen Ehegatte oder nächster Blutsverwandter war. Heute geschieht dies meist durch standesamtliche Bescheinigungen. Dem Beklagten steht der Gegenbeweis offen, daß er selbst oder ein Anderer einen näheren Intestatanspruch habe. Beruft sich Kläger auf eine Verfügung des Erblassers von Todeswegen, so hat er ihre rechtsgültige Aufnahme festzustellen. Im Fall einer schriftlichen Errichtung genügt die Vorlage der gehörig angefertigten Urkunde; ging dieselbe verloren oder erfolgte die Verfügung mündlich, so muß ihr Inhalt anderweit dargelegt werden. S. 186. Ueber das Ergebniß des Beweises entscheidet nach C.Pr.O. § 259 das freie richterliche Ermessen, sofern nicht beim Urkundenbeweis § 381, 383 bindende Vermuthungen gelten. Daher ist es nicht erforderlich, daß gerade die bei der Errichtung des mündlichen Acts zugezogenen Solemnitätszeugen den Vorgang bekunden. Einf.G. § 14 Z. 2 zur C.Pr.O. Dem Beklagten bleibt der Gegenbeweis unbenommen, daß das vorgewiesene Testament nichtig oder durch ein jüngeres entkräftet sei.

Ueber den Umfang des im Besitz des Beklagten befindlichen Nachlasses kann Kläger zumeist nur allgemeine Angaben machen. Daher findet sich in der heutigen Praxis die Pflicht des Beklagten, dessen Eingriff in die Erbschaft erwiesen oder aus häuslicher Gemeinschaft mit dem Erblasser wahrscheinlich ist, ein Nachlaßverzeichniß zu legen bzw. den Offenbarungseid zu leisten. A.L.R. § 463 I, 9; A.G.O. § 28–29 I, 22.

b) Beklagter.

Dies ist Jeder, welcher irgend einen zum Nachlaß gehörigen Gegenstand entgegen dem klägerischen Erbrechte besitzt. l. 9–10 pr. D. ht. Dazu gehören der possessor pro herede, welcher sich selbst für den Erben hält, oder als Universalfideicommissar, als Erbschaftskäufer auftritt, Gaj. IV. § 144; l. 13 § 4, 5, 8, l. 20 § 13 D. ht; und der possessor pro possessore, der gar keinen Grund seines Besitzes anzuführen weiß oder nur einen solchen, dessen Nichtigkeit ihm selber bekannt ist, l. 11 § 1 — l. 13 § 1 D. ht.; l. 14 § 2 D. 4, 2. Auch die Erben solcher Besitzer haften l. 13 § 3 D. ht.; und Diejenigen, welche in ihrem Namen inne haben l. 13 § 12 D. ht.; z. B. heute die Testamentsvollstrecker.

Den wirklichen Besitzern stehen die ficti possessores in Folge ihrer

Arglist gleich. Bd. I S. 398. Sie haben sich entweder des Besitzes entschlagen, um dadurch die Erhebung der Klage zu vereiteln, oder geben sich fälschlich für Besitzer aus, um den Proceß von Anderen abzulenken. l. 13 § 2, 13, l. 20 § 8, l. 45 D. ht. Paulus führt diese Fälle in l. 27 § 3 D. 6, 1 auf das S.C. Juventianum zurück, das von den Neueren so genannt wurde, weil es unter Hadrian am 14. März 129 während des Consulats von Quintus Julius Balbus und Publius Juventius Celsus 2c. erging, vgl. l. 20 § 6 D. ht.

Dagegen gelten Besitzer von Nachlaßsachen, die sich auf einen Singulartitel berufen, nicht als Beklagte in der hereditatis petitio, da sie durch ihre Behauptung das Eigenthum, aber nicht das Erbrecht des Klägers verletzen. l. 4 C. 7, 34.

c) **Gegenstand.**

Object der Erbschaftsklage, die deshalb actio universalis heißt, ist der Nachlaß im Sinne eines Vermögens. Doch kann sie sich auch auf einzelne Nachlaßstücke beschränken, sei es Sachen, sei es Rechte. So haftet der Nachlaßschuldner, welcher zwar die Rechtsbeständigkeit der Obligation nicht bezweifelt, aber in der Meinung, selber Erbe zu sein, ihre Erfüllung verweigert. l. 13 § 15 — l. 14, l. 42 D. ht. Aus dem wirthschaftlichen Wechsel, dem der Nachlaß wie jedes Vermögen unterworfen ist, folgt, daß an Stelle der ursprünglichen Bestandtheile andere dafür eingetauschte Werthe treten. Bd. I S. 198 f. ‚petitio hereditatis, etsi in rem actio sit, habet tamen praestationes quasdam personales' l. 20 § 18 D. ht. Diesen Charakter betonte insbesondere das S.C. Juventianum l. 28 D. ht., das dadurch jede Berufung des Beklagten auf usucapio pro herede Bd. I S. 347 f., S. 379 f. zu nichte macht. l. 7 C. 3, 31.

d) **Ziel.**

Die Erbschaftsklage geht auf Anerkennung des Erbrechts und Herausgabe der vom Beklagten vorenthaltenen Nachlaßstücke sammt Zubehör oder ihrer Werthsurrogate. Ueber den ‚arbitratus' in der römischen Formel vgl. Bd. I S. 399.

Die Anerkennung des Erbrechts läßt sich nach der C.Pr.O. § 231 allein durch eine Feststellungsklage erreichen, die aber davon absieht, daß Kläger Nachlaßsachen verlangt und Beklagter sich im Besitz derselben befindet.

Die Herausgabe der Nachlaßstücke umfaßt alle Sachen und Rechte, die ursprünglich aus der Erbschaftsmasse stammen. l. 18 § 2 D. ht. Darunter fallen auch diejenigen Gegenstände, welche blos der natürlichen Verfügung des Erblassers unterlagen, z. B. die von ihm in Verwahrung genommenen, selbst die rechtswidrig angeeigneten, sofern nur der Erbe an deren vorläufiger Beschaffung ein rechtliches Interesse hat. l. 19 pr. D. ht.

Zubehör der Nachlaßstücke bildet Alles, was zu ihnen nach dem Tode des Erblassers an Früchten, Anwüchsen, Zinsen 2c. tritt. l. 20 § 3, l. 25 § 20 D. ht.

Werthsurrogate sind jeder Erlös aus verkauften Nachlaßstücken l. 22, l. 23, l. 25 pr. D. ht.; der Betrag aus eingezogenen Erbschaftsforderungen l. 16 § 1 D. ht.; die mit Erbschaftsgeldern angeschafften Gegenstände l. 20 pr. § 1 D. ht.; die aus verliehenen, beschädigten, gestohlenen Nachlaßsachen erwachsenen Ansprüche l. 40 § 2 D. ht.

Das S.C. Juventianum zieht bedeutende Unterschiede in der Haftung zwischen dem redlichen und unredlichen Besitzer. l. 20 § 6 D. ht. Der redliche Besitzer soll keinen Schaden erleiden, aber nach dem Proceßbeginn mit der Sorgfalt eines guten Hausvaters verwalten und alle Bereicherung, die ihm aus dem Nachlaß zufloß, zurückgeben. l. 25 § 11, l. 36 § 4 D. ht. In diesem Sinne steht er ein für verzehrte Früchte, soweit er daraus noch bereichert ist; nach erhobener Klage auch für die von ihm schuldhafter Weise versäumten Früchte und Zinsen. l. 40 pr. § 1, l. 20 § 14 D. ht.; l. 62 pr. D. 6, 1. Aus der Veräußerung von Erbschaftssachen haftet er für den in sein Vermögen gelangten Gegenwerth, aus der Verborgung von Erbschaftsgeldern für die Cession der Forderung. Wegen Verwendungen hat er ein Zurückbehaltungsrecht, selbst wegen verschwenderischer, wenn er sie nur vor Proceßbeginn auf die Sache legte. l. 37 D. ht. Was er den Erbschaftsgläubigern bezahlt oder selber zu fordern hat, darf er aufrechnen. l. 31 pr. § 2 D. ht.; l. 5 C. 3, 31. Dagegen ist der unredliche Besitzer für allen Schaden verantwortlich, der durch seine Schuld entstand, nach erhobener Klage sogar für Zufall. l. 25 § 2–3, l. 40 pr. D. ht. A.L.R. § 457–459 I, 9. Er muß sämmtliche Früchte erstatten, selbst die irgendwie ziehbaren. l. 25 § 4 D. ht. Hat er Nachlaßsachen verkauft, so muß er dem Erben nach dessen Wahl entweder den erlösten Preis oder den Schätzungswerth gewähren. l. 36 § 3 D. ht. Hat er Erbschaftsgelder ausgeliehen, so kommt er für die Sicherheit des Schuldners auf. Wegen Verwendungen kann er nur Ersatz verlangen, wenn sie nöthig oder nützlich waren, und der durch sie erzielte Vortheil noch fortdauert. l. 38 D. ht. Mit Gegenforderungen wird er blos insoweit gehört, als die Befriedigung für den Erben vortheilhaft erscheint. l. 31 § 1 D. ht.; l. 49 D. 3, 5.

e) **Verhältniß zu Singularklagen.**

Im alten Rom gehörten Erbschaftsprocesse vor das Centumviralgericht, während Singularklagen des Erben und wider ihn sich vor einem Geschworenen abspielten. Um die Zuständigkeit des höchsten Volksgerichtes gegen Umgehungen zu sichern und seiner Entscheidung nicht vorzugreifen, entstand der Einwand (praescriptio Bd. I S. 257) ‚si in ea re praejudicium hereditati non fiat'. Gaj. IV. § 133.

Auf diese Einrede berief sich der Besitzer von Nachlaßwerthen, wenn er vom Erben nicht, wie sich's gebührte, mit der Erbschaftsklage, sondern mit einzelnen Vindicationen und Forderungsklagen bedrängt wurde. l. 5 § 2 D. ht.; l. 13 D. 44, 1. Dies gilt trotz der veränderten Gerichtsverfassung noch unter Justinian. Denn der Beklagte in der hereditatis petitio genießt mannigfache Vorzüge, die ihm der Erbe nicht dadurch entziehen kann, daß er zu Singularklagen greift. l. 25 § 17 D. ht.

Ferner war die Einrede während eines schwebenden Erbschaftsstreits wichtig. Bevor das Centumviralgericht nicht einen der Anwärter als Erben anerkannt hatte, war keiner von ihnen in der Lage, von Erbschaftsgläubigern und Vermächtnißnehmern belangt zu werden, oder gegen Nachlaßschuldner auf Erfüllung zu drängen. Später wird dies gegen Sicherheitsleistung zugelassen, und zwar zu Gunsten der Erbschaftsgläubiger und Vermächtnißnehmer stets l. 4 § 3 D. 35, 3;

l. 12 C. 3, 31 — es müßte denn ein fiscalisches Interesse bedroht sein l. 35 D. 49, 14 — gegen Nachlaßschuldner nur, wenn Gefahr im Verzuge ist l. 49 D. ht. Vgl. A.L.R. § 248 I, 12.

§ 63.

D. 10, 2 familiae herciscundae.
A.L.R. § 115—168 I, 17.

Verhältniß unter Miterben.

A. Begriff.
B. Erbtheilung.
I. Durch Uebereinkommen.
II. Durch gerichtlichen Ausspruch.
actio familiae herciscundae.
Grundsätze beim Vollzuge der Theilung.
C. Folgen.

A. Begriff.

Miterben gerathen in eine Gemeinschaft bezüglich des Nachlasses.

Nach römischer Auffassung zerfallen die zur Erbschaft gehörigen Rechte in bestimmte Antheile, welche sich nach der Größe der Erbquoten richten und der freien Verfügung eines jeden Theilhabers unterliegen. l. 54 D. ht. Dies gilt namentlich von theilbaren Forderungen und Schulden des Erblassers, die sich von selbst in Partialobligationen spalten. l. 6 C. 3, 36; l. 1–2 C. 4, 16. Bd. II S. 26. Steht der Erbe selber in obligatorischer Beziehung zum Erblasser, so tritt eine verhältnißmäßige Confusion ein. l. 50 D. 46, 1. Nur an untheilbaren Nachlaßwerthen wie Servituten, Pfandrechten, Obligationen auf individuelle Dienste 2c. entsteht ein solidarisches Verhältniß unter den Miterben. Bd. I S. 506.

Dagegen betont das A.L.R. das gemeinschaftliche Recht aller Erben am Nachlaß, der seine einheitliche Natur behält. Jeder Miterbe kann zwar seinen Erbschaftsantheil im Ganzen veräußern, aber nicht über einzelne Nachlaßsachen oder Antheile daran mit sofortiger dinglicher Wirkung verfügen. Die Vertretung des Nachlasses steht der Gesammtheit der Erben zu, sowohl was die Einziehung von Erbschaftsforderungen, als was die Haftung für Nachlaßschulden anbetrifft. Bd. II S. 26 f.

B. Erbtheilung. Vgl. Bd. II S. 326 ff.

Sie bezweckt die Auseinandersetzung unter den Miterben, soweit nicht durch den Erbgang von selbst eine wirkliche Theilung stattfand. Das Recht auf Theilung ist unverjährbar und kann weder durch Verfügungen des Erblassers noch durch Abreden der Theilhaber für immer ausgeschlossen werden. Heute ist hinsichtlich einzelner Nachlaßstücke eine dauernde Beschränkung durch Stiftung von Familienfideicommissen möglich. S. 98. A.L.R. § 117–122 ht. Die Theilung vollzieht sich entweder durch Uebereinkommen der Betheiligten oder auf Antrag eines von ihnen durch gerichtlichen Ausspruch.

I. Durch Uebereinkommen.

Der Theilungsvertrag unterliegt in Bezug auf Abschluß 2c. allgemeinen Grundsätzen. Nach Pr.V.O. vom 5. Juli 1875 § 43 reicht selbst dann, wenn Bevormundete an der Auseinandersetzung betheiligt sind, private Schriftform aus.

II. Durch gerichtlichen Ausspruch.

Falls eine Auseinandersetzung auf gütlichem Wege mißglückt, läßt sie sich durch actio familiae herciscundae (ἕρκος Zaun, Grenze) erzwingen. Die Klage ist duplex: sie gebührt jedem Miterben, mag er sich gegen alle anderen Theilhaber oder nur gegen einige von ihnen wenden, und kann auch zur eigenen Verurtheilung des Klägers führen. Voraussetzung ist, daß das Erbrecht des Antragstellers feststeht. Sonst bedarf es zunächst einer hereditatis petitio partiaria, um das bestrittene Erbrecht rechtskräftig durchzusetzen. l. 1 § 3, l. 7 D. 5, 4. Befindet sich der angebliche Miterbe im Besitz des von ihm beanspruchten Antheils, so kann er vom judex familiae herciscundae verlangen, daß dieser zugleich das streitige Erbrecht beurtheile und nach Anerkennung desselben die Theile lege. l. 1 § 1 D. ht. Heute gehört die beim Richter beantragte Erbtheilung zur freiwilligen Gerichtsbarkeit. Daher müssen Streitpunkte, die sich über die Höhe der Erbtheile sowie über den Umfang der zu theilenden Masse ergeben, vorerst durch den Proceßrichter im ordentlichen Verfahren erledigt werden.

Beim Vollzuge der Theilung hat der Richter möglichst freie Hand. An die Vorschriften des Erblassers ist er gebunden, ohne daß er bei veränderten Umständen am Buchstaben zu haften braucht. l. 18 § 2 D. ht.; l. 10 C. 3, 36. Sodann muß er den einmüthigen Weisungen der Miterben folgen, sofern sie nicht dem Wortlaut oder Geist der vom Erblasser gewünschten Anordnungen zu widerlaufen. Sonst stellt er nach billigem Ermessen den Theilungsplan (Receß) auf. l. 21 D. 10, 3. Dabei sind namentlich folgende Grundsätze maßgebend.

Fremde Sachen, welche der Erblasser unrechtmäßig an sich nahm, hat der Richter ihren Eigenthümern auszuantworten. l. 4 § 2 D. ht. A.L.R. § 358 –359 I, 9. Verbotene Gegenstände, die sich im Nachlaß finden, z. B. Gifte, unsittliche Bücher und Bildwerke, werden mit Beschlag belegt oder zerstört. l. 4 § 1 D. ht. Sachen, an denen der Erblasser Eigenthum oder eigenthumsähnliche Rechte hatte, kann der Richter zerlegen, wenn dies wie bei unbebauten Grundstücken zweckmäßig erscheint. l. 9–10 D. ht. Anderenfalls erfolgt ein Zuspruch der ganzen Sache an einen der Miterben, mit der Auflage die übrigen zu entschädigen. l. 22 § 1, l. 26, l. 55 D. ht. Läßt sich kein Betheiligter zum Zuschlage bereit finden, so wird die Sache meistbietend versteigert und der Erlös unter allen Miterben getheilt. Affectionsgegenstände von geringem Werth wie Familienbilder, Stammbäume, auch Erbbegräbnisse gelangen nicht zur Theilung. l. 30 D. ht.; l. 4 C. 3, 44. Das Testament und sonstige Erbschaftsurkunden werden demjenigen Miterben überlassen, welchem der größte Antheil am Nachlaß zukommt. Bei gleichen Antheilen entscheidet das Loos über den Verbleib. Doch hat der Richter Sorge dafür zu treffen, daß solche Schriftstücke gehörig aufbewahrt werden und jedem Betheiligten zugänglich bleiben. l. 4 § 3 — l. 6 D. ht. A.L.R. § 124–125 ht.

Untheilbare Rechte sind einem Miterben gegen Abfindung der anderen zuzusprechen, oder zu versteigern, damit eine verhältnißmäßige Auftheilung des Erlöses stattfinde. l. 29 D. ht. Obligationen spalten sich zwar regelmäßig durch den Erbgang von selbst, aber oft entspricht es dem gemeinsamen Interesse, sie einem Miterben zur vollen Einziehung bzw. Zahlung zu überweisen und dies den anderen Betheiligten anzurechnen. l. 3 D. ht. Eine derartige Ueberweisung muß sogar geschehen, wenn sie der Erblasser ausdrücklich bestimmte, vorausgesetzt, daß durch die Schuld, welche einem Miterben zur ausschließlichen Erfüllung auferlegt ist, nicht dessen Recht auf Pflichttheil und Quart geschmälert wird. l. 20 § 5 D. ht.

Verbindlichkeiten, welche die Gemeinschaft als solche erzeugte, z. B. ein Miterbe verlangt Ersatz für nothwendige Verwendungen oder haftet aus widerrechtlichen Verfügungen, hat der Richter bei der Art, wie er die Theile abmißt, in Anrechnung zu bringen. l. 25 § 15 D. ht.

C. Folgen.

An zugewiesenen Nachlaßsachen erwirbt der Miterbe nach allgemeinen Grundsätzen Eigenthum, also an Grundstücken in der Regel erst durch Auflassung Bd. I S. 321, ohne daß dadurch die auf der Sache ruhenden Lasten beeinträchtigt werden. Bei Eviction findet eine Gewährspflicht der übrigen Miterben Statt, es sei denn, daß sie der Erblasser, der selbst Theile legte, ohne Gefährdung des Pflichttheils ausschloß. Bd. II. S. 100. l. 25 § 21 D. ht.; l. 14 C. 3, 36. A.L.R. § 126 ht. Durch den Zuspruch von Obligationen an einen Miterben werden die Rechte und Pflichten der anderen Theilnehmer an sich nicht zerstört. Der Miterbe, welchem eine Forderung überwiesen ist, tritt als Cessionar seiner Partner auf, während er in Betreff übernommener Schulden, für welche die Miterben auf ihren Antheil verhaftet bleiben, diesen Sicherheit für ihre Befreiung stellen muß. l. 3, l. 20 § 5 D. ht.

Im A.L.R. dauert die solidare Lage der Miterben gegenüber den Gläubigern und Schuldnern der Erbschaft trotz Theilung derselben fort. Die Erbschaftsgläubiger behalten ihr volles Recht gegen jeden Miterben, sofern sie sich binnen drei Monaten nach gehörig bekannt gemachter Theilung melden. Freilich wird den Miterben dadurch weder der innere Rückgriff gemäß ihren Antheilen, noch die Berufung auf die Rechtswohlthat des Vorbehalts genommen. § 131–150 ht. Die Nachlaßschuldner dürfen auch nach erfolgter Erbtheilung an denjenigen Miterben erfüllen, welcher sich im Besitz der Schuldurkunde befindet, sofern ihnen keine Verwahrung der übrigen Erben zuging. Sonst ist der Nachlaßschuldner befugt, sich durch Hinterlegung der schuldigen Sache oder Summe auf Kosten der Erben von seiner Verbindlichkeit zu befreien. § 152–158 ht.; vgl. § 309–312 I, 16.

§ 64. D. 37, 6 de collatione. C. 6, 20 de collationibus. A.L.R. § 303—347, § 359—365 II, 2.

Einwurf.

A. Geschichtliche Entwicklung.
B. Subjecte.
C. Gegenstand.
D. Art der Ausführung.

A. Geschichtliche Entwicklung.

Der Prätor gewährte emancipirten Kindern des Erblassers, welche eine bonorum possessio ab intestato oder contra tabulas erbaten, dieselbe nur unter der Auflage, daß sie ihren in Folge der Emancipation für sich gemachten Erwerb mit den gleichfalls zu Erben berufenen Hauskindern des Verstorbenen theilten. S. 119. l. 1 pr. D. ht.; l. 1 § 13 D. 37, 8. Diese Pflicht erwuchs aus dem Grundgedanken, daß der Emancipirte aus der Erwerbsgemeinschaft ausgeschieden sei, und ihm deshalb ein Erbtheil aus dem hinterlassenen Vermögen des Hausvaters blos dann gebühre, wenn er Alles, was er durch seine selbständige Stellung der Familie entzogen habe, einwerfe. l. 1 § 5, 24 D. ht. Castrensische Güter unterfielen der Collation nicht. l. 1 § 15 D. ht. Sie beschränkte sich auf das dem Kinde bei der Emancipation belassene Peculium S. 69 und jeden daraus gezogenen Erwerb, soweit diese Vermögensstücke zur Zeit, wo der Erblasser verstarb, noch dem Emancipirten gehörten. Doch traf ihn eine Ersatzpflicht dessen, was er arglistig, um die Collationsberechtigten zu verkürzen, bei Seite geschafft hatte. l. 1 § 23 D. ht. Nach Eintritt des Erbfalles stand er bezüglich der einwurfspflichtigen Güter für die in eignen Angelegenheiten übliche Sorgfalt ein l. 2 § 2 D. ht. und haftete von der Mahnung an für Verzugszinsen l. 5 § 1 D. ht.; vgl. aber l. 5 § 1 D. 37, 7. Die Ausführung der Collation geschah entweder ‚cautione', d. h. mittelst eines Versprechens, das durch Bürgen, Pfänder sichergestellt wurde, l. 1 § 9 D. ht, oder ‚re', d. h. mittelst wirklicher Auslieferung l. 1 § 11 D. ht. Bei Ungehorsam des Emancipirten verweigerte ihm der Prätor die Erbschaftsklagen und überwies seinen Erbtheil an die Miterben. l. 1 § 10, 13, l. 3 pr. D. ht. Später genügte, daß sich der Emancipirte zur bloßen Verrechnung bereit erklärte. Demnach wurde aus dem väterlichen Nachlaß für die Hauskinder das vorweg genommen, was ihnen in Folge der Collation zukam, und der Rest unter allen Erben nach Maßgabe der ihnen gebührenden Portionen getheilt. l. 1 § 12 D. ht. Freilich konnte es auch vorkommen, daß ein Emancipirter, der durch Agnoscirung der bonorum possessio in die Collation willigte, weniger aus der Erbschaft herausbekam, als er in dieselbe einwerfen mußte. Seitdem in der Kaiserzeit auch Hauskindern verstattet wurde, Zuwendungen von mütterlicher oder dritter Seite für sich zu erwerben, schrumpfte die Collationsverbindlichkeit Emancipirter auf das Vermögen ein, welches von ihrem Vater herstammte. l. 21 C. ht. Dafür, daß der Gewalthaber die Adventicien seiner Hauskinder genutzt hatte, stand Letzteren kein Ausgleich zu. Mit der Nov. 118, welche die bonorum possessio unde liberi überflüssig machte, verschwand die besondere Einwurfspflicht Emancipirter vollends.

Dem Sondervermögen Emancipirter wurde die Ausstattung von Haustöchtern gleich geachtet. Suchten sie eine bonorum possessio auf die väterliche Erbschaft nach, so übernahmen sie zugleich die Pflicht, ihre dos profecticia oder adventicia mit den übrigen zu Erben berufenen Hauskindern des Erblassers zu theilen, D. 37, 7 de dotis collatione. Seit Pius erzwang man auch von solchen Haustöchtern, welche die Erbschaft ihres Gewalthabers nach Civilrecht erworben hatten, den Einwurf ihrer Mitgift mittelst einer actio familiae herciscundae. l. 1 pr. D. eod.

In der späteren Kaiserzeit brach sich eine neue Idee Bahn. Man sagte sich: Eltern sind ihren Kindern in der Regel mit gleicher Liebe ergeben und, wenn sie eines von ihnen durch bedeutende Zuwendungen unter Lebenden bevorzugten, so ist es noch nicht ihr Wille, darum den Erbtheil ihrer übrigen Nachkommen zu verkürzen. So schrieb Gordian vor, daß die Haustochter ihre dos profecticia selbst neben emancipirten Brüdern einzuwerfen habe. l. 4 C. ht. Auf diesem Wege schritt Leo 489 fort. Nach l. 17 C. ht. sollen Descendenten, welche von ihrem Ascendenten eine dos oder donatio propter nuptias erhielten, dieselbe conferiren, wenn sie einen gesetzlichen Erbanspruch gegen ihren freigebigen Ascendenten neben anderen Nachkommen desselben erheben. Justinian erweitert in l. 19–20 C. ht. diese Collationspflicht. Nach nov. 18 c. 6 soll sie sich auch auf Descendenten beziehen, welche ihr Ascendent testamentarisch zu seinen Erben berief, es sei denn, daß der Testator auf irgend welche Weise, z. B. durch Anordnung von Erbtheilen, welche von der gesetzlichen Portion weit abweichen, die Anwendbarkeit ausdrücklich ausschloß. Dem folgen die gemeine Praxis und das A.L.R.

B. Subjecte.

Collationspflichtig sind die durch das Gesetz oder durch den Willen des Erblassers berufenen Descendenten desselben, auf Verlangen seiner übrigen Nachkommen, neben welchen sie erben. Kinder, welche entsagt haben oder enterbt sind, kommen nicht in Betracht. Streit herrscht über die Collationspflicht von Enkeln, die ihre Großeltern beerben. Sie müssen einwerfen, nicht blos was ihre vorverstorbenen Eltern, deren Portion auf sie übergeht, empfingen, sondern auch was sie selber nach dem Tode ihrer Erzeuger direct von den Großeltern erhielten. Dabei ist es gleichgültig, ob die Enkel demselben Stamm oder verschiedenen Linien angehören, ob sie allein auftreten oder neben Geschwistern ihrer vorverstorbenen Eltern. Dagegen brauchen sie solche Zuwendungen nicht einzuwerfen, die ihnen zu einer Zeit, als ihre Erzeuger nicht mehr lebten, von den Großeltern unmittelbar gemacht wurden. In gleicher Weise entscheidet das A.L.R. § 359–365 ht.

C. Gegenstand.

Die Collation umfaßt: die Mitgift an Töchter, die donatio propter nuptias und ob militiam, sowie unter Umständen jede vom Erblasser erwiesene Freigebigkeit, sei es, daß er dabei ihren künftigen Einwurf bestimmt vorschrieb, sei es, daß ein anderer Descendent die empfangene Ausstattung conferiren muß. l. 17, l. 20 § 1 C. ht. Die gemeine Praxis versteht unter donatio ob militiam Alles, was behufs dauernder Lebensversorgung dem Descendenten gegeben wird, z. B. um sich für eine amtliche bzw. militärische Stellung zu equipiren, ein Geschäft zu begründen, eine selbständige Wirthschaft einzurichten. Doch rechnet man nicht hierher die Erziehungskosten (Studiengelder, Prüfungsgebühren), die gebräuchlichen Gelegenheitsgeschenke, den Aufwand zur Ausrichtung der Hochzeit, die dem Descendenten nach erlangter Selbständigkeit gewährten Unterstützungen 2c.

Das A.L.R. bezeichnet als Gegenstand der Collation die Ausstattung der Kinder in dem besprochenen Sinne § 304–305, 308 ht.; sowie Schenkungen, welche in Grundstücken, Gerechtigkeiten oder ausstehenden Capitalien bestanden § 327–329 ht.

D. Art der Ausführung.

Was von den collationspflichtigen Zuwendungen bei Eintritt des Erbfalls noch vorhanden ist, einschließlich der arglistig verbrachten Sachen, hat der Descendent herauszugeben bzw. zu verrechnen. Von dem Conferendum entfällt auf jedes berechtigte Kind, also auch auf das einwurfspflichtige selber, ein Theil. Die

Wittwe, welche einen Kindestheil erbt, hat aus der Collation weder Vortheil noch Schaden. Gegen die dem Descendenten im alten Recht drohende Gefahr, mehr einwerfen zu müssen, als sein Erbtheil beträgt, ist er durch die Rechtswohlthat des Inventars geschützt.

Im A.L.R. wird der Werth ermittelt, welchen die collationspflichtigen Gegenstände zur Zeit der Zuwendung hatten. Die Ausmessung richtet sich für Grundstücke nach ihrem Fruchtertrage und, falls ein solcher nicht zuverlässig bestimmt werden kann, nach dem vom Erblasser gezahlten Erwerbspreise. § 332–344 ht. Die Nutzungen der Zwischenzeit behält das ausgestattete Kind, ebenso wie es die Gefahr der Verschlechterung und des Untergangs trägt. § 306–307 ht. Anders verhält es sich bei Mobilien. Ihr Werth wird Mangels eines vom Erblasser vorgeschriebenen Anschlages nach der Zeit der Erbtheilung berechnet, ohne daß es dabei auf Stücke ankommt, welche ohne grobes Versehen des Collationspflichtigen, verbraucht oder sonst untergegangen sind. § 345–347, 376 ht. Ein wirklicher Einwurf findet nicht Statt. Vielmehr nimmt jeder Collationsberechtigte soviel aus der Nachlaßmasse vorweg, als das ausgestattete Kind zu Unrecht vorweg erhielt. Reicht die Erbschaft nicht, so theilen die noch gar nicht oder minder reichlich ausgestatteten Kinder möglichst gleichmäßig. Daher fällt schlimmstenfalls der Collationspflichtige bei der Erbtheilung aus, aber niemals braucht er empfangene Zuwendungen wieder zurückzugeben, selbst wenn der Erblasser dies letztwillig anordnete. § 309–312, 389 ht. Nur in Betreff seiner ganz mittellosen Geschwister trifft ihn die Pflicht, dieselben, sofern ihre Mutter dazu nicht im Stande ist, nothdürftig zu verpflegen und bei ihrer Heirath mit höchstens einem Drittel der selbsterhaltenen Ausstattung auszusteuern. § 313–322 ht. Dem überlebenden Ehegatten, welcher neben ausgestatteten Kindern erbt, erwächst aus der Collation weder Gewinn, noch Verlust. Hat aber ein in Gütergemeinschaft lebender Gatte seine Sprößlinge aus früherer Ehe ohne Einwilligung seiner zweiten Frau so reichlich bedacht, daß Letzterer nicht einmal ihr Eingebrachtes verbleibt, so darf sie von den über Nothdurft ausgestatteten Stiefkindern Ergänzung des Fehlbetrages verlangen. § 323–326 ht.

§ 65.

D. 34, 9 de his, quae ut indignis auferuntur.
A.L.R. § 599—600, § 605—610 I, 12.

Unwürdigkeit des Erben.

A. Fälle.
I. Schädigung oder Mißachtung des Erblassers.
II. Verbindung mit dem Erblasser zu rechtswidrigen Acten.
B. Folgen.

Unwürdigen Erben (indigni) werden die zugedachten oder bereits erworbenen Erbgüter entrissen (bona erepticia). Die Gründe und Folgen der römischen Indignität haben im modernen Recht eine wesentliche Umgestaltung erfahren.

A. Fälle.

I. Schädigung oder Mißachtung des Erblassers.

Unwürdig ist ein Erbe, welcher aus Vorsatz oder grober Fahrlässigkeit den Tod seines Erblassers herbeiführte. l. 3 D. ht.; l. 9 D. 49, 14; l. 10 C. 6, 35. Nach A.L.R. § 600 ht. scheidet ein bloßes Versehen aus, wenn es der Erblasser, welcher daran zu Grunde ging, dem Urheber verziehen hat. Das S.C. Silanianum verlangte bei Verdacht eines Mordes, daß die dem Verstorbenen oder seiner Ehefrau gehörigen Sclaven unverzüglich, ehe noch das etwa vorhandene Testament eröffnet sei, gefoltert würden, und erklärte Erben, welche vorher antraten oder die Ermittlung der Mörder verabsäumten, für unwürdig. l. 5 § 2, l. 15, l. 22 D. 29, 5; l. 1, l. 6 C. 6, 35; l. 21 D. ht. Ferner wurde als unwürdig erachtet, wer bei Lebzeiten des Erblassers ohne dessen Zustimmung den künftigen Nachlaß veräußert S. 188, oder durch Erhebung einer ungerechtfertigten Klage die Freiheit, das Bürgerrecht seines Erblassers angefochten hatte l. 9 § 2 D. ht. Intestaterben verwirken ihren Anspruch, wenn sie den wahnsinnigen Erblasser trotz Aufforderung in hülfloser Lage verließen S. 124; die durch ein Testament Bedachten, wenn sie den letzten Willen als falsch oder pflichtwidrig anfechten und rechtskräftig zurückgewiesen werden l. 5 § 1 D. ht.; l. 8 § 14 D. 5, 2; vgl. A.L.R. § 457 I, 12. Die römische Indignität von Zeugen oder Richtern, welche durch ihre Aussagen oder ihr Urtheil ein Testament als falsch hinstellten, kann im gemeinen Recht nur für den Fall eines arglistigen Benehmens gelten. l. 5 § 10–12 D. ht. Heutzutage folgt die Unwürdigkeit der Erben hauptsächlich aus ihrer Auflehnung gegen die letzte Willensmeinung des Erblassers. Dazu gehört, daß der Erbe durch Gewalt oder Betrug den Erblasser zu einer letztwilligen Anordnung bzw. zum Widerruf derselben bestimmte, oder ihn davon abhielt S. 166 f., oder eine rechtmäßig errichtete Verfügung unterdrückte l. 25 C. 6, 37. Unter denselben Gesichtspunkt fällt auch der Ungehorsam des Bedachten, welcher auferlegte Vermächtnisse längere Zeit unerfüllt läßt nov. 1 c. 1, 4; oder welcher sich trotz der Vorschrift des Erblassers weigert, dessen unmündiges Kind zu erziehen l. 1 § 3 D. 27, 2, die Vormundschaft über dasselbe zu übernehmen l. 5 § 2 D. ht., die Testamentsvollstreckung auszuführen. S. 183.

II. Verbindung mit dem Erblasser zu rechtswidrigen Arten.

Als unwürdig gilt ein letztwillig Bedachter, welcher sich in einer aus dem letzten Willen nicht ersichtlichen Weise anheischig gemacht hat, die Zuwendung einer erbunfähigen Person auszuliefern und somit zur Umgehung der testamentarischen Erwerbsschranken S. 154 beizutragen. l. 10, 11, 18, 23 D. ht. In Rom begründete ein stuprum, d. h. ein strafbarer Umgang des Erblassers mit einer sonst ehrbaren Frau, die Indignität der letzteren, letztwillige Zuwendungen von ihrem Concumbenten zu erwerben. l. 14 D. ht.

B. Folgen.

Die römische Finanzkunst machte aus der Indignität eine Erwerbsquelle für den Staat. Der Fiscus entreißt dem Unwürdigen, mag derselbe erwerben oder ausschlagen, die Erbgüter, trägt aber die damit verbundenen Lasten. l. 16 § 2 D. ht. Die durch Confusion untergegangenen Forderungen des Erben gegen den Erblasser werden Ersterem wiederhergestellt, wenn er seine eigne Indignität beim Antritt der Erbschaft nicht kannte. l. 8, 17 D. ht. Dem deutschen Rechtsbewußtsein widerstrebt eine solche Confusion. Nach heutiger Praxis fällt das durch Verdrängung des Unwürdigen freigewordene Erbe an den ohne ihn gemäß den Grundsätzen der Universalsuccession Berufenen, d. h. an den Miterben, Substituten oder Intestatfolger. A.L.R. § 18 II, 16.

§ 66. D. 18, 4 de hereditate vel actione vendita. A.L.R. § 445—510 I, 11.

Veräußerung der Erbschaft.

Von der Möglichkeit, eine künftig anfallende Erbschaft oder das aus der Berufung folgende Recht auf Antritt zu übertragen, war schon S. 188, 199 die Rede. Hier soll die Veräußerung erworbener Erbschaften, und zwar in der Regel solcher, welche der Verkäufer selbst erwarb, behandelt werden. l. 7–8 D. ht. Auf das gleiche Ziel läuft der Verkauf einer blos deferirten Erbschaft hinaus, weil darin die formlose Antrittserklärung liegt. l. 6 C. 6, 30.

A. Nach römischem Recht

bewirkt die Erbschaftsveräußerung keine Universalsuccession, sie müßte denn durch den Fiscus geschehen. l. 1 C. 4, 39. Der Veräußerer kann seine Erbenqualität nicht mehr aufgeben und bleibt den Erbschaftsgläubigern sowie Vermächtnißnehmern weiter verhaftet. Bd. II S. 198. Die Abrede richtet sich nur auf eine Uebertragung des dem Veräußerer als Nachlaß angefallenen Vermögens, um den Erwerber in die wirthschaftliche Lage zu setzen, als ob er selbst Erbe geworden wäre. l. 2 pr. D. ht.

I. Pflichten des Veräußerers.

Er muß die zum Nachlaß gehörigen Sachen und Rechte, die er durch den Erbgang erwarb, tradiren bzw. cediren. l. 5 C. 4, 39. Für den Stand des Nachlasses kommt es in der Regel auf den Zeitpunkt des Vertragsschlusses an. l. 2 § 1 D. ht. Daher steht Verkäufer von da an für alle Zuwüchse und jede Entfremdung von Nachlaßwerthen ein, braucht aber vorherige Verringerungen und Verluste nicht zu ersetzen, es sei denn, daß sie auf seiner Arglist oder groben Verschuldung beruhen und Käufer dadurch getäuscht wurde. l. 2 § 4–5, l. 21 D. ht.; l. 6 C. 4, 39. Doch entscheidet der Vertragswille, der auch zu einer Erstattung der vor dem Erbschaftsverkauf verschenkten Sachen führen kann. l. 2 § 3 D. ht. Jedenfalls hat Veräußerer solche Forderungen abzutreten, die er für Rechnung der Erbschaft, z. B. durch Annahme einer Bürgschaft, Erhebung von Klagen &c. erwarb. l. 2 § 8 D. ht. Streit herrscht, ob der Verkauf einer Erbportion auch andere ihr später anwachsende Theile nach sich zieht. Dies ist nach der Absicht der Contrahenten zu entscheiden, im Zweifel aber aus der Natur der Accrescenz zu bejahen, vgl. l. 25 D. ht. Dem Verkäufer liegt — abgesehen von Garantieversprechen und Arglist — eine Gewährspflicht ob, wenn sich Mängel in seinem vorausgesetzten Erbrecht ergeben. Bd. II S. 99. l. 14 § 1, l. 15 D. ht.; l. 33 pr. D. 21, 1.

II. Pflichten des Erwerbers.

Er muß die etwa versprochene Gegenleistung entrichten und dem Veräußerer alle auf dem Nachlaß ruhenden Lasten und Schulden abnehmen. Dazu gehören auch die Pflichten des Erblassers gegen den Erben, welche durch Confusion erloschen waren und nun wiederhergestellt werden. l. 1 § 18–19 D. ht. Ein

Ersatz der Kosten, welche der Verkäufer auf die Erhaltung und Verbesserung des Nachlasses verwandte, findet nicht Statt, ebenso wenig im Zweifel eine Entschädigung für vorher bezahlte Erbschaftsschulden und Vermächtnisse.

B. Im A.L.R.

steht die Erbschaftsveräußerung, sofern sie nicht blos den Nachlaß als einen Inbegriff von Sachen betrifft, der Universalsuccession gleich. § 447–450 ht. Der Erwerber tritt in alle Rechte und Pflichten des Erben ein. § 454 ht. Weder bedarf es zum Uebergang der Nachlaßactiven einer Tradition, Auflassung oder Cession, noch zur Haftung für Erbschaftsschulden einer besonderen Uebernahme. Doch gelten folgende Einschränkungen. Vom Uebergang der Activen sind ausgeschlossen: Gegenstände, welche der Veräußerer zwar mit der Erbschaft, aber nicht als eigentlicher Erbe erwarb, z. B. vermöge eines Vermächtnisses, einer fideicommissarischen oder Pupillar-Substitution; ferner die einer Sondernachfolge unterworfenen oder beschränkt vererblichen Sachen, wie Lehen und Familienfideicommisse; endlich im Zweifel Familien-Urkunden und -Gemälde, die für den Käufer keinen erheblichen Werth und Nutzen haben. § 459–461, § 479 ht. In Passiven findet kein Eintritt Statt, wenn es sich um hochpersönliche, in Geld unschätzbare Leistungen handelt. § 468 ht. Trotz Uebergangs der Nachlaßschulden auf den Erwerber bleibt Veräußerer — unbeschadet seines inneren Rückgriffs gegen den Käufer — den Erbschaftsgläubigern und Vermächtnißnehmern zur Erfüllung verhaftet. Haben aber Letztere den Erwerber zuerst in Anspruch genommen, so verlieren sie das Recht, auf den Veräußerer als Erben zurückzugehen, sofern sie sich dies nicht formell vorbehielten. § 462–467 ht. Im Uebrigen folgt das A.L.R. den römischen Regeln über den Erbschaftskauf. Die ursprünglich dafür vorgeschriebene gerichtliche Form ist durch G. vom 11. Juli 1845 aufgehoben. Mangelt dem Verkäufer das Erbrecht oder stellt sich dasselbe als mit Substitutionen, Fideicommissen beschwert heraus, so kann Käufer, der sich in gutem Glauben befand, Rückgabe des gezahlten Preises und nach Maßgabe des an ihm begangenen Verschuldens Ersatz des wirklichen Schadens verlangen. Finden sich vorher nicht bekannte Theilnehmer am verkauften Erbrecht, so hat der Käufer die gleichen Befugnisse, aber auch die Wahl, auf dem Vertrage stehen zu bleiben und verhältnißmäßige Preisminderung zu beanspruchen. § 487–494 ht. Dagegen brauchen andere rechtliche Hindernisse, welche das Erbrecht, dessen Ausübung oder die Erlangung des Besitzes und Genusses einzelner Nachlaßstücke erschweren, nur dann vertreten zu werden, wenn ein mindestens mäßiges Versehen vorliegt. § 503–504 ht.

Siebenter Titel.

Vermächtnisse.

---

§ 67.

D. 30—32 de legatis et fideicommissis.

Begriff.

Vermächtnisse sind Auflagen auf den Nachlaß, welche der Erblasser zu Gunsten Dritter anordnet. Die römische Legaldefinition l. 36 D. de leg. II lautet: ,legatum est donatio testamento relicta' vgl. § 1 J. 2, 20. Den gleichen Gedanken umschreibt in mehr ausführlicher Weise l. 116 pr. D. de leg. I ,legatum est delibatio hereditatis, qua testator ex eo, quod universum heredis foret, alicui quid collatum velit.'

Vermächtnisse beruhen auf freiwilliger Anordnung des Erblassers. Während die Berufung eines Erben auch ohne und sogar wider seinen ausgesprochenen Willen eintritt, sind Vermächtnisse nur in Folge der von ihm getroffenen Verfügung denkbar. Ihr hauptsächlicher Zweck besteht in der Abfindung nahestehender Personen, die man nicht zu Erben ernannte, und in der Beförderung öffentlicher Interessen. Das römische Recht wandte ihnen besonders den legata ad pias causas seine Gunst zu, führte aber auch Maßnahmen ein, um einer allzu verschwenderischen Ausstreuung der Erbschaft vorzubeugen.

Vermächtnisse geschehen auf Kosten des Nachlasses. Sie bilden eine Belastung, sei es der Regel nach für den Testaments- oder Intestat-Erben, sei es gemäß besonderer Bestimmung des Erblassers für Den, welcher irgend welchen Gewinnst aus der Erbschaft bezieht. Erben setzen die Person des Erblassers fort und können sich deshalb nicht weigern, dessen Anordnungen zu verwirklichen. Sie sind seit Justinian zur Erfüllung der ihnen obliegenden Vermächtnisse selbst über den Bestand des Nachlasses hinaus verpflichtet, wenn sie die gehörige Errichtung eines Inventars verabsäumt haben. S. 211.

Vermächtnisse bezwecken die Zuwendung eines Vortheils an den Bedachten. Freilich enthalten sie nicht immer eine dauernde Vermehrung des Vermögens, z. B. wenn dem Bedachten die Herausgabe des vermachten Vortheils an einen Dritten auferlegt ist, oder es sich um den bloßen Erlaß einer Sicherung, um die Anerkennung einer Schuld handelt. l. 17 pr. D. de leg. II; l. 28 § 1, l. 84 § 6 D. de leg. I. Auf das Motiv des Erblassers kommt es nicht an. Daher erklärt Justinian legata poenae nomine relicta, welche der Erbe für den Fall seines Ungehorsams tragen soll, entgegen der noch von Gajus II § 235, 288 vertretenen Ansicht, für wirksam. l. un. C. 6, 41; § 36 J. 2, 20. A.L.R. § 457

I, 12. Was aber dem Dritten nur indirect zu gute kommt, — z. B. durch Erfüllung einer dem Erben gesetzten Bedingung conditionis implendae gratia l. 8 D. 29, 4, oder aus dem Erwerb einer für den Vermächtnißnehmer anzuschaffenden Sache l. 39 § 7 D. de leg. I — enthält kein Vermächtniß für den Dritten, sondern bildet nur die unwillkürliche Folge der einem Anderen zugedachten Begünstigung.

Der Vermächtnißnehmer ist kein Universalsuccessor, einerlei ob er mit einzelnen Gegenständen, oder mit einem Bruchtheil der Nachlaßactiven bedacht ist. Er braucht grundsätzlich weder für die Schulden des Erblassers aufzukommen, noch für den Fall, daß er selbst mit Nachvermächtnissen beschwert ist, Mehr herauszugeben, als er empfangen hat. l. 114 § 3 D. de leg. I; l. 70 § 1 de leg. II; § 1 J. 2, 24. Seine Lage, vorausgesetzt den Erwerb des Vermächtnisses, ähnelt der eines Erbschaftsgläubigers.

Von dem Vermächtniß unterscheidet sich die Schenkung wesentlich. Sie bildet keine letztwillige Verfügung, welche einem durch den Erbgang Berechtigten auf Kosten des Nachlasses zu Gunsten Dritter auferlegt ist, sondern ein lucratives Vermögensopfer, das unmittelbar unter Lebenden in Vertragsform gewährt wird. Bd. II S. 243. Doch verfolgt die Schenkung auf den Todesfall ähnliche Zwecke wie das Vermächtniß. Daher ist sie den für das Vermächtniß gegebenen Vorschriften unterworfen, namentlich den Beschränkungen, um dieselben gegen Umgehung zu sichern.

§ 68.

Geschichtliche Entwicklung in Rom.

A. Legate.
- I. per vindicationem.
- II. per damnationem.
- III. sinendi modo.
- IV. per praeceptionem.

B. Fideicommisse.
C. Ausgleich.

Zwischen den altcivilen Legaten und den später entstandenen freieren Fideicommissen bildete sich im Laufe der Zeit ein Ausgleich, der unter Justinian zu einer völligen Verschmelzung beider Arten führte.

A. Legate.

Sie kamen nach altem Civilrecht nur in Testamenten vor, hatten ihre Stelle hinter der Erbeseinsetzung, waren dem instituirten Erben auferlegt und erzwingbar. Ihre Anordnung konnte in vierfacher Form erfolgen.

I. per vindicationem.

Gaj. II § 193—200.

Dies Legat geschah mit den Worten ‚do lego‘, ‚capito‘, ‚sumito‘, ‚sibi habeto‘. Es setzte voraus, daß der Testator sowohl zur Zeit der Verfügung als auch bei seinem Tode quiritarischer Eigenthümer der legirten Sache war. Bei vertretbaren Dingen genügte quiritarisches Eigenthum zur Zeit des Todes. Legatar konnte, nachdem die Erbschaft erworben war, die vermachte Sache vindiciren, und hatte unter alternativ genannten Gegenständen die Wahl, ohne daß ihm eine Abänderung derselben freistand. l. 34 § 14 D. de leg. I, Bd. II S. 17. Collegatare, denen dieselbe Sache entweder conjunctim, d. h. in dem gleichen Satze oder disjunctim, d. h. in verschiedenen Sätzen zugewandt war, wurden Miteigenthümer. Fiel einer der Collegatare vor dem Erwerb weg, so wuchs sein Antheil den übrigen zu.

II. per damnationem. Gaj. II § 201—205.

Dies Legat geschah mit den Worten ‚heres meus damnas esto, dare‘, ‚dato‘, ‚facito‘, ‚heredem meum dare jubeo‘. Es war auch an Sachen möglich, die nur im bonitarischen Eigenthum des Testators standen, oder einem Anderen gehörten, oder deren Entstehung erst in der Zukunft lag. Legatar erhielt gegen den belasteten Erben, nachdem derselbe die Erbschaft erworben hatte, einen persönlichen Anspruch (condictio) auf Auslieferung bzw. Beschaffung der Sache, welcher unter Umständen zu einer Verurtheilung auf das Doppelte führte. Gaj. IV § 9. Unter alternativ vermachten Sachen stand dem Beschwerten das Wahlrecht zu, das bis zur Uebertragung abänderlich war. l. 11 § 1 D. de leg. II. Collegatare wurden Mitgläubiger, und zwar, wenn sie in demselben Satze ernannt waren, auf Theile der Sache, oder wenn in verschiedenen Sätzen, der eine auf die Sache und jeder andere auf deren Werth. Fiel einer der Collegatare vor dem Erwerb fort, so verblieb sein Antheil in der Erbschaftsmasse.

Die Strenge des Vindicationslegates wurde durch das S.C. Neronianum gemildert. Dasselbe hielt ein per vindicationem hinterlassenes Vermächtniß, das an Formenmängeln scheiterte, als Damnationslegat aufrecht, sofern der rechtliche Inhalt dafür ausreichte. Gaj. II § 197. Eine Aenderung im Accrescenzrecht traf die l. Papia Poppaea. Sie erklärte Antheile eines vor dem Erwerb weggefallenen Collegatars für caduc, wenn sie nicht von bekinderten Personen, die im Testament bedacht waren, insbesondere vom collegatarius conjunctus vindicirt wurden. Gaj. II § 206-208.

III. sinendi modo. Gaj. II § 209—215.

Dies Legat geschah mit den Worten ‚heres meus damnas esto sinere, Lucium Titium rem sumere sibique habere‘. Es war statthaft an allen, auch des quiritarischen Eigenthums unfähigen Sachen, welche dem Erblasser oder dem Erben gehörten, und gab dem Legatar blos die Befugniß, sich die vermachte Sache aus der Erbschaft zu nehmen, ohne daß der Erbe Widerspruch einlegen durfte. Deshalb nahm man auch an, daß unter mehreren in demselben Satze verbundenen Collegataren der vorginge, welcher sich den Gegenstand zuerst geholt habe.

IV. per praeceptionem. Gaj. II § 216—223.

Dies Legat geschah mit den Worten ‚Lucius Titius rem praecipito.‘ Ueber seine Natur befanden sich die römischen Rechtsschulen im Streit. Während die Sabinianer darin eine Form des Prälegats zu Gunsten eines eingesetzten Theilerben erblickten, das folgerichtig nur mit einer actio familiae herciscundae geltend gemacht werden könne, erklärten es die Proculeaner für eine Abart des Vindicationslegates, das dessen Grundsätzen unterfiele. Letztere Ansicht wurde durch eine Constitution Hadrians gebilligt.

B. Fideicommisse.

Gaj. II § 246 ff. D. 29, 7 de jure codicillorum.

Gegen Ende der Republik verbreitete sich die griechische Sitte, in formlosen an den Erben gerichteten Briefen (codicilli) bittweise Vermächtnisse (fideicommissa) auszusetzen. Hierzu genügte ein bloßer Wunsch in beliebiger Fassung, z. B. mit den Worten ‚fideicommitto, peto, volo dari.‘ Später setzte man sich über die Briefform und die Adresse des Erben hinweg und übertrug die Bezeichnung „Codicill“ vom Schriftstück auf den Inhalt der Anordnung selbst. Unter Codicillen verstand man nun einseitige, letztwillige Verfügungen ohne Erbeseinsetzung. l. 10, 20 D. ht.; § 2 J. 2, 25. Sie kamen entweder vor ab intestato als Auflagen an den gesetzlichen Erben, oder als testamentarii im Anschluß an das Testament des Erblassers. Letztere hießen confirmati, wenn sie durch das vorausgehende oder nachfolgende Testament bestätigt waren. l. 8 pr. D. ht. Allein dem Begünstigten (Fideicommissar) fehlte Anfangs jeder Zwang, um den Belasteten (Fiduciar) zur Erfüllung des Auftrags anzuhalten. Von dem Anstandsgefühl des Letzteren (pudor et fides) hing Alles ab. Erst seitdem August das Fideicommiß des Lentulus erfüllte, übernahmen es die Consuln, mittelst der extraordinaria cognitio in einzelnen Fällen dem Willen des Erblassers Achtung zu verschaffen. Im Laufe der Kaiserzeit wurde ein eigner praetor fideicommissarius bestellt, der allen Codicillen zu einem regelmäßigen Rechtsschutz verhalf und sie zu einer ordentlichen Einrichtung des Civilrechts ausbildete. § 1, 12 pr. J. 2, 23; pr. § 1 J. 2, 25.

C. Ausgleich.

Allmälig näherten sich die beiden Gestaltungen der Vermächtnisse einander. Man unterwarf Fideicommisse den Beschränkungen der Testirfähigkeit und Falcidischen Quart, verlieh dem Fideicommissar einen Schutz in Gestalt einer petitio gegen den Fideicommissar sowie einer missio in rem gegen den unredlichen Erwerber der vermachten Sache, und führte eine eigne Codicillarform durch. Andererseits wurde für Legate erlaubt, sie in einem confirmirten Codicill anzuordnen und sie in beliebigen, nicht gerade befehlenden Ausdrücken abzufassen. Gaj. II § 270 a; l. 21 C. 6, 37. Justinian vollzieht eine gänzliche Verschmelzung (exaequatio), indem er die Vorzüge der Legate und Fideicommisse vereinigt. § 3 J. 2, 20. Seitdem giebt es nur einen einheitlichen Begriff der Vermächtnisse, die gewöhnlich bei Errichtung im Testament „Legate“ und im Fall selbständiger Anordnung „Fideicommisse“ heißen.

§ 69.

Codicillarform.

Erleichterte Testamentsform. Oralfideicommiß.

Zur klassischen Zeit entbehrten Codicille jeder Förmlichkeit. Doch galten testamentarische Codicille als Trabanten des Testamentes, mit dem sie standen und fielen. l. 3 § 2 D. 29, 7. Ja, man stellte sogar die codicillarische Fiction auf, daß testamentarische Codicille eines Erblassers so zu behandeln seien, als ob sie Theile seines Testamentes wären. l. 2 § 2 D. 29, 7; l. 11 D. 29, 3. Freilich wurde dieser Regel nicht in alle Wege Folge gegeben. l. 2 § 1, l. 4, l. 8 § 4 D. 29, 7; l. 17 § 4 D. 29, 1.

Zuerst band Constantin Intestatcodicille an die Testamentsform. Theodos verlangte im Jahre 424 für alle Codicille — auch die in einem Testament bestätigten, welche er als selbständige Verfügungen ansah — Errichtung vor 5 oder 7 Zeugen. Daraus ging die von Justinian redigirte Verordnung in l. 8 § 3 C. 6, 36 hervor, welche für Codicille eine erleichterte Testamentsform bestimmte. Die Errichtung soll in Gegenwart von fünf Zeugen mündlich oder schriftlich erfolgen. Auf die Art des Ausdrucks kommt es nicht an, wenn nur aus den gebrauchten Zeichen (etiam nutu l. 22 C. 6, 42) der Wille des Erblassers zuverlässig erhellt. Eine feierliche Rogation der Zeugen ist nicht erforderlich. Im Fall schriftlicher Aufnahme hat der Erblasser den Aufsatz, außer wenn er denselben eigenhändig verfaßt hat, vor den Zeugen zu unterzeichnen oder, falls er dazu nicht im Stande ist, eine andere Person hinzuzuziehen, die für ihn die Unterschrift abgiebt. Auch die Zeugen müssen das schriftliche Codicill unterschreiben. l. 28 § 1 C. 6, 23. Eine Siegelung der Urkunde braucht nicht stattzufinden. § 3 J. 2, 25. Natürlich reicht für Codicille die Testamentsform, auch die privilegirte aus. l. 8 § 4 D. 29, 7. Für Blinde bedarf es der erschwerten Testirformen, vgl. S. 159. Die frühere gemeinrechtliche Praxis nahm an, daß sich der Erblasser in einem vorausgehenden Testament die Befugniß, formlose Codicille sog. Nachzettel zu errichten, vorbehalten könne. Doch findet sich für diese Ansicht in l. 8 § 3 C. 6, 36 kein Anhalt.

Im A.L.R. wird für Codicille grundsätzlich die Testamentsform verlangt. Nachzettel sind erlaubt, sofern sich der Erblasser in einem rechtsbeständigen Testament ihre Errichtung vorbehalten hat. Sie benöthigen Mangels anderweiter Bestimmungen im Testament keiner anderen Form als der eigenhändigen Unterschrift des Testators, dürfen sich aber nicht auf die Anordnung oder den Widerruf von Erbeseinsetzungen beziehen, sondern blos auf Vermächtnisse oder ausdrücklich vorbehaltene Theilungsvorschriften. Anhang § 35 zu § 163 I, 12; § 171 eod. Ueber $^1/_{20}$ seines Vermögens kann jeder Erblasser, der sich nicht dieses Rechtes in seinem Testament begeben hat, Vermächtnisse in einem datirten Aufsatz errichten, vorausgesetzt, daß er denselben eigenhändig schreibt und unterschreibt oder von einem Notar unter Zuziehung eines Zeugen aufnehmen läßt. § 161–168 I, 12. Letztere Form genügt auch für Verordnungen hinsichtlich des Begräbnisses und anderer das Vermögen nicht betreffender Punkte. § 169 I, 12. Von den letztwilligen Vorschriften über vormundschaftliche Angelegenheiten war bereits S. 78 die Rede.

Mit Rücksicht auf den Nothfall, daß es dem Erblasser, welcher im Sterben liegt und noch Vermächtnisse aussetzen will, an der gehörigen Zahl von Zeugen gebricht, führte Justinian in l. 32 C. 6, 42 das sog. Oralfideicommiß ein. Dasselbe beruht auf einer unmittelbaren Mittheilung, welche der Erblasser mündlich oder durch verständliche Zeichen an den Beschwerten richtet. Eine Uebermittlung durch Boten oder Briefe genügt nicht, ebensowenig ein mit Adresse versehenes Schriftstück, das sich im Nachlaß vorfindet. Beschwerter kann der Erbe oder ein anderer aus der Erbschaft Begünstigter sein. Daher ist der Name ‚fideicommissum praesenti heredi injunctum' zu eng. Die Existenz des Vermächtnisses soll allein durch Eid bewiesen werden, welchen der angeblich Bedachte dem Beschwerten behufs Ableugnung der Thatsache zuschiebt ‚quod nihil tale a testatore audiverit'. § 12 J. 2, 23. Der Delat darf zuvörderst als Riegel gegen etwaige Chicane ein juramentum calumniae verlangen. Dann aber bleibt ihm nur die

Wahl, entweder den geforderten Eid zu leisten oder sich durch Verweigerung desselben als beschwert zu bekennen. Ist das Vermächtniß festgestellt, so wird sein Inhalt durch beliebige Beweismittel dargethan. Heutzutage bestreitet man die praktische Geltung des Oralfideicommisses, weil die C.Pr.O. keinen Gefährde-Eid kennt.

Im A.L.R. § 172–174 I, 12 belastet der mündliche, irgendwie nachweisbare Auftrag, welchen der Erblasser einem gegenwärtigen Erben ertheilt, auch die übrigen Miterben, sofern das ausgesetzte Vermächtniß nicht $^1/_{20}$ des ganzen Nachlasses übersteigt.

§ 70.

Codicillarclausel.

Der Erblasser kann seinem Testament einen Vorbehalt beifügen, wonach es dem Erben überlassen sein soll, die letztwillige Verfügung zu einem Codicill zu erklären, z. B. ‚hoc testamentum volo esse ratum, quacunque ratione poterit'. l. 29 § 1 D. 28, 1. Die Fassung des Wortlauts ist gleichgültig. l. 88 § 17 D. de leg. II. Dadurch wird namentlich verhindert, daß die Anordnung wegen Mängel in den Testamentsformen zu Fall kommt, aber kein Schutz gegen solche Ungültigkeitsgründe gewährt, die wie Widerruf, Notherbrecht auch Codicillen entgegenstehen. l. 36 D. de leg. III. Die Clausel versteht sich nicht von selbst und setzt zu ihrer Wirksamkeit voraus, daß die letztwillige Verfügung wenigstens die Erfordernisse eines gültigen Codicills in sich trage. l. 29 pr. D. 28, 1; l. 41 § 3 D. 28, 6; l. 1 D. 29, 7. Der eingesetzte Erbe, welcher von dem Vorbehalt Gebrauch machte, wird in der Regel zum Universalfideicommissar gegenüber dem Intestaterben, dem ein Recht auf die Quart erwächst. l. 2 § 4 D. 29, 7. Ausgesetzte Vermächtnisse bleiben als Fideicommisse bestehen, vgl. l. 77 § 23 D. de leg. II. Dem Bedachten steht eine Aenderung seines einmal abgegebenen Entschlusses, als Erbe oder als Universalfideicommissar aufzutreten, nicht frei. Nur Descendenten und Ascendenten des Erblassers ist dies verstattet, und zwar agnatischen bis zum vierten, cognatischen bis zum dritten Grade. l. 8 pr., § 1–2 C. 6, 36.

Im A.L.R. wird, ohne daß es einer ausdrücklichen Codicillarclausel bedarf, eine unwirksame Erbeseinsetzung als Vermächtniß aufrecht erhalten, falls die Voraussetzungen eines solchen vorliegen, vgl. § 279–280 I, 12.

§ 71.

Subjecte.

A. Erblasser.
B. Onerirter.
  I. Mangels einer besonderen Benennung.
  II. Im Fall namentlicher Bezeichnung.
C. Honorirter.
  Cumulativ, alternativ Bedachte.
  Successives Vermächtniß.

Subjecte eines Vermächtnisses sind der Erblasser, welcher es anordnet (qui legat), der Onerirte, welchem es auferlegt ist (a quo legatum est), und der Honorirte, welchem es zukommt (cui legatum est).

A. Erblasser.

Wer fähig ist, sich einen Erben zu setzen, kann auch Vermächtnisse austheilen. l. 6 § 3 D. 29, 7; l. 2, l. 114 pr. D. de leg. I; l. 1 § 2–3 D. de leg. III. Doch darf der Gewalthaber, welcher eine Pupillarsubstitution errichtet, dem darin ernannten Erben des Kindes nur insoweit Vermächtnisse auferlegen, als er selbst aus eignem Vermögen das Kind bedacht hat. S. 179 f.

Für den Willen des Erblassers kommen die S. 165 ff. erörterten Regeln zur entsprechenden Anwendung. Es ist erlaubt, Vermächtnisse in das „sachverständige Ermessen des Erben, z. B. ‚si utile tibi videbitur', aber nicht in dessen bloße Willkür ‚si volueris' zu stellen. l. 1 § 1 D. de leg. II; l. 11 § 2, § 7 D. de leg. III. Der Forderung aus einem Vermächtniß, das auf irrthümlichen Motiven beruht, tritt eine exceptio doli entgegen. l. 72 § 6 D. 35, 1. Auflösende Bedingungen und Endtermine sind bei Vermächtnissen zulässig. l. 26 C. 6, 37. Beigefügte Auflagen geben dem Onerirten, auch wenn er kein Interesse an der Erfüllung hat, ein Recht gegenüber dem Honorirten, sei es auf Bestellung einer Caution, sei es im Fall verweigerter Leistung auf Rückgabe. l. 19 D. de leg. III; l. 21 § 3 D. 33, 1.

B. Onerirter.

I. Mangels einer besonderen Benennung.

Hat der Erblasser keinen Belasteten genannt oder sich nur allgemeiner Hinweise, z. B. der Formel in l. 36 pr. D. 35, 1 ‚quisquis mihi heres heredesve erunt', bedient, so ruht das Vermächtniß, sofern es theilbar ist l. 11 § 23–24 D. de leg. III, auf allen Erben nach Maßgabe ihrer Erbtheile. l. 33 pr., l. 44 pr. D. de leg. II.

Das A.L.R. § 289, 291 I, 12 ordnet das innere Verhältniß der Erben in gleicher Weise, bestimmt aber, daß bei Vermächtnissen, welche „einem" von mehreren Miterben oder Collegataren ohne nähere Bezeichnung auferlegt sind, derjenige als beschwert gelten soll, welcher die betreffende Gattung von Sachen aus dem Nachlaß erhielt, oder, falls dies zur Ermittlung nicht hinreicht, welcher vom Erblasser am meisten begünstigt wurde. § 544–545 I, 12.

II. Im Fall namentlicher Bezeichnung.

Der Erblasser kann Jeden als belastet bezeichnen, dem er aus seinem Vermögen eine freie Gabe von Todeswegen zuwandte, ‚vel dum iis datur, vel dum iis non adimitur' l. 1 § 6 D. de leg. III; vgl. l. 2, l. 6 § 1 D. eod. Dazu gehören der Testaments- und Intestaterbe, der Fiscus, welcher an Erbesstatt steht, der Vermächtnißnehmer, der auf den Todesfall Beschenkte, wer vom bedingt Bedachten Etwas conditionis implendae gratia erhielt, l. 3 pr., § 3 D. de leg. III; l. 77, l. 96 § 4 D. de leg. I; l. 77 § 1 D. de leg. II; sowie die Erben dieser Personen l. 5 § 1, l. 6 pr. D. de leg. III. A.L.R. § 293 I, 12.

Die römische Doctrin bildete für den Fall, daß mehrere Onerirte genannt sind, künstliche Regeln aus, die nicht ohne Anfechtung blieben. Hat der Erblasser mehrere oder alle seine Erben als belastet aufgeführt, so tragen sie das Vermächtniß nicht nach Erbportionen, sondern nach Kopftheilen. l. 124, l. 54 § 3

D. de leg. I. Dies beruht auf der Idee, daß der Erblasser durch die ausdrückliche Angabe der Erben eine Abweichung von der gewöhnlichen Regel beabsichtigt habe, wird aber von Paulus in l. 17 D. 45, 2 bestritten. Alternativ genannte Onerirte gelten als Correalschuldner. l. 8 § 1 de leg. I.

C. Honorirter.

Wer fähig ist, Erbe zu sein, kann auch mit einem Vermächtniß bedacht werden. § 24 J. 2, 20. Die Person des Bedachten ergiebt sich aus der letztwilligen Verfügung, sei es durch Angabe des Namens oder einer Umschreibung, sei es durch Prüfung der Umstände, von welchen sich der Erblasser leiten ließ. l. 69 § 2 D. de leg. I; l. 11 § 20 D. de leg. III; l. 3 § 4 D. 34, 3. Vom Prälegat, mit welchem ein Miterbe bedacht ist, wird unten die Rede sein. Hat der Erblasser blos einen Kreis bezeichnet, welchem der Bedachte angehören soll, so steht dem Onerirten die Wahl unter den Personen dieses Kreises frei. l. 24, l. 67 § 7 D. de leg. II.

Der Erblasser kann Mehrere mit demselben Vermächtniß bedenken. Cumulativ Honorirte theilen unter sich nach Köpfen. l. 19 § 2 D. de leg. I. Justinian behandelt in l. 4 C. 6, 38 alternativ Honorirte ebenso falls nicht dem Onerirten die Wahl gegeben ist, wem er ganz leisten will. l. 16 D. de leg. II. Bd. II S. 43. Dem Bedachten kann für den Fall, daß er nicht erwirbt ein Substitut gestellt sein. l. 50 pr., l. 77 § 13 D. de leg. II; l. 6 C. 6, 37. Ein successives Vermächtniß ist Mehreren so hinterlassen, daß Einer nach dem Anderen eintreten soll. Jeden Erwerber trifft die Pflicht, bei Eintritt des künftigen Ereignisses, meist bei seinem Tode, die vermachte Sache an den successiven Nachfolger auszuliefern, es sei denn, daß Letzterer in die Veräußerung eingewilligt und dadurch auf sein Recht verzichtet hat. l. 120 § 1 D. de leg. I; l. 77 § 27 D. de leg. II; l. 11 C. 6, 42. In Rom bezogen sich solche Vermächtnisse häufig auf Grundstücke, welche der Erblasser an seine Familie zu ketten wünschte, ‚peto, non fundus de familia exeat‘. l. 67 § 5 D. de leg. II. Unter Familie verstand man ursprünglich nur die Agnaten, später auch Emancipirte und selbst die Ehegatten verstorbener Descendenten. l. 32 § 6, l. 69 § 4 D. de leg. II; l. 5 C. 6, 38. Mangels einer vom Erblasser bestimmten Erbfolgeordnung waren alle Familienglieder gleich berechtigt, so daß der Belastete unter ihnen den Nachfolger wählen konnte. l. 114 § 17–18 D. de leg. I; l. 67 pr. § 2 D. de leg. II. Wenn der Belastete von seinem Wahlrecht keinen Gebrauch gemacht oder gar das Familiengut an fremde Hände überliefert hatte, so ging der Anspruch auf den nächsten Verwandten über. l. 69 § 3 D. de leg. II. Die Gradesnähe bestimmt sich im Zweifel nach der Person des Stifters, und nicht nach dem Verhältniß zum letzten Inhaber. Die ganze Beschränkung erlischt — im Gegensatz zu den heutigen Familienfideicommissen vgl. S. 98 — gemäß nov. 159 mit der vierten Generation.

§ 72.

Anwachsungsrecht.

Fällt von mehreren Honorirten, denen dasselbe Vermächtniß zugewandt ist, einer vor dem Erwerbe fort, so kann sein Antheil in Ermangelung etwaiger Substituten, anstatt dem Onerirten zu verbleiben, seinen Collegataren zuwachsen. Die Accrescenz, welche nach altem Civilrecht aus den Legatsformen hergeleitet und später durch die l. Papia höchst willkürlich im fiscalischen Interesse festgestellt wurde vgl. S. 232, ist von Justinian mit Rücksicht auf den muthmaßlichen Willen des Erblassers neu geordnet.

Die l. un. § 11 C. 6, 51 unterscheidet, ob die Collegatare, denen dieselbe Sache zugewandt wurde, in „einem" Satze (conjunctim) oder in verschiedenen Sätzen (disjunctim) genannt sind. Dem ersten Fall entspricht der Satz „dem A. und B. vermache ich meine Uhr"; unter die letztere Art gehört die Fassung „dem A. vermache ich meine Uhr, dem B. vermache ich gleichfalls meine Uhr". § 8 J. 2, 20. Den conjunctim verbundenen Collegataren wächst der frei gewordene Theil zu, aber nur mit ihrem Willen und mit den darauf gelegten Lasten. Für disjunctim genannte Collegatare besteht, falls einer der Concurrenten l. 80 D. de leg. III nicht erwirbt, eigentlich ein jus non decrescendi, d. h. der frei gewordene Theil wächst den übrigen von selbst und ohne Belastung an. Collegataren, denen als ‚verbis tantum conjuncti' je ein besonderer Gegenstand in dem gleichen Satz vermacht ist, gebührt kein Anwachsungsrecht, es müßte ihnen denn noch ein Anderer als re conjunctus beigefügt sein. l. 41 pr. D. de leg. II. Die widersprechende l. 89 D. de leg. III handelt von der unter Justinian veralteten l. Papia. Freilich kann aus dem Wortlaut „dem A. und B. vermache ich mein Haus, jedem zur Hälfte" erhellen, daß der Erblasser jedem der Collegatare unter Umständen das Ganze zuwenden, sie also im Grunde ‚conjunctim' verbinden wollte. l. 16 § 2 D. de leg. I; l. 5 § 1 — l. 7 pr. D. 34, 5. Uebrigens ist in allen Fällen ein ausdrückliches Verbot der Accrescenz durch den Erblasser zulässig.

Das A.L.R. § 368–372 I, 12 kümmert sich nicht um Redewendungen, sondern verordnet, daß der nicht erworbene Theil eines Vermächtnisses, das mehreren Personen zugleich und ungetheilt beschieden ist, gemäß dem Willen des Erblassers den anderen Genossen nach ihren Quoten eventuell nach Köpfen zuwachsen solle.

§ 73.

Gegenstand.

A. Unerlaubte Leistungen.
B. Unmögliche Leistungen.
 I. Außer Verkehr befindliche Sachen.
 II. Dem Honorirten bereits gehörige Sachen.
C. Regula Catoniana.
 Folgen. Ausnahmen.

Was den Gegenstand einer Obligation bilden darf Bd. II S. 7 ff., kann auch dem Onerirten als Vermächtniß auferlegt werden. A.L.R. § 387 I, 12. Daher sind unerlaubte und unmögliche Leistungen ausgeschlossen. l. 112 § 3 D. de leg. I. Sie werden nach der regula Catoniana dadurch nicht wirksam, daß das Hinderniß vor dem Tode des Erblassers wegfällt.

A. Unerlaubte Leistungen.

Darüber entscheidet der Stand der Gesetze und guten Sitten. Aus polizeilichen Gründen war es in Rom verboten, ‚quae aedibus juncta sunt' zu vermachen, um eine Zerstörung von Gebäuden zu verhüten. l. 41 § 1 — l. 43 § 1 D. de leg. I.

B. Unmögliche Leistungen.

Sie betreffen namentlich außer Verkehr befindliche oder dem Honorirten bereits gehörige Sachen.

I. Außer Verkehr befindliche Sachen.

Ein solches Vermächtniß ist nichtig und verpflichtet nicht einmal zur Zahlung des Sachwerths. l. 39 § 8–10 D. de leg. I; A.L.R. § 386 I, 12. Dies gilt auch von Sachen, die zwar an sich im Verkehr stehen, deren Erwerb aber dem Honorirten für seine Person verboten ist. l. 49 § 2 D. de leg. II. Handelt es sich im letzteren Fall um fremde Sachen oder eine blos natürliche Unfähigkeit des Honorirten, so muß der Werth geleistet werden. l. 40, l. 114 § 5 D. de leg. I; l. 11 § 16 D. de leg. III. Das A.L.R. § 455 I, 12 schreibt bei allen nur individuell verkehrsunfähigen Sachen Wertherstattung vor.

II. Dem Honorirten bereits gehörige Sachen.

Sachen, welche dem Honorirten zur Zeit der Errichtung des Vermächtnisses bereits gehören, können ihm nicht gültig zugewandt werden. l. 13 C. 6, 37. Doch ist es statthaft, dem Eigenthümer die Befreiung von Lasten, die auf seiner Sache ruhen, zu vermachen. l. 71 § 5, l. 86 § 4 D. de leg. I. A.L.R. § 381 I, 12.

C. Regula Catoniana.

D. 34, 7.

Sie entstammt dem alten Juristenrecht und bestimmt, daß der Inhalt von Vermächtnissen nach dem Zeitpunkt ihrer Errichtung zu beurtheilen sei. Ihren Wortlaut definirt Celsus in l. 1 pr. D. ht. also ‚quod, si testamenti facti tempore decessisset testator, inutile foret, id legatum, quandocunque decesserit, non valere‘. Sie bildet einen besonderen Ausdruck des altcivilen Grundsatzes, daß der Tag, an welchem ein Testament errichtet werde, auch als Todestag des Erblassers gelte, und wurde später durch das allgemeine Princip ‚semel nullum, semper nullum‘ vgl. l. 29 D. 50, 17 überholt. Daher spielt der Ausspruch Papinians in l. 3 D. ht. ‚Catoniana regula non pertinet ad hereditates‘ zumeist auf ihre enge, nur für Legate bestimmte Wortfassung an.

Aus der Regel folgt, daß das Vermächtniß einer dem Legatar gehörigen Sache nicht auflebt, wenn er den Gegenstand bis zum Tode des Erblassers veräußert hat. § 10 J. 2, 20; l. 41 § 2 D. de leg. I; vgl. § 32 J. 2, 20. A.L.R. § 382 I, 12.

Von der Regel sind bedingte Vermächtnisse ausgenommen, weil es bei ihnen nicht auf den Zeitpunkt der Verfügung, sondern der erfüllten Bedingung ankommt. l. 3 D. ht.; l. 98 D. 35, 1. Daher gelten Vermächtnisse, welche außer Verkehr befindliche oder dem Honorirten bereits gehörige Gegenstände betreffen, falls sie unter der Bedingung geschehen, daß die Sache in den Verkehr tritt oder inzwischen vom Eigenthümer veräußert wird. l. 1 § 2 D. ht.

§ 74.

D. 35, 2 ad legem Falcidiam.

Beschränkung des Umfangs.

Die schrankenlose Legirfreiheit führte während der römischen Republik häufig zu einer Zersplitterung des Nachlasses, welche den Erben, der nur Mühen und Gefahren, aber keinen Vortheil im Erwerb erblickte, zur Ausschlagung bewog. Die Destitution des Testaments, die dadurch entstand, trug man dem Erblasser als eine Schmach nach. Gaj. II § 224. Diesem Uebelstande suchte die Gesetzgebung entgegenzutreten, indem sie das Maß der Legate beschränkte. Zuerst erging die l. Furia, welche den Empfänger von Legaten und sonstigen Gaben von Todeswegen, sofern dieselben 1000 Asse überstiegen, mit der Strafe des Vierfachen bedrohte und nur Ausnahmen für nahe Verwandte zuließ. Bd. I S. 90. Allein dies genügte nicht, da es dem Erblasser noch immer freistand, seinen ganzen Nachlaß in einzelnen erlaubten Legaten an verschiedene Personen zu vertheilen. Gaj. II § 225. Daher verbot die l. Voconia 168 v. Chr., daß Keiner Mehr durch Legat oder sonst von Todeswegen erhalten dürfe, als dem Erben bzw. der Gesammtheit der Erben verblieb. Gaj. II § 226. Beide Gesetze wurden durch die l. Falcidia 38 v. Chr. aufgehoben, welche das erstrebte Ziel durch die Bestimmung erreichte, daß jedem Erben der vierte Theil seiner Erbportion ungeschmälert durch Legate bleiben muß. Gaj. II § 227; l. 1 pr. D. ht.

Die Falcidische Quart beherrscht das klassische Recht. Unter Justinian erlitt ihre Anwendung eine bedeutende Einbuße, da nov. 1 c. 2 § 2 den Erblasser ermächtigt, ihren Abzug durch ausdrückliche Erklärung zu untersagen.

A. Abzugsberechtigte Personen.

Nach der l. Falcidia ist nur der Testamentserbe zum Abzug befugt. l. 1 § 2 D. ht. Antoninus Pius stellt den mit Fideicommissen belasteten Intestaterben gleich. l. 18 pr. D. ht. Dem Vertragserben gesteht die gemeine Praxis das Recht nicht zu. S. 191. Keinesfalls dürfen Vermächtnißnehmer, die mit Sublegaten beschwert sind, dieselben auf drei Viertel des ihnen selbst zufließenden Betrages verkürzen. l. 47 § 1 D. ht. Doch sind sie berechtigt, falls ihr Hauptvermächtniß durch die Quart des Erben beschränkt wird, den Abzug verhältnißmäßig auf die Nachvermächtnisse zu verrechnen, sofern dies nicht dem Willen des Erblassers widerspricht. l. 32 § 4 D. ht.; l. 21 § 1 D. 33, 1.

B. Dem Abzug unterworfene Zuwendungen.

Dazu gehören ursprünglich nur Legate l. 1 pr. D. ht., seit dem S.C. Pegasianum Fideicommisse Gaj. II § 254, seit Severus Schenkungen auf den Todesfall l. 5 C. 6, 50; l. 32 § 1 D. 24, 1, und nach der Vorschrift Justinians alle sonstigen Erwerbungen von Todeswegen l. 18 C. 6, 50.

C. Berechnung.

I. Feststellung der Masse.

Aus dem rechnungsmäßigen Vergleich zwischen dem Reinbetrage des Nachlasses und der Summe der ausgesetzten Vermächtnisse ergiebt sich, ob die Portion des einzelnen Erben überlastet ist.

a) **Der Reinbetrag des Nachlasses** setzt sich zusammen aus dem Ueberschuß der Activen über die Passiven. Für die Werthbemessung ist in der Regel der Todestag des Erblassers maßgebend. l. 30 pr., l. 56 pr. § 1, l. 73 pr., l. 83 D. ht. Auf die Confusion, welche der Erbgang in den Rechtsverhältnissen zwischen Erblasser und Erben bewirkte, wird keine Rücksicht genommen. l. 1 § 18, l. 87 § 2 D. ht.; l. 6 pr. C. 6, 50.

Zu den **Activen** gehören die Sachen und Rechte des Erblassers zum gemeinen Schätzungswerthe l. 42, l. 62 § 1, l. 63 pr. D. ht., sowie die Außenstände des Verstorbenen zum zeitigen eintreibbaren Betrage l. 63 § 1, l. 82 D. ht. Nachlaßsachen, welche ein Erbe arglistig unterschlug, zählen zu seinem Schaden nicht mit. l. 24 pr. D. ht. Naturale Forderungen bleiben vorläufig außer Ansatz l. 1 § 17 D. ht.; bei bedingten hilft man sich durch Sicherheitsstellungen l. 73 § 1 D. ht.

Zu den **Passiven** gehören die Schulden des Erblassers, sowie die Kosten für seine Bestattung, aus der Aufnahme des Inventars und der Regulirung der Erbschaft. l. 1 § 19, l. 2 D. ht.; l. 22 § 9 C. 6, 30. Unsichere Schulden bleiben — meist gegen Caution — außer Betracht.

b) **Die Summe der Vermächtnisse** besteht aus allen dem Abzug unterworfenen Zuwendungen. l. 19 D. ht. Natürlich zählen ungültige Vermächtnisse nicht mit. l. 50–51 D. ht. Bei Zuwendungen, die nicht auf Geld lauten, findet Abschätzung Statt, und zwar bei befristeten unter Abrechnung des Zwischenzinses. l. 45 pr. D. ht. Vermächtnisse, die auf wiederkehrende Hebungen gehen, werden zum gesetzlichen Zinsfuß capitalisirt. l. 3 § 2 D. ht. Erstreckt sich die Rente auf Lebenszeit des Honorirten, so kommt es auf seine vermuthliche Lebensdauer an. Doch bindet die zu diesem Behuf von Aemilius Macer in l. 68 pr. D. ht. gegebene Tabelle (tabula Aemiliana) heute nicht mehr. Bedingte Vermächtnisse werden zunächst nicht eingestellt. l. 45 § 1 D. ht. Ergiebt sich aber, daß der Onerirte bei Eintritt der Bedingung überlastet sein würde, so kann er von den anderen Honorirten, die er befriedigt, entsprechende Sicherheit verlangen. l. 73 § 2 D. ht.; l. 6 D. 35, 3.

c) **Der rechnungsmäßige Vergleich** zeigt, ob die Vermächtnißsumme mehr als drei Viertel des reinen Nachlasses ausmacht. Dann tritt eine verhältnißmäßige Kürzung der Vermächtnisse ein. § 3 J. 2, 22. Beträgt z. B. der Nachlaß 400 und die Summe der Vermächtnisse 320, so muß sich jeder Honorirte einen Abzug von $^1/_{16}$ gefallen lassen, damit das freie Erbe auf 100 steigt. Bei Beerbung durch mehrere Personen wird die Erbportion einer jeden selbständig nach dem Maßstab der Quart geprüft. l. 77 D. ht. Belastet z. B. ein Testator, welcher für sein auf 400 geschätztes Vermögen A. und B. zu Erben ernennt, den A. mit 125, den B. mit 175, so kann Letzterer die von ihm abhängigen Vermächtnißnehmer um je $^1/_7$ also im Ganzen um 25 kürzen.

II. Einrechnung in die Quart.

Der Erbe braucht sich auf seine Quart nur anrechnen zu lassen, was er vermöge seiner Stellung als Universalsuccessor (jure hereditario) bezieht. Darunter fallen weder die Leistungen der Miterben, sei es zur Erfüllung von Bedingungen sei es in Folge auferlegter Prälegate, noch der Erwerb, welcher ihm aus Schenkungen des Erblassers für den Todesfall zufließt. l. 74, l. 91 D. ht. Doch kann der Erblasser anordnen, daß auch solche Zuwendungen eingerechnet werden. l. 56 § 5, l. 75, l. 90 D. ht.

III. Im Fall der Vereinigung mehrerer Erbtheile.

Gelangen verschiedene Theile einer Erbschaft an dieselbe Person, so herrscht Streit, ob die Quart von jeder einzelnen Portion oder von der Gesammtsumme zu berechnen sei. Diese Frage wird wichtig, wenn ein Erbe, welcher einen gar nicht oder nur wenig beschwerten Theil erwarb, auf einen anderen überlasteten Theil derselben Erbschaft berufen wird. Darf er in solchem Falle die Vermächtnisse der anfallenden Portion für sich kürzen, oder muß er das Ganze der Quart zu Grunde legen, so daß deren Anwendung völlig vereitelt werden kann? Aus den Quellen ergiebt sich ein höchst casuistisches Resultat.

Bei Einsetzung eines Erben auf mehrere Theile — z. B. auf den einen rein, auf den anderen bedingt, aber auf beide in gleichem Grade — wird die Quart von der Summe der erworbenen Portionen berechnet. l. 11 § 7 i. f. l. 87 § 3 D. ht. Gleiches gilt, wenn der Pupillarsubstitut, welchen ein Vater neben seinem unmündigen Kinde zum Erben ernannte, letzteres beerbt. l. 11 § 5 D. ht. Doch sind vorweg die dem pupillarischen Nachlaß aufgelegten Vermächtnisse auf dasjenige Maß zurückzuführen, welches der Gewalthaber seinem Hauskinde selbst hinterließ. S. 179 f.

Bei Accrescenz findet abgesonderte Rechnung Statt. Ist aber die anwachsende Portion weniger als erlaubt beschwert, so kommt der Ueberschuß den Vermächtnissen zu gute, welche auf dem ursprünglichen Erbtheil ruhen und einer Kürzung unterliegen. l. 78 D. ht.

In Betreff der Substitution sind die römischen Juristen uneins. Während Julian in l. 87 § 4 D. ht. sich für eine Zusammenlegung der Erbportionen entscheidet, scheint Paulus nach l. 1 § 14 D. ht. sich mehr der Rechnungsart zuzuneigen, welche bei der Accrescenz zur Anwendung kommt.

D. Geltendmachung.

Vermächtnisse, welche das gesetzliche Maß übersteigen, sind insoweit nichtig. l. 15 § 1; l. 73 § 5 D. ht. Der Honorirte darf nur den ihm gebührenden Theil beanspruchen oder muß, falls es sich um untheilbare Leistungen handelt, den Ueberschuß vergüten. l. 80 § 1 D. ht. Einer Mehrforderung steht die exceptio doli Seitens des Onerirten entgegen. l. 23 D. ht.; l. 76 pr. D. de leg. II; l. 5 § 1 D. 44, 4. Befindet sich die vermachte Sache bereits im Besitz des Bedachten, so kann das Zuviel vindicirt bzw. condicirt oder unter Umständen eine entsprechende Entschädigung mit der actio doli begehrt werden. l. 26 pr. D. ht.; l. 9 C. 6, 50; l. 23 D. 4, 3.

Dem Onerirten steht ein Verzicht auf die Quart frei. l. 46, l. 71 D. ht.

Ihm wird sogar, wenn er aus Pietät gegen den Erblasser die Auflagen voll erfüllte, die Rückforderung verweigert (naturale debitum Bd. II S. 45) l. 19 C. 6, 50. Doch kann selbst nach nov. 1 c. 3 in der unverkürzten Auszahlung einiger Vermächtnisse noch nicht ein Verzicht auf den Abzug der Quart von den übrigen gefunden werden.

E. Ausnahmen:

Der Abzug der Quart kann wegfallen aus Gründen, welche aus der Person des Erblassers, aus der des Erben oder aus der Beschaffenheit einzelner Vermächtnisse hervorgehen.

I. **Aus der Person des Erblassers.**

Das römische Soldatentestament war kraft Privilegs von der Quart befreit. l. 17, l. 96 D. ht.; l. 7 C. 6, 50.

Wie verhält es sich sonst mit einem diesbezüglichen Verbot des Erblassers? In der klassischen Zeit war es nur erlaubt, einzelne Vermächtnisse von der Quart auszunehmen. Dann konnte der Erbe, wenn ihm nicht auf andere Weise Abfindung gewährt wurde, die übrigen Vermächtnisse um einen entsprechend höheren Theil kürzen. l. 64, l. 88 pr. § 1–2 D. ht. Justinian giebt in nov. 1 c. 2 § 2 den Erblasser anheim, den Abzug mit voller Wirkung für einige oder alle Vermächtnisse zu untersagen. Dazu gehört aber, daß der Erblasser seinen Willen deutlich erklärt und nicht blos wissentlich über mehr als drei Viertel seines Nachlasses mittelst Auflagen verfügt.

II. **Aus der Person des Erben.**

Der Erbe verliert sein Recht auf die Quart, wenn er den Honorirten um das Vermächtniß zu bringen versuchte l. 59 pr. D. ht.; oder nach nov. 1 c. 2 § 2 die gehörige Errichtung eines Nachlaßinventars verabsäumte.

III. **Aus der Beschaffenheit einzelner Vermächtnisse.**

Natürlich unterliegen Vermächtnisse, welche den Nachlaß nicht mindern, z. B. bloße Anerkenntnisse einer Schuld, keinerlei Abzug. l. 81 § 1 D. ht.

Durch besondere Gunst sind von der Quart befreit: das Vermächtniß des Pflichttheils l. 87 § 4 D. de leg. II; Vermächtnisse, durch welche der Ehemann seiner Frau Sachen, die er zu ihrem persönlichen Bedarf anschaffte, zuwendet l. 81 § 2 D. ht.; und seit Justinians nov. 131 c. 12 Vermächtnisse zu frommen Zwecken. Solche Auflagen gehen wie Erbschaftsschulden vom Betrage des Nachlasses ab, was auch den anderen Vermächtnissen zu Statten kommt.

Dem preußischen Rechte ist die Beschränkung von Vermächtnissen durch eine Quart unbekannt. A.L.R. § 333 I, 12. Der Erbe haftet voll für die Erfüllung der Auflagen, freilich nur auf den Bestand des Nachlasses, wenn er unter Vorbehalt antrat. S. 213 f. Für den Legatar, der mit Nachvermächtnissen belastet ist, versteht es sich von selbst, daß er nie Mehr herauszugeben braucht, als er aus der Erbschaft empfangen hat. § 293 I, 12. Bleibt dem Erben nach Berichtigung der Nachlaßschulden und Vermächtnisse nicht so viel übrig, daß dadurch seine Verwaltungskosten ersetzt und seine Bemühungen vergütet werden, so kann er von den Vermächtnißnehmern verhältnißmäßige Beiträge begehren. § 354–

358 I, 12. In gleicher Weise trifft Legatare und Schenknehmer auf den Todesfall die Pflicht, falls der Reinbetrag des Nachlasses nicht zur Deckung ihrer sämmtlichen Ansprüche hinreicht, je nach dem Schätzungswerth der vermachten Sache Beiträge zu leisten bzw. Abzüge zu dulden. Legatare, die dadurch eine Einbuße erleiden, dürfen sich an ihren Nachvermächtnißnehmern entsprechend erholen. § 334–337, § 342, § 345–353 I, 12. Uebrigens steht es in solcher Lage dem Erben frei, die Mühen der Erbschaftsregulirung von sich abzuwehren und die gerichtliche Bestellung eines Nachlaßverwalters, auf Kosten der Masse, seinem Erbrechte unbeschadet, nachzusuchen. § 359 I, 12.

§ 75.

D. 36, 2 quando dies legatorum vel fideicommissorum cedat. A.L.R. § 288 ff. I, 12.

Erwerb.

A. Anfall.
B. Klagbarkeit.
C. Zurückweisung.

A. Anfall.

Das Vermächtniß fällt dem Honorirten ohne sein Wissen und Wollen mit dem Todestage des Erblassers an ‚dies legati cedit'. l. 5 § 1 D. ht; l. un. § 1 C. 6, 51. Weder braucht er seine Annahme zu erklären, wie früher die Proculeaner beim Vindicationslegat annahmen Gaj. II § 195, noch den Erwerb der Erbschaft durch den Onerirten zu erleben. Sein Recht ist von nun an vererblich (transmissibel) und kann dadurch nicht mehr beeinträchtigt werden, daß der Erbe in arglistiger Erwartung eines nahen Todes des Bedachten seinen Antritt verzögert. l. 7 § 1 D. ht. Ausnahmen finden nur bei hochpersönlichen und bei bedingten Vermächtnissen Statt. Zuwendungen, welche allein für die Person des Vermächtnißnehmers berechnet sind, wie Nießbrauch, Unterhalt, vererben sich überhaupt nicht. l. 2–3 D. ht. In Betreff legirter operae servorum et animalium vgl. Bd. I S. 452. Das Recht auf bedingte Vermächtnisse kann der Honorirte erst transmittiren, wenn er den Eintritt der Bedingung erlebte. l. 5 § 2 D. ht.; l. un. § 7 C. 6, 51. Hierbei giebt die römische Doctrin sonst selbstverständlichen Zusätzen, z. B. ‚illi, si volet, Stichum do', die Kraft von Bedingungen. l. 65 § 1 D. de leg. I. Bd. I S. 219. In gleicher Weise behandelt sie Zeitbestimmungen, die entweder in das Ermessen des Onerirten gestellt sind, z. B. ‚cum heres voluerit, morietur' l. 11 § 6 D. de leg. III; l. 4 pr., l. 13 D. ht.; oder deren Eintritt der Honorirte erleben soll, z. B. am Tage seiner Großjährigkeit l. 22 pr. D. ht. Bd. I S. 223. Doch kann auch in einem solchen dies incertus eine bloße Erstreckung der Erfüllungszeit liegen, z. B. zahlbar nach dem Tode des Legatars l. 4 § 1, l. 26 § 1 D. ht.; l. 46 D. 36, 1.

Das A.L.R. sieht ebenfalls den Erwerb von Vermächtnissen als eine Rechtsfolge an, die mit dem Tode des Erblassers ohne Weiteres eintritt. Dies gilt selbst von bedingten Zuwendungen, deren Anwartschaft der Berechtigte, mag er auch vor Eintritt der Bedingung versterben, auf seine Erben überträgt. § 482, § 485 ht.

B. Klagbarkeit.

Das Recht auf das Vermächtniß wird klagbar, sobald der Onerirte die Erbschaft erworben hat, ‚dies legati venit'. l. 7 pr. D. ht. Dies trifft, wenn die Erbschaft an Hauskinder des Erblassers gelangt, mit dessen Todestage zusammen. Bedingte und befristete Vermächtnisse können nicht vor Eintritt des Ereignisses, an welches sie geknüpft sind, geltend gemacht werden. l. 21 pr. D. ht.; l. 5 C. 6, 53.

Für Versehen hinsichtlich des vermachten Gegenstandes steht der Beschwerte sofort ein l. 26 § 1, l. 47 § 4 D. de leg. I, freilich wenn ihm kein Vortheil aus der Verfügung bleibt, nur für Arglist und grobe Schuld l. 108 § 12 D. eod. Früchte, soweit sie nicht ausdrücklich mit vermacht sind l. 3 § 3 D. 22, 1; l. 39 § 1 D. de leg. I; l. 43 § 2 D. de leg. II, braucht er erst von dem Zeitpunkt an zu leisten, mit welchem er in Verzug geräth. l. 3 pr. D. 22, 1; l. 23 D. de leg. I; l. 4 C. 6, 47. Mit besonderen Nachtheilen wird bedroht, wer die Erfüllung der ihm zu frommen Zwecken auferlegten Vermächtnisse hinausschiebt. Ihn trifft aus der bloßen Thatsache, daß er sechs Monate nach Insinuation des Testaments nicht zahlt, eine Zinspflicht seit dem Todestage des Erblassers nov. 131 c. 12, und er muß, falls er es trotz bischöflicher Mahnung zum Processe kommen läßt oder nach Abläugnen verurtheilt wird, das Doppelte entrichten, l. 46 § 7 C. 1, 3; § 19, 26 J. 4, 6. Heutzutage besteht die letztere Proceßstrafe nicht mehr. Andererseits ist der Onerirte befugt, Ersatz nothwendiger oder zweckmäßiger Auslagen, die er auf die vermachte Sache wandte, zu beanspruchen. l. 58–59 D. de leg. I. Dazu steht ihm ein Zurückbehaltungsrecht zu oder nach Auslieferung eine Klage aus der Bereicherung bzw. der Geschäftsführung ohne Auftrag. l. 60 D. de leg. I.

Das A.L.R. erklärt Vermächtnisse für klagbar, nachdem die gesetzliche Ueberlegungsfrist des Erben verstrichen ist. § 294 ht. Doch kann der Erbe mit Vorbehalt die Erfüllung so lange zurückhalten, bis die Zulänglichkeit des Nachlasses ermittelt ist. § 296 ht. Jedenfalls liegt es in seinem Belieben, die Leistung schon früher vorzunehmen. § 330 ht. Die Sache ist auf Kosten des Vermächtnißnehmers in dem Zustand zu übergeben, wie sie sich zur Zeit des Erbanfalls befand, also mit den seitdem hinzugekommenen An- und Zuwüchsen, sowie den wirklich gezogenen Früchten. Bis zur Uebergabe muß der Erbe den vermachten Gegenstand verwahren und verwalten, vertritt aber dabei blos grobes Versehen. Mit dem Ablauf der Frist zur Uebergabe fällt er in Verzug und haftet wie ein unredlicher Besitzer. § 305–310, § 312, § 331 ht. Dies ändert sich bei bedingten Vermächtnissen insoweit, als der Bedachte nur Früchte von da an fordern kann, wo er die Erfüllung der Bedingung nachgewiesen hat. § 484 ht.

C. Zurückweisung.

Der Bedachte darf das angefallene Vermächtniß zurückweisen (repudiare, repellere), jedoch nicht vor dem Zeitpunkt, mit welchem es klagbar wurde. l. 45 § 1 D. de leg. II. Daher sinkt die Erklärung, annehmen zu wollen, zu einem bloßen Ausschluß der Repudiation herab. l. 86 § 2 D. de leg. I. Die Zurückweisung oder Annahme kann sich nur auf das ganze Vermächtniß erstrecken. l. 38 pr. D. de leg. I; l. 4 D. de leg. II. Wer einen Theil annahm, kann sich vom Rest nicht mehr losmachen. l. 58 D. de leg. II. Von mehreren Vermächtnissen, die derselben Person hinterlassen sind, kann das eine angenommen und das andere abgelehnt werden, es sei denn, daß der Wille des Erblassers darauf ging, beide Legate untrennbar mit einander zu vereinigen. l. 5–6 D. de leg. II. Im Fall der Zurückweisung, die unwiderruflich ist, bleiben alle Verfügungen, welche der Belastete inzwischen mit der vermachten Sache vornahm, aufrecht, gerade als ob niemals ein Erwerb Seitens des Bedachten erfolgt wäre. l. 44 § 1 D. de leg. I; l. 15 D. 34, 5; l. 1 § 6 D. 38, 5.

Im A.L.R. ist eine Entsagung durch den Begünstigten auch schon vor dem klagbaren Erwerb des Vermächtnisses möglich. Die Annahmeerklärung kann nur widerrufen werden, wenn vom Vermächtnißnehmer hinterher ein Beitrag zu den Erbschaftslasten gefordert wird. Dann kann er selbst die bereits erhaltene Sache zurückgeben und wird in Betreff der inzwischen gezogenen Nutzungen oder verwandten Kosten als redlicher Besitzer behandelt. Im Fall eines schon geschehenen Verkaufs der Sache wird auf ihren Werth zur Zeit des Erbanfalls Rücksicht genommen. § 338–341, § 343 ht.

§ 76.

Schutz.

A. Klagerechte.
B. Sicherungsmittel.
 I. Caution und Einweisung.
 II. Pfandrecht
 III. Veräußerungsverbot.

A. Klagerechte.

Der Honorirte erhält einen persönlichen Anspruch gegen den Onerirten (actio legati) und, falls das vermachte Recht dem Erblasser angehörte, die Befugniß, dasselbe auch gegen Dritte zu verfolgen. l. 1 C. 6, 43. Ihm gebührt die der Natur des vermachten Rechtes entsprechende Klage, z. B. bei Eigenthum die rei vindicatio, bei Servituten oder Pfandrechten die actio confessoria oder hypothecaria. l. 69 pr. D. de leg. I; l. 80 D. de leg. II. Aus hinterlassenen Forderungen des Erblassers gewinnt er ohne Weiteres eine actio utilis gegen den Drittschuldner. l. 63 pr. D. 36, 1; l. 18 C. 6, 37. Bei betagten und bedingten Vermächtnissen vollzieht sich der unmittelbare Rechtsübergang erst mit dem Eintritt des künftigen Ereignisses, ohne daß zwischenzeitliche Verfügungen des Erben darauf Einfluß üben können. l. 11 § 1 D. 8, 6; l. 69 § 1 D. de leg. I; l. 105 D. 35, 1. Natürlich steht es im Belieben des Erblassers, diesen transitus legalis ausdrücklich auszuschließen. Aber mit Unrecht behauptet man, daß auch an Sachen, welche im Eigenthum des Belasteten stehen, dem Legatar eine dingliche Klage zukomme. l. 112 § 1 D. de leg. I; § 16 J. 2, 20; l. 9 C. 7, 2.

Jegliche Eigenmacht ist dem Bedachten verboten, damit er nicht bei Unzulänglichkeit der Erbschaft den Rechten der Nachlaßgläubiger und des Erben vorgreife. Doch ist er befugt, an einem zwischen mehreren Anwärtern schwebenden Erbschaftsstreit sich als Intervenient zu betheiligen und durch geeignete Anträge die Folgen der Collusion oder des Ungehorsams Seitens des Beklagten abzuwenden. l. 14 D. 49, 1; l. 3 pr. D. 20, 1; l. 50 § 1 D. de leg. I. C.Pr.O.

§ 63. Nimmt er sich die ihm vermachte Sache, bevor der Erbe ihren Besitz erlangte oder die Erlaubniß gab, so hat Letzterer ein interdictum quod legatorum auf Herausgabe bzw. Ersatz des Interesses. l. 1 § 2 D. 43, 3. Dem Kläger in diesem Interdict liegt eine Cautionspflicht ob, um die Rückerstattung des Vermächtnisses für den Fall zu sichern, daß es sich später als kräftig erweist. l. 1 § 17 D. 43, 3.

Das A.L.R. folgt, was den Eigenthumsübergang vermachter Sachen des Erblassers und die Betheiligung der Legatare am schwebenden Erbschaftsstreit betrifft, gleichen Regeln. § 288, § 295, § 298–299, § 483 I, 12. Eigenmächtig darf sich der Vermächtnißnehmer nicht in den Besitz setzen. § 311 eod. Zur Umschreibung vermachter Grundstücke oder daran bestellter dinglicher Rechte auf den Namen des Legatars bedarf es nach dem G. vom 5. Mai 1872 § 14, 65 und der G.O. § 53, 85 der Einwilligung des Erben oder eines gerichtlichen Urtheils, das dieselbe ersetzt. Wird der individuell bestimmte Gegenstand des Vermächtnisses von einem Erbschaftsgläubiger in Anspruch genommen, so muß der Erbe dem Legatar davon Nachricht geben, damit dieser den Proceß als Hauptpartei übernehme. § 301 I, 12. C.Pr.O. § 73.

B. Sicherungsmittel.

I. Caution und Einweisung.

Für Vermächtnisse, deren Erfüllung sich in Folge einer Nebenbestimmung des Erblassers oder aus einem anderen Grunde in die Länge zieht, hat der Onerirte auf Verlangen Sicherheit zu leisten. l. 1 pr., l. 14 D. 36, 3. Eine Befreiung von dieser Pflicht findet Statt 1, durch einen vom Erblasser bewilligten Erlaß l. 12 D. 36, 3; l. 2, l. 7 C. 6, 54; 2, durch Erlaß Seitens des Vermächtnißnehmers l. 46 D. 2, 14; l. 1 § 9 D. 36, 3; 3, bei Vermächtnissen, welche dem Bedachten eine Schuld gegen den Erblasser oder den Onerirten erlassen l. 1 § 2 D. 36, 4; 4, zu Gunsten des Fiscus und der Stadtgemeinden l. 1 § 18, l. 6 § 1 D. 36, 3; 5, für den Gatten, welchem ein Vermächtniß an seine Kinder obliegt, es sei denn, daß er zur zweiten Ehe schreitet vgl. S. 28, sowie für die Geschwister unter einander, die für den Fall ihres Todes ohne Nachkommenschaft von den Eltern mit Vermächtnissen beschwert sind, l. 6 pr. C. 6, 49. Die Caution wurde in Rom durch eine missio legatorum servandorum causa erzwungen, mittelst welcher sich der Legatar Obhut über den Nachlaß und prätorisches Pfandrecht verschaffte. l. 1 § 2 D. 36, 3; l. 5 pr. D. 36, 4. Bd. I S. 498. Caracalla dehnte die gerichtliche Einweisung, welche deshalb missio Antoniniana heißt, auch auf das eigne Vermögen des Erben aus, damit sich die Honorirten aus den Früchten bezahlt machen, wenn der Belastete sechs Monate nach gerichtlicher Mahnung mit der Erfüllung im Rückstande bleibt. l. 5 § 16 D. 36, 4. Nach heutiger Praxis wird direct auf Caution geklagt und bei Ungehorsam eine Zwangsverwaltung des Nachlasses angedroht.

Das A.L.R. schränkt das Recht des Vermächtnißnehmers auf Caution ein. Sie steht ihm nur zu, wenn es sich um Geldvermächtnisse bzw. um den Werthersatz legirter Sachen handelt, oder aus bedingten Vermächtnissen nach Maßgabe der Vorschriften, welche für das Verhältniß zwischen Nießbraucher und Eigenthümer gelten. § 290–291, § 466, 472, 482 I, 12.

II. Pfandrecht.

Der Honorirte hat eine gesetzliche Specialhypothek am Erbtheil des Beschwerten. l. 1 C. 6, 43. In der heutigen Grundbuchverfassung ist daraus ein bloßer Pfandtitel geworden. Bd. I S. 501 ff.

III. Veräußerungsverbot.

Der Onerirte darf Nachlaßsachen, welche den Gegenstand eines Vermächtnisses bilden, nicht veräußern. Thut er es dennoch, so ist selbst dem redlichen Erwerber die ordentliche Ersitzung gegen den Legatar versagt. l. 3 § 2–3 C. 6, 43. Bd. I S. 382.

Im A.L.R. § 313 I, 12 muß der Erbe, welcher die vermachte Sache veräußert hat, dem Legatar das ganze Interesse vergüten.

§ 77.

Untergang.

A. Unwirksamkeit des Testaments oder Codicills.
B. Wegfall der Subjecte oder des Gegenstandes.
C. Widerruf.
Besondere Art der Translation.

A. Unwirksamkeit des Testaments oder Codicills.

Von den Aufhebungsgründen eines Testaments war schon S. 184 ff. die Rede. Mit dem Testament stürzen auch die darin angeordneten Legate. l. 9 D. 26, 2. Jedoch giebt es zahlreiche Ausnahmen, die meist schon an passender Stelle erörtert sind. Dazu gehören die Anfechtung des Testaments auf Grund der Novelle 115 S. 144, der Einfluß eines s. g. testamentum posterius imperfectum zu Gunsten der gesetzlichen Erben S. 185, und die Bedeutung der Codicillarclausel S. 235. Insbesondere sind noch folgende Fälle zu erwähnen. Der Fiscus, welcher eine durch Destitution des Testaments vacant gewordene Erbschaft an sich zieht, trägt die auf ihr ruhenden Vermächtnisse. l. 14 D. 49, 14. S. 125. Ferner schützt der Prätor die Vermächtnißnehmer, wenn der eingesetzte Erbe arglistig ausschlägt ‚causam testamenti omittit', um in die nunmehr von Lasten befreite Erbschaft für sich oder Dritte Intestatfolge zu ermöglichen. l. 1 pr., § 13 D. 29, 4. Dann wird den um ihr Vermächtniß Geprellten eine Klage gewährt, zunächst gegen den Erben, soweit derselbe aus seiner Ausschlagung Vortheile zog oder noch Nachlaßwerthe besitzt bzw. bei Seite brachte, und in zweiter Linie gegen den Dritten, der sich durch seine Collusion den Besitz der Erbschaft verschaffte. l. 2, l. 4 pr. § 1, l. 13–17 D. 29, 4. Gleiches gilt von Legataren, die sich durch dolose Repudiation von auferlegten Nachvermächtnissen befreiten. l. 4 § 2 D. 29, 4. Endlich fallen die im Testament enthaltenen Vermächtnisse dem Intestaterben zur Last, wenn der Erblasser in dieser Absicht die Erbeseinsetzungen ausstrich. l. 2 D. 28, 4.

Nach A.L.R. hängen testamentarisch verfügte Vermächtnisse nicht davon ab, daß der eingesetzte Erbe die Erbschaft erwirbt. Der an seine Stelle tretende gesetzliche Erbe hat die vom Testator angeordneten Auflagen zu erfüllen, es sei denn, daß es sich um hochpersönliche Leistungen handelt. § 279–280 I, 12.

Codicille werden aufgehoben durch Verlust der Testirfähigkeit Seitens des Erblassers l. 7 pr. D. 29, 7; durch Hinfall des Testaments, auf das sie sich beziehen, l. 3 § 2 D. eod.; und durch eine neue letztwillige Verfügung, insoweit dieselbe mit ihnen im Widerspruch steht, l. 6 § 1 D. eod.; l. 3 C. 6, 36. Ein Intestatcodicill wird dadurch noch nicht ungültig, daß der Erblasser hinterher ein Testament errichtet, es müßte denn aus diesem, wenn auch nur indirect sein Wille, zu widerrufen, erhellen. l. 5 D. 29, 7; § 1 J. 2, 25.

B. Wegfall der Subjecte oder des Gegenstandes.

Fällt der Honorirte vor Anfall des Vermächtnisses fort, oder weist er dasselbe später zurück, so geht es Mangels einer Anwachsung unter. Im A.L.R. § 531 I, 12 treten die Kinder des vor dem Erwerb verstorbenen Vermächtnißnehmers, sofern sie ihn beerbt haben, an dessen Stelle, falls eine solche Absicht des Erblassers irgendwie dargethan werden kann.

Bei Fortfall des Onerirten vor Erwerb der Erbschaft überträgt sich das Vermächtniß in der Regel auf seine Nachfolger, z. B. die Transmissare, Substituten, Accrescenzberechtigten. l. 61 § 1 D. de leg. II. Gleiches gilt, wenn ein des Honorirten beraubtes Legat dem Erben anheimfällt, in Betreff der darauf gelegten Nachvermächtnisse. l. 29 pr. D. de leg. II; l. un. § 3, 9 C. 6, 51. A.L.R. § 367 I, 12. Doch giebt es Fälle, in welchen Vermächtnisse mit dem Ausscheiden des ursprünglich Belasteten ihre Kraft verlieren, z. B. wenn der Erblasser den weiteren Uebergang verbot, was bei rein persönlichen Leistungen vermuthet werden kann l. 1 § 9–10 D. de leg. III; und wenn eine Accrescenz zu Gunsten von Collegataren eintritt, die mit ihrem Genossen nur sachlich, aber nicht in demselben Satz verbunden waren. S. 238.

Geht der Gegenstand des Vermächtnisses unter, so wird die Erfüllung unmöglich. l. 22 D. de leg. I. A.L.R. § 315 I, 12. In der Umgestaltung der legirten Sache, mag sie mit Genehmigung des Erblassers oder ohne sein Vorwissen erfolgen, liegt noch keine Aufhebung des Vermächtnisses. Doch kommt es hierbei auf den muthmaßlichen Willen des Erblassers an. l. 44 § 2–3, l. 65 § 2 D. de leg. I; l. 39 D. de leg. II; l. 79 § 2, l. 88 D. de leg. III; l. 6 § 1 D. 34, 2. A.L.R. § 317–321 I, 12. Erlangt der Honorirte die ihm zugedachte Sache durch eine Freigebigkeit Anderer, so nimmt ihm dieser concursus lucrativarum causarum jedes Interesse an der Leistung des Vermächtnisses. § 6 J. 2, 20. Bd. II S. 240. A.L.R. § 380 I, 12.

C. Widerruf.

D. 34, 4 de adimendis vel transferendis legatis vel fideicommissis.

Es steht im Belieben des Erblassers, das von ihm ausgesetzte Vermächtniß jederzeit zu widerrufen (adimere). Dazu ist keine Form vonnöthen. Jede Sinnesänderung des Erblassers genügt, wenn sie nur auf irgend eine sichere Weise erhellt. l. 3 § 11 D. ht.; l. 27 C. 6, 42. Als stillschweigender Widerruf gilt die „freiwillige" Veräußerung der vermachten Sache durch den Erblasser, es sei denn, daß er den Erlös abgesondert aufbewahrte oder den Gegenstand dem Honorirten selbst verkaufte und von diesem den Preis nicht einforderte. l. 15, l. 18, l. 24 § 1 D. ht.; l. 11 § 12–13 D. de leg. III; § 12, 21 J. 2, 20; l. 3 C. 6, 37. Sogar aus später entstandener Todfeindschaft zwischen dem Erblasser und Honorirten wurde in Rom ein Widerruf vermuthet. l. 4, l. 22, l. 29 D. ht. Ein bedingter Widerruf ist als Begründung eines neuen Vermächtnisses unter entgegengesetzter Bedingung zu behandeln. l. 10, l. 14 pr. D. ht. Hat der Erblasser mehrere Vermächtnisse angeordnet und eins davon widerrufen, ohne aber zu bestimmen, auf welches sich die Aufhebung beziehen solle, so wird der Widerruf als gänzlich wirkungslos angesehen. l. 3 § 7 D. ht.; im Widerspruch zu l. 10 pr. D. 34, 5.

Eine besondere Art des Widerrufs bildet die Translation, d. h. die Umwandlung eines bestehenden Vermächtnisses in ein neues. Die Veränderung kann die Subjecte oder den Gegenstand betreffen. l. 6 pr. D. ht. Eine Abhängigkeit zwischen dem negativen und positiven Theil dieser Verfügung ist nicht zu vermuthen, so daß das ursprüngliche Vermächtniß, das aufgehoben werden soll, selbst dann wegfällt, wenn das neu zu errichtende sich als ungültig erweist und nicht an seine Stelle treten kann. l. 8, l. 20 D. ht.; l. 34 pr. D. de leg. I.

Im A.L.R. § 593–597 I, 12 kann der Erblasser Vermächtnisse, die er in einer gerichtlichen Verfügung begründete, dadurch widerrufen, daß er seinen Willen entweder vor einem Notar und zwei Zeugen oder in einem eigenhändig ge- und unterschriebenen Aufsatz oder in einem nur von ihm unterzeichneten, aber mit Angabe des wahren Grundes versehenen Schriftstück erklärt. Zum Widerruf außergerichtlicher Codicille genügt mündliche Willensäußerung des Erblassers. In der Veräußerung der legirten Sache liegt wie nach römischem Recht ein stillschweigender Widerruf. Doch lebt das Vermächtniß wieder auf, wenn der Erblasser die veräußerte Sache wieder zurück erwarb, und dieselbe sich in seinem Nachlaß vorfindet. § 316, § 322–324 I, 12. Bloße Vermuthungen, daß der Erblasser seinen letzten Willen habe ändern wollen, verdienen keine Rücksicht. § 598 I, 12.

§ 78.

Inhalt.

A. Individuell bestimmte Sachen.

Die Sache ist in der Lage zu liefern, wie sie sich bei Anfall des Vermächtnisses befindet. l. 24 § 2 D. de leg. I. Was nothwendig zum Gebrauch der Sache gehört, gilt als mitvermacht. l. 3 § 1 D. 33, 6; l. 10 D. 8, 2; vgl. l. 1 § 1–4 D. 7, 6. A.L.R. § 405–407 I, 12. Von der Haftung des Onerirten für Versehen und Früchte war bereits S. 245 die Rede. Ob er auch verpflichtet ist, dauernde Lasten der Sache abzulösen, hängt von der Absicht des Erblassers ab. Die römische Doctrin vermuthet dies in Betreff des Nießbrauchs und Pfandrechts l. 66 § 6 D. de leg. II; setzt aber, im Fall das Pfandrecht Dritten zusteht, voraus, daß der Erblasser darum gewußt habe. l. 57 D. de leg. I; l. 6 C. 6, 42; § 5 J. 2, 20. Anderer Ansicht ist das A.L.R. § 325–327 I, 12.

Das Vermächtniß kann nicht blos eigne Sachen des Erblassers betreffen, sondern auch solche, die im Eigenthum des Onerirten oder eines Dritten stehen.

Im Zweifel ist nur das vermacht, was dem Erblasser gehört. Daher beschränkt sich das Vermächtniß eines gemeinsamen Grundstücks, welches der Erblasser als das seine bezeichnete, auf seinen Antheil. l. 5 § 1–2 D. de leg. I. A.L.R. § 383 I, 12. Im Falle ungenauer Bezeichnung der vom Erblasser gemeinten Sache hat der Belastete die Entscheidung. l. 32 § 1, l. 37 § 1 D. de leg. I. A.L.R. § 389 I, 12. Bei Zweifeln über die Quantität kommt die geringere in Betracht. l. 39 § 6 D. de leg. I; l. 47 D. de leg. II.

Ein Vermächtniß von Sachen des Onerirten ist gültig, selbst wenn sie der Erblasser für eigne hielt. l. 67 § 8 D. de leg. II; l. 13 § 4 D. 23, 5; l. 86 § 3 D. de leg. I. A.L.R. § 374–376 I, 12.

Ein Vermächtniß von Sachen, die Dritten gehören, erstreckt sich im Zweifel nur auf das Recht, das der Erblasser daran hatte, z. B. den Kaufanspruch, die Emphyteuse, das antichretische Pfandrecht. l. 39 § 3, l. 71 § 6 D. de leg. I; l. 68 pr. D. de leg. III. A.L.R. § 384–385 I, 12. Hat der Honorirte die ihm als fremd vermachte Sache durch einen lästigen Vertrag an sich gebracht, so muß ihm in der Regel der Beschwerte den Erwerbspreis ersetzen. l. 34 § 7 D. de leg. I; § 6 J. 2, 20. A.L.R. § 379 I, 12. Sonst ist das Vermächtniß einer fremden Sache blos wirksam, wenn der Erblasser diese ihre Eigenschaft kannte. § 4 J. 2, 20. Der Beweis liegt dem Honorirten ob. l. 21 D. 22, 3. Doch wird bei Zuwendungen an nahe Angehörige und Freunde des Erblassers für die Gültigkeit vermuthet. l. 10 C. 6, 37. In solchem Falle hat der Onerirte die fremde Sache zu beschaffen oder, wenn sie zum gemeinen Preise nicht käuflich ist, denselben dem Vermächtnißnehmer zu zahlen. Das A.L.R. § 377–378 I, 12 legt den außerordentlichen Werth zu Grunde.

B. Gesammtheiten.

Dazu gehören das Vermächtniß der Einrichtung eines Hauses, Landguts (instructus, instrumentum D. 33, 7), der Victualien (penus D. 33, 9), des Hausraths (supellex D. 33, 10), der Gold-, Silbergeräthe, der zur Toilette und Garderobe gehörigen Gegenstände (aurum, argentum, mundus, ornamenta, unguenta, vestimenta D. 34, 2), ferner das Vermächtniß eines Waarenlagers, einer Bibliothek, Heerde ꝛc. Als vermacht gilt, was von den bezüglichen Stücken im Nachlaß vorhanden ist, selbst wenn nur ein Stück übrig blieb. § 18 J. 2, 20. Das Vermächtniß wird als ein einheitliches behandelt, so daß es nicht angeht, einige Stücke der Gesammtheit anzunehmen und andere zurückzuweisen. l. 6 D. de leg. II.

C. Der Gattung nach bezeichnete Sachen.

Dahin gehört das Vermächtniß einer Geldsumme, einer Quantität Rheinwein ꝛc. D. 33, 6 de tritico, vino, vel oleo legato. Erstreckt sich die Gattung nicht auf bestimmte Stücke, z. B. bei Zuwendung „eines Grundstücks“, so ist das Vermächtniß ungültig. l. 71 pr. D. de leg. I; l. 69 § 4 D. 23, 3. Der Onerirte muß Stücke der angegebenen Gattung, sofern sie sich im Nachlaß befinden, daraus entnehmen oder anderenfalls beschaffen. l. 3 pr. D. 33, 6. A.L.R. § 403 I, 12. Ihm steht innerhalb der vom Erblasser gezogenen Grenzen die Auswahl der Sorte frei. l. 4 D. 33, 6. Das A.L.R. § 404 I, 12 läßt im Zweifel den Stand und die Nothdurft des Bedachten über die Qualität entscheiden. Fehlt es an einer Vorschrift über die Stückzahl, so gelten nach einer römischen Auslegungsregel drei Stück als vermacht. l. 1 D. 33, 5. Für die Lieferung verdorbener Sachen oder solcher, welche dem Vermächtnißnehmer entwehrt werden, hat der Beschwerte aufzukommen. l. 45 § 1, l. 71 § 1 D. de leg. I; l. 29 § 3 D. de leg. III.

Meinte der Erblasser unter dem Gattungsnamen eine im Nachlaß befindliche Sorte, z. B. sein Getreide, ein Faß des von ihm gekelterten Weines, so bezieht sich das Vermächtniß entweder auf die Gesammtheit der Nachlaßstücke jener Art oder auf einzelne davon nach Wahl des Honorirten. l. 7 pr., l. 2 § 1, l. 5 D. 33, 6; § 22 J. 2, 20. A.L.R. § 401–402 I, 12. Ist keine Sache der bezeichneten Gattung im Nachlaß vorhanden, so ist das Vermächtniß unwirksam.

D. Alternativ bestimmte Sachen.

Ueber das Wahlrecht entschied nach klassischem Recht die Form des Legats. S. 231. Unter Justinian kommt es auf das Eigenthumsverhältniß der disjunctiv vermachten Sachen an. Gehören beide zum Nachlaß, so wählt der Honorirte. Sonst steht das Wahlrecht dem Onerirten als Schuldner zu. Das A.L.R. § 388 I, 12 giebt im Zweifel die Wahl dem belasteten Erben. Erhält der Bedachte die eine der beiden Sachen vom Erblasser bei dessen Lebzeiten geschenkt, so bleibt ihm dennoch der Anspruch aus dem Vermächtniß der anderen. l. 84 § 11 D. de leg. I.

E. Wahlvermächtniß.

D. 33, 5 de optione vel electione legata. A.L.R. § 388—400 I, 12.

Dasselbe geschah ursprünglich mit den Worten ‚optato elegito' und bildete eine Abart des Vindicationslegats. Die Wahl galt als ein hochpersönliches Recht des Legatars, so daß mit dessen vorher erfolgtem Tode das Vermächtniß fortfiel. Dadurch sollte einer allzu langen Hinzögerung, welche den Erben in der Verfügung über die zur Wahl gestellten Sachen beeinträchtigte, vorgebeugt werden. Der Wahlact selbst ertrug keine Vorbehalte. Bd. I S. 220.

Später gestaltete sich das Wahlvermächtniß freier. Man fand ein solches in generischen Verfügungen des Erblassers, welcher Stücke einer im Nachlaß befindlichen Sorte dem Honorirten aussetzte. l. 108 § 2 D. de leg. I. Um die Wahl zu beschleunigen, wurde den Betheiligten gestattet, beim Richter eine Frist für die Ausübung zu erwirken. l. 8 pr., l. 13 § 1, l. 17 D. ht. An dem persönlichen Charakter der Wahl hielt man nicht mehr fest, sondern übertrug sie auch auf die Erben des Vermächtnißnehmers. l. 12 § 7 D. 36, 2.

Im neuesten Recht stellt sich die Lage des Wahlvermächtnisses folgendermaßen dar. Die Wahl gebührt für die Regel dem Honorirten bzw. seinem Erben, doch darf er nur Stücke mittlerer Güte aussuchen. l. 2 § 1 D. ht.; l. 20, l. 37 pr. D. de leg. I. Das A.L.R. bevorzugt im Zweifel den Erben, welchem die Pflicht obliegt, eine für den Legatar brauchbare Sache zu geben. Ist die Wahl ausdrücklich dem Vermächtnißnehmer überlassen, so bestehen für ihn keine Schranken. l. 2 pr. D. ht. Mehrere Wahlberechtigte haben sich zu einigen, sonst bestimmt das Loos den Wähler. l. 3 pr. C. 6, 43; § 23 J. 2, 20. Die Wahl darf nicht vor Antritt der Erbschaft vorgenommen werden und ist unabänderlich. l. 16 D. ht. Doch gilt sie nicht, wenn von den zur Wahl gestellten Stücken eins bei der Vorlage fehlte, oder das gewählte gar nicht vermacht war oder entwehrt wurde. l. 2 § 2 — l. 4 D. ht. Hat der Erblasser dem Onerirten die Wahl gegeben, so muß dieser sie in angemessener Frist ausüben, widrigenfalls sie auf den Bedachten übergeht. l. 25 § 17 D. 10, 2. Gleiches gilt, wenn ein Dritter wählen soll und dieser stirbt, unfähig wird oder die Wahl über ein Jahr verzögert. l. 3 § 1 C. 6, 43. Der Onerirte darf nicht das schlechteste Stück aussuchen und haftet bei Eviction auf Gewähr. l. 110 D. de leg. I; l. 29 § 3 D. de leg. III.

F. Rentenvermächtniß. D. 33, 1 de annuis legatis et fideicommissis.

Die Zuwendung wiederkehrender Einkünfte kann auf bestimmte oder unbestimmte Dauer geschehen. In der Regel wird eine vermachte Rente als auf Lebenszeit bewilligt verstanden l. 8 D. ht.; doch ist eine Erstreckung auf die Erben des Bedachten ohne jede Schranke möglich l. 22 C. 6, 37. Im A.L.R. § 424 I, 12 dauert die einer juristischen Person ausgesetzte Rente bis zu deren Untergang.

Das Rentenvermächtniß zerfällt nach römischer Lehre in eine Reihe einzelner Legate, deren jedes sich auf den Bezug der terminlichen Hebung richtet. Das Vermächtniß der ersten Rate gilt als unbedingtes, das der folgenden Raten setzt voraus, daß der Honorirte ihren Fälligkeitstag erlebt. l. 4, l. 11 D. ht.; l. 10–12 D. 36, 2. Jede Rate ist Mangels einer anderweiten Anordnung des Erblassers im Voraus zu zahlen und kann nicht zurückgefordert werden, wenn der Empfänger vor Ablauf des betreffenden Zeitabschnittes verstarb. Von dem Rentenvermächtniß unterscheidet sich die Zuwendung einer Geldsumme, die in Theilen an verschiedenen Terminen gezahlt werden soll. Hier fällt das Recht dem Bedachten einheitlich an und wird von ihm auf seine Erben übertragen. l. 20, l. 26 § 2 D. 36, 2. Das A.L.R. § 302 I, 12 bestimmt in Betreff des Rentenvermächtnisses nur, daß die Zeit der zu leistenden Abgabe vom Todestage des Erblassers an gerechnet werden soll.

G. Alimentenvermächtniß. D. 34, 1 de alimentis vel cibariis legatis. A.L.R. § 441—448 I, 12.

Dasselbe erstreckt sich, in Ermangelung einer vom Erblasser gesetzten Grenze, auf die Lebenszeit des Bedachten. l. 14 pr. D. ht. Die heutige Praxis nimmt in Uebereinstimmung mit dem A.L.R. § 441–442 ht. an, daß Alimente, welche einer bedürftigen oder unmündigen Person hinterlassen sind, dadurch endigen, daß der Honorirte zum selbständigen Erwerbe fähig wird. Ueber den streitigen Umfang der Alimente entscheidet der Richter, welcher den muthmaßlichen Willen des Erblassers, die Kräfte der Erbschaft und die persönliche Lage des Legatars zu Grunde legt. l. 14 § 2, l. 22 pr. D. ht. Auch Erziehungskosten werden heutzutage unter Alimenten verstanden, vgl. l. 6–7 D. ht; Bd. II S. 93; A.L.R. § 443–446 ht. Hat der Erblasser die Einkünfte einer Sache zum Unterhalt angewiesen, so fehlte ihm im Zweifel die Absicht, dadurch die an sich erforderlichen Alimente zu verkürzen oder zu erhöhen. l. 12 D. ht.

Das Alimentenvermächtniß genießt besondere Vorzüge. Es kann auch testirunfähigen Personen hinterlassen werden. l. 11 D. ht. Bis zur Mündigkeit vermachte Alimente dauern je nach dem Geschlecht des Bedachten bis zu seinem 14. bzw. 18. Lebensjahr. l. 14 § 1 D. ht. Ein allgemeiner Widerruf der Legate berührt im Zweifel das Alimentenvermächtniß nicht. l. 18 § 3 D. ht. Dasselbe unterliegt für die Regel keinem Abzuge der Falcidischen Quart. l. 25 § 1 D. 35, 2. Nach einer Bestimmung Marc Aurels, welche die gemeine Praxis erweitert, bedürfen Vergleiche, durch welche sich der Onerirte von der Zahlung auferlegter Alimente gegen Hingabe einer Gesammtsumme befreien will, gerichtlicher Bestätigung. Bd. II S. 94.

Eine Abart des Alimentenvermächtnisses bildet das Ausstattungslegat, d. h. die Bestellung einer Dos an den zukünftigen Ehemann einer Frauensperson. l. 69 § 2 D. de leg. I; l. 77 § 9 D. de leg. II; l. 43 D. de leg. III. A.L.R. § 447–448 ht.

H. Dingliche Rechte.

D. 33, 2 de usu et usufructu et reditu et habitatione et operis per legatum et fideicommissum datis. A.L.R. § 421—424 I, 12.

Jedes Recht an einer Sache kann Gegenstand des Vermächtnisses sein. In Rom finden sich besondere Vorschriften für eine legirte Personalservitut. Um den Untergang durch capitis deminutio minima zu verhüten, galt ein auf einzelne Termine oder ein Jahr um das andere 2c. vermachter Nießbrauch als eine Mehrheit von Legaten, für deren jedes mit Eintritt des Termins ein besonderer Erwerb stattfand. l. 13 D. ht.; l. 1 pr. D. 7, 3; l. 1 § 3 D. 7, 4. Den gleichen Zweck verfolgten die beigefügten Clauseln ‚quoties amissus erit, ei lego‘ oder ‚quamdiu vivat‘. l. 3 pr. D. 7, 4. War einem Honorirten das Eigenthum an einer Sache und einem Anderen der Nießbrauch daran vermacht, so nahm man aus formalen Gründen an, daß der Erblasser Ersterem nur die Hälfte der Früchte habe entziehen wollen. l. 19 D. ht. Das A.L.R. § 421 ht. verwirft ausdrücklich eine solche Auslegung. Aus der persönlichen Natur des Nießbrauchs folgt ein eigenthümliches Anwachsungsrecht unter Collegataren. Fällt einer von ihnen nach Erwerb seines Antheils durch Tod fort, so accrescirt dem anderen Collegatar, selbst wenn er den von ihm erworbenen Theil wieder eingebüßt haben sollte. l. 1 § 3 D. 7, 2. Von dem Verbot, die Caution für einen letztwillig bestellten Nießbrauch zu erlassen, war schon Bd. I S. 456 die Rede. Im A.L.R. § 423 I, 12 dauert der einer juristischen Person vermachte Gebrauch oder Genuß Mangels einer festgesetzten Zeitbestimmung nur 50 Jahre.

J. Forderungen.

I. Uebertragung einer Forderung.

A.L.R. § 408—420 I, 12.

Der Erblasser vermacht dem Honorirten eine Forderung gegen einen Drittschuldner (legatum nominis). Die Forderung kann dem Erblasser selbst, was die Regel bilden wird, oder dem Onerirten oder irgend einem Anderen zustehen. Hierbei kommen die allgemeinen Grundsätze zur Anwendung, insbesondere für Erwerb, Schutz und Untergang der Vermächtnisse. Die Zuwendung eines Schuldscheins begreift die Forderung in sich, über welche das Schriftstück lautet. l. 44 § 5 D. de leg. I. Ist ein Haus vermacht, wie es steht und liegt, so kann das Legat nicht auch auf die darin aufbewahrten Gelder und Schuldverschreibungen gedeutet werden. l. 86 pr. D. de leg. II; l. 92 § 1 D. de leg. III. Das

A.L.R. § 414–415 ht. legt ein Vermächtniß, das den Inhalt eines Behältnisses zuwendet, dahin aus, daß es sich im Zweifel nicht auf Schulddocumente, wohl aber auf die darin befindlichen Werthpapiere wie Actien, Pfandbriefe erstreckt. In der Regel umfaßt das Vermächtniß ‚quidquid mihi Lucium Titium dare facere oportet, Sempronio lego' auch diejenigen Forderungen, deren Fälligkeitstermin beim Tode des Erblassers noch nicht gekommen ist. l. 46 D. de leg. II.

Mit der Forderung gelten auch ihre Accessionen als mitvermacht. Die römische Doctrin bezieht dies auf alle rückständigen Zinsen l. 34 pr. D. de leg. III, das A.L.R. § 408 ht. nur auf die seit dem Tode des Erblassers fälligen Zinsen. Der Onerirte haftet weder für Bestand noch Güte der Forderung. Erweist sich die Schuld als unrichtig oder der Schuldner als unvermögend, so trifft der Verlust allein den Legatar. l. 75 § 1 D. de leg. I; l. 22 § 3–4 D. 35, 2. A.L.R. § 409 ht. Streitig ist, ob dem Onerirten die Pflicht obliegt, etwaige Gegenansprüche, welche der vermachten Forderung entgegenstehen, abzulösen bzw. ihren Betrag aus der Erbmasse zu vergüten. Meist wird dies der Absicht des Erblassers entsprechen, besonders in dem vom A.L.R. § 411 ht. hervorgehobenen Fall, daß die Gegenansprüche erst nach Aussetzung des Vermächtnisses entstanden sind.

Ein stillschweigender Widerruf liegt in der Einziehung der vermachten Forderung durch den Erblasser. Doch kann er dadurch, daß er die gezahlte Summe oder die dafür angeschaffte Sache zurücklegte bzw. wieder ausborgte, den Willen äußern, das Vermächtniß aufrecht zu erhalten. l. 11 § 13, l. 64 D. de leg. III. A.L.R. § 410, § 412–413 ht. Anders verhält es sich, wenn der Erblasser eine Forderung zuwies, um daraus ein Geldvermächtniß zu tilgen. Dann erfolgt zwar auch nur Erfüllung nach Maßgabe der zugewiesenen Mittel, aber eine Einziehung des bezeichneten Außenstandes durch den Erblasser bleibt ohne Einfluß. l. 96 pr. D. de leg. I. A.L.R. § 416–420 ht.

Sehr spitzfindig behandeln die römischen Juristen das Vermächtniß alternativ geschuldeter Sachen. Ist nur eine davon als vermacht bezeichnet, so kommt es darauf an, ob das Wahlrecht dem Schuldner oder dem Gläubiger zusteht. Im ersteren Fall kann der Legatar die Geltendmachung der Obligation verlangen, verliert aber seinen Anspruch, wenn ein anderes als das ihm vermachte Object geleistet wird. l. 75 § 4 D. de leg. I; l. 50 § 1 D. de leg. II. Im letzteren Fall geht das Wahlrecht des Gläubigers auf den Vermächtnißnehmer über. Sind sämmtliche alternativ geschuldete Sachen vermacht, und zwar jede einem anderen Honorirten, so gebührt, vorausgesetzt, daß Gläubiger das Wahlrecht hat, dem Einen die Abtretung der Forderung und jedem Anderen die Zahlung ihres Schätzungswerthes. l. 76 D. de leg. I. Ebenso entscheidet l. 82 § 5 D. de leg. I, wenn der Erblasser Mehreren eine Correalforderung vermachte und Jedem einen der Mitschuldner zuwies; vgl. l. 13 pr. D. de leg. II.

II. **Befreiung von einer Schuld.** D. 34, 3 de liberatione legata. A.L.R. § 425–429 I, 12.

Der Erblasser befreit den Vermächtnißnehmer von einer Schuldlast (liberatio legata). Dies braucht nicht ausdrücklich zu geschehen l. 19, l. 25 D. ht., sondern kann schon darin liegen, daß der Erblasser eine Schuld als getilgt bezeichnet l. 1 C. 6, 44 oder die Rückgabe der Verschreibung, des Pfandes an den Schuldner verfügt l. 1 § 1 D. ht. A.L.R. § 427–428 ht. Die Schuld kann an den Erblasser, den Onerirten oder einen Dritten zahlbar sein. Bei Schulden an den Erblasser oder Erben tritt mit dem Erbschaftserwerb eine Befreiung des Bedachten ein. Ueberdies steht es ihm zu, auf Rückgabe seines Schuldscheins und Ausstellung einer Quittung zu klagen. l. 3 § 3, l. 22 D. ht. Daher bedürfen solche Vermächtnisse, die bedingt hinterlassen sind, keiner weiteren Sicherung. S. 247. Bei Schulden an einen Dritten kann der Bedachte verlangen, daß der Onerirte ihn auf irgend eine Weise von der Schuldlast löse. In diesem Falle wird auch dem Gläubiger des Legatars eine Klage gegen den Onerirten auf Zahlung gewährt, sofern er selbst durch die Zuweisung eines neuen Verpflichteten als honorirt erscheint. l. 3 § 5 D. ht. Besteht die Schuld gar nicht oder ist sie bereits bei Lebzeiten des Erblassers heimgezahlt, erlassen zc., so hat das Vermächtniß keine Kraft. l. 13, l. 21 pr. D. ht. Dasselbe verwandelt sich auch nicht in eine Zuwendung des angegebenen Schuldobjects, da es hierzu am Willen des Erblassers fehlt. l. 25 D. ht.; l. 75 § 2 D. de leg. I. A.L.R. § 429 ht. Ob in der bloßen Einforderung der betreffenden Schuld durch den Erblasser ein stillschweigender Widerruf des Vermächtnisses liegt, hängt von den Umständen ab.

Der Erlaß der Hauptschuld schließt auch den der rückständigen Zinsen in sich. A.L.R. § 425 ht. Doch bezieht sich das Vermächtniß in der Regel nur auf die bei Errichtung der Verfügung vorhandenen und dem Erblasser bekannten Schulden. l. 28 § 1, l. 31 § 5 D. ht. A.L.R. § 426 ht. Die Befreiung des Hauptschuldners nützt zugleich dem Bürgen, aber nicht umgekehrt. l. 2 pr. D. ht. Auf die Befreiung eines der Correalschuldner können sich die übrigen nicht berufen, es sei denn, daß der befreite Genosse zu ihnen in einem Societätsverhältniß stand. l. 3 § 3 D. ht. Bd. II S. 44.

III. Sicherung eines Außenstandes. A.L.R. § 430–440 ht.

Der Erblasser vermacht, was dem Honorirten ohnedies geschuldet wird (legatum debiti). Dadurch erlangt der bedachte Gläubiger auch die Stellung eines Legatars. Aus dem Recht des Vermächtnisses erhält er dessen Sicherungsmittel, sowie eine Klage auf sofortige Erfüllung, selbst wenn sein Anspruch gegen den Erblasser durch Einreden entkräftbar, befristet oder bedingt, blos natural oder hochpersönlich ist. l. 28 pr. D. de leg. I; l. 13–14 D. 34, 3. Das A.L.R. § 434–436 ht. entscheidet ebenso, überträgt aber den Termin einer Schuld auf das Vermächtniß derselben. Aehnliche Wirkungen treten ein, wenn es sich um eine Schuld des Erben handelt. Wird einem Gläubiger vermacht, was ihm ein Dritter schuldet, so gilt der Onerirte als solidarisch für die Zahlung verhaftet. Neben der Legatsklage verbleibt dem Gläubiger die Verfolgung seines ursprünglichen Außenstandes, welche die Angabe und den Beweis des Verpflichtungsgrundes voraussetzt. Doch steht, da beide Klagen auf verschiedenem Grunde beruhen, das abweisende Urtheil aus der einen nicht der Erhebung der anderen entgegen. l. 28 § 14 D. 34, 3.

Die römische Doctrin trug Bedenken, ein Schuldvermächtniß, aus dem keine ersichtliche Begünstigung des Gläubigers hervorging, für wirksam zu erklären. l. 28 § 1 D. de leg. I im Gegensatz zu l. 29 eod.; l. 82 pr. D. de leg. II; l. 11, l. 25, l. 28 § 13 D. 34, 3; § 14 J. 2, 20.

Doch kann aus einem solchen ‚inutile legatum‘ anderen Personen, als dem Gläubiger Vortheil erwachsen, z. B. den Miterben, die dadurch, daß einem von ihnen die Bezahlung einer Erbschaftsschuld auferlegt ist, von ihrer verhältnißmäßigen Mithaftung befreit werden. l. 7 § 3 D. 34, 3; vgl. l. 49 § 6 D. de leg. I. Heutzutage enthält das letztwillige Schuldbekenntniß meist eine Anerkennung. Bd. II S. 81. Dafür vermuthet auch das A.L.R. § 430–432, § 438 ht., wenn der Erblasser die Summen oder Data der Schulden bestimmt bezeichnet hat.

Fehlt es an der vermachten Schuld, sei es, daß Erblasser dieselbe irrthümlich annahm, sei es, daß sie bei seinen Lebzeiten durch Erfüllung oder sonstwie unterging, so ist das Vermächtniß nichtig. l. 72 § 6 D. 35, 1; l. 1 § 5 D. 33, 4. A.L.R. § 433 ht. Freilich kann der Erblasser mit der Angabe des Gegenstandes, trotzdem er denselben durch einen falschen Zusatz als „geschuldet“ bezeichnete, eine Zuwendung der betreffenden Sache beabsichtigen. l. 75 § 1 D. de leg. I; l. 88 § 10 D. de leg. II.

Für Schuldvermächtnisse streitet keine Vermuthung. Daher behält ein Gläubiger, welchem der Erblasser einen seiner Schuldsumme gleichen Betrag oder das für seine Schuld verpfändete Object vermachte, außer dieser Zuwendung noch seinen ursprünglichen Anspruch. l. 85 D. de leg. II; l. 16 C. 6, 37. A.L.R. § 439–440 ht. Was aber ein dotalpflichtiger Vater seiner Tochter vermacht, muß sie sich auf die schuldige Ausstattung anrechnen lassen. l. 84 § 6 D. de leg. I. Auch liegt in der allgemeinen Anordnung des Erblassers, daß die Erben seinen Gläubigern gerecht werden sollen, noch kein Schuldvermächtniß. A.L.R. § 437 ht.

Eine Abart des Schuldvermächtnisses bildet das der Dos Seitens des Ehemanns an seine Frau (dos praelegata). D. 33, 4. Dadurch wird besonders die Restitutionsfrist in Betreff der beweglichen Dotalsachen erlassen. Dagegen findet ein Abzug wegen nothwendiger Verwendungen gleichwohl Statt, weil diese die Dos von selbst vermindern. l. 1 § 2–4 D. 33, 4; § 15 J. 2, 20. S. 41.

§ 79.

Prälegat.

Das Prälegat ist ein Vorvermächtniß zu Gunsten eines Miterben. Dasselbe unterfällt, sofern es ausdrücklich den übrigen Miterben, sei es einzelnen sei es allen, oder einem Dritten auferlegt ist, den gewöhnlichen Grundsätzen. Mit dem rechtlichen Schicksal der Erbportion, welche für die Umlage der Nachlaßschulden maßgebend bleibt, hat das Prälegat nichts gemein, l. 1 C. 4, 2; l. 32 D. de leg. III, obwohl seine Geltendmachung unter Miterben durch die actio familiae herciscundae erfolgt l. 17 § 2 D. de leg. I. In Ermangelung eines bestimmten Onerirten wird es von sämmtlichen Erben nach Verhältniß ihrer Erbportionen getragen. Wie aber steht es mit dem Antheil, den sich der Honorirte als Miterbe selber zahlen müßte? Insoweit gilt nach römischer Ansicht das Prälegat als unwirksam hinterlassen. Dem kann der Bedachte dadurch entgehen, daß er die Erbschaft ausschlägt. Wer nunmehr seine Erbportion vermöge der Substitution oder Accrescenz erwirbt, hat den darauf ruhenden Theil des ehemaligen Prälegats zu entrichten. l. 17 § 2, l. 18, l. 87, l. 91 § 2 D. de leg. I; l. 12 C. 6, 37. Dagegen soll es bei der theilweisen Ungültigkeit des Vorvermächtnisses sein Bewenden haben, wenn der Bedachte zwar den Anfall des Legats erlebte, aber, bevor er sich über den Erbschaftsantritt entschied, mit dem Tode abging. l. 75 § 1 D. de leg. II.

Aus dem Satz ‚heredi a semetipso legari non potest‘ zog man zwei überaus künstliche Folgerungen.

1. Der ungültig vermachte Theil des Prälegats verbleibt dem Honorirten, wenn er Erbe wird, in dieser Eigenschaft. l. 1 § 6 D. 43, 3. Hat z. B. Erblasser den A. auf $^3/_4$, den B. auf $^1/_4$ zu Erben eingesetzt, und dem A. ein Haus prälegirt, so erhält A. $^1/_4$ der zugewandten Sache als Vermächtnißnehmer und $^3/_4$ als Erbe. Dieser Unterschied wird in vielen Beziehungen wichtig. Soweit nämlich das Prälegat dem Erben als solchem zufällt, ist es in die Falcidische Quart einzurechnen und im Fall einer angeordneten Restitution der Erbschaft an den Universalfideicommissar mit auszuliefern. l. 74, l. 91 D. 35, 2; l. 18 § 3 D. 36, 1.

2. Der ungültig vermachte Theil des Prälegats wächst etwaigen Collegataren derselben Sache an. l. 34 § 11 D. de leg. I. Hat der Erblasser A. und B. zu Erben ernannt und dem A. in Verbindung mit Y. und Z. ein Haus prälegirt, so ist das Vermächtniß von beiden Erben zur Hälfte zu tragen. Da aber das eine Sechstel, das sich A. selbst zahlen müßte, seinen Collegataren accrescirt, so erhält er als Vermächtnißnehmer nur das andere ihm von B. zu leistende Sechstel, während Y. und Z. der Rest der vermachten Sache zufällt. l. 116 § 1 D. de leg. I. Zu einem noch seltsameren Resultat führt das in l. 34 § 12 D. de leg. I erwähnte Beispiel. A. ist auf $^1/_{12}$, B. auf $^{11}/_{12}$ zum Erben eingesetzt und Beiden ein Grundstück prälegirt. Jedem gebührt die Hälfte der vermachten Sache, welche sie einander nach Verhältniß ihrer Erbportionen, vgl. aber l. 67 § 1 D. de leg. I, leisten. Demnach erhält A. von B. $^{11}/_{24}$, von sich selber $^1/_{24}$, und B. erhält von A. $^1/_{24}$, von sich selber $^{11}/_{24}$. Da der Antheil, welchen Jeder sich selbst leisten müßte, dem Anderen zuwächst, so stellt sich schließlich der Theil des A. auf $^{11}/_{12}$ und der des B. auf $^1/_{12}$ am vermachten Grundstück. In derartigen Verfügungen kann eine Falle liegen. Tritt der auf einen hohen Bruchtheil berufene Miterbe deshalb an, ohne zu bedenken, daß das werthvollste Stück des Nachlasses zum gemeinsamen Prälegat bestimmt ist, so haftet er für die Nachlaßschulden in Höhe seiner Erbportion, während sein Erwerb am Prälegat sich im umgekehrten Verhältniß vollzieht.

Ob die letztere Folge auch der Absicht heutiger Erblasser entspricht, muß mit Fug bezweifelt werden. Vielmehr wünscht ein Erblasser, welcher zwei Erben zu ungleichen Theilen ernennt und ihnen überdies eine Sache vermacht, daß sie dieselbe nach Verhältniß ihrer Erbportionen vorweg aus dem Nachlaß entnehmen.

Das A.L.R. wendet sich von der römischen Construction der Prälegate vollends ab. Ein Miterbe, welchem vor den übrigen eine bestimmte Sache oder Summe vorausbeschieden wurde, ist in Ansehung derselben Vermächtnißnehmer und insoweit von allen Erbeslasten befreit. § 262, § 271, § 273 I, 12. Gleiches gilt, wenn der Erblasser gehörig eingesetzten Erben einzelne Nachlaßstücke auf ihren Erbtheil besonders zuwies. Dann wird jedem Miterben das für ihn bestimmte Stück des Nachlasses vorweg gegeben, und der etwa verbleibende Ueberrest unter sämmtlichen Miterben nach angegebenen Erbportionen oder nach Köpfen vertheilt. § 263–264, § 275–276 I, 12.

§ 80.

Universalvermächtniß.

D. 36, 1 ad Senatusconsultum Trebellianum.

A. Geschichtliche Entwicklung.

Das Civilrecht erlaubte, im Testament Legate über einen Bruchtheil der Erbschaft anzuordnen (partitio legata). Dadurch wurde der eingesetzte Erbe verpflichtet, die entsprechende Quote der Nachlaßactiven einzeln auszuliefern, wogegen der Legatar die Haftung für Erbschaftsschulden bis zu jener Höhe übernahm. l. 23, l. 26 § 2 D. de leg. I. Die Restitution vollzog sich im Wege eines Erbschaftsverkaufes ‚uno nummo‘ mit beiderseitigen Stipulationen ‚partis et pro parte‘. Gaj. II § 252 S. 228.

Mit dem Gebrauch der Codicille kam das Universalfideicommiß (fideicommissum hereditatis) auf. Der Erblasser beauftragte seinen Testaments- oder Intestaterben bzw. dessen Nachfolger (Universalfiduciar), die ganze Erbschaft oder einen Theil derselben an einen Dritten (Universalfideicommissar) auszuliefern. ‚Lucius Titius heres esto; rogo te, Luci Titi, petoque a te, ut, cum primum possis hereditatem meam adire eam Cajo Sejo reddas restituas.‘ Gaj. II § 249. Von der Bestimmung des Erblassers hing es ab, wann die Restitution erfolgen sollte, entweder sofort nach Erwerb der Erbschaft oder bei Eintritt eines künftigen Ereignisses, z. B. nach dem Tode des Erben. Durch eine solche Verfügung wurde es nicht nur möglich, Erbunfähigen wie Frauen, Peregrinen die Erbschaft zuzuwenden, was freilich später wegfiel, sondern auch die starre Regel ‚semel heres, semper heres‘ zu umgehen. Gaj. II § 274, 277, 285. Letzteres war von großer praktischer Bedeutung, z. B. wenn der Erblasser seine kinderlose Ehefrau zwar zur Erbin einsetzte, aber nach deren Tode den Anfall der Erbschaft an seine Geschwister bzw. deren Nachkommen wünschte, oder wenn er verordnete, daß die Erbschaft seinem geisteskranken Sohne erst nach dessen Genesung ausgehändigt werden sollte. Allein die ganze Combination konnte durch die Ausschlagung des Erben vereitelt werden. Zu verdenken war ihm ein derartiger Entschluß nicht, da er durch die Restitution der Erbschaft, die nach dem Vorbilde des civilen Quotenlegats geschah, nur Mühseligkeiten hatte. Namentlich blieb er trotz Auslieferung der Nachlaßactiven den Erbschaftsgläubigern verhaftet, denn aus dem Versprechen des Fideicommissars, für alle Lasten und Auslagen einzustehen, erwuchs ihm blos ein persönlicher Rückgriff gegen diesen. Abhülfe brachte erst das

S.C. Trebellianum unter Nero 62 n. Chr., das mit der Restitution alle Erbschaftsklagen, sowohl active wie passive, auf den Universalfideicommissar übertrug und somit dem Erfolge nach die Erbenstellung des Universalfiduciars aufhob. Gaj. II § 253. Des ungeachtet fanden sich noch Personen, welche die angetragene Erbschaft ausschlugen, da sie in ihrem Erwerbe keinen Nutzen für sich selber erblickten. Gegen diese Klasse wandte sich das S.C. Pegasianum, das 75 n. Chr. unter Vespasian erging. Dasselbe dehnte den Abzug der Falcidischen Quart auf Universalfideicommisse aus, behandelte sie aber dafür wiederum als Quotenlegate. Seitdem unterschied man die Restitution ex Trebelliano und die ex Pegasiano. Erstere machte den Universalfideicommissar zum mittelbaren Universalsuccessor des Erblassers, während letztere in einzelne Acte der Uebereignung von Activen, der Uebernahme von Schulden zerfiel und hinterher den Universalfiduciar in der Lage eines den Nachlaßgläubigern haftbaren Erben beließ. Auf das S.C. Trebellianum berief sich der Universalfiduciar, wenn er nach der Auflage des Erblassers nicht mehr als drei Viertel der Erbschaft auszuliefern hatte. Dagegen griff er zum S.C. Pegasianum, um sich aus der überlasteten Erbschaft wenigstens die Quart zu retten. Schließlich traf das S.C. Pegasianum noch Abhülfe für den Fall, daß der fiduciarische Erbe trotz alledem den Antritt und die Restitution verweigerte. Gegen ihn fand auf Antrag des Universalfideicommissars prätorischer Zwang Statt, der ihn aller Vortheile aus der Erbschaft beraubte und dieselbe mit sämmtlichen Rechten und Pflichten sofort auf den Antragsteller übertrug. Gaj. II § 254–258.

Justinian vereinfacht den verworrenen Zustand, indem er nicht blos das civile Quotenlegat der Form nach mit dem Universalfideicommiß verschmilzt, sondern auch trotz Abzugs der Quart bei freiwilligem Antritt die Wirkungen des S.C. Trebellianum vorschreibt. Das S.C. Pegasianum verbannt er selbst dem Namen nach, so daß fortan die Quart als „Trebellianische" bezeichnet wird. § 7 J. 2, 23. In Folge dieser Reform läuft das Universalvermächtniß, insoweit die Erbschaft oder ein Bruchtheil derselben restituirt wird, in eine Beerbung hinaus.

Das A.L.R. thut den letzten Schritt, welchen sich Justinian, gebunden durch die historische Grundlage der Einrichtung, versagen mußte. Es beseitigt den Satz, daß die Erbenstellung nur als eine dauernde gedacht werden könne, und erreicht den Hauptzweck des Universalvermächtnisses, dem Vorerben die Nutzung des Nachlasses auf Lebenszeit zu gewähren, die Substanz aber dem Nacherben zu erhalten, direct durch fideicommissarische Substitution. Von dieser war bereits gehörigen Orts S. 181 f. als einer neuen Unterart der Substitutionen die Rede.

B. Errichtung.

I. Form.

Sie richtet sich nach den Regeln, welche für die Begründung von Vermächtnissen maßgebend sind. Daher genügt nöthigenfalls ein Oralfideicommiß. Der Wille, ein Universalvermächtniß zu errichten, liegt unter Umständen in dem Zusatz einer Codicillarclausel S. 235, oder folgt stillschweigend aus den Worten des Erblassers, daß der Erbe den Nachlaß mit einer bestimmten Person theilen oder seine eigne Erbschaft einem Dritten zuwenden solle. l. 19 § 1, l. 17 pr., l. 74 pr.

D. ht.; l. 77 § 25, l. 88 § 16 D. de leg. II. Die gemeinrechtliche Praxis geht noch weiter und erblickt in der Einsetzung eines Erben unter auflösender Bedingung oder in der testamentarischen Anordnung von Erbtheilen, welche den Nachlaß nicht völlig erschöpfen, ein Universalvermächtniß mit Rücksicht auf die Intestaterben des Erblassers. S. 167, 173.

II. Subjecte.

Beschwert mit einem Universalvermächtniß kann jeder Universalsuccessor des Erblassers sein, in der Regel sein Testaments- oder Intestaterbe. § 10 J. 2, 23. Soll die Restitution erst nach dem Tode des Fiduciars erfolgen, so gilt dessen Erbe als belastet. Dabei wird vermuthet, wenn der Erblasser ein solches Fideicommiß einem kinderlosen Descendenten auferlegte, daß er die Herausgabe nur für den Fall wünsche, daß der Beschwerte ohne eheliche Nachkommen verstirbt. l. 102 D. 35, 1; l. 30 C. 6, 42.

Für den mit einem Universalvermächtniß Bedachten kommen die Regeln über Erbfähigkeit zur Anwendung. Ihm kann ein Substitut gestellt sein, welchem er das erworbene Erbe bei Eintritt eines künftigen Ereignisses von Neuem auszuliefern hat. l. 1 § 8, l. 55 § 2 D. ht.; l. 7 § 1 C. 6, 49; § 11 J. 2, 23.

III. Gegenstand.

Das Universalvermächtniß umfaßt den Nachlaß des Erblassers als eine Gesammtheit, sei es im Ganzen, sei es zu einem Bruchtheile. Keineswegs bezieht es sich auf fremde Erbschaften, die dem Erben erst von dritter Seite zufallen sollen. l. 27 § 8–10 D. ht. Auch steht es nicht im Belieben des Erblassers, eine von ihm erworbene Erbschaft zum selbständigen Gegenstand eines Universalvermächtnisses zu machen, da er den Erbschaftsgläubigern, die bereits Rechte gegen ihn haben, nicht willkürlich an Stelle seines Erben einen anderen Schuldner in der Person des Universalfideicommissars zuweisen darf. Freilich spricht l. 16 § 5 D. ht. für eine solche Verfügung, aber der Wortlaut des Fragmentes erscheint corrumpirt und hängt wohl mit der im folgenden § 6 für Soldaten gemachten Ausnahme zusammen, der heute jede Geltung abgeht.

C. Rechtslage bis zur Restitution.

Das Universalvermächtniß fällt dem Bedachten mit dem Todestage des Erblassers an und ist nunmehr vererblich. Bei Universalvermächtnissen, die bedingt oder an eine ungewisse Zeit geknüpft sind, gehört zur Entstehung und Vererblichkeit des Rechts, daß der Bedachte den Eintritt des fraglichen Ereignisses erlebt. Die Zurückweisung steht ihm stets frei.

Die Geltendmachung hängt vom Erbschaftserwerb durch den Fiduciar ab, wozu er aber unter Umständen angehalten werden kann. Meist schiebt der Erblasser die Restitution hinaus, um dem Fiduciar den Fruchtgenuß der Zwischenzeit zu verschaffen. Bis dahin vertritt Letzterer behufs Erhaltung und Verwahrung der restitutionspflichtigen Gegenstände mindestens Arglist und grobes Versehen und, falls er nur einen Theil der Erbschaft auszuliefern hat, diejenige Sorgfalt, welche ihm in eigenen Angelegenheiten die gewöhnliche ist. l. 22 § 3 D. ht. Dafür ist er auch befugt, den Ersatz zweckmäßiger Verwendungen zu verlangen. l. 19 § 2 D. ht. Die Verfolgbarkeit äußert sich in einem persönlichen Anspruch gegen den Fiduciar auf Restitution. Ein unmittelbarer Eigenthumsübergang an den vermachten Sachen findet nicht Statt, weil das Universalvermächtniß sich nicht auf diese, sondern auf den Nachlaß bzw. einen Bruchtheil davon in seiner Gesammtheit erstreckt. Um zu verhüten, daß der Fiduciar die Verfügung, welche er als Erbe über den Nachlaß erhält, mißbrauche, ist ihm ein gesetzliches Veräußerungsverbot auferlegt. l. 3 § 2–3 C. 6, 43. Doch fällt dasselbe fort, wenn der Erblasser die Veräußerung erlaubte bzw. vorschrieb oder der Bedachte ihr zustimmte l. 11 C. 6, 42 oder das Interesse der Erbschaft eine Verwerthung erheischt, z. B. bei leicht verderblichen Sachen, zur Ablösung von Erbschaftsschulden, soweit sie auch den Fideicommissar treffen, l. 38 pr. D. de leg. III; l. 22 § 4 D. ht.

D. Restitution.

I. Zwangspflicht.

Wer die Erbschaft erwarb, ist zur Restitution gemäß dem Willen des Erblassers verpflichtet. Fiduciare, welche sich dem Antritt entziehen oder die Erbschaft ausschlagen, werden auf Antrag des Bedachten genöthigt, der letztwilligen Verfügung gerecht zu werden, sofern ihnen daraus kein Nachtheil erwächst. l. 14 § 1 D. ht. Zu diesem Behuf erzwingt man die Erfüllung auferlegter Potestativbedingungen, die dem Ehrgefühl und den materiellen Interessen des Fiduciars nicht zuwiderlaufen. l. 7–8, l. 63 § 7 D. ht. Ferner gestattet man bei Bedingungen, die in nicht individuellen Leistungen bestehen, die Vornahme durch den Universalfideicommissar, und erläßt Bedingungen gänzlich, welche Pietätspflichten enthalten, deren Unterlassung Niemandem schadet. l. 31 § 2, l. 63 § 10 D. ht. Der Zwang geschah in Rom durch extraordinaria cognitio des Prätors. l. 4 D. ht.; l. 17 D. 29, 4; § 6 J. 2, 23. Heute bedarf es der Erhebung einer Klage. Erweist sich hinterher der erzwungene Antritt als unnöthig, so half man dem Fiduciar durch Wiedereinsetzung in den vorigen Stand. Dies tritt z. B. ein, wenn sich das Universalvermächtniß als ungültig errichtet herausstellt oder die ihm beigefügte Bedingung ausfällt. l. 11 § 2, l. 12, l. 13 pr. § 2–3 D. ht.

II. Umfang.

Die Restitution erstreckt sich auf den vom Erblasser bestimmten Gegenstand des Universalvermächtnisses. Dazu gehören Früchte nicht, welche der Fiduciar von dem restitutionspflichtigen Nachlaß zog, es sei denn, daß er in Verzug kam oder der Erblasser dies verordnete. l. 18 pr., l. 27 § 1 D. ht. Ein Ausgleich zwischen Fruchtertrag und nützlichen Verwendungen ist üblich. Der Fiduciar darf Erbbegräbnisse behalten l. 42 § 1 D. ht. und was ihm nicht aus dem Erbgang, sondern in Folge anderer Rechtsgründe gebührt l. 59 § 1, l. 62 pr. D. ht. Prälegate nehmen an der Restitution nur insoweit Theil, als der Fiduciar sie sich selber zahlen müßte. l. 18 § 3 D. ht. S. 258. Doch kann der Erblasser vorschreiben, daß auch derjenige Theil des Vorvermächtnisses, welcher von den Miterben geleistet wird, zur Auslieferung gelangen, oder daß das ganze Prälegat dem Fiduciar verbleiben solle. l. 3 § 4 D. ht. Streitig ist, ob eine dem Fiduciar später anwachsende Erbportion unter die Restitution fällt. l. 43 D. ht. Dies muß, sofern keine dahin zielende Absicht des Erblassers erhellt, verneint werden.

Der Erblasser kann das Fideicommiß auf den Ueberrest stellen ‚quidquid ex hereditate supererit,' d. h. auf denjenigen Nachlaßrest, welcher sich noch zur Zeit der Restitutionspflicht beim Fiduciar vorfindet. l. 54 D. ht. Darin liegt die Erlaubniß zur freien Verfügung, selbst zum Verbrauch des Nachlasses durch gebräuchliche Freigebigkeiten. Nur Hinterziehungen sind verboten, welche das Recht des Universalfideicommissars in arglistiger Weise schmälern. Justinian beschränkt in nov. 108 den Verbrauch auf drei Viertel des Nachlasses und erklärt das letzte Viertheil höchstens im Falle der Noth für antastbar, wenn es der Fiduciar in Ermangelung eigenen Vermögens zur Bestellung einer dos, donatio propter nuptias oder zum Loskauf von Gefangenen verwendet. Zur Restitution gehört auch, was in Folge des wirthschaftlichen Wechsels an Stelle der ursprünglichen Nachlaßsachen trat. l. 70 § 3 — l. 72 D. de leg. II. Ob die Ersparnisse herauszugeben sind, welche der Fiduciar von den Einkünften des Fideicommisses zurücklegte, hängt von der Intention des Erblassers ab. l. 3 § 2–3 D. 22, 1.

III. Vornahme.

Sie kann nicht vor der vom Erblasser bestimmten Zeit erfolgen, wird aber durch eine nach Eintritt des Ereignisses abgegebene Genehmigung vollwirksam. l. 10 D. ht. Der Act vollzieht sich entweder durch freiwillige Erklärung oder mittelst gerichtlichen Urtheils oder unmittelbar kraft des Gesetzes. Die Willensäußerung richtet sich Seitens des Fiduciars an den damit einverstandenen Bedachten bzw. dessen Bevollmächtigten. Ihr steht die Thatsache gleich, daß der Fiduciar den Nachlaß übergiebt oder seine Besitzergreifung durch den Bedachten duldet. l. 37 pr. § 2, l. 38, l. 40 § 2, l. 41 D. ht. Einen Ersatz für die Erklärung bildet das rechtskräftige Erkenntniß, welches den Fiduciar zur Vornahme verurtheilt. Kraft des Gesetzes geschieht die Restitution ohne Weiteres, wenn der Fiduciar ohne Vertreter abwesend ist oder mit dem Tode abging, sei es vor dem Erblasser, sei es nach demselben aber ohne Hinterlassung von Erben. l. 13 § 4, l. 14 D. 29, 1. Dies wird auch zu Gunsten successiver Universalvermächtnisse angenommen.

E. Wirkungen der Restitution.

Soweit die Restitution reicht, verliert der Universalfiduciar die Erbenstellung, in welche der Universalfideicommissar einrückt. l. 1 § 2, l. 38 D. ht.

I. Auf Seiten des Universalfiduciars.

Derselbe verliert in Höhe des restitutionspflichtigen Nachlasses die Rechte und Pflichten eines Erben. Dingliche Rechte, welche ihm an Sachen des Erblassers zustanden und die in Folge des Erbganges durch Confusion untergingen, leben von Neuem auf. l. 73 § 1 D. ht. In gleicher Weise werden Forderungen zwischen ihm und dem Erblasser wieder hergestellt, es sei denn, daß Letzterer dadurch, daß er die zwischenzeitlichen Nutzungen des Fideicommisses dem Fiduciar zuwandte, eine Aufrechnung seiner Schuld an diesen beabsichtigte. l. 27 § 11,

l. 59 pr., l. 80 D. ht. Von den Erbschaftslasten wird der Fiduciar nach Verhältniß seiner Restitution befreit. l. 27 § 7 D. ht.; l. 1 § 19, l. 15 § 1 D. 36, 3. Wegen der zum Besten des Nachlasses eingegangenen Verbindlichkeiten kann er Deckung und wegen der Angriffe und Verluste, die er noch aus seiner früheren Erbenstellung befürchtet, Caution fordern. l. 1 C. 6, 49. Doch braucht er nicht mehr auszuliefern, als der Erblasser vorschrieb, und hat, falls die Auflage drei Viertel der Erbschaft übersteigt, Anspruch auf den Abzug der Trebellianischen Quart. l. 63 § 3 D. ht. Für die Berechnung derselben gelten die S. 241 erörterten Grundsätze. Daher muß sich der Fiduciar auf die Quart anrechnen lassen, was er als Erbe erhält, z. B. die Sachen, deren Abzug aus dem Nachlaß ihm der Erblasser verstattete § 9 J. 2, 23, die bis zum Eintritt der Restitutionspflicht gezogenen Einkünfte des Fideicommisses l. 22 § 2, l. 58 § 5 D. ht., den Gegenwerth, welchen ihm der Fideicommissar nach Anordnung des Erblassers für die Restitution zu entrichten hat l. 58 § 3 D. ht. Ob dazu auch die Zahlung gehört, welche ihm vom Universalfideicommissar ‚implendae conditionis causa' zu leisten ist, war schon in Rom streitig. l. 30 § 7, l. 91 D. 35, 2. Insoweit verbleibt Fiduciar in der Lage eines Erben. In Höhe seines Erbtheils haftet er den Nachlaßgläubigern und trägt auch verhältnißmäßig, sofern dies ohne Kürzung der Quart angeht, zu den Singularvermächtnissen bei, welche ihm der Erblasser auferlegte. l. 1 § 20–21, l. 3 pr. § 2 D. ht.

Besondere Nachtheile treffen den Fiduciar, welcher sich zum Antritt der Erbschaft nöthigen ließ. Er verwirkt, was ihm als Erben zugedacht war, und hat auch kein Recht auf den Abzug der Quart. l. 14 § 4, l. 27 § 2, § 14, l. 43 D. ht. Dafür wird er gegen alle Verluste, die ihm aus dem erzwungenen Erbgang drohen, schadlos gehalten. l. 14 § 5, l. 16 § 4, l. 27 § 15 D. ht. Sachen, die er nicht in Folge der Anordnung des Erblassers erwarb, darf er trotzdem behalten l. 27 § 1 D. ht., im Zweifel auch, was er conditionis implendae causa empfing. l. 44 § 5 D. 35, 1.

II. Auf Seiten des Universalfideicommissars.

Derselbe erlangt nach Maßgabe der Restitution die Rechte und Pflichten eines Erben. Er wird Eigenthümer der Nachlaßsachen, bevor er in ihren Besitz kam, l. 63 pr. D. ht. und Gläubiger der Erbschaftsforderungen l. 27 § 11, l. 73 pr. D. ht. Ihm gebührt die hereditatis petitio fideicommissaria gegen Dritte, welche ihm entgegen seinem Erbrecht Nachlaßstücke vorenthalten, l. 1 D. 5, 6, und eine actio familiae herciscundae gegen den Fiduciar, welcher einen Theil der Erbschaft behielt, sowie gegen dessen Miterben auf Auseinandersetzung l. 40 D. 10, 2. Soweit ihm restituirt ist, haftet er den Erbschaftsgläubigern, freilich unter Berufung auf die Rechtswohlthat des Inventars, mit welcher der Fiduciar antrat. l. 2 C. 6, 49. Auch für die vom Erblasser auferlegten Singularvermächtnisse muß er verhältnißmäßig aufkommen, und zwar bis zum Bestand des ausgelieferten Nachlasses, ohne daß ihm ein selbständiges Recht auf die Falcidische Quart zusteht. l. 1 § 17 D. ht. Nur im Fall erzwungener Restitution ist er in gleicher Weise zum Abzug der Quart berechtigt, wie sie bei freiwilligem Antritt dem Fiduciar zu gute gekommen wäre. l. 55 § 2, l. 63 § 11 D. ht.

§ 81.

D. 39, 6 de mortis causa donationibus.
A.L.R. § 1134—1139 I, 11.

Schenkungen auf den Todesfall.

A. Begriff.

Schenkung auf den Todesfall oder von Todeswegen (mortis causa donatio) heißt eine Schenkung für den Fall, daß der Beschenkte den Schenkgeber überlebt. Sie tritt in Kraft, wenn der Schenkgeber vor dem Beschenkten verstirbt, und verliert im umgekehrten Falle ihre Wirkung. l. 26, l. 32 D. ht. Meist liegt ihr folgender Zweck zu Grunde: Schenkgeber will die Sache zuvörderst für sich behalten, dann gönnt er sie dem Schenknehmer und erst, wenn dieser vor ihm verstirbt, dem Erben. l. 1 pr., l. 35 § 2 D. ht. Sie geschieht entweder im Hinblick auf eine unmittelbar bevorstehende Lebensgefahr z. B. bei Ausbruch eines Krieges, Antritt einer beschwerlichen Seereise, oder mit Rücksicht auf den Tod als den allgemeinen Endigungsgrund des menschlichen Lebens. l. 2–6, l. 31 § 2 i. f. D. ht. Ihr Gegenstand kann sich auf einzelne Sachen und Rechte oder auf einen Bruchtheil des Vermögens richten.

Die Schenkung auf den Todesfall unterscheidet sich von den gewöhnlichen Schenkungen durch das freie Widerrufsrecht des Gebers, auf das er freilich verzichten kann. l. 13 § 1, l. 16, l. 35 § 4 D. ht. Doch fällt hierunter nicht jede Schenkung, welche Geber in der Erwartung seines baldigen Todes vornahm, mag er auch diesen Beweggrund erklärt haben. l. 27 D. ht. In der Regel findet die Praxis das Kriterium der Schenkungen auf den Todesfall darin, daß der Geber sich ausbedang, sie willkürlich zurücknehmen zu dürfen.

Im A.L.R. § 1135 ht. gelten nur solche Schenkungsverträge als „auf den Todesfall" abgeschlossen, bei deren Errichtung Geber sich den freien Widerruf bis zu seinem Tode ausdrücklich vorbehielt. Sonst unterliegen Schenkungen unter der Bedingung, daß der Geber eine bevorstehende Todesgefahr nicht überleben würde, den allgemeinen Regeln, werden also bei Ausfall der Bedingung unwirksam. § 1134, 1136–1137 ht. Gab die Todesgefahr blos den Anlaß zum Geschenk, so kann letzteres allein vom Schenkgeber, der die Gefahr überstand, aber nicht von seinen Erben widerrufen werden. § 1138–1139 ht.

B. Vollzug.

Das Vermögensopfer, zu welchem sich der Schenker für den Fall versteht, daß er vor dem Beschenkten aus dem Leben scheidet, wird in gleicher Weise übernommen, wie sich die Schenkung überhaupt vollzieht. Bd. II S. 244. Häufig ist eine unmittelbare Ausführung durch Hergabe von Sachen. Sie erfolgt entweder suspensiv bedingt, so daß der Beschenkte zunächst Gewahrsam und erst mit dem Tode des Schenkers Besitz und Eigenthum erhält, oder resolutiv bedingt mittelst sofortiger Uebereignung. l. 2 D. ht. Im letzteren Fall hat Schenker, sofern er widerruft oder den Beschenkten überlebt, die Wahl, die hingegebene Sache zu vindiciren oder die noch beim Schenknehmer bzw. dessen Erben befindliche Bereicherung zu condiciren. l. 14, l. 29, l. 30, l. 35 § 3 D. ht. Heutzutage gebührt unter diesen Klagen der condictio ob causam datorum Bd. II

S. 353 der Vorzug, weil die Vindication an dem Schutz des dritten redlichen Erwerbers scheitern kann.

C. Gleichstellung mit den Vermächtnissen.

Zwischen der Schenkung auf den Todesfall und den Vermächtnissen bestehen bedeutende Aehnlichkeiten. Beide Geschäfte sind Seitens des Verfügenden frei widerruflich und bezwecken eine Minderung seines Nachlasses. Deshalb dehnte man die für Vermächtnisse bestimmten Rechtssätze, namentlich die einschränkenden, um Umgehungen zu verhüten, auf die Schenkungen von Todeswegen aus. l. 37 pr. D. ht. Schon die l. Furia und Voconia über den Umfang der Vermächtnisse S. 240, sowie die l. Papia über Capacität des Bedachten zogen Schenkungen auf den Todesfall in ihren Kreis. l. 9, l. 22, l. 35 pr. D. ht. Die gleiche Richtung zeigt sich in den Verboten, durch derlei Zuwendungen die Ansprüche der Nachlaßgläubiger zu schädigen l. 17 D. ht., den Pflichttheil der Angehörigen zu schmälern l. 5 § 7, l. 20 pr. D. 37, 5, die Falcidische Quart des Erben zu verkürzen l. 5 C. 6, 50; l. 2 C. 8, 57 (56). Für einen von Todeswegen verschenkten Nießbrauch findet kein Erlaß der Caution Statt l. 1 § 2 D. 7, 9; l. 7 C. 6, 54, und der Vergleich über so ertheilte Alimente bedarf richterlicher Bestätigung l. 8 § 2 D. 2, 15. Dem von Todeswegen Beschenkten wird eine beigefügte conditio jurisjurandi S. 168 nachgesehen l. 8 § 3 D. 28, 7, im Fall negativer Potestativbedingung die cautio Muciana S. 169 zugestanden nov. 22 c. 44 § 9, und ein Accrescenzrecht gegenüber seinen Genossen bewilligt l. un. § 14 C. 6, 51. Sogar die Codicillarform ist nach l. 4 C. 8, 57 (56) für solche Schenkungen auf den Todesfall zulässig, die 500 Solidi übersteigen. Mit Unrecht herrscht über die Tragweite jener Vorschrift Streit. Weder wird dadurch eine neue Form geschaffen, die sich auf eine bloße Erklärung des Schenkers vor fünf Zeugen beschränkt, noch die Codicillarform zu einer derart obligatorischen erhoben, daß sie auf alle Schenkungen von Todeswegen ohne Rücksicht auf ihre Höhe und unter Ausschluß der sonst üblichen Insinuation Anwendung findet.

In Folge dieser Entwicklung haben sich Schenkungen auf den Todesfall und Vermächtnisse einander so genähert, daß Justinian in l. 4 C. 8, 57 (56) kein Bedenken trägt, ihre Gleichstellung auszusprechen. Auch das A.L.R. § 1135 ht. räumt dem widerruflichen Schenknehmer von Todeswegen dieselben Rechte auf den Nachlaß ein, wie sie einem Legatar zustehen.

D. Unterschiede von den Vermächtnissen.

Trotz der von Justinian befohlenen Gleichstellung ergeben sich aus der Natur eines jeden dieser Geschäfte erhebliche Verschiedenheiten. Vor Allem ist die Schenkung auf den Todesfall keine letztwillige Auflage auf den Nachlaß, sondern ein freigebiger Vertrag unter Lebenden. l. 38 D. ht. Sie setzt keine Testirfähigkeit der Betheiligten voraus l. 25 § 1 D. ht.; l. 7 § 4 D. 39, 5, und hängt, da es ihr an einem Onerirten fehlt, weder vom Bestande der letztwilligen Verfügung noch von dem Erwerb der Erbschaft ab, l. 5 § 17 D. 34, 9; l. 11 § 2 D. 24, 1. Ihr Schutz geschieht in anderer Weise als bei Vermächtnissen. l. 1 § 5 D. 43, 3. Schließlich wird eine von Todeswegen geschenkte Rente als eine einheitliche Zuwendung behandelt. l. 35 § 7 D. ht.

Rechtssprüchwörter

nach

alphabetischer Ordnung.

(Die römischen Zahlen zeigen den Band, die arabischen die Seiten an.)

A. Römisches und kanonisches Recht.

B. Deutsches und französisches Recht.

Leges und Senatusconsulta des römischen Rechts

in

alphabetischer Ordnung.

(Die römischen Zahlen zeigen den Band, die arabischen die Seite an.)

I. Leges.

II. Senatusconsulta.

Deutsche Rechtsquellen

in

chronologischer Ordnung.

(Die römischen Zahlen zeigen den Band, die arabischen die Seite an.)

Preußische Rechtsquellen

in

chronologischer Ordnung.

(Die römischen Zahlen zeigen den Band, die arabischen die Seite an.)

Kinder I 160, 179, 232, II 147, III 8, 9, 10, **95**, **96**, 129.

1854 April 24.: Gesetz, betreffend die Verletzung der Dienstpflichten des Gesindes, der Schiffsknechte und der ländlichen Arbeiter II 283.

— August 16.: Allerhöchster Erlaß, betreffend den Uebergang der Bearbeitung der Standessachen von den Ministerien der Justiz und des Innern auf das Ministerium des Königlichen Hauses I 184, III 65

— October 12.: Verordnung, betreffend die Bildung der Ersten Kammer I 178, 179.

1855 März 5.: Gesetz, die Kompetenz der Gerichtsbehörden in Familien-Fideikommißsachen betreffend III 98.

— Mai 8.: Konkurs-Ordnung II 125, 126.

— November 12.: Verordnung, betreffend die Ausführung der in Folge des Gesetzes vom 10. Juni 1854 noch erforderlichen Maßregeln zur Herstellung des bundesrechtlich gewährleisteten Rechtszustandes der vormals reichsunmittelbaren Fürsten und Grafen I 338.

1856 April 14.: Gesetz, betreffend die Abänderung des Artikels 42. und die Aufhebung des Artikels 114. der Verfassungs-Urkunde vom 31. Januar 1850 I 427.

— Juni 12.: Verordnung, betreffend die zwischen Preußen, Oesterreich, Frankreich, Großbritannien, Rußland, Sardinien und der Pforte vereinbarte Erklärung vom 16. April 1856. über Grundsätze des Seerechts I 363.

1860 April 16.: Gesetz, betreffend das eheliche Güterrecht in der Provinz Westphalen und den Kreisen Rees, Essen und Duisburg III 50.

— Juni 8.: Gesetz, betreffend die Befugniß der Auditeure zur Aufnahme von Handlungen der freiwilligen Gerichtsbarkeit, die Förmlichkeiten der militairischen Testamente und die bürgerliche Gerichtsbarkeit über Preußische Garnisonen im Auslande III 161, 162, 164.

1861 Mai 24.: Gesetz, betreffend die Erweiterung des Rechtsweges II 282.

— Juni 24.: Einführungsgesetz zum Allgemeinen Deutschen Handelsgesetzbuch II 310, 445, 446, 454, 462, 505, 508, 509, 516, III 52.

1863 Mai 27.: Gesetz, betreffend die Ergänzung und Erläuterung der Allgemeinen Deutschen Wechselordnung II 371.

— Juni 5.: Gesetz wegen Aufhebung des Preußischen Landrechts vom Jahre 1721 und der Instruction für die Westpreußische Regierung vom 21. September 1773 in den zu der Provinz Posen gehörenden Landestheilen III 50.

1864 Februar 1.: Gesetz über die Aufhebung von Cessionsbeschränkungen II 8, 195.

— Juni 20.: Prisen-Reglement I 364.

1865 Juni 24.: Allgemeines Berggesetz für die Königlich Preußischen Staaten I 201, 316, 335, 411, **418** ff., 506, II 79, 80, 108, 133.

— August 4.: Gesetz wegen Aufhebung des Preußischen Landrechts vom Jahre 1721 und der Instruction für die Westpreußische Regierung vom 21. September 1773 in den jetzt zu der Provinz Pommern gehörenden, vormals Westpreußischen Landestheilen I 350, III 50.

— October 7.: Gesetz, betreffend die Errichtung und Erhaltung von Marksteinen Behufs der zur Legung eines trigonometrischen Netzes über die sechs östlichen Provinzen der Monarchie zu bestimmenden trigonometrischen Punkte I 411,

1867 Juli 12.: Allerhöchster Erlaß, betreffend die Ertheilung der Genehmigung zu Namensänderungen I 336.

— August 16.: Verordnung, betreffend die Außer- und Wiederincurssetzung, sowie die Umschreibung der Papiere auf Inhaber II 189.

— September 17.: Gesetz, betreffend die Staatserlaubniß für Ausgabe von Inhaber-Schuldscheinen II 451.

1868 Februar 24.: Gesetz, betreffend die Todeserklärung von Personen, welche an den in den Jahren 1864 und 1866 geführten Kriegen Theil genommen haben I 175.

— Mai 18.: Verordnung über Errichtung öffentlicher Schlachthäuser I 477.

1869 Februar 5.: Gesetz, betreffend die Aufhebung einiger in einem Theile Westpreußens noch geltenden Bestimmungen der Instruktion für die Westpreußische Regierung vom 21. September 1773 III 50.

— Februar 22.: Gesetz, betreffend die Aufhebung der §§. 30. bis 33. Titel I Theil II des Allgemeinen Landrechts und der damit zusammenhängenden Bestimmungen III 18.

— März 12.: Gesetz, betreffend die Abänderung einiger Bestimmungen der Konkurs-Ordnung vom 8. Mai 1855 I 491.

— März 12.: Gesetz, betreffend die Ausstellung gerichtlicher Erbbescheinigungen III 198.

— März 15.: Subhastations-Ordnung I 318, 485.

— März 15.: Gesetz, betreffend die Ordnung der Rechtsverhältnisse der mittelbar gewordenen Deutschen Reichsfürsten und Grafen I 184, 338.

— Mai 3.: Gesetz, über die Eisenbahnunternehmungen I 208, 235.

— December 1.: Gesetz, betreffend die Aufhebung der besonderen, bei Intercessionen der Frauen geltenden Vorschriften II 8, 37, 38, 218, III 50.

1870 Februar 23.: Gesetz, betreffend die Ge-

1876 Januar 20.: Generalsynodal-Ordnung I 29.
— Juni 7.: Gesetz über die Aufsichtsrechte des Staats bei der Vermögensverwaltung in den katholischen Diöcesen I 27.
— August 25.: Gesetz, betreffend die Vertheilung der öffentlichen Lasten bei Grundstückstheilungen und die Gründung neuer Ansiedlungen in den altpreußischen Provinzen I 410.
— August 28.: Gesetz, betreffend die Geschäftssprache der Behörden III 163.
1878 März 13.: Gesetz, betreffend die Unterbringung verwahrloster Kinder III 60.
— April 15.: Gesetz, betreffend den Forstdiebstahl I 354, II 333.
— April 24.: Ausführungsgesetz zum Deutschen Gerichtsverfassungsgesetz II 413, 444, 454, III 98, 101, 162.
1879 März 6.: Ausführungsgesetz zur Deutschen Konkursordnung II 125, 465.
— März 14.: Hinterlegungsordnung II 146, 307.
— März 24.: Ausführungsgesetz zur Deutschen Civilprozeßordnung I 357.
— März 28.: Gesetz, betreffend die Zwangsvollstreckung gegen Beneficialerben und das Aufgebot der Nachlaßgläubiger im Geltungsbereiche des Allgemeinen Landrechts III 197, 213, 214.
— April 9.: Gesetz, betreffend die Bildung von Wassergenossenschaften I 416, 417.
— Mai 13.: Gesetz, betreffend die Errichtung von Landescultur-Rentenbanken I 487.
1880 Februar 18.: Gesetz, betreffend das Verfahren in Auseinandersetzungssachen I 341.
— Februar 24: Gesetz, betreffend das Höferecht in der Provinz Hannover I 427.
— März 8.: Gesetz, betreffend das Notariat I 318, II 413.
— April 1.: Feld- und Forstpolizeigesetz I 284, 334, 351, 354, 357, II 160, 161, 333.
— Juli 26.: Gesetz über die Organisation der allgemeinen Landesverwaltung I 341.
1881 Februar 21.: Landgüter-Ordnung für Lauenburg I 427.
— März 17.: Gesetz, betreffend das Pfandleihgewerbe I 513, II 91.
— März 19.: Gesetz, betreffend die Abänderung der Kreisordnung vom 13. December 1872 I 415.
— März 27.: Gesetz zur Ergänzung des Gesetzes, betreffend die Unterbringung verwahrloster Kinder vom 13. März 1878 III 60.
1882 Februar 14.: Allerhöchster Erlaß, betreffend die Ertheilung der staatlichen Genehmigung zum Erwerb preußischer Grundstücke durch außerhalb Preußens domicilirende deutsche juristische Personen I 335.
— März 14.: Gesetz, betreffend eine Abänderung der Grundbuchordnung I 320.
1882 April 30.: Landgüter-Ordnung für Westphalen I 427.
— Mai 20.: Gesetz, betreffend die Fürsorge für die Wittwen und Waisen der unmittelbaren Staatsbeamten II 264.
1883 Juli 10.: Landgüter-Ordnung für Brandenburg I 427.
— Juli 13.: Gesetz, betreffend die Zwangsvollstreckung in das unbewegliche Vermögen I 200, 231, 283, 318, 320, 323, 326, 341, 387, 471, 485, 491, 497, 499, 505, 506, **513**, 518, 519, 528, 531, II 67, 79, 144, **328**, **505**, III **214**.
— Juli 30.: Gesetz über die allgemeine Landesverwaltung I 341.
— August 1.: Gesetz, betreffend die Zuständigkeit der Verwaltungs- und der Verwaltungsgerichts-Behörden I 208, 352, 408, 412, 417, II 427, 429.
— December 31.: Verordnung zur Ausführung des Reichsgesetzes vom 1. Juli 1883, betreffend Abänderung der Gewerbeordnung II 427.
1884 April 24.: Landgüter-Ordnung für Schlesien I 427.
— Juni 23.: Gesetz zur Ergänzung des Gesetzes vom 13. März 1878, betreffend die Unterbringung verwahrloster Kinder III 60.
1885 Juli 29.: Gesetz, betreffend das Spiel in außerpreußischen Lotterien I 169, II 262.
1886 April 2.: Landgüter-Ordnung für Schleswig-Holstein I 427.
— April 26.: Gesetz, betreffend die Beförderung Deutscher Ansiedelungen in den Provinzen Westpreußen und Posen I 342, 427.
1887 Juni 4.: Haubergordnung für den Dillkreis und den Oberwesterwaldkreis I 415.
— Juni 18.: Gesetz, betreffend die Fürsorge für Beamte in Folge von Betriebsunfällen II 436.
— Juli 1.: Landgüter-Ordnung für den Bezirk Kassel I 427.
— August 8.: Verordnung, betreffend die Ausführung des Fischerei-Gesetzes in den Provinzen Ost-, Westpreußen, Pommern, Schleswig-Holstein, Hannover I 353.
1888 März 28.: Gesetz, betreffend den Erlaß der Wittwen- und Waisengeldbeiträge der unmittelbaren Staatsbeamten II 264.
— April 12.: Gesetz über das Grundbuchwesen und die Zwangsvollstreckung in das unbewegliche Vermögen im Geltungsbereich des Rheinischen Rechts I 315, 318.
— April 24.: Gesetz, betreffend die Einrichtung von Kehrbezirken für Schornsteinfeger II 428.
— Mai 12.: Verordnung, betreffend Ausführung des Fischereigesetzes in der Provinz Posen I 353.

Gesetze des Norddeutschen Bundes und des deutschen Reiches
in
chronologischer Ordnung.

(Die römischen Zahlen zeigen den Band, die arabischen die Seite an.)

Sachregister.

(Die römischen Zahlen zeigen den Band, die arabischen die Seite an.)

A.

C.

D.

E.

F.

H.

J.

K.

(S. auch unter C.)

L.

M.

S.

20*

V.

W.

Z.

Berichtigungen und Zusätze.

Band I.

S. 13 § 9 Z. 6 statt „dem Verletzten“ zu lesen: den Verletzten.

S. 15 E. Z. 8 statt „seines“ zu lesen: eines.

S. 16 A. Z. 2 statt „334“ zu lesen: 384.

S. 20 Z. 6 statt „R.V.U.“ zu lesen: Pr.V.U.

S. 21 Abs. 2 Z. 10 nach 1888 einzufügen: Schleswig-Holstein seit 1. April 1889, Posen seit 1. April 1890.

S. 27 Abs. 1 Z. 9 statt „1189“ zu lesen: 1198.

S. 28 Abs. 1 Z. 19 statt „G. oom“ zu lesen: G. vom.

S. 30 Z. 13 statt „Hussitten“ zu lesen: Hussiten.

S. 33 Z. 4 statt „§ 42“ zu lesen: § 43.

S. 33 d. Z. 5 statt „Dagen“ zu lesen: Dagegen.

S. 34 Abs. 3 Z. 3 statt „§ 43“ zu lesen: § 48.

S. 39 Abs. 2 Z. 10 statt „strafbar. Die“ zu lesen: strafbar, die.

S. 43 Abs. 1 Z. 24 statt „§ 400“ zu lesen: § 401.

S. 45 Abs. 3 Z. 4 nach „ergeht,“ zu tilgen: geltend.

S. 46 Abs. 2 Z. 4 statt „Beistand“ zu lesen: Bestand.

S. 48 II Z. 7 statt „berufen“ zu lesen: beruhen.

S. 59 V Z. 1 statt „eine Obligation“ zu lesen: einer Obligation.

S. 68 III Z. 3 statt „ihm“ zu lesen: ihn.

S. 72 letzte Z. statt ‚aventicia‘ zu lesen: adventicia.

S. 74 Abs. 2 Z. 5 statt „Entlassung“ zu lesen: Entlastung.

S. 76 Z. 5 statt „daß“ zu lesen: das.

S. 79 Abs. 1 Z. 5 statt „Nebenbedingungen, wie Bestimmung“ zu lesen: Nebenbestimmungen, wie Bedingung.

S. 80 F. Z. 4 statt „Maße“ zu lesen: Masse.

S. 82 Abs. 1 Z. 1 statt „Verhältnisse“ zu lesen: Vermächtnisse.

S. 82 Abs. 1 Z. 21 statt „Antrag“ zu lesen: Auftrag.

S. 88 Abs. 1 Z. 15 statt ‚προβουλεῦμα‘ zu lesen: προβούλευμα.

S. 88 Abs. 4 Z. 1 nach „auf“ einzufügen: consularischen bzw.

S. 89 Abs. 2 Z. 7 statt „198“ zu lesen: 98.

S. 90 Abs. 6 Z. 1 statt „Velega“ zu lesen: Veleja.

S. 90 Abs. 6 Z. 2 statt „Ertheilung“ zu lesen: Erbtheilung.

S. 91 Abs. 1 Z. 3 statt ‚in patres‘ zu lesen: in partes.

S. 91 Abs. 2 Z. 2 statt ‚leges vicem‘ zu lesen: legis vicem.

S. 91 Abs. 2 Z. 5 statt „Servius“ zu lesen: Severus.

S. 92 Abs. 4 Z. 2 statt „Censur“ zu lesen: Prätur.

S. 95 Abs. 1 Z. 2 statt „Proculianer“ zu lesen: Proculeaner.

S. 95 Abs. 2 l. Z. statt ‚cotidiarum‘ zu lesen: cotidianarum.

S. 96 Abs. 1 Z. 3 statt „Papirus“ zu lesen: Papirius.

S. 96 Abs. 1 Z. 18	statt „Tryphonius" zu lesen: Tryphoninus.
S. 96 Abs. 1 Z. 19	statt „Saturnius" zu lesen: Venulejus Saturninus.
S. 96 Abs. 1 Z. 21	statt „Heremcius" zu lesen: Herennius.
S. 96 Abs. 1 Z. 22	statt „Maximinius" zu lesen: Maximinus.
S. 97 Abs. 2 Z. 7	statt „Bachmann 1834 und von" zu lesen: Lachmann, Böcking, Huschke.
S. 97 Abs. 3 Z. 2	nach „Codex" zu tilgen: 544.
S. 98 E. Abs. 2 Z. 7	statt „(arca Kasten)" zu lesen (aes Erz).
S. 104 Z. 1	statt „353" zu lesen: 553.
S. 109 Abs. 2 Z. 2	statt „(Salzmann)" zu lesen: (Melzer, aus ἀλωά Malztonne).
S. 111 § 27 Z. 11	statt „Maredo" zu lesen: Macedo.
S. 112 Abs. 4 Z. 1	statt „päbstlichen" zu lesen: päpstlichen.
S. 112 Abs. 4 Z. 5	statt „fünften Jahrhunderts" zu lesen: siebzehnten Jahrhunderts.
S. 112 Abs. 6 Z. 3	statt „Salerno" zu lesen: Salona.
S. 113 Z. 6 ff.	statt „Pabst" zu lesen: **Papst**.
S. 113 Abs. 3 Z. 8	statt „Reginald" zu lesen: Regino.
S. 117 Z. 3	statt „Helvetier" zu lesen: Sueben, Marcomannen.
S. 117 Z. 4	statt „Teukterer zu lesen: Tenkterer.
S. 119 J. Z. 2	statt „von der" zu lesen: von denen.
S. 121 Abs. 1 Z. 5	statt „Schirmoogt" zu lesen: Schirmvogt.
S. 131 § 38 Z. 20	statt „Handelsgebilde" zu lesen: Handelsgilde.
S. 146 Z. 12	statt „Diestelmeyer" zu lesen: Diestelmeier.
S. 151 Z. 24	statt „Bingen" zu lesen: Lingen.
S. 152 Abs. 1 Z. 4	nach „1798" einzufügen: —1872.
S. 166 C. Abs. 2 Z. 2	statt „Urkunde" zu lesen: Unkunde.
S. 173 § 56 Abs. 3 Z. 4	statt ‚l. 28 pr. D. 34, 5' zu lesen: l. **18** pr. D. 34, 5.
S. 173 § 56 Abs. 3 Z. 10	statt ‚l. 35 D. 36, 1' zu lesen: l. **34** D. 36, 1.
S. 173 § 56 Abs. 3 Z. 10	statt ‚l. 9 pr.' zu lesen: l. 9 (10) pr.
S. 174 § 57 Abs. 2 Z. 5	statt „gegen Rückgabe" zu lesen: **mit** Rückgabe.
S. 176 Abs. 1 Z. 9	statt ‚l. 56 D. 7, 1' zu lesen: l. 16 C. 3, 33.
S. 177 Abs. 4 Z. 1	statt ‚pupertas' zu lesen: pu**b**ertas.
S. 177 Abs. 4 Z. 3	statt „sechszehnte Jahr" zu lesen: **acht**zehnte Jahr.
S. 178 Abs. 4 Z. 3	nach „R.G. vom 6. Febr." einzufügen: 1875.
S. 179 C. Z. 4	statt ‚l. 5 D. 1, 4' zu lesen: l. 5 D. **2**, 4.
S. 180 Abs. 4 Z. 5	statt ‚c. 5 C. 35 qu. 2' zu lesen: c. **15** C. 35 qu. 2.
S. 184 Z. 1	nach „zeigen" einzufügen: vgl. R.G. vom 8. Febr. 1890 über die Wehrpflicht der Geistlichen (römisch-katholischer Confession).
S. 189	nach „b) Communalverbände" einzufügen: c) Kirche. d) Vereine.
S. 189 A. Abs. 2 Z. 5	statt „Verwirlichung" zu lesen: Verwirklichung.
S. 191 Abs. 1	vor „Die Kirche" einzufügen: c).
S. 191 Abs. 2	statt „c)" zu lesen: d).
S. 191. 3. Z. 3	statt ‚l. 7 pr. D. 3, 5' zu lesen: l. 7 pr. D. 3, **4**.
S. 194 Z. 3	nach „St.G.B. § 186" einzufügen: —187.
S. 199 § 62 Abs. 2 Z. 1	statt ‚l. 193 D. 50, 16' zu lesen: l. 93 D. 50, 16.
S. 201 § 64 Z. 3	statt ‚l. 2 § 1 D. 2, 1' zu lesen: ‚l. 2 § 1 D. **12**, 1.
S. 204 § 67 Abs. 3 Z. 2	statt ‚l. 30 § 1 D. 8, 5' zu lesen: l. **20** § 1 D. 8, 5.
S. 207 II Abs. 3 Z. 3	statt ‚l. 14 D. 6, 1' zu lesen: l. 14 D. **41**, 1.
S. 214 a) Abs. 2 Z. 9	statt ‚l. 34 D. 35, 1' zu lesen: l. 34 **pr.** D. 35, 1.
S. 220 IV. Z. 2	statt „Gaj. III § 46" zu lesen: Gaj. III § **146**.
S. 220 IV. Abs. 2 Z. 2	statt „l. 89" zu lesen: l. 88.
S. 220 IV. Abs. 2 Z. 4	nach „Erblassers" zu tilgen: das Komma.
S. 221 a) Abs. 2 Z. 2	statt ‚l. 30 § 5 D. 20, 1' zu lesen: l. **13** § 5 D. 20, 1.

S. 224 I. Abs. 3 Z. 4	statt ‚l. 1 C. 8, 45‘ zu lesen: l. 1 C. 6, 45.
S. 226 Abs. 5 Z. 14	statt ‚l. 5 C. 5, 16‘ zu lesen: l. 25 C. 5, 16.
S. 231 Abs. 3 Z. 10	statt „R.K.O. § 55“ zu lesen: R.K.O. § 56.
S. 240 Z. 2	nach „entspricht.“ einzufügen: H.G.B. Art. 574.
S. 244. 2) Z. 5	statt ‚jam‘ zu lesen: tam.
S. 246 Z. 5	statt ‚l. 3 § 2—5 D. 23, 5‘ zu lesen: l. 3 § 2—5 D. 25, 3.
S. 246 Abs. 2 Z. 12	statt „Provocenten“ zu lesen: Provocanten.
S. 247 C. Abs. 3 l. Z.	nach ‚consequatur‘ einzufügen: l. 41 § 1 D. 44, 7.
S. 248 A. Abs. 3 Z. 2	nach ‚l. 28‘ zu tilgen: pr.
S. 250 Abs. 1 Z. 3	statt ‚l. 4 D. 40, 17‘ zu lesen: l. 4 D. 40, 15.
S. 250 Abs. 1 Z. 6	statt ‚l. 1 § 13 D. 47, 6‘ zu lesen: l. 1 § 13 D. 42, 6.
S. 252 b) Abs. 5 Z. 1	statt ‚c. 17 X 2, 6‘ zu lesen: c. 17 X 2, 26.
S. 257 Abs. 1 Z. 3	statt „Gaj. IV § 180“ zu lesen: Gaj. III § 180.
S. 263 Abs. 2 Z. 3	statt ‚l. 5 § 8 D. 44, 1‘ zu lesen: l. 5, l. 8 D. 44, 1.
S. 265 § 89 Abs. 3 Z. 6	statt ‚C. 4, 29‘ zu lesen: C. 4, 19.
S. 266 Abs. 2 Z. 16	statt „§ 405 Abs. 1“ zu lesen: § 405 Abs. 2.
S. 268 Abs. 1 Z. 4	statt „100 M“ zu lesen: 1000 M
S. 268 Abs. 2 Z. 4	statt „Gerichtsvollzieher“ zu lesen: Gerichtsschreiber.
S. 269 Abs. 2 Z. 7	nach „kraft“ einzufügen: nur.
S. 269 Abs. 2 Z. 15	statt „§ 293 Abs. 1“ zu lesen: § 293 Abs. 2.
S. 273 Z. 2	statt „Versügung“ zu lesen: Verfügung.
S. 276 II. Abs. 3 Z. 1	statt „§ 543 Z. 6“ zu lesen: § 543 Z. 7.
S. 278 Abs. 3 Z. 6	statt „§ 210 Abs. 1“ zu lesen: § 210 Abs. 2.
S. 279 Abs. 1 Z. 20	statt „einundzwanzigsten“ zu lesen: fünfundzwanzigsten.
S. 280 D. Z. 5	statt ‚l. 26 § 6 D. 4, 2‘ zu lesen: l. 21 § 6 D. 4, 2.
S. 281 Abs. 3 l. Z.	statt „C.Pr.O. § 775 Abs. 2“ zu lesen: C.Pr.O. § 775 Abs. 3.
S. 298 A. Z. 13	statt „Grnnd“ zu lesen: Grund.
S. 299 Abs. 3 Z. 2	statt ‚l. 20 pr. D. 39, 2‘ zu lesen: l. 20 pr. D. 39, 1.
S. 299 B. Abs. 5 Z. 1	statt ‚retinenda‘ zu lesen: retinendae.
S. 299 B. Abs. 6 Z. 1	statt ‚interdictae‘ zu lesen: interdicta.
S. 301 Z. 3 v. u.	statt „Beklagen“ zu lesen: Beklagten.
S. 302 Z. 3	statt ‚§ 7 J. 4, 5‘ zu lesen: § 7 J. 4, 15.
S. 302 F. Abs. 3 Z. 1	statt „Demjenigen“ zu lesen: gegen Denjenigen.
S. 305 A. Z. 14	statt „Allemeinen“ zu lesen: Allgemeinen.
S. 312 Abs. 2 Z. 2	statt ‚jura in rem‘ zu lesen: jura in re.
S. 316 III. Abs. 3 Z. 2	statt „getheilt“ zu lesen: geheilt.
S. 320 Abs. 2 Z. 2	statt „G. vom 14. März 1883“ zu lesen: G. vom 14. März 1882.
S. 331 Abs. 4 Z. 4	nach „heißt“ einzufügen: es.
S. 345 b) Z. 6	nach ‚faciendi‘ zu tilgen: aut sacrorum interimendorum.
S. 346 II. c) Z. 3	statt ‚adita nondum delata‘ zu lesen: delata nondum adita.
S. 347 II. a) Z. 1	nach „Anstalt“ einzufügen: ein Komma.
S. 347 II. a) Z. 4	statt ‚l. 4 § 28 D. 41, 3‘ zu lesen: l. 4 § 29 D. 41, 3.
S. 347 II. c) Z. 3	statt ‚heriditati‘ zu lesen: hereditati.
S. 348 III. Abs. 2 Z. 5	statt ‚l. 13 § 1 D. 12, 1‘ zu lesen: l. 13 § 1 D. 12, 2.
S. 351 Z. 2	statt „Rothwild“ zu lesen: Rehwild.
S. 351 Abs. 2 Z. 17	statt „Federvieh“ zu lesen: Federwild.
S. 358 II. Abs. 2 Z. 1	statt ‚§ 29 J. 2, 1‘ zu lesen: § 39 J. 2, 1.
S. 363 b) Abs. 2 Z. 9	statt ‚a l'exception‘ zu lesen: à l'exception.
S. 364 Abs. 2 Z. 7	statt „G. vom 3. Mai 1880“ zu lesen: G. vom 3. Mai 1884.
S. 366 Z. 5	statt ‚l. 26 § 2 D. ht.‘ zu lesen: l. 26 § 3 D. ht.
S. 368 l. Z.	statt „Julian“ zu lesen: African.

S. 371 IV. Z. 4	statt „A.L.R. § 247" zu lesen: A.L.R. § **242**.
S. 371 IV. Abs. 2 Z. 3	statt ‚l. 30 § 1 D. ht.' zu lesen: l. 30 § **2** D. ht.
S. 372 I. Z. 3	statt ‚l. 26 § 1 D. ht.' zu lesen: l. 26 § **2** D. ht.
S. 372 b) Z. 9	statt ‚conditio' zu lesen: condictio.
S. 381 b) 2. Z. 1	statt ‚c. 8 X 3, 16' zu lesen: c. 8 X **2, 26**.
S. 388 Z. 1	nach „tritt" einzufügen: ein Komma.
S. 389 Abs. 3 Z. 8	statt „Paulus" zu lesen: Ulpian.
S. 389 Abs. 5 Z. 2	nach „S. 382," zu tilgen: Zahlung gegen das S.C. Macedoni acedonianum.
S. 390 IV. Abs. 4 Z. 6	statt ‚l. 1 § 1 D. 17, 1' zu lesen: l. 1 § 1 D. 17, **2**.
S. 391 I. Abs. 5 Z. 2	statt „Tage" zu lesen: Tagen.
S. 396 V. Z. 1	statt „Ein" zu lesen: Eine.
S. 396 V. c) Z. 4	statt ‚l. 24 D. 23, 3' zu lesen: l. 12 C. 5, 12.
S. 400 II. Abs. 4 Z. 1	statt ‚l. 40 pr. D. 5, 3' zu lesen: l. **25 § 7** D. 5, 3.
S. 400 III. Z. 8	statt „würde" zu lesen: wurde.
S. 404 A. Z. 1	statt ‚I' zu lesen: II.
S. 405 E. Abs. 2 Z. 1	statt „dem" zu lesen: den.
S. 411 A. Abs. 3 Z. 1	statt „Expropiration" zu lesen: Expropriation.
S. 411 A. Abs. 4 Z. 3	statt „G. vom 28. Febr. 1848" zu lesen: G. vom 28. **Jan.** 1848.
S. 417 D. Abs. 1 Z. 5	statt „Pr.G. vom 28. Febr. 1848" zu lesen: Pr.G. vom 28. **Jan.** 1848.
S. 421 Abs. 2 Z. 1	statt „A.L.R. II, 6 § 11 ff." zu lesen: A.L.R. § 128 ff. II, 16; § 11 ff. II, 6.
S. 423 A. Z. 4	statt „Gaj. IV § 134" zu lesen: Gaj. III § 145.
S. 425 § 137 Z. 5	statt „S. 388" zu lesen: S. 3**3**8.
S. 427 Abs. 1 Z. 3 v. u.	statt „Westphalen" zu lesen: Westfalen.
S. 446 § 143 Abs. 1	nach ‚II. Servitus — retinetur' einzufügen: E. Servitutibus civiliter uti oportet.
S. 449 I. a) Z. 3	nach ‚l. 3' einzufügen: pr.
S. 450 II. a) Z. 13	nach ‚l. 2' einzufügen: pr.
S. 451 III. Z. 3	statt ‚l. 37 D. 8, 2' zu lesen: l. 37 D. 8, **3**.
S. 453 C. Z. 6—7	statt „Fructuars der fructus dem Usuar" zu lesen: Usuars der usus dem Fructuar.
S. 455 II. Z. 8	statt „von Alters her" zu lesen: in Folge Alters.
S. 456 a) Z. 4	statt „A.L.R. § 111 ht." zu lesen: A.L.R. § **113** ht.
S. 465 § 151 C. Z. 4	nach ‚l. 30' einzufügen: pr.
S. 466 Z. 9	statt „A.L.R. § 43 ff. I, 21" zu lesen: A.L.R. § 43 ff. I, **22**.
S. 471 Abs. 7 Z. 2	statt „Gaj. IV § 130" zu lesen: Gaj. IV § **131**.
S. 494 d) Z. 13—14	statt „Distrationsrecht" zu lesen: Distractionsrecht.
S. 494 Z. 4 v. u.	statt „§ 126—138" zu lesen: § 127—128.
S. 498 Abs. 1	statt ‚D.' zu lesen: B.
S. 500 d) Z. 2	statt „des Dos" zu lesen: der Dos.
S. 503 III. Z. 2	nach „Verjährung" einzufügen: ein Komma.
S. 507 B. Z. 3	statt ‚l. 3 C. 8, 34' zu lesen: l. 3 C. 8, **35** (34).
S. 510 III. Z. 3	statt ‚l. 13 D. 20, 1' zu lesen: l. 13 D. 20, **5**.
S. 518 III. Z. 1	statt ‚l. 11 C. 18 (17)' zu lesen: l. 11 C. **8**, 18 (17).
S. 519 A. Z. 6	statt „S. 506" zu lesen: S. **305**.
S. 525 B. Z. 9—10	statt ‚ἓν διὰ διοῖν' zu lesen: ἓν διὰ δυοῖν.

Band II.

S. 12 II. Z. 2	statt „A.L.R. § 79 I, 6" zu lesen: A.L.R. § 79—**80** I, 6.
S. 13 letzte Z.	statt „21. Juli 1815" zu lesen: 21 Juni 1815.
S. 16 a) Z. 13	statt ‚l. 19 de leg. II‘ zu lesen: l. 19 **D.** de leg. II.
S. 16 a) Z. 27	statt ‚l. 47 § 3 de leg. I‘ zu lesen: l. 47 § 3 **D.** de leg. I.
S. 19 Z. 5	statt ‚σεισαχθεια‘ zu lesen: σεισάχθεια.
S. 23 Abs. 4 Z. 8	nach „Anwachsungsrecht" einzufügen: , nach dem Erlaß vom 16. Juli 1889 ℳ. 282,085,000.
S. 24 Abs. 3 Z. 14	statt „4½%" zu lesen: 3½% (R.G. vom 18. Decb. 1889).
S. 24 Abs. 3 Z. 17—18	statt „8%" zu lesen: 6%.
S. 28 II. Abs. 2 Z. 10	statt ‚l. 1 § 1 D. 46, 1‘ zu lesen: l. 1 § 1 D. 46, **2**.
S. 28 II. Abs. 2 Z. 14	statt ‚l. 58 D. 44, 7‘ zu lesen: l. **59** (58) D. 44, 7.
S. 29 letzte Z.	statt ‚§ 2 J. 2, 23‘ zu lesen: § 2 J. **1**, 23; statt „fü" zu lesen: **für**.
S. 32 II. Z. 4	statt ‚l. 3 C. 2, 21‘ zu lesen: l. 3 C. 2, **22** (21).
S. 32 III. Abs. 2 Z. 4	statt „A.L.R. § 173 I, 5" zu lesen: A.L.R. § **172** I, 5.
S. 36 Abs. 2 Z. 2	statt „Staaatsamtes" zu lesen: Staatsamtes.
S. 37 Abs. 3 Z. 10	statt „§ 318 I, 1" zu lesen: § 318 II, 1.
S. 42 Abs. 1 Z. 11	statt ‚3 C. 8, 40" zu lesen: 3 C. 8, **41** (40).
S. 43 Abs. 3 Z. 5	nach ‚de leg. II‘ einzufügen: , l. 4 C. 6, 38.
S. 45 I. Z. 4	nach ‚l. 11‘ zu tilgen: pr.
S. 46 Z. 3	nach ‚l. 27 (26)‘ einzufügen: § 1.
S. 57 a) Z. 6	statt „§ 565 I, 9" zu lesen: § 56**6** I, 9.
S. 63 I. Z. 5	statt ‚D. 22, 1‘ zu lesen: D. **21**, 1.
S. 72 C. Z. 5	statt ‚σεισαχθεια‘ zu lesen: σεισάχθεια.
S. 88 Abs. 3 Z. 3	statt ‚l. 7 § 5—6 D. ht.‘ zu lesen: l **17** § 5—6 D. ht.
S. 89 Abs. 3 Z. 2	statt „1848" zu lesen: 18**3**8.
S. 89 I. Z. 2	statt „Aß" zu lesen: Aff.
S. 89 I. Z. 5	statt „12%" zu lesen: **10**%.
S. 89 I. Z. 6	statt ‚σεισαχθεια‘ zu lesen: σεισάχθεια.
S. 92 Z. 1	statt „R.G. vom 14. Mai 1880" zu lesen: R.G. vom **24**. Mai 1880.
S. 92 Z. 3	statt ‚ανα‘ zu lesen: ἀνὰ.
S. 94 Abs. 1 Z. 7	statt „A.L.R. § 61 I, 16" zu lesen: A.L.R. § 61—**63** I, 16.
S. 96 I. Z. 1	statt „S. 233" zu lesen: S. 2**2**3.
S. 101 d) Z. 2	statt ‚l. 27 C. 4, 44‘ zu lesen: l. 27 C. **8, 45** (44).
S. 103 A. Abs. 5 Z. 4	statt „als" zu lesen: um.
S. 108 Abs. 4 Z. 9	statt „§ 253 ff." zu lesen: § 25**0** ff.
S. 133 B. Z. 11	nach „Eltern" einzufügen: bzw. Pfleger.
S. 136 A. Abs. 3 Z. 9	statt ‚l. 5 § 3 D. 13, 6‘ zu lesen: l. 5 § **2** D. 13, 6.
S. 136 Z. 4 v. u.	statt ‚l. 12 D. 16, 3‘ zu lesen: l. **1 § 12** D. 16, 3.
S. 137 Abs. 2 Z. 4	statt „213" zu lesen: 213 **a.**
S. 143 Abs. 7 Z. 5	statt „Art. 282" zu lesen: Art. 28**3**.
S. 147 Abs. 4 Z. 3	statt „A.L.R. § 112 I, 16" zu lesen: A.L.R. § 112 I, **6**.
S. 153 F. Z. 6	statt ‚l. 1 § 2 D. 9, 2‘ zu lesen l. **2 pr.** D. 9, 2.
S. 158 Abs. 1 Z. 3	statt ‚l. 1 § 1 D. 43, 16‘ zu lesen: l. 1 § **11** D. 43, 16.
S. 159 § 35 oben	statt ‚D. 9, 4‘ zu lesen: D. 9, **1**.
S. 160 Z. 3	statt „A.L.R. § 70 I, 5" zu lesen: A.L.R. § 70 I, **6**.
S. 161 Z. 5	statt „A.L.R. § 63 I, 5" zu lesen: A.L.R. § 63 I, **6**.
S. 164 Abs. 3 Z. 5	statt „A.L.R. § 252 I, 11" zu lesen: A.L.R. § 252 I, **21**.
S. 167 Abs. 3 Z. 6	statt „§ 194" zu lesen: § 194 **ff.**

S. 169 Abs. 4 Z. 4	statt „15. Juni 1869" zu lesen: **21.** Juni 1869.
S. 171 Z. 11	statt ‚l. 1 § 1 D. 19, 5‘ zu lesen: l. 1 § 1 D. 19, **3**.
S. 175 Abs. 4 Z. 5	nach „kann." einzufügen: Aehnlich verhält es sich mit Lebensversicherungen zu Gunsten Dritter, gemäß § 2280 II, 8.
S. 195 c) Abs. 6 Z. 2	statt „vom 2. Februar 1864" zu lesen: vom **1.** Februar 1864.
S. 209 Z. 1	statt „R.K.O. § 278" zu lesen: R.K.O. § **178**.
S. 216 II. Z. 5	statt ‚expromississet‘ zu lesen: expromisisset.
S. 216 I. Z. 5	statt ‚veteris‘ zu lesen: veteri**bus**.
S. 219 I. Z. 2	statt ‚quidquid‘ zu lesen: quid**que**.
S. 221 I. Z. 5	statt ‚l. 38 D. 3, 5‘ zu lesen: l. **39** D. 3, 5.
S. 238 I. Z. 1	statt „Schuldner" zu lesen: Gläubiger.
S. 244 I. Z. 1	statt „Donatar" zu lesen: Donat**or**.
S. 247 C. Abs. 2 Z. 3	statt „eine" zu lesen: ein.
S. 263 Abs. 3	am Schluß einzufügen: § 16 I, 1.
S. 269 Z. 7	statt „Darlehne" zu lesen: Darl**ehen**.
S. 272 Abs. 2 Z. 4	statt „§ 7" zu lesen: § **17**.
S. 273 Abs. 5 Z. 12	statt ‚l. 65 D. 19, 1‘ zu lesen: l. 65 D. **18**, 1.
S. 286 B. Z. 4	statt ‚l. 5 D. 50, 16‘ zu lesen: l. 5 **§ 1** D. 50, 16.
S. 305 Z. 4	statt ‚l. 62 § 5 D. 47, 2‘ zu lesen: l. **61** § 5 D. 47, 2.
S. 310 I. Abs. 3	statt des Wortlauts nach „geschehen" zu lesen: Die Stellung des Vertrages auf den Inhaber der Police macht diese zu einem Legitimations-Papier. Im A.L.R. § 2071 ht. ist nur Kaufleuten erlaubt, Waaren-Versicherungen an „Zeiger dieses" zu nehmen. Die Versicherung kann eigene oder fremde Gefahren betreffen. Im letzteren Fall, der meist ein besonderes Interesse voraussetzt, sind Versicherungsnehmer und Versicherter verschiedene Personen.
S. 314 Z. 3	statt „Versicherte" zu lesen: Begünstigte.
S. 314 Z. 4	statt „unmittelbares" zu lesen: selbständiges.
S. 314 Abs. 2 Z. 5	statt „H.G.B. Art. 685" zu lesen: H.G.B. Art. 865.
S. 316 Abs. 3 Z. 2	statt „offne" zu lesen: off**e**ne.
S. 318 Abs. 1 Z. 5	statt „Ulpian" zu lesen: Celsus.
S. 323 I. Z. 2	statt ‚l. 69 § 11 D. ht.‘ zu lesen: l. **65** § 11 D. ht.
S. 333 Abs. 3 Z. 3	statt ‚D. 45, 12‘ zu lesen: D. **47**, 12.
S. 335 I. Z. 3	statt „§ 188" zu lesen: § 18**9**.
S. 336 Abs. 2 Z. 5	statt ‚l. 94 D. ht.‘ zu lesen: l. **92** D. ht.
S. 342 D. Z. 6	statt „Aß" zu lesen: „Aff.
S. 350 Abs. 6 Z. 5	statt ‚l. 56 D. 50, 17‘ zu lesen: l. 5**4** D. 50, 17.
S. 361 § 106 Z. 4	statt ‚conjuutum‘ zu lesen: conju**nc**tum.
S. 364 § 107 Abs. 2 Z. 5	statt „Widerpruch" zu lesen: Widerspruch.
S. 372 Abs. 5 Z. 2	statt „S. 397" zu lesen: S. **2**97.
S. 373 Abs. 6 Z. 1	statt „Wechelunfähigen" zu lesen: Wechselunfähigen.
S. 374 II. Z. 4	statt „Pfennigen" zu lesen: Pfennig.
S. 388 Abs. 3 Z. 9	statt „Art. 22" zu lesen: Art. 2**3**.
S. 409 B. Abs. 3 Z. 5	statt „gewährten" zu lesen: gewählten.
S. 417 Abs. 1 Z. 3	statt „Abs." zu lesen: Z.
S. 419 Z. 6	statt „der Zeit" zu lesen: des Tages und Jahres.
S. 421	in der Stempelmarke des Formular II statt ‚B. 1. 10. 88‘ zu lesen: B. 1. **Octb.** 88.
S. 428 Z. 1	statt „V. vom 5. Jan. 1875" zu lesen: V. vom 27. Jan. 1890.
S. 429 Z. 10—11	statt „Erfinder" zu lesen: ersten Opfer.
S. 429 § 132 Z. 4	statt „13. Juli 1880" zu lesen: 18. Juli 1881.

S. 431 letzte Z. statt „hinzuziehen" zu lesen: hinzuzuziehen.
S. 434 Abs. 3 Z. 2 statt „10 bis 12" zu lesen: 8 bis 10.
S. 436 Abs. 2 am Schluß einzufügen: Dem folgt im Wesentlichen das R.G. vom 22. Juni 1889. Die Altersrente beginnt mit dem vollendeten siebzigsten Lebensjahr des versicherten Arbeiters, die Invaliditätsrente mit dem Eintritt seiner dauernden Erwerbsunfähigkeit, sofern er sich dieselbe nicht vorsätzlich oder bei Begehung eines durch strafgerichtliches Urtheil festgestellten Verbrechens zugezogen hat. Der Anspruch setzt voraus, daß während einer Wartezeit, welche für die Altersrente mindestens 30, für die Invaliditätsrente wenigstens 5 Jahre beträgt, Beiträge gezahlt wurden. Die Abstufung der Beiträge und Renten erfolgt nach vier Lohnklassen. Durch Uebergangsbestimmungen ist der gegenwärtigen Arbeitergeneration die Theilnahme an den Wohlthaten dieses Gesetzes erleichtert.
S. 442 Abs. 3 am Schluß einzufügen: Das R.G. vom 1. Mai 1889 unterscheidet drei Arten von Genossenschaften: 1. mit unbeschränkter Haftpflicht der Mitglieder. 2. mit unbeschränkter Nachschußpflicht, d. h. die Mitglieder stehen zwar mit ihrem ganzen Vermögen für Verbindlichkeiten der Genossenschaft ein, haften aber nicht unmittelbar den Gläubigern, sondern sind nur zu entsprechenden Nachschüssen an die Genossenschaft verpflichtet. Dadurch ist der Gläubiger, anstatt des Einzelangriffs gegen die Genossen, auf den Weg des Umlageverfahrens verwiesen. 3. mit beschränkter Haftpflicht, d. h. die Verantwortlichkeit der Mitglieder geht nicht über eine im Voraus bestimmte Haftsumme hinaus. Zur Ausführung dieses Gesetzes dient der Erlaß des Bundesraths vom 11. Juli 1889 über die Führung des Genossenschaftsregisters, das fortan nicht mehr einen Theil des Handelsregisters bildet, sondern selbständig von den zuständigen Gerichten geführt wird.
S. 444 Z. 10 nach „ein." einzufügen: Letzteres gilt nach dem R.G. über Consulargerichtsbarkeit" vom 10. Juli 1879 § 3 allgemein für das in dem betreffenden Consulargerichtsbezirk übliche Handelsgewohnheitsrecht.
S. 445 Z. 10 statt „R.G." zu lesen: G.
S. 448 II. Z. 5 statt „Abs. 1" zu lesen: Z. 1.
S. 452 IV. Z. 10 statt „Ausschlnßurtheils" zu lesen: Ausschlußurtheils.
S. 467 Z. 1 statt „Namen" zu lesen: Name.
S. 486 Z. 4 statt „Namen" zu lesen: Name.
S. 487 Abs. 1 Z. 2 statt „solgenden" zu lesen: folgenden.
S. 487 Abs. 3 Z. 1 statt „Namen" zu lesen: Name.
S. 494 II. Z. 2 statt „welchen" zu lesen: welche
S. 495 B. Abs. 2 am Schluß einzufügen: Art. 386.
S. 497 Z. 10 statt „Abs. 3" zu lesen: Z. 3.
S. 501 II. Z. 11 statt „Zwischenfrachtführer" zu lesen: Unterfrachtführer.
S. 505 Z. 16 nach „R.G. vom 28. Juni 1873" einzufügen: , 23. Decbr. 1888.

Band III.

S. 213 II. Abs. 2 Z. 1 statt „erhält" zu lesen: enthält.
S. 225 B. Z. 11 statt „nicht mehr lebten" zu lesen: noch lebten.

Druck von C. H. Schulze & Co. in Gräfenhainichen.

Kolibri 360 GmbH
Ferdinand-Jühlke-Straße 7
99095 Erfurt, Deutschland
produktsicherheit@kolibri360.de